KB186983

'조선어독본'과 국어 문화

강진호 외 지음

제이앤씨
Publishing Company

'조선어독본'과 국어 문화의 형성

　해마다 새 학기를 앞두고 교과서를 받는 일은 학창 시절의 매우 중요한 의식이자 절차였다. 일정한 규격과 표지로 제본된 책들이 책상 위에 놓일 때 느꼈던 엄숙함! 교과서에 나온 내용이 '의심할 수 없는' 지식과 동의어로 간주되던 시절이었다. 교과서에 수록된 내용들은 수용자들이 획득해야 할 지식의 전범이었고, 학생들은 교과서를 통해 당대의 지식과 가치와 윤리를 배우면서 사회의 구성원이 되어 갔다. 그 과정에서 교과서의 내용을 얼마나 제대로 습득했는가에 따라 학습자의 위치가 결정되고 심한 경우 운명까지 결정되기도 했던 것을 씁쓸하게 떠올려 볼 수 있을 것이다.

　특정 지식이 절대적인 권위를 행사하던 시대가 저물고 상대적인 지식들의 순위 바꿈이 치열해진 시대로 변화해 가고 있지만, 교과서의 권위는 여전히 크고 막강하다. 교과서는 자유롭고 선택적인 독서를 허락하지 않는 일종의 특권지대이다.

교과서가 우리 앞에 펼쳐지기까지 거치게 되는 여러 단계의 논의와 절차들은 교과서에 권위를 부여하는 원천이다. 교과서를 만들기 위해서 편찬 담당 기관(정부)은 먼저 학교 교육을 통해서 주형(鑄型)하고자 하는 인간상과 교육의 내용 등을 개괄한 교육 목표를 설정한다. 이 목표를 바탕으로 학교 현장에 적용하기 위한 학습 목표와 학습 내용, 평가 방법 등이 구체화되는데, 우리나라에서는 이 모든 과정을 국가에서 관장하는 국정(國定)제와 국가에서 기본 원칙만 제시하고 그 결과를 판정하는 검인정(檢認定)제를 동시에 시행하고 있다. 국정 교과서는 교육과학기술부가 편찬을 주도하지만, 필요한 경우 원고 집필 과정을 국가 연구개발 기관에 위탁하여 수차례의 심의·수정·현장 실습의 절차를 반복한다. 그 결과물을 교육과학기술부가 결재한 후 생산·공급하면 최종적으로 각급 학교에서 교재로 채택해서 교육한다. 검정교과서의 경우 교육과학기술부에서 주무를 맡아 개발 방향과 편찬상의 유의점 및 검정기준을 확정한 뒤 공포하면, 관련 단체나 개인이 거기에 맞게 교재를 만들어 출연하고, 그것을 담당 기관(한국교육과정평가원)이 심사하여 합격 여부를 판정한다. 합격한 책은 현장에서 시험적으로 사용되면서 다시 수정·보완의 과정을 거친 뒤 정식 교과서로 채택된다.

이 과정에서 교과서를 개발하는 단체나 개인은 학생들의 발달 단계에 상응하는 지식을 제공하기 위해 교과별 중요 내용들을 배우기 쉽도록 최적화하고, 동기유발과 효과적인 학습을 위해 흥미로운 내용을 선별하며, 한편으로 자율적인 학습태도와 현실 적용력을 갖추도록 개인차를 고려해 난도를 조절하기도 한다. 학생들이 탐구력·비판력·표현력·창의력 등의 고차적 사고력을 신장할 수 있도록 교과서의 내용이 구성되는 것이다. 그렇지만 교과서가 제공하는 지식은 당대 현실과 긴밀하게 조응하는 관계로 그 효력은 영속적이거나 보편적이지 않으며, 오히려 시대와 사회 현실의 변화와 긴밀하게 조응된다. 또 교과서에 수록된 지식은 새로운 이론이나 학설에 의해 변경되거나 폐기되기도 하며, 그런 이유로 국가는 수시로 교과서를 개편해서 그 일탈을 제어하고자 한다.

우리가 매년 접하는 초중등 교과서에는 백여 년의 긴 역사가 누적되어 있다. 우리나라 근대 교육의 기초가 일제에 의해 마련되었음은 씁쓸하지만 부인할 수 없는 사실이다. 일제에 의해 근대 교과서가 주도되었지만, 그것은 한편으로 봉건체제 아래 소수 권력층에게만 독점되었던 교육의 장을 전 국민에게 확대한 획기적 사건이었다. 한학(漢學)으로 한정되었던 지식의 범위와 서당과 사숙(私塾)이라는 교습방식은 극소수 특권층만을 공직에 진출하게 하는 폐쇄적인 사회 유지 시스템이었다. 일제의 침탈과 더불어 본격화된 근대 교육은 지식의 통로를 개방해 제한적일망정 계층 간의 이동을 가능하게 해주었다. 교육의 범위를 일정 나이에 도달한 전 국민으로 확대하였으며 재래의 유교 시스템 아래서 경계가 모호했던 학문의 영역을 분화시키고, 학령에 따라 학제를 나누어 교육케 하는 등의 여러 공적을 남겼다.

조선을 식민통치하면서 일제는 이른바 '교육칙어'와 '조선교육령'을 근거로 본격적인 식민화 교육을 시행하였다. 조선교육령은 모두 9차례에 걸쳐 개정되었는데, 개정의 주된 목적은 내지와 동일한 학제를 운영함으로써 조선인의 자주성을 부정하고 제국 신민(臣民)을 양성하려는 데 있었다. '조선인을 완전한 일본인으로 동화'하고자 했던 내선일체, 내선융화 등의 이데올로기는 조선인으로 하여금 신민의 도를 실천하고, 일본 제국의 번영과 이익 추구에 봉사하도록 세뇌하였다. 시기와 사회 분위기에 따라 다소간의 변화를 보였지만, 일제강점기의 교육은 본질적으로 동화와 지배를 위한 것이었고, 총독부 간행의 『조선어독본』과 『국어독본』(일어)은 그것을 시행하는 핵심 교본이었다.

식민 지배를 위한 교육 정책은 '일본인(거류민)'과 '조선인'을 구분한 1차 교육령에서부터 그 의도를 드러내며 본격화되었다. 이후 '일어(당시의 국어) 상용 여부'를 기준으로 학제를 운영했던 제3차 교육령, 실업교육과 사범 교육을 강화했던 제4차 교육령을 거치며 이러한 마각은 더욱 노골화된다. 교과서 연구자들이 이 시기에 많은 관심을 보이는 까닭은 다른 때보다 조금 더 '조선적인 것'을 표방한 개발정책 때문이다. 당시 학제 상으로는 큰 변화가 없었지만 '병참기지화'를 위한 준비 단계로써 실업교육을 강화해야 했고, 또 당대 조선의 현실을 고려할 필요성이 절박했기에 '조선적인 것'을 의도적으로 표방한 것이다. ─ 이 시기 교과서는 해방 이후 조선어학회의 『초등 국어교본』이나 『중등 국어교본』의 모태가 된다는 점도 주목할 필요가 있다. ─ 이후 일제는 중일전쟁 승리의 자신감을 기반으로 본격적인 병참기지화 정책을 시행하면서 제7차 교육령을 개정·반포하였다. 이 교육령은 '국체명징'과 '내선만(內鮮滿) 일체'를 강화하는 한편 '대동아 이데올로기'를 교육에 본격적으로 반영하는 특징을 보여준다. '대동아 이데올로기' 속에는 일본을 중심으로 황국 신민화가 완성되어야 한다는 전제가 깔려 있었음은 물론이다. 조선총독부는 일제강점기 내내 각급 학교 규칙에 들어 있는 '교과용 도서' 규정에 따라 총독부가 개발한 것과 조선총독의 검정·인정을 받은 교과서만을 사용하도록 규제하였다. 특히 수신, 국어(일본어), 조선어 교과는 교육 정책을 일선 현장에 주입시키는 핵심 과목이었기에 식민 초기부터 집중적으로 개발되었다.

조선어과 교과서의 내용과 개발과정을 최근의 현실과 비교해 보면 여러 가지 측면에서 격세지감을 느끼게 된다. 시대 현실에 능동적으로 대응하는 주체적이고 창의적인 인재를 육성하는 데 교육 본연의 목적이 있다면, 식민치하의 교육은 이와는 너무나 거리가 멀었다. 최근 교육과정은 단편 지식이나 사실 위주의 암기, 평면적 이해 능력 대신 복합적인 정보를 탐색하고 분석하여 창의적인 아이디어를 창출하는 능력을 무엇보다 강조한다. 더불어 자기 주도로 새롭게 갱신해 가는 평생학습 능력과 효율적 의사소통 능력, 협동을 통한 탄력적 문제해결 능력 등을 중요시한다. 그런데 식민치하의 교육은 절대적 권위로 무장한 지식관에 바탕을 두어 '가르치는 주체' 즉, 일제의 의도가 '배우는 주체'를 압도하는 강한 목적성을 보여준다. 말하자면, 배우는 주체가 갖고 있는 신체적·정의적·지적 성장의 상호성과 개별 편차를 무시하고 대신 모든 학생들이 도달해야 할 일원적 목표만을 일률적으로 강요하는 식이다. '조선어'에 대한 교수·학습을 목적으로 하는 『조선어독본』이 내용 면에서 『수신』 교과서와 별반 차이 없는 실용 정보와 지식들로 가득한 것은 바로 그런 까닭이다.

　『조선어독본』에서 수신을 의도한 글들은 분량 면에서 압도적이며, 수신과 직접 상관없는 글들도 도덕과 교훈적 가르침을 전달하려는 의도를 바탕에 깔고 있다. 이과(理科)로 분류할 글들이나 실업, 심지어 문학류에 속하는 단원들도 대부분 도덕적 가르침을 전달하고자 하며, 조선의 인물과 지리에 대한 설명 역시 교훈적 의도를 내재하고 있다. 원래 예절과 도덕은 강제적·타율적으로 부과되는 것이 아니라 여러 관계들 속에서 스스로 형성·습득되어야 한다. 그런데 식민치하라는 특수 상황에서 『조선어독본』은 지배층이 강요한 규율과 지침을 예절과 도덕이라는 명분 아래 그럴 듯하게 묶어 놓은 것이다. 부자간이나 사제 간의 범절, 이웃이나 어른에 대한 공경 등을 강조하는 것은, 전래의 유교적 가치와 이념을 차용해서 위계적 서열의식에 저항 없이 복종하는 품성을 강화시키려는 의도에 지나지 않는다.

매사에 순응하고 공경하는 자세를 갖추도록 몰아가는 교육 방식은 일제가 양성하려 했던 피식민지 주체의 성격이 어떠했나를 단적으로 보여준다. 윗사람을 공경하고 조상을 숭배하라는 실천 규범은 '효'를 질서 유지의 원리로 삼아 사회를 규율하려 한 의도라 할 수 있다. 가정 내 '효'의 실천이 사회적 상하관계로 확장되면 '충'으로 발전하는 식이다. 이는 인간 내면에 자연스레 존재하는 기초적 도덕성에 주목하고 이를 교육으로 계발해서 사회적 혼란을 구제하고자 했던 공자의 본래적 의도를 일제치하 현실에 악용한 것이다. 겉으로는 근대화를 부르짖으면서 필요할 때는 유교적 가족윤리와 국가윤리를 강조한 일제의 모순적 특성이 단적으로 드러난다. 천황을 정점으로 가부장적 규범을 정비해 일본과 조선을 문명 대 미개, 천황의 나라 대 신민의 나라로 구분하고, 조선이 일본을 공경하고 따라야 한다는 통치 윤리를 자연스럽게 마련한 것이다. 이러한 내용을 학습하다 보면 윗사람(혹은 강자)에게 복종하는 공손함이야말로 올바른 행위 규범이라고 스스로를 납득시킬 수밖에 없다.

『조선어독본』에서 종종 확인하는 또 다른 주요 가치는 사회 위생과 생활 속 실천 규약들이다. 위생이란 인체의 발육과 건강 및 생존에 유해한 환경을 살펴 개선하는 행위로, 개인뿐만 아니라 사회 전반의 노력을 전제로 한다. 당시 조선은 개항과 동시에 근대화와 문명의 급격하고 전면적인 세례를 받았지만 여전히 사회 구조나 구성원의 생활은 대부분 전근대적 방식에 머물러 있었다. 근대적 위생관념 또한 전무하다시피 했기에 생활환경은 비위생적이었다. 갑오개혁 이후 서양문명이 조금씩 유입되면서 서양 의학이 들어오자 위생 상태도 점차 개선되었지만 근대의 관점에서 보자면 미개한 수준이었다. 이를 고려할 때 일제가 강조한 위생 담론은 불결한 생활환경에 대한 인식을 높여 위생 수준을 개선하려는 의도로 볼 수 있다. 그러나 위생 담론은 한편으로 식민정책과 밀접하게 관련되어 있었다. 위생과 청결은 당시까지 개인과 공동체에 발생하는 다양한 문제에 대해 해결 역할을 맡아서 사회 구석구석에 만연해 있던 미신을 퇴치할 유용한 대항담론이었다. 어둠을 밝히는 전등처럼, '종두(種痘)법'에 대한 설명은 주술적 믿음에 사로잡혀 있던 사람들을 제압하는 효과적인 방법이었다. 그렇지만 과학을 지원군으로 하는 위생담론 또한 건강 이데올로기를 급속히 유포시켜 사회를 통제하려 했던 정치적 의도에 의해 조종되었음을 유념할 필요가 있다. 위생담론을 확산시키고 적극적으로 교육한 의도가 국민의 건강을 일정하게 관리해서 식민체제를 효율적으로 유지할 노동력과 군사력을 양성하고자 했던 '국민 만들기' 정책의 일환이었던 것이다.

식민 체제 유지를 위해 고안한 교육의 또 다른 측면은 위생 담론과 함께 큰 비중을 차지한 실용 지식과 각종 생활 정보 관련 단원들에서 한층 명확하게 드러난다. 실용 관련 내용은 물건 매매 시 필요한 주문서 작성법, 식목일의 의미와 중요성, 세금의 중요성과 납세의 의무 등 사회생활 전반에 걸쳐 다양하게 나타난다. 내용이 다양한 만큼 국민의 의무와 책임을 주지시키고 실천하게 만들려는 의도가 교묘하면서도 노골적이다. 실용적 지식과 정보의 학습은 생활의 편의뿐 아니라 궁극적으로 일제가 요구하는 근대적 주체의 기율과 행동방식에 연결되어 있다. 일상생활의 전 영역에서 지배층에게 충성·봉사하는 도구적 주체를 필요로 했고, 순응적이고 단순한 노예적 인간 형성을 위해 우선 위생과 실용 정보부터 주입시켰던 것이다. 이는 위생 관련 행정 집행 시 경찰제도와 직결된 공권력을 개입시켜 일사천리로 처리했다는 기록에서 한층 분명해진다. 만약 일제가 완만하고 성숙하게 근대적 시민 사회를 양성하려 했다면, 교과서를 이렇게 강압적인 내용으로 채우지는 않았을 것이다.

근대 시민이란 자각적 주체로서 자유와 권리를 선택하고 주장할 뿐만 아니라 타인의 권리를 존중하는 반성적 존재를 의미한다. 그런데 일제강점기 교과서는 시민의식 형성에 필수적인 자기 비판력을 배제한 채 의무만을 반복적으로 강조한다. 권리를 모른 채 의무만을 강요받는 존재는 기실 자기 성찰 능력을 거세당한 채 순종과 희생만을 반복하는 절름발이 주체로 굳어질 수밖에 없다.

한편 '조선'과 관련된 내용 또한 『조선어독본』에서 무시할 수 없는 비중을 차지하는데, 이는 일견 의외의 현상으로 느낄 수도 있다. 편찬 주체가 '조선총독부'이고 교재의 궁극적 의도 역시 식민 통치에 유리한 질서를 구축하는데 있기에 조선의 역사와 인물은 통치 의도에 반하는 소재로 보이기 때문이다. 하지만 그 내용을 유심히 들여다보면 조선의 역사와 인물은 외양일 뿐 그 이면에 식민주의 의도가 깊게 새겨져 있음을 알 수 있다. 『조선어독본』에 수록된 조선 관련 역사와 인물은 '조선어' 교재라는 성격상 불가피하게 수록되었을 뿐이다. 소재로 활용되었다 뿐이지 조선 사람으로서의 민족적 정체성과 자부심이 배제되어 있기 때문이다. 「솔거」, 「박혁거세」, 「한석봉」, 「신라의 고도」, 「서경덕」, 「이퇴계와 이율곡」 등의 단원은 외견상 조선의 명사나 신화적 인물일 뿐 사실은 단순한 일화의 소개와 나열에 지나지 않는다.

예를 들어 '솔거'는 단지 그림을 잘 그리는 조선의 대표적 화가로 소개될 뿐 조선 고유의 정신이나 예술혼과 연결되어 있지 않다. '한석봉' 역시 특별히 글씨를 잘 쓰는 사람으로 소개했지만 그의 됨됨이나 글씨를 조선의 얼이나 역사성 등에 귀속시키지 않는다. 인물이 지닌 역사 속 맥락과 민족적 특수성을 의도적으로 배제하고 단지 일반적 교훈성만을 언급하고 있다. 민족의 고유한 맥락을 생략하려 한 의도는 동일 인물을 소재로 실은 해방 후 『초등 국어독본』(1946)과 비교해 볼 때 한층 명백하게 드러난다. 미군정기의 「솔거」(『초등 국어교본』 중권)에는 식민지 교과서에서 전혀 언급하지 않았던 민족의 시조 '단군'이 등장한다. 나아가 솔거가 단군의 정기와 얼을 이어받아 민족의 역사성을 그림으로 표현한 인물이라고 소개한다. 또 「박혁거세」(『초등 국어교본』 중권)에서는 박혁거세가 임금이 된 내력을 상세히 서술한다. 특히 백성을 다스리려면 학문과 용기·덕·다정·정직 등의 덕목을 갖춰야 하며 각 지역의 사정 또한 잘 파악해야 한다는 점을 강조한다. 이는 건국 신화의 단순한 재현을 넘어 단군을 민족 시조로 신격화하고 타 민족과의 차별성과 고유성을 부여하려는 노력일 것이다. 이처럼 인물을 대하는 관점이나 내용을 비교하다보면, 『조선어독본』의 서술이 대단히 기능적이고 단편적이라는 사실을 확인할 수 있다. 그렇기에 『조선어독본』에 수록된 인물들을 다른 사람으로 대체해도 전달하고자 하는 내용(즉 교훈적 덕목)은 전혀 변하지 않는다.

　『조선어독본』은 단순하고 기능적인 관점을 고전문학의 텍스트화 과정에도 그대로 적용하고 있다. 관련 단원들은 효, 무욕, 지혜, 자만심의 경계, 안분지족(安分知足) 등 단편적 교훈으로 일관되어 문학적 맛이나 민족의 얼과 정서는 탈색되어 있다. 작품에 담긴 고유한 맥락, 풍토적 특징, 언어 미감 등을 배제하고 오로지 교훈과 덕목만을 건조하게 나열하여, 명목만 고전일 뿐 도덕 교과서와 다름없는 것이다. 그런 사실은 역시 미군정기의 『초등 국어독본』과 비교해볼 때 한층 분명하게 드러난다. 미군정기의 「심청」에는 『조선어독본』에서와 달리 심청을 공양미 삼백 석에 팔아넘기는 심봉사의 미혹함과 안타까움을 대화체 형식으로 제시한다. 또한 그런 아버지를 측은히 여기는 심청의 심경 역시 사실적으로 표현해 소설의 묘미를 십분 맛보게 한다. 공간 묘사에서는 한반도 바닷가 고유의 특색을, 부녀간의 사랑과 희생 등 심리 묘사에서는 우리

민족의 교유한 정서를 공감할 수 있게 해 놓았다. 이러한 배려와 비교할 때, 일제의 『조선어독본』이 '조선어'라는 외양을 둘러쓰고 교묘하게 조선의 역사를 자신(일제)을 위해서 소비하는 '민족에 대한 강력한 폭력'을 행사하고 있음을 느끼게 된다. 즉, 조선인으로서 조선어를 학습하는 상황임에도 불구하고 자기 문화에 대한 특성과 전통을 배우지 못하는 것이다. 피식민지 주체들은 어떤 자긍심도 가질 수 없는 내용만을 익히고 반동적으로 교재 곳곳에서 주입하는 선진 문화, 즉 일본적인 것을 선망하며 조선의 것이 아닌 가치들을 내면화하게 된다. 설상가상으로 패배적 식민사관이 더해지면 위축감과 열패감은 한층 심각해진다. 자라나는 세대들에게 우리 민족은 주체성이 없고 퇴영적이며, 사대주의에 사로잡혀 내적 발전을 기대할 수 없는 열등 민족으로 낙인찍히는 것이다.

일제는 식민정책의 변화에 맞춰 『조선어독본』을 수시로 개편하면서 제국의 이념과 가치를 전파하고 정착시키기 위해 노력하였다. 그 결과 식민 통치 하의 조선 사회는 이전의 봉건 관료사회와 판이하게 달라졌고, 개개인의 의식 역시 한층 근대적 면모를 갖추게 되었다. 하지만 타율적 힘에 끌려가며 변모한 주체가 진정한 의미의 근대적 균형 감각을 갖춘 자율적 주체일 수는 없다. 안타깝게도 일제강점기 교과서 전반은 공히 식민 통치에 유순하게 순응하며 도구적으로 이용되는 절름발이 근대 주체들을 떠올려준다. 일을 하다가 종소리가 울리면 점심을 먹고, 호각을 불면 집단 체조를 하며, 가정에서는 효도하고, 천황에게는 충성을 바친다. 근면 성실하다는 자기 만족감에 젖어 잠들고 깨어 다시금 일상의 쳇바퀴를 돌리는 무반성적 주체만이 교과서를 활보한다.

일제강점기 교과서가 증명해주는 교육 도구화의 전형적인 사례들은 오늘날 우리 교육에서 지적되는 병폐들의 뿌리 깊은 연원을 시사해준다. 그러므로 대한제국 시기에 시작하여 일제강점기, 미군정기, 교육과정기를 거치며 단계별로 본격화된 교과서의 역사를 분석하는 작업은 교육의 도식, 배치와 재배치, 다원화 과정을 파헤치는 본격적 여정이라 하겠다.

그간 일제강점기 교과서에 대한 연구가 미흡했던 것은 대상 텍스트 자체가 온전한 형태로 복원되지 못했기 때문이다. 조선어과 교과서 개발 실태 연구의 기초를 제공한 박붕배(1987), 이종국(1992) 등의 선행 연구는 조선어과 교과서를 연구하기 위해 반드시 참고해야 할 중요 자료들이다. 그러나 이들 자료에는 누락된 것이 많고 또 발행 부수가 제한적이어서 일반 연구자들이 쉽게 이용할 수 없는 한계가 있었다. 본 연구서는 자료로서의 『조선어독본』을 면밀하게 조사·정리하고 체계화한 후 중요한 주제를 분석하고 정리한 결과물이다.

『'조선어독본'과 국어 문화』의 제1부 「'조선어독본'의 형성과 식민정책」은 『조선어독본』의 형성과 변천 과정을 교육 칙령의 공포·개정을 비롯한 당대 정치·사회·문화적 맥락을 중심으로 추적하였다. 교과서 탄생과 변화에 대한 사적 고찰은 제반 법령과 제도들을 확인하고 관련 맥락을 추출하여 누락된 부분까지 의미화하는 섬세하고 끈질긴 작업이라 할 수 있다. 제2부 「'조선어독본'의 체제와 제국의 국민 만들기」에서는 각 교육령기마다 강조된 정책 방향과 세부 목표들이 교과서에 어떻게 반영되었는가를 고찰하였다. 내용과 체제에 대한 분석은 교과서에 내재한 지배 전략과 만들어내고자 했던 국민상(像)의 허구성을 여실하게 보여줄 것이다. 마지막으로 제 3부 「'조선어독본'의 제재와 문학의 존재 방식」은 문학 류에서 제재를 취한 텍스트들이 본연의 존재 방식인 문학의 특성을 어떻게 구현했는가를 분석하였다. 일차적으로 조선어 교육이라는 목적을 갖는 『조선어독본』은 그 기능을 수행하기 위해 다양한 형태의 기존 문학 텍스트들을 수용하였다. 이 텍스트들은 이후 국문학의 역사와 장르가 정립되는 과정에서 시조, 고전소설, 시가, 서간, 소설, 설화, 아동 문학 등으로 구체화된다. 그런 점에서 이 장은 하위 장르로 분화되기 이전의 문학의 존재 방식과 그것이 '교과서 문학'으로 정착되는 과정 등을 확인하는 계기를 제공할 것이다.

산재한 초기 교과서 자료들을 수합·정리·일별하며 기준을 갖춰 나가는 과정에서 흥미로운 사실들과 종종 마주쳤다. 우리가 일상적으로 사용하는 관용적 표현의 상당수를 일본 교과서에서 발견한 것이다. 지금도 익숙하게 쓰여 당연히 전래 풍습이나 역사에서 유래되었으리라 짐작했던 표현과 상황이 일본 교과서에서 툭툭 튀어나올 때마다 당혹스러웠다. '건강한 정신은 건강한 신체에 깃든다.' '운동회에 만국기를 걸고 공굴리기를 하는 장면' '군인에게 위문편지 보내기' 「동동동 대문을 열어라」라는 노래와 놀이' '「우리 집에 왜 왔니 왜 왔니」 하는 노래' 등. 일제가 교과서를 이용해 이식한 정서와 가치의 구체적 항목들이 얼마나 광범위하고 끈질기게 살아 있는가를 확인하는 일은 얼굴이 달아오르는 한편 사명감을 불러일으키는 경험이었다. 관용어구와 예화 등으로 남은 일본적인 것들의 생명력이 두 나라 간 정서적 친연성 때문인지 아니면 강력한 주입과 이식의 결과인지, 그 사례를 찾고 추적하는 일은 여전히 남아 있는 과제일 수밖에 없다.

여기에 수록된 글의 대부분은 대학원 수업 과정에서 산출된 결과물들이다. 2009년과 2010년도에 나는 이화여대와 고려대학에서 대학원 수업을 하면서 학기 내내 '조선어독본'을 읽히고 발표하게 했다. 그것을 다시 손 보고 수정하게 하여 여기에 수록한다. 그렇지만 그것만으로는 한 권의 책이 되기에 부족함이 많았고, 고민 끝에 궁여지책으로 허재영, 김성수, 손광식, 김혜련, 박선영 선생님의 도움을 받지 않을 수 없었다. 이 선생님들의 도움이 없었다면, 이 책은 이렇듯 반듯한 모양을 갖추지 못했을 것이다. 이 자리를 빌려 선생님께 감사의 마음을 전한다. 아울러 고치고 보완하는 노고를 아끼지 않은 대학원 학생들에게도 고마움을 전한다.

모쪼록 『'조선어독본'과 국어 문화』를 계기로, 교과서 관련 영역에 대한 관심이 촉발되고 다채로운 연구들이 계속해서 이루어지기를 소망한다.

2011년 6월, 학기를 마무리하며
강진호 씀

차 례

제1부

'조선어독본'의
형성과 교과서 정책

조선어독본과 국어 문화

01 '국어' 교과서의 형성과 일제 식민주의

『국어독본』(1907)과『조선어독본』(1911)을 중심으로

강진호(성신여대 교수)

1. 교과서의 탄생과 조건

한 권의 교과서가 탄생하기 위해서는 수많은 내외(內外)의 요소들이 결합하고 작용한다. 교과서란 단순한 교재가 아니라 교육의 표준적 지침과 준거를 제공하는 것이라는 점에서 교과서 편찬에는 국가 차원의 교육과정과 이념, 한편으로는 학제와 학교 등의 제도와 규정들이 적극적으로 개입한다. 또, 교재의 내용을 구성하기 위해서 당대의 가치와 이념 등 상황적 요소들이 중요하게 참조된다. 교과서란 이 여러 요소들의 총화(總和)인 관계로 그것을 연구하기 위해서는 그만큼 다양한 측면들이 고려되어야 한다.

근대 초창기의 경우는 이런 제 요소들이 구체적 형태를 갖추기 이전의 미분화된 상태였기에 한층 더 섬세한 구분이 필요하다. 주지하다시피, 구한말은 일제의 침탈이 본격화된 때라는 점에서 일제의 식민주의적 의도가 교과서에 구체적으로 투영되어 드러나는 것을 볼 수 있다. 우리나

라의 근대 교과서가 일제에 의해 만들어졌다는 사실을 감안하자면, 일제의 침략적 의도가 구체화되는 과정은 한편으로 근대 교과서의 형성 과정과 맞물려 있고, 그래서 이 시기 교과서를 이해하기 위해서는 '일제'라는 외적 요소를 중요하게 살피지 않을 수 없다. 일제는 강제병합이 되기 이전부터 이미 '보통학교령'(1906), '고등학교령'(1906), '교과용 도서검정규정'(1908) 등을 공포하여 조선의 교육을 통제하였고, 교과서를 식민통치의 유력한 도구로 활용하였다.[1] 그런 관계로 당시 교과서에는 편찬 주체인 구한국 정부의 의도와 함께 일제의 식민주의가 동상이몽으로 공존하는 기이한 모습을 볼 수 있다.

이 글에서 주목하는 『(보통학교 학도용) 국어독본』(1907)(이하『국어독본』)은 그런 구한말의 특성을 전형적으로 보여준다. 『국어독본』은 그 이전에 간행된 '국어독본'보다[2] 한층 정비된 교육령(즉 교육과정)에 바탕을 두고 있고, 또 당대 구한국 정부의 이념과 정책을 근거로 한 국정 (國定) 교과서이다. 더구나 이『국어독본』은 오늘날의 '국어'처럼 우리의 전통문화와 생활에 대한 민족주의적 인식을 주된 내용으로 하고 있다.[3]

---

1) 근대 계몽기와 식민치하의 교육 정책은 『광복 40년의 교과서』(박붕배 외, 나랏말쓰미, 1987), 『한국의 교과서 출판 변천 연구』(이종국, 일진사, 2001), 『다시 읽은 한국교육사』(이만규, 살림터, 2010), 『일제강점기 교과서정책과 조선어과 교과서』(허재영, 경진, 2009) 등을 참조할 수 있다.
2) 우리나라 최초의 국어 교과서는 1895년에 간행된『국민소학독본』이다. 국한문혼용체이며 모두 41과로 구성된 이 책은 당시의 교육정책을 수용하고 또 사회제도와 풍습의 영향을 받으면서 근대적 지식을 쉽게 교육하는 방향으로 편찬되었다. 이후 1896년 학부 편집국에서『신정 심상소학』이 간행되었다. 3권 3책으로 된 이 책은 1895년의 소학교령에 의거해서 만들어진 것으로, 국한혼용체로 되어 있다. 이들 교과서는 모두 근대 형성기 교과서의 전범을 마련한 것으로 평가되지만, '국어과'에 대한 자각이 미흡했다는 점에서 오늘날의 '국어'와는 구별된다. 교재의 편찬 의도 역시 근대지를 전파하기 위한 강독용 자료집 이상을 벗어나지 못했고, 그래서 유교 경전을 발췌하여 수록하는 등 전근대적 모습을 보여주기도 했다.
3) 이『국어독본』은 오늘날의 '국어'에 한층 가까운 형태로 되어 있다. 말하기와 듣기, 쓰기와 읽기를 근간으로 하는 오늘날의 '국어'와 동일한 체제와 구성을 갖는 것은

외세가 밀물처럼 몰려오던 구한말의 특수한 상황을 보여주는 리트머스 시험지와도 같이 교재 전반에는 애국 사상을 환기하고 민족의 주체성을 확립시키고자 하는 강한 민족주의적 열망이 투사되어 있다. 근대화가 진행되면서 중화 중심의 화이관에서 벗어나 자주 국가로서의 의식이 분명해졌고 또 민족 고유의 전통이 발견되면서 과거의 삶과 인물들이 중요하게 의미화되었다. 그런데, 안타깝게도 이런 민족주의의 한편에는 일제의 식민주의가 완고한 형태로 꽈리를 틀고 있는 것을 볼 수 있다. 이는 강점이 이루어지기 이전에 벌써 일제에 의해 조선에 대한 정형화 작업이 시작되었다는 것을 의미한다. 정형화(stereotype)란 식민지 상황에서 지배민족이 피지배 민족을 자기중심적 시선과 담론으로 고착화시키는 행위를 뜻하는 것으로,[4] 이는 곧 조선을 미개하고 야만적인 나라로 보는 폄하의 시선과 함께 일본의 조선 침략을 당연시하는 서술로 드러난다. 조선 사람은 목욕을 하지 않아서 불결하고 병에 자주 걸린다거나 조선의 가옥들은 외국에 비해 왜소하다는 것, 먼 옛날부터 조선 사람들은 일본을 선망해서 귀화한 인물이 많았다는 것 등이 일제가 구사한 대표적인 정형화의 사례들이다. 이런 작업을 통해서 일제는 조선의 민족주의를 전복하고 궁극적으로 일본의 천황제를 중심으로 한 제국의 이데올로기를 전파하고자 하였다. 그런 점에서 이『국어독본』은 구한국과 일제의 가치와 이념이 공존하는, 이를테면 국가 차원의 이념과 가치가 상충하고 길항하는 구한말의 특수성을 전형적으로 보여준다.

아니지만, 국어과에 대한 자각을 전제로 했다는 점에서 한층 진전된 모습을 보여준다. 가령, "국어 강독은 발음 및 구두(句讀)ㅎ는 것을 주의ㅎ야 강독홀 때에 독자 및 청자로 하여금 문세(文勢)와 문의(文義)를 해득"케 하고, "작문은 간명 성실홈을 위주"로 한다는 당대 교육령은 말하기와 듣기, 쓰기와 이해를 핵심으로 하는 오늘날의 교육과정과 상당 부분 흡사하다.(「학부령 제20호, 사범학교령 시행규칙」, 『관보』 제357호, 광무 10년 9.1. 참조)

4) 호미 바바, 나병철 역, 『문화의 위치』, 소명출판, 2002, 146면.

이런 독특한 모습을 갖고 있음에도 불구하고 그 동안 이『국어독본』은 그리 큰 주목을 받지 못하였다. 교과서 연구의 초기 세대라 할 수 있는 박붕배와 이종국에 의해 이들 교과서의 서지와 출판 사항이 대략적으로 밝혀졌지만, 이후 별다른 주목을 끌지 못하다가 최근에야 몇몇 연구자들에 의해 새롭게 관심의 대상이 되었다. 김혜정과 하상일은 이들 교재의 구성과 문종 등에 대해서 개략적인 특성을 고찰하였고, 허재영은 통감시대 어문 교육을 살피는 과정에서 이『국어독본』의 성격과 의의를 규명하여 후속 연구의 중요한 발판을 마련하였다. 김성수는 이 독본에 수록된 서간을 고찰하면서 그것이 근대적 문식력(literacy) 향상과 근대 지식 보급에 중요하게 기여했음을 밝혀내었다.[5] 이런 연구를 통해서 이 교과서가 간행될 수 있었던 일제의 정책과 출판, 교재의 내용 등은 거의 밝혀졌다고 할 수 있다.

이 글은 이들 연구를 바탕으로 이『국어독본』의 특성을 보다 구체적으로 살피고, 나아가 그것을 저본(底本)으로 해서 간행된 일제 강점 이후의 『(보통학교 학도용) 조선어독본』(1911)(이하『조선어독본』)의 특성을 함께 고찰해 보고자 한다.[6] 여기서 특히 주목하는 것은『국어독본』이 간행된 구체적 과정, 이를테면 편수관 어윤적(魚允迪)과 일인 학정참여관 三土忠造의 역할과 그에 따른 교재의 내용과 의도이다. 당시 교과서 편찬을 주도했던 인물은 편수과장이었던 한국인 어윤적과 일본인 학정참여관 三土忠造였다. 어윤적은 외견상 교과서 편찬의 책임을

---

5) 앞의 이종국, 허재영의 책 및 하상일의「구한말 초등학교 교과서의 분석」(『논문집』 27, 대구교대, 1992), 김혜정의「국어 교재의 문종 및 지은이 변천에 대한 통사적 검토」(『국어교육』, 2005.2), 김성수·손광식의「국어독본 수록 서간의 존재양상과 사회적 의미」(『한국근대문학연구』, 2010 하반기) 참조.
6) 『(보통학교 학도용) 국어독본』의 일부를 수정해서 1911년판 (자구 정정본)『(보통학교 학도용) 조선어독본』이 간행되었고, 그것을 바탕으로 강제 병합 이후 모두 4번에 걸쳐서『조선어독본』이 간행되었다.

총괄했던 인물로『국어독본』의 내용을 구성하는데 중요한 역할을 했을 것으로 짐작되며, 일인 三土忠造는 교재 편찬을 실질적으로 주도하면서 일제의 의도를 전파하고 실천한 제국의 전령과도 같은 인물이었다. 이 두 인물은 각기 구한국의 학부와 일제의 통감부를 대변하는 상징적 존재라는 점에서, 더구나 이『국어독본』은 일제의 식민주의가 구체적으로 반영된 최초의 교과서라는 점에서, 이들의 역할을 살펴봄으로써 조선과 일제의 서로 다른 지향과 가치가 갈등하면서 궁극적으로 천황제 이데올로기로 귀결되는 과정을 확인하게 될 것이다. 많은 부분에서 이해를 같이하면서도 결국은 서로 다른 꿈을 꿀 수밖에 없었던 구한국과 일제의 부적절한 동거는『조선어독본』(1911)에 오면 일제의 천황제를 중심으로 전일화되어 나타난다. 우리말이 '국어'에서 '조선어'로 격하된 것처럼 조선의 역사와 문화는 일제의 하위문화로 편입되고 고유의 독자성을 상실한 것이다. 이『조선어독본』은 이후 일제에 의해 4차례에 걸쳐 간행된 『조선어독본』의 바탕[質]이 된다는 점에서 향후 본격화될 일제의 문화정책과 제국의 이데올로기를 이해하는 좋은 자료가 될 것이다. 나아가 이들 교과서를 통해서 일제가 양성하고자 했던 '국민'의 모습을 알 수 있고, 궁극적으로는 국책 과목으로서 한권의 교과서가 탄생하는 과정을 이해하게 될 것이다.

2. 교과서를 둘러싼 두개의 힘과 지향

『국어독본』(1907)은 오늘날의 시각으로 보자면 100년이라는 시간만큼이나 아득한 거리감을 갖게 한다. 한자가 근간이 되고 한글은 조사와 술어 정도로 제한된 한주국종체의 문체로 되어 있으며 띄어쓰기가 되어 있지 않아 형태소조차 구별하기가 쉽지 않다. 개별 단원들은 지은이가 표기되지 않아 누구의 글인지 확인할 수 없고, 대신 편찬자에 의해 교육 목적에 맞게 의도적으로 씌어졌다는 것을 알 수 있다. 또 논설문이라든가 교화적(논설적) 성격의 설명문이 수록 단원의 90% 이상을 차지해서 문종(文種)이 분화되기 이전의 전근대적인 양상을 보이는 것도 특기할 대목이다. 또한 이 책은 당시 일본에서 유행하던 '독본(讀本)'을 모방한 관계로, 여러 교과의 내용을 목적의식적으로 묶어 놓은 강독용 자료집의 형태로 되어 있다.[7] 이런 외형에다가 이 책은 구한국 '학부' 편찬으로 되어 있음에도 불구하고 인쇄는 일본의 '대일본서적주식회사'에서 한 독특한 모습을 보여준다. 당시 조선의 취약한 재정 상태를 꿰뚫고 있었던 일제는 구한국 정부에 강제로 5,000원(元)의 차관을 제공하고 그 돈으로 이 교과서를 만들게 한 것이다.[8]

이 『국어독본』의 편찬에 관여했던 인물은 조선인으로는 학부 편수국장인 어윤적과 편찬관 현수(玄穟)이고, 일인으로는 편찬 전담관 三土忠造, 참여 담당관 田中玄黃, 松宮春一郎, 上村正己, 小杉彦治 등이었다.[9] 이들이 중심이 되어 『국어독본』을 집필하고 단원을 구성했던 것으로 보이는데, 이들이 구체적으로 어떤 역할을 했는지는 확인할 수 없

---

7) 근대 '독본'에 대해서는 김혜정의 앞의 「국어 교재의 문종 및 지은이 변천에 대한 통사적 검토」 및 구자황의 「근대 독본의 성격과 위상(3)」(『반교어문연구』 29집) 참조.

8) 이승구 외, 『한말 및 일제강점기의 교과서 목록 수집 조사』, 한국교과서연구재단, 2001, 32면.

9) 『국어독본』이 편찬된 1907년 당시의 편찬위원은 위에서 제시한 사람 외에는 더 이상 확인할 수 없었고, 대신 1909년 학부 편찬국 직원 명단을 다음 표와 같이 확인할 수 있었다. 앞의 『한말 및 일제강점기의 교과서 목록 수집 조사』(한국교과서연구재단, 2001, 34-40면) 및 石松慶子의 「통감부치하 대한제국의 수신교과서·국어독본 분석」(연대 석사, 2003.12, 33면) 참조.

고, 단지 어윤적과 三土忠造에 대해서만 일부 자료를 찾을 수 있었다.

편수국장을 맡았던 어윤적(1868~1935)은 구한말 일본 게이오 의숙[慶應義塾]에 유학하여 일본어에 능통했던 친일파 관료이다. 그는 일본 유학을 통해서 일본어를 배우는 한편 근대적 지식을 습득했는데, 1896년에 일본 제국대학의 문과대학 강사가 되었고, 그 과정에서 일본인과 교유를 넓히면서 출세의 발판을 마련하였다. 일본에서 돌아온 뒤에는 번역관으로 활동하면서 보빙(報聘)대사의 수행원이 되어 통역 업무를 맡아서 했고, 그런 공적이 인정되어 1904년에는 일제로부터 훈5등 욱일장(勳五等旭日章)을 받았다. 1907년 학부 편집국장이 된 뒤에는 국문연구소를 개설하는데 중심적인 역할을 해서, 훈민정음의 제자 원리를 밝히는 등의 중요한 공적을 남겼다. 그렇지만 유학 과정에서 일본에 대한 거부감이 옅어지면서 점차 친일화되었고 또 통감부 설치와 함께 출세가도를 달렸던 까닭에,[10) 자주 독립국가로서 대한제국에 대한 이해나 애정은 상대적으로 적었던 것으로 보인다. 대신 일본의 식민주의에 동조하고 그것을 전파하는데 적극적으로 기여했을 것으로 짐작된다. 유길준의 『서유

지위 및 역할	성명			
局長	魚允迪			
書記官	小田 省吾			
事務官	柳田 節			
編纂官	上田 駿一郎	玄穡		
技師	李敦修	劉漢鳳		
主事	李琮夏	李公植	限部 一男	
編纂官補	高木 善人	洪礒杓		
技手	全泰善	李應善	李孝鎭	須田 直太郎
委員	李圭鎭	漁在乘		

10) 어윤적에 대해서는 정욱재의 「'東史年表'의 간행과 그 의미」(『장서각』, 한국학중앙연구원, 2003.9), 신유식의 「어윤적의 국어학 연구」(『어문논총』, 청주대학교, 1989), 이승율의 「일제시기 '한국유학사상사' 저술자에 관한 일고찰」(『동양철학연구』 37집)를 참조하였다.

견문』의 교열을 맡아서 간행한 것이나, 시무(時務)학교 교사를 지내면서 청년개화운동가로 명망을 떨쳤던 것은 그런 사실을 단적으로 말해준다. 당시 친일 개화파가 그랬듯이, 그 역시 조선의 문명개화에 깊은 관심을 보였고, 일본을 모방함으로써 그것이 가능하다고 생각하였다. 학부 편수 국장도 그런 생각을 갖고 임했을 것으로 보이지만, 구체적인 역할이 무엇이었는지 또 일인 관료와는 어떤 관계였는지에 대해서는 확인할 수 없었다.

그렇지만 국어학과 역사학 분야에 남긴 업적을 감안해 보자면, 교과서 편찬과정에서 어윤적이 적잖은 역할을 했을 것으로 짐작된다. 우선, 역사학 분야에 남긴 어윤적의 공적을 고려해 볼 수 있는데, 그것은 구체적으로 『동사연표(東史年表)』(1915)의 집필과 관계된다. 『동사연표』는 단군 원년부터 1910년까지(재판본은 1934년)를 대상으로 해당 연대의 역사적 사실을 한국사를 중심에 두고 중국·일본과 관계되는 사실들을 병기한 책으로, 당시 유행한 친일사학을 따르지 않고 고조선을 우리 역사의 시발점으로 인정하고 기술한 것으로 평가된다. 즉, '고조선→부여→신라·고구려·백제→신라→고려→조선'의 순으로 한국사의 전개를 정리해서, 임나일본부를 강조하는 친일사학과는 확연히 다른 모습을 보여주었다. 1934년판은 기존의 내용을 일부 수정·증보하여 출간했는데, 내용 중에서 '일태자내조(日太子來朝)' 등의 문구가 문제되어 총독부에 의해 발매가 금지되었다고 한다. 비록 친일파의 길을 걸었지만 어윤적은 최소한의 학자적 양심을 가지고 여건이 허락하는 범위에서 주관적 서술을 배제한 채 최대한 객관적 사실들을 열거해서 자국의 역사를 알리고자 했던 것이다.[11] 다음에서 언급하겠지만, 1907년판 교과서에는 민족의

11) 『동사연표』 원문은 국립중앙도서관 원문구축자료(http://www.dlibrary.go.kr) 참조. 『동사연표』에 대한 연구는 정욱재의 「東史年表'의 간행과 그 의미」(『장서각』,

시조로 단군이 등장하고 외침에 맞선 역대 장군들이 긍정적으로 기술되는데, 이는 『동사연표』에서 보이는 서술과 동일한 것으로 어윤적의 공적으로 봐도 무방할 대목이다.

어윤적은 또한 1907년에 설치된 '국문연구소'의 편집장으로 국문의 원리와 연혁, 행용(行用)과 장래 발전 방안 등을 연구하였다. 국문연구소는 1907년 7월 학부(學部)에 설치되었던 한글연구기관으로, 학부대신 이재곤이 황제의 재가를 얻어 설치하였다. 위원장에는 학부 학무국장 윤치오, 위원에는 학부 편집국장 장헌식, 한성법어학교 교장 이능화, 내부 서기관 권보상, 일본인 학부 사무관 上村正己, 주시경 등이 임명되었고, 이후 어윤적·이종일·지석영·이민응 등이 추가로 참가하였다. 1907년 9월 제1차 회의가 열린 뒤 1909년 12월까지 23번의 회의가 열렸는데, 이때 14개항의 문제를 제출하여 1909년 12월 「국문연구의정안」과 8위원의 연구안으로 꾸며진 보고서를 학부대신에게 제출하였다. 그 주요내용은 국문의 연원과 연혁, 초성 8자의 사용 여부, 된소리 ㄲ·ㄸ·ㅃ·ㅆ·ㅉ·ㆅ 6자의 병서법, 'ㆍ' 폐지, 종성 ㄷ·ㅅ 2자의 용법과 ㅈ·ㅊ·ㅋ·ㅌ·ㅍ·ㅎ 6자의 종성 채용 여부, 자모 7음과 청탁의 구별, 자순과 행순, 철자법 등이다. 여기서 한글의 연원, 자체와 발음, 철자법 등은 거의 대부분 어윤적의 안을 근거로 했다고 한다. 특히 우리말의 연원에 대한 설명 가운데 단군시대부터 조선 세종대왕까지, 그리고 구시대에 속용한 문자에 대한 논술, 자모의 명칭, 자순과 행순, 철자법은 어윤적의 안을 그대로 수용했다고 한다.[12] 이 「국문연구의정안」은 당시 구한국 정부가 채택하지 않아서 세상에 공포되지는 못했지만, 매우 훌륭한 문자

한국학중앙연구원, 2003.9) 참조.

12) 이광호, 「국문연구소 '국문연구의정안'에 대하여」, 『국어문학』(20), 국어문학회, 1979.1. 11면.

체계와 표기법 통일안으로 오늘날 사용하는 맞춤법의 원리를 그대로 반영한 것으로 평가된다.13)

그런데, 『국어독본』이 간행된 해가 1907년이라는 것을 감안하자면, 이 국문연구소의 성과가 『국어독본』에 그대로 반영되었다고 보기는 힘들다. 『국어독본』을 통해서 확인할 수 있는 어윤적과 국문연구소의 성과는 위에서 언급한 사실보다는 오히려 국가와 문자가 연계된 인식구도 즉, 언문일치의 문체 형성에 기여한 점이라고 할 수 있다. 이를테면, 당시 국문의 과제는 '한문'과 '언문'에 국가의 이념을 투입하고, 궁극적으로 '언문'을 자국문(自國文)이라는 언어장치로 실체화하는 일이었다. 그런 실체화를 통해야 '언문'이 국문 즉 국가의 문자와 문장으로 변환되기 때문이다.14) '국문연구소'는 이런 현실적 필요성을 바탕으로 언문일치의 구현을 연구소의 중요한 목표로 설정했고, 그것을 위해서 '국어'의 발음을 균일하게 만드는 사전 편찬과 통일된 국문법의 규범화와 국민교육에 매진하였다.15) 당시 국문연구소를 주도했던 인물이 어윤적이었다는 것을 생각하자면, 『국어독본』에서 목격되는 국한문 문체와 표기에서 어윤적이 중요하게 기여했으리라는 것을 짐작할 수 있다.

그런데, 당시 학부는 '괴뢰 학부'16)라고 불릴 정도로 일본인에 의해 움직이는 자율성 없는 존재였다는 사실을 감안하자면 편수국장으로서 어윤적의 역할은 상대적으로 제한적이었을 것으로 추정된다. 실제로 『국

---

13) 신유식, 「어윤적의 국어학 연구」, 『어문논총』, 청주대학교, 1989, 135-160면.
14) 그런데 우리의 경우 국가와 문자의 개념이 연동된 '국문'이라는 언표는 1894년 고종의 칙령 제1호에서 나타난 바 있지만, 그것은 선언적인 것이었지 현실성을 갖고 있지는 못했다.
15) 양근용, 「언문일치의 관념과 국문연구소의 훈민정음 변용 논리」, 『한국학논집』 42집, 192-206면.
16) 尹健次, 『朝鮮近代教育의 思想과 運動』, 東京大學出版會, 1982, 319면, 앞의 石松慶子 논문 33면 재인용.

어독본』의 편찬과정에서 교재의 틀과 방향을 결정한 것은 일본인 관료로, 곧 제2대 학정참여관 三土忠造였다. 三土는 초대 통감 伊藤博文이 교과서 편찬의 지연 및 행정력의 무능력을 물어 초대 학정참여관 幣原坦을 해임하고 그 후임으로 임명된 인사로, 일본에서 교과서를 편찬한 경험을 갖고 있는 교과서 전문가였다. 실무 능력을 인정받아서 伊藤博文의 부름을 받은 관계로 그는 조선에 부임한 뒤 바로 커리큘럼을 제정하고 교과서 편찬과 발행을 주도하는데, 먼저 일본어 교재를 만들고 다음으로 조선어 교재를 간행하였다. 일본어 교재를 먼저 만든 것은 일어를 널리 보급해야 식민정책을 수행하기가 용이하다고 판단했기 때문이다. 전임 幣原坦이 초등학교 전 과목을 일어로 만들려고 했다가 조선의 완강한 반대에 부딪혀 실패했던 사실을 알고 있었기에 三土忠造는 정규 교과의 하나로 일어과를 신설하고, 시수를 주당 6시간으로 정해서 조선어와 같은 비중으로 교수하도록 방침을 수정한 것이다.17)

  무엇보다 참된 일한 융합은 소년들의 교육의 성과에 의존하지 않을 수 없고, 그 교육에는 일본어를 사용하고, 일본어를 익히게 하여, 여러 방면에서 일본에 대한 이해를 촉진시키는데 있다. (중략) 서둘러 보통학교를 정비하고 일본인 교사를 배치하는 한편, 미츠치는 일본어 독본의 편집을 서둘렀다. 편집은 국문전(國文典)을 통해 경험했었기 때문에 순조롭게 진행되어, 제1권을 가인쇄하여 9월 신학기에 늦지 않도록 하고, 계속해서 제2권, 제3권, 제4권 편집을 서둘러, 11월에는 가인쇄이지만 예정대로 독본을 배포할 수 있었다. 이 독본은 일본 것보다 다소 수준이 높았다. <u>그것은 보통학교 학생 중에는 1학년이라도 15, 6살인 사람도 있어서, 대체로 일본보다 연령이 높은 것과, 식민지용으로 빨리 가르치기 위해서였다.</u> (중략) 이 일본어 교과서는, 도쿄의 대창(大倉) 서점에서 인

17) 아나바 쯔기오, 홍준기 역, 「미츠치 츠우조와 한국교육」, 『구한말 교육과 일본인』, 온누리, 2006, 177-215면.

쇄하여 다음 해 신학기부터 본격적으로 사용되었다. <u>일본어 독본을 사용하여, 교육 근대화에 한 발 내디뎠으므로, 미츠치는 이어서 한국어에 의한 교과서 정비를 하게 되고</u>, 조수의 협력으로 수신, 산술, 이과 등의 교과서를 편집했는데, 그 내용은 일본의 각 초등학교 교과서를 조선 글자로 번역했던 것이다. 도화 교과서 편집으로 미츠치의 임무는 끝이 났다.(밑줄-인용자)18)

　물론 이 진술은 일제강점 이후 제3자에 의해 씌어진 것이기 때문에 다소 의심스러운 대목도 있으나, 『국어독본』이 일본인 학정참여관에 의해 주도되었고, 편찬 과정에서 일본 문부성의 『심상소학독본』을 상당 부분 차용했으며, '근대화'가 교재 편찬의 중요한 목표였다는 것을 알 수 있다. 당시 간행된 사찬(私撰) 교재가19) 상대적으로 강렬한 민족정신과 자주의식을 표방했다면, 이『국어독본』은 그보다는 근대화와 관련된 담론들이 보다 많은 비중을 차지한다. 게다가 일본과 달리 조선에서는 15, 6세의 학생들이 보통학교에 다니고 있었기 때문에 상대적으로 수준을 높였다고 하는데, 이 역시 일제의 식민정책과 연결해서 생각할 수 있다. 일제는 당시 일본에서 시행하던 '소학교-중학교-고등학교'라는 명칭 대신에 '보통학교'라는 명칭을 조선에서 사용했는데, 이는 보통학교가 상급학교의 예비학교가 아니라 대다수 조선인이 그것을 졸업함과 동시에 교육을 완료하도록 한다는 취지에 의한 것이었다. 그렇게 해서 상급학교 진학을 막고 동시에 계층 이동의 통로를 차단하려 했는데, 三土忠造가『국어독본』을 만들면서 상대적으로 수준을 높인 것은 그런 사실과 맥을 같이 한다. 조선인에게 필요한 최소한의 근대지식을 보급하고, 한편으로는

---

18) 廣瀨英太郞 編, 『三土忠造』 一券, 三土先生影德會, 1962, 93면.
19) 『고등소학독본』(휘문의숙, 1906), 『최신초등소학』(정인호, 1908), 『신찬초등소학』(현채, 1909) 등이 대표적인 사찬(私撰) 교재이다.

일본에 유리한 친일의식을 심어주는 게 교재 편찬의 궁극적 의도였던
셈이다.

그렇게 해서 만들어진 관계로『국어독본』을 일별해 보면, 단원의
대부분이 계몽적 논설문이나 설명문으로 되어 있는 것을 볼 수 있다. 근
대 지식을 계몽하는 내용의 '이과와 수신'이나 '지리와 기후', 삶의 지혜와
처세를 내용으로 하는 '문학', 또 조선의 역사와 인물을 내용으로 하는
'역사와 정치' 등은 대부분 편찬 주체의 계몽적 의지를 담고 있다.

※『국어독본』의 주제별 단원 분류(③~⑤권)[20]

내 용	단 원 명
이과와 수신	③「초목생장」「도화」「공기」「조류」「시계」「연습공효」「순서」「죽순생장」「편복」「연화」「직업」「경(鯨)」「홍수」/ ④「홍수」(재수록)「안(雁)」「수조(水鳥)」「재목」「식물의 공효」「신선한 공기」「공원」「석탄과 석유」/ ⑤「상(象)의 중량」「피부와 양생」「타인의 악사」「정치의 기구」「밀봉」「잠(蠶)」「양잠」「마(麻)」「폐물 이용」
지리와 기후	④「한국지세」「한국해안」「아국의 북경」「한성」「평양」/ ⑤「5대강」「기후」「평안도」「함경도」
역사와 정치	③「영조대왕인덕」「개국기원절」/ ④「문덕대승」「건원절」「김속령의 탄식」/ ⑤「고대 조선」「삼한」「정치의 기관」「삼국의 시기(始起)」「지나의 관계」
문학류(類)	③「편복화」「해빈」「방휼지쟁」「기차창」「빈계 급 가압」「정직지리」「홍수 한훤」/ ④「정직지리」(재수록)「홍수 한훤」(재수록)「운동회에 청격」「운동회1」「운동회2」「옥회의 자선」/ ⑤「지연과 팽이」「타인의 악사(惡事)」「모친에게 사진을 송정홈」「동(同) 답서」「취우」「시계」「정와(井蛙)의 소견」

제목에서 드러나듯이, 이『국어독본』은 외견상 근대 사회로 나가기

---

20) 학부,『국어독본』(3-5권), 대일본도서주식회사, 광무 11년(1907)

위해 서구적 지식을 학습하고 또 조선 민족의 유구한 역사와 전통을 익혀야 한다는 내용으로 되어 있다. '이과와 수신'에서처럼, 근대사회로 나가기 위한 각종 지식과 정보를 제공해서 근대화가 무엇보다 중요한 과업이었던 당대의 절박한 상황을 보여준다. 또 '역사와 정치'나 '문학'의 영조대왕과 을지문덕, 개국기원절과 건원절, 타인의 악사 등은 모두 우리의 위인과 역사, 축일과 전통을 내용으로 하고 있다. 이들 단원은 모두 근대화와 자주 독립을 열망하는 당대 정부의 계몽적 의지를 보여준다. 그렇지만, 이런 외형과는 달리 「삼국과 일본」이라든가 「삼한」에서처럼, 일본과 조선은 과거부터 형제와 같은 친밀한 관계를 유지했고 때로는 일본이 조선으로 건너와 돕기도 했다는 등의 식민 담론이 삽입된 것을 볼 수 있다. 교재에서 가장 큰 비중을 차지하는 근대화 관련 담론 역시 그런 사실과 연결되는데, 그것은 곧 조선이 그만큼 전근대적이고 야만적이라는 것, 그래서 조속히 근대화시켜야 한다는 주장을 전제한다. 그런 점에서 이 『국어독본』은 구한국 정부의 지향과 열망을 담은 공식 교과서이지만 한편으로는 일제의 침략적 의도에 의해 조율된 친일 교과서라는 이중성을 갖고 있는 것을 알 수 있다.

3. 구한국의 의지와 일제의 간계 ; 『국어독본』의 경우

　　『국어독본』에서 목격되는 두드러진 특징은 근대 국가와 국민을 만들고자 하는 열망이다. 폭풍처럼 밀려드는 외세에 맞서면서 미약한 명줄을 유지하던 대한제국 정부에 의해 간행된 관계로 『국어독본』에는 근대적 문물과 함께 민족주의적 열정으로 채색되어 있다. 과거의 위대한 인물과 역사를 교재에 소환함으로써 국가와 국민의 정체성을 구성하고, 궁극적으로 민족의 이미지를 새롭게 구축코자 한 것이다. 민족이란 발전하는 실체라기보다는 발생하는 현실이자 지속적으로 수행되고 또 다시 수행되는 제도적 정리 작업이라는 점에서 부단히 새롭게 규정될 수밖에 없는데,[21] 『국어독본』에서는 그런 작업을 과거사에 대한 환기와 지리 환경에 대한 의미화를 통해서 시도하고 있다.

먼저, 민족사에 대한 환기는 단군, 삼국시대, 영조, 세종, 성종 등 인덕(仁德)으로 인민을 사랑한 성군을 기리는 내용과 조선이 탄생하게 된 일련의 과정을 기록한 설명문을 통해서 이루어진다. 즉, 「고대 조선」에서는 태백산 신단수 아래 내려와 탁월한 지덕으로 왕이 된 시조 '단군'이 소개되고, 「삼국의 시기」에서는 (고)조선이 망한 후 신라·고구려·백제 삼국이 일어나 전국을 삼분했다는 사실과 함께 각국의 시조가 소개된다. 이를테면, 신라의 시조는 박혁거세로 어려서부터 용기가 남달랐으며 이후 성장하는 과정에서 크게 인심을 얻어 왕이 되었다는 것, 고구려의 시조 주몽은 화를 피해서 남방으로 도주하다가 사방을 정복하고는 왕이 되어 평안도 성천에 도읍을 정했으며, 백제는 주몽의 아들 온조가 인심을 얻어서 경기도 광주에 도읍을 정한 뒤 세운 나라라는 사실이 서술된다. 이런 내용에 비추자면, 우리의 개국시조는 단군이고 그의 뒤를 이어 부여—고구려·백제·신라—발해가 탄생했고, 그 세력이 만주와 한반도 전역에 퍼졌다는, 앞의 『동사연표』와 동일한 서술로 되어 있는 것을 알 수 있다. '단군'이 시조로 숭상되고 만주 전역을 우리 영토로 포괄하는 이러한 사관은 실학자들의 역사 연구에 뿌리를 둔 것으로, 전통적인 중화사상에서 벗어나 사료 고증에 의거한 객관적 서술을 무엇보다 중시한 것으로 평가된다. 말하자면, 한말 사학자들은 독립국가로서 자국

---

21) 제프리K. 올릭 엮음, 최호근 외 역, 『국가와 기억』, 오름, 2006, 18면.

의 발전 상황을 강조하는 방향으로 역사를 서술했는데,22) 『국어독본』
역시 그런 방식을 따르고 있다.

「명군의 영단」이나 「지나의 관계」 등에서 그런 사실이 더욱 구체화
되어 나타나는데, 「명군의 영단」에서는 성군 세종의 일화가 소개된다.
풍속을 퇴패케 한다는 이유로 세종이 무녀를 내치는 이야기, 그리고 성
종 역시 성균관 유생이 무녀를 쫓아내자 치하했다는 이야기이다. 그리고
「지나의 관계」에서는 중국과의 역대 관계가 언급되면서 민족의 자주성
이 역설된다. 과거 고구려나 백제, 신라 등 삼국은 모두 지나의 침해를
입어 봉책을 받거나 혹은 납공을 언약했지만, 실제로는 삼국은 그런 약
속을 지키지 않았고 그래서 독립국의 지위를 유지했다고 강조한다.

> 삼국이 다 지나의 침해를 넙어 혹은 봉책(封冊)을 밧으며 혹은 납공
> (納貢)을 언약ᄒᆞ얏슴으로 속국과 ᄌᆞ혼 관계가 잇셧스나 기 후에 천약홈
> 이 무기(無幾)ᄒᆞ고 기실은 독립의 태도를 지지혼 고로 지나와 항쟁이 누
> 기(屢起)ᄒᆞ니라.23)

일제가 조선을 강점하게 된 이론적 배경의 하나였던 '조선의 중국
속국설'을 부정하려는 의도를 담고 있는 듯이 보이는 이 단원은, 그래서
일본의 주장을 제시하고 뒤이어 그것을 부정하는 형식으로 되어 있다.
「문덕대승」에서는 고구려 을지문덕의 일화가 소개된다. 수나라의 수제
가 대군을 일으켜 우리나라를 공격하거늘 문덕이 칙명을 받아 적을 속이
고 유인해서 대승을 거두었다는 내용이다. 「수당의 내침」은 그 속편 격
의 글로, 수나라가 망하고 당나라가 흥한 뒤 태종이 고구려를 침략한

---

22) 이경란, 「구한말 국사교과서의 몰주체성과 제국주의」, 『역사비평』 17호, 1991.11,
45-47면.
23) 『국어독본』 5권 22과, 57면 참조.

이야기이다. 당태종은 신라·백제와 협조하여 고구려를 공격했으나, 고구려 군사가 능히 방어하고 격퇴함으로써 당군이 깊이 들어오지 못하고 간신히 요동의 성 몇 개를 취했으나 그마저도 고구려군의 습격으로 패퇴했다는 내용이다. 이런 내용을 종합하자면, 조선은 부단한 외침에 적극 대응하면서 자주국으로서 면모를 지켜온 유서 깊은 나라로 이미지화된다.

이런 시각의 연장에서 조선의 지리와 산수에 대한 의미화가 이루어진다. 지리에 대한 서술은 『국어독본』에서 큰 비중을 차지하는 「한국 지세」 「한국 해안」 「한성」 「함경도」 등의 단원에서 구체적으로 확인된다. 이들 단원에서 볼 수 있는 조선의 지리와 환경에 대한 설명은 국토의 지리적 독자성을 부각시켜 민족의 정체성을 만들고 자긍심을 고취하려는 의도로 이해할 수 있다. 지도란 공간에 가해지는 권력의 힘을 상상할 수 있게 하는 매개라는 점에서, 한편으론 권력의 다른 이름이기도 하다. 공간을 가시적인 사실로 위치시키는 지도가 어떻게 이데올로기의 전략적인 차원으로 규정되는가의 문제는 인류의 발생 이래 끊임없이 반복되어 왔고, 특히 근대계몽기 서양 문물의 유입과 국토 상실 위기에 처해 있는 상황에서 지도의 상상력은 19세기 영토적 주권·국권·국경·국가의 개념과 결합되면서 이 시기의 중요한 담론이 되었었다.[24] 그런 점에서 『국어독본』 곳곳에서 목격되는 영토에 대한 담론들은 근대국가로 태동하는 조선의 열망과 의지를 세계에 천명한 것으로 볼 수 있다.

지도에 대한 담론은 우선 한반도의 영토 확정과 주요 도시의 특성을 설명하는 식으로 나타난다. 「한국지세」와 「한국해안」은 대한국의 영역을 구체적으로 가시화하면서 일제와 구별되는 자신의 권력을 표상한다.

---

24) 홍순애, 「강한 다시쓰기, 그 지도의 권력과 환상 사이」, 『문예연구』, 문예연구사, 2010.여름, 11-14면.

「한국지세」에서 언급되듯이, 우리 대한국은 삼면에 바다가 둘러 있고 일면은 대륙과 접하였으니, 동쪽에는 일본해가 있고 남쪽에는 조선해가 있으며 서쪽에는 황해가 있다는 것, 또 대한국은 남북은 길고 동서는 짧으니 남북은 삼천리에 이르고 동서는 5-6백리에 이른다는 사실을 말하고 있다. 「아국의 북경」에서는 중국과의 경계를 분명하게 구획함으로써 조선의 권력 범위를 가시화하는데, 곧 우리나라의 북경에는 2대강이 있으니 하나는 압록강이고 하나는 두만강이라는, 그리고 그 2대강 사이에 있는 장백산맥을 경계로 중국과 우리의 국토가 나뉜다는 것을 말하고 있다. 「평안도」에서는 서북의 경계를 보다 구체적으로 말하는데, 곧 평안도는 한국의 서북 모퉁이에 위치하고 압록강을 경계로 중국과 나누어진다는 것, 그 압록강 연안에 있는 의주는 예로부터 북방의 관문으로 전국 제일의 무역장이고, 중국을 오가는 사절을 이곳에서 송영한 관계로 번성한 도회가 되었다는 것을 말하고 있다. 「함경도」에서는 양항 원산을 설명하면서 해삼위와 연결되는 중요한 통로라는 것을 언급한다. 또 「한국해안」에서는, 우리나라의 남방과 서방 해안에는 무수한 도서가 있을 뿐 아니라 또 무수한 만(灣)이 있고, 부산, 마산, 목포, 군산, 진남포, 용암포 등은 선박이 정박하기 적당한 항만이라는 것을 말한다. 이들 단원은 한반도라는 지정학을 근거로 형성된 대한국의 영토를 구체적으로 획정하여 권력이 작용하는 범위를 정하고, 궁극적으로 국토의 지리적 독자성을 부각시켜 자국에 대한 인식과 함께 민족적 긍지를 심어주고 있다. 이렇듯 『국어독본』의 중심 서사는 우리 민족의 삶과 역사에 대한 이야기이다.

그런데, 안타깝게도 이런 민족주의의 한편에는 일제의 식민주의가 깊게 관철되어 민족사를 자기 식으로 정형화한 단원들이 곳곳에 포진해 있는 것을 볼 수 있다. 그것은 무엇보다 친일사관을 바탕으로 한 조선에 대한 폄하와 차별화로 나타난다. 가령,「백제, 고구려의 쇠망」에서는 백제의 제왕은 태반이 교사음일(驕奢淫佚)하여 국정을 돌보지 않았고, 그래서 백제는 의자왕 시절에, 고구려는 고장왕 때 각각 당군과 나당 연합군에 투항하여 나라가 망했다는 내용이다.「고려가 망함」에서는 승려 편조라는 자가 교만하고 방자하여 신돈으로 개명하고 국가의 질서를 문란케 했고, 이에 태조 고황제가 나타나 평정한 뒤 국호를 조선이라 개칭하고 한양에 도읍을 정했다는 내용이다. 이런 내용들에 비추자면, 우리의 역사란 분열과 쟁탈, 전란과 당쟁이 점철된 지리멸렬한 망국사로 정리된다. 또「삼국과 일본」「삼한」에서는 일본과의 긴밀했던 관계가 서술된다. 가령, 삼한은 그 국경이 일본과 근접해서 사람들의 교류가 빈번했고 피차에 서로 귀화하는 사람이 적지 않았다. 일본의 고사(古史)를 살펴보면, 진한의 왕자 일창(日槍)이 왕위를 아우에게 양위하고 일본에 귀화했고, 삼한과 일본은 풍속이 비슷한 경우가 많아서, 분묘 주위에 토기를 나열하고 또 주옥을 옷과 머리에 싸서 길게 늘어뜨리기도 하는 등의 사례가 소개된다.「삼국과 일본」에서는 삼국시대에 이르러 일본과 교통이 더욱 빈번해져 피차간에 서로 귀화하는 자가 증가했고, 그 중에는 고위 관리로 임용된 자도 적지 않았다는 것을 말한다. 이런 사실과 함께 일제는 친일사관의 정수라 할 수 있는 이른바 '임나일본부설(任那日本府說)'을 그 중심에 배치해 놓았다.[25] 즉, 가야왕이 사자를 일본에 보내 도움을 청했고, 이에 일본이 그 청을 받아들여 장군을 파견하여 가야를 '임나(任那)'라 칭하고 다스렸다는 것. 임나의 설치 이후 일본과의 교류가 빈번해졌고, 백제와 일본의 관계는 더욱 돈독해져서 서로 우방이 되어 유사시에는 일본이 군대를 보내 백제를 보호해 주었다는 내용이다. 그런데, 주

---

25)『국어독본』6권, 2과 3-7면 참조.

지하듯이 임나일본부설은 4~6세기에 왜국이 한반도 남부 지방 임나에 통치기구를 세워 그 지역을 다스렸다는 주장이다. 아직도 여기에 대해서는 의견이 분분하지만, 최근의 한일역사공동연구위원회에 의하면 임나일본부는 존재 자체가 없었다는 데 의견을 같이 하고 있다.[26] 그렇지만 『국어독본』에서는 그런 허구적 사실을 수록하여 먼 옛날부터 일본은 한반도의 일부를 통치했다는 사실을 환기하고, 궁극적으로 일본의 조선 침략이 결코 우연이 아니라는 것을 암시하고 있다.

이런 주장과 함께 『국어독본』 곳곳에는 조선에 대한 폄하와 차별의 시선이 투사되어 있다. '이과와 수신'에서 볼 수 있듯이, 이들 단원은 무엇보다도 개개인을 특정한 방식으로 변화시키고자 하는 이른바 습속의 정형화로 정리할 수 있다. 습속이란 의식과는 다른 차원에서 사람들의 생활과 실천을 규정하는 요인으로, 사람들은 이 습속을 통해서 특정한 방식으로 생활하고 실천하는 주체로 탄생한다.[27] 따라서 근대적 주체의 형성이란 근대적 생활양식의 창출이고, 그것은 곧 문명화의 형태를 띠게 된다. 근대 시민사회의 형성이 국민국가의 형성이고 그것은 궁극적으로 국민국가의 장치와 이데올로기에 적합한 인간을 만들어내는 것이기에, 국민화는 문명화를 전제할 수밖에 없는 것이다. 『국어독본』의 대부분이 근대적 문물과 생활에 대한 지식과 정보로 채워진 것은 그런 이유로 설명할 수 있다.

이들 단원들은 사물의 원리를 설명하는 글과 개인들의 행동과 처세를 알려주는 글로 되어 있다. 새의 알을 어미가 따뜻하게 품어야 새끼가 되듯이, 종자는 비와 이슬을 맞고 일광을 받아야 새싹이 난다는 내용이나(「초목생장」), 공기는 형체도 없고 빛도 없고 눈에 보이지도 않으며

---

26) 「한·일 역사공동위 결론, 일 '임나일본부설 근거없다'」, 《세계일보》, 2008.12.21
27) 김진균·정근식 편, 『근대주체와 식민지 규율권력』, 문화과학사, 1997, 44-50면.

또 손으로 잡을 수도 없으나 이 세상에 가득 차 있다는 내용(「공기」), 나는 새에는 여러 종류가 있다는 것(「조류」) 등은 모두 그런 취지의 단원들이다. 이들 단원은 모두 일상 현실에서 자주 목격되는 친숙한 사물들의 특성을 설명하고 새로운 지식과 정보를 제공한다. 여기에다가 「연습 공효」, 「홍수」, 「신선한 공기」, 「피부의 양생」, 「타인의 악사」와 같이 이전의 불합리한 생활을 버리고 합리적인 생활을 해야 한다는 설교조의 단원들이 추가된다. 「연습 공효」에서는 무슨 일이든지 성심으로 하면 안 되는 일이 없다는 것을 사례를 들어 보여주고, 「홍수」에서는 옛날에는 산에 나무가 무성해서 오늘날과 같은 홍수가 없었으나 최근에는 비가 조금만 와도 홍수가 난다는 것, 그래서 나무를 심어야 한다는 내용이 언급된다. 「신선한 공기」에서는 위생을 위해 수시로 신선한 공기를 주입해야 한다는 것을, 「피부의 양생」에서는 피부를 씻지 않으면 더러워지고 병이 생기기 때문에 수시로 목욕을 하고 신체를 청결히 해야 한다는 것을 말한다. 모두 근대적인 생활을 위해서 위생과 환경을 살피고 스스로를 청결하게 유지해야 한다는 내용이다.

이런 단원들은 하나같이 조선의 현실이 전근대적인 상태에서 벗어나지 못했다는 것을 전제하고 있다. 일본인들이 보기에 조선은 전근대적인 미몽에서 벗어나지 못한 무지와 야만의 상태에 있고, 따라서 거기서 하루 빨리 벗어나는 게 시대적 사명이자 일본이 감당해야 할 책무라는 주장이다. 이른바 문명화론으로 명명할 수 있는 이러한 주장은, 야만 상태의 조선을 문명화시켜야 한다는 사명감에 바탕을 둔 것으로, 스스로를 문명의 사도로 생각하는 망상적 주장이다. 문명화란 근대적 사고와 이념으로 무장하는 것이고, 궁극적으로 만국공법(萬國公法)의 세계로 편입되는 과정이다. 그러기 위해서는 하루빨리 전근대적인 미몽에서 벗어나야 하고, 만일 그렇지 못하다면 야만의 상태에 머물러 문명의 지배를 받을 수밖에 없다는, 이른바 강자 독식의 주장인 것이다.[28] 일제는 서구 제국주의가 식민지 쟁탈과정에서 앞세웠던 이런 문명화의 논리를 그대로 조선 지배에 적용했고, 그래서 이들 단원은 대부분 조선이 하루 빨리 무지와 야만의 상태에서 벗어나야 한다는 계몽 담론으로 되어 있다. 이들 단원은 근대생활에 대한 단순한 지침이라기보다는 조선을 차별화하고 일제의 침탈을 정당화하는 방편이었고, 궁극적으로 구한국 정부의 자주적 열망을 전복하고 일제의 식민주의를 전파하는 선전 책자였다.

4. 천황제와 제국의 시선 ; 『조선어독본』의 경우

1910년 8월 22일 '한일합방에 관한 조약'이 조인되면서 우리의 역사는 외견상 공백 상태로 들어간다. '국어독본'이 '조선어독본'으로 새롭게 명명되었듯이, 일어가 공식어인 국어가 되고 우리말은 일개 지방어로 전락한다. 정복자가 된 일제는 한층 확고하게 조선에 대한 정형화 작업을 시행해서 '조선교육령'(1911)을 공포하는 등 사회 전반에 걸친 조정을 시도하였다. 그렇지만 새로운 교재를 만들기에는 시간적으로 여유가 없었던 관계로 기존 교과서를 일부 수정해서 사용하는데, 이 과정에서 교과서에 대한 정정표가 배포되고 문제가 되는 부분을 검게 덧칠하는 등의 수정이 가해졌다.

1911년의 『조선어독본』과 1907년의 『국어독본』을 비교해보면, 우선 단원의 대부분이 동일하다는 것을 알 수 있다. 『국어독본』을 저본으

---

28) 문명화론에 대해서는 니시카와 나가오의 『국민이라는 괴물』(윤대석 역, 소명출판, 2002, 43-123면)과 고모리 요이치의 『포스트 콜로니얼』(송태욱 역, 삼인, 2002, 31-40면) 참조.

로 해서 만들어진 관계로 국권의 변화와 무관한 근대적 문물을 소개한 설명문이나 계몽적인 내용의 문학류(類)는 대부분 그대로 재수록된다. 강제 병합이 이루어졌다고 해서 조선이 급격히 근대화되는 것은 아니기 때문에 근대화와 관련된 단원들을 굳이 조정할 필요가 없었던 것이다. 그렇지만 '국권'의 변화와 관계되는 단원들은 자구를 일부 수정하거나 삭제하고 또 몇 개의 단원들을 새로 추가한 것을 볼 수 있다. 내무장관의 훈령으로 공포된 '교수상의 주의와 자구 정정표'에서 알 수 있듯이, "조선은 대일본제국의 일부분"이기 때문에 '연호는 '융희'에서 '메이지'로, 축제 일은 '일본의 축제일'로 바꾸고 '일장기'가 국기임을 교육할 필요가 절실해진 것이다.[29] 1907년판과 1911년판의 목차를 비교해보면, 그런 원칙이 교과서 수정에 그대로 적용된 것을 확인할 수 있다.

---

29) '교수상의 주의 및 자구 정정표'의 일부를 소개하면 다음과 같다.
一. 구학부 편찬 급 검정의 도서는 물론이어니와 구학부로셔 사용 인가를 與훈 도서도 십분 기 내용을 심사훈 자이라도 금회 조선은 대일본제국의 일부분이 된 故로 금후에 조선에 在훈 청년 급 아동의 학수홀 교과서는 기 내용이 頗히 부적당훈 者ㅣ 有홈에 至훈지라. 연이나 금에 遽히 차등 다수훈 도서중 교재의 부적당훈 도서룰 수정 개판홈은 용이훈 事이 안임으로써, 선 此右 도서 중 교재의 부적당훈 者와 又는 어구의 적절치 못훈 자에 就호야 주의서 급 정정표를 製호야 교수자의 참고에 資호노니 관공 사립을 불문호고 何 학교에셔던지 의당히 此에 의거호야 교수홀지라.
三. 구학부 편찬 보통학교용 교과서에 대한 주의서에는 수신서, 일어독본, 국어독본 급 습자첩 중 부적당훈 교재에 就호야 일일히 교수상의 주의를 與호고 구학부 검정 급 인가의 도서에 대한 주의서에는 차등 도서중에 現훈 不適當훈 사항을 개괄 열거 호야 일반적 주의를 與홀 事로 호노라.(「교수상의 주의 병 자구정정표」, 〈매일신보〉, 1911, 2.22)

권수	『국어독본』(1907)	『조선어독본』(1911)	비고
2		19과 기원절(紀元節)	추가
3	3과 영조대왕 인덕		삭제
		4과 병자위문	추가
		5과 위문회신	추가
	18과 개국기원절		삭제
		20과 천장절(天長節)	추가
4	4과 한국지세	4과 조선의 지세	제목 조정
	5과 한국해안	5과 조선의 해안	제목 조정
	13과 문덕대승(文德大勝)		삭제
	14과 아국의 북경	13과 조선의 북경	제목 조정
	15과 한성	15과 경성	제목 조정
	16과 건원절(乾元節)		삭제
5	1과 고대 조선		삭제
	7과 삼한(三韓)		삭제
	9과 정치의 기관	7과 조선총독부 급 소속 관서	제목·내용 조정
	12과 삼국의 시기(始起)		삭제
	22과 지나의 관계		삭제
6	1과 명군의 영단		삭제
	2과 삼국과 일본		삭제
	10과 유교와 불교		삭제
	17과 수당의 내침(來侵)		삭제
	24과 백제, 고구려의 쇠망		삭제
7	확인 불가		
8	1과 미술공예의 발달		삭제
	2과 표의(漂衣)		삭제
	3과 청국(淸國)	2과 지나(支那)	제목 조정
	13과 고려가 망함		삭제
	17과 통감부		삭제

표에서 드러나듯이, 새로 추가된 단원은 3권의 「병자위문」과 「위문회신」, 2권의 「기원절」과 3권의 「천장절」이다. 앞의 두 개는 서간문의 사례를 보여주기 위해 추가된 것으로 보이지만, 뒤의 둘은 교재 전반의 가치와 이념을 조정한 것이라는 점에서 중요하다. 한편, 삭제된 단원들은 3권의 「영조대왕 인덕」과 「개국기원절」, 4권의 「문덕대승」과 「고대조선」 등 모두 앞에서 언급한 구한국의 민족주의적 지향을 담고 있는, 조선의 역대 인물과 역사를 내용으로 하고 있다. 그리고, '한국의 지세'를

'조선의 지세'로, '한성'을 '경성'으로와 같이 일본의 영토로 편입된 현실에 맞게 국호와 지명을 바꾼 단원들을 볼 수 있다. 이러한 조정을 통해서 일제는 문화 통합에 이어 정치적 통합을 단행한 것인데, 그것은 비유적으로 말하자면 교재의 중심 서사를 180도 조정한 것이라 할 수 있다.

그런 사실은 교재의 앞부분인 2권과 3권에 새로 삽입된 「기원절」과 「천장절」의 의미를 천착해 봄으로써 분명하게 드러난다. 여기서 일제는 천황을 중심으로 한 새로운 담론을 구성해냄으로써 국민의 사상을 통일하고 궁극적으로 국민들의 절대적 충성과 복종을 유도하였다. 가령, '기원절'은 일본이 건국된 날로 초대 천황인 신무천황이 즉위한 날이고, '천장절'은 현금 천황의 생일을 기념하는 날이다. 이 두 단원은 조선의 역사와 인물을 삭제하고 그 공백을 대신한 것이라는 점에서 주목해 볼 수 있다. 실제로, 구한국의 『국어독본』에는 '개국기원절'과 '건원절'이라는, 일본의 기원절과 천장절과 동일한 기념일이 소개되어 있다. 여기서 '개국기원절'은 태조 고황제가 즉위해서 나라의 기초를 세운 날로 일본의 기원절에 해당하고, '건원절'은 대한국 황제의 탄생을 기념하는 즉, 일본의 천장절과 같은 날이다. 이 두 개의 축일은 원래 조선에는 없었으나 일제는 통감부를 설치한 뒤 조선에다 그것을 만들었는데, 아래 인용문 ①과 ②에서 볼 수 있듯이, 기념의 내용과 형식은 일본의 그것과 동일하다.

① 3월 25일은 건원절이니 우리 대한국 황제폐하의 탄강ᄒ옵신 경사로온 날이라, 집집에 국기를 달고 학교와 각관아에셔 다 휴업ᄒ야 성수만세를 축하ᄒᄂ니라. 한성에셔는 아국대관과 다수훈 외국인들이 예궐(詣闕)ᄒ야 대황제 폐하께 알현ᄒ고 공경ᄒ야 축하ᄒᄂ니라. (중략) 아등도 학교에 가셔 즐겁게 노래ᄒ야 경사로온 날을 축하ᄒ리로다.[30]

....
30) 「건원절」, 『국어독본 4』, 1907, 47-49면.

② 8월 31일은 금상 천황폐하께서 탄강호오신 嘉辰이니 천장절이라 칭호느니라. (중략) 무릇 제국의 신민은 하지방에 在홈을 불문하고 각호에 국기를 게양호야 경축의 意를 표호느니 벽취호 촌락이라도 국기가 飜飜호야 욱일에 조영홈을 불견홀 處이 無호고 인민은 抃慶호야 성대의 서기가 천지에 충일호더라. 특히 학교에서는 엄숙호 축하식을 거행호는 정례이니 학도는 성의성심으로써 성수의 만세를 봉축홀지니라.31)

『국어독본』에 수록된 ①과 『조선어독본』에 수록된 ②를 비교해보면, 거의 같은 내용으로 되어 있는 것을 알 수 있다. ①에서는 경하와 봉축의 대상이 조선의 황제이고, ②에서는 일본의 천황이라는 차이점이 있을 뿐 경배의 내용과 방식은 동일하다. 일제는 1907년에 이미 일본과 동일한 기념일을 조선에 만들어 황제와 그 조상들을 경배하고 점차 일본의 풍습에 친숙하게 길들이려 했던 것이다. 그런 정지작업을 바탕으로 일제는 강제로 조선을 병합한 뒤 ①을 삭제하고 그 자리를 ②로 채워놓았다. 그런 점에서 천장절과 기원절의 수록은 단순한 추가가 아니라 조선의 역사와 인물을 삭제하고 대신 새로운 주체를 건설한 것으로 볼 수 있다. 천황은 단순한 숭배의 대상이 아니라 이념과 가치의 중심으로, 과거 이탈리아를 비롯한 여러 파시스트 국가들이 그랬던 것처럼 새롭게 조작된 신화이자 동시에 식민통치의 이데올로기였던 것이다.

실제로 천황제란 천황이 온 우주를 다스린다는 일본 중심의 천하관에 바탕을 둔 것으로, 이른바 일본판 중화사상이라 할 수 있다. 천황제에 의하면 세계의 중심은 일본이고 그 주변국들은 신하나 다름없는 번국(藩國)에 지나지 않는다. 그런 견해가 일찍이 『일본서기』에서 한반도의 역사를 일본 중심으로 왜곡하고 임나일본부설과 같은 허구적 주장을 조작

---

31) 「천장절」, 『조선어독본 3』, 1911, 59-60면.

46 '조선어독본'과 국어 문화

해낸 것이다. 그리고 그것이 토요토미 히데요시에게 이어져 직접적인 침략주의로 나타나고, 메이지 정부와 소화 정권 때에는 대동아공영권으로 이어졌다. 도요토미는 명나라를 쳐서 천황을 북경에 살게 하고 자신은 상해 부근에 살 것이며 인도까지도 정벌하겠다고 호언했다고 하는데, 그런 계획의 근저에 놓인 것이 바로 '천황이 우주를 지배한다'는 팔굉일우(八紘一宇) 사상이다. 이런 천황제는 또한 일본인들이 생활종교이자 철학으로 신봉하는 소위 신도(神道)와 긴밀하게 연결되어, 일본이 국가적으로 위기에 빠지거나 큰 혼란에 처했을 때 혹은 팽창정책을 펼칠 때 그 구심점 역할을 했다고 한다.[32] 『조선어독본』에서 「기원절」과 「천장절」을 삽입한 것은 그런 견지에서 조선에 일본 중심의 천하관을 적용하고 궁극적으로 그것을 종교이자 철학으로 신봉하라는 요구로 해석할 수 있다. 여기에 이르면 조선 사람은 이제 더 이상 독립국의 국민이 아니고, 왕조의 시조 역시 태조 이성계가 아니라 신무천황이 된다. 조선의 장구한 역사와 유업이 사라지고 대신 천황을 주체로 한 새로운 역사가 쓰여지고 있는 것이다.

이런 주체와 이념의 조정을 바탕으로 일제는 『국어독본』에서 새롭게 지리적 도상화를 시도한다. 당시 일제는 "내지·조선·대만·화태(樺太, 사할린)·관동주" 등 광활한 지역을 자국의 영토로 편입한 상태였다.[33] 표의 목차에서 알 수 있듯이, 한국은 이제 더 이상 독립국가가 아니라 일제의 일부분인 까닭에 '한국'이라는 말은 더 이상 의미를 가질 수 없게 되었다. 그래서 '한국해안'을 '조선의 해안'으로, '아국의 북경'을 '조선의 북경'으로, '한성'을 '경성'으로 변경한다. 이러한 명칭의 변경은 단순한 재(再)명명이 아니라 일종의 새로운 지도 만들기 곧, 변화된 국권

---

32) 장팔현, 「천황이 우주를 지배한다는 일본의 침략사상」, 『말』 226호, 2005.4.
33) 「금상천황폐하와 황후폐하」, 『보통학교 조선어급한문독본』(3), 1917, 2면.

의 확인과 영토의 도상화라 할 수 있다. 경술국치라는 폭력적 수단에 의
해 조선의 영토가 다른 이름으로 호명되는 과정은 새로운 지도 만들기이
고, 궁극적으로 새롭게 제국의 권위를 과시하고 국가의 리얼리티를 현실
화하는 행동이다.[34]

> 경성은 조선총독부의 소재지 l 니 구시(舊市)의 시가는 성벽으로써
> 위(圍)ᄒ고 차에 팔문을 설ᄒ얏스니 동대문 급 남대문이 최(最)히 굉장ᄒ
> 더라.   (중략) 용산은 한강북안에 재ᄒ야 금에는 경성의 일부가 되엿스
> 니 조선 주재 군사령부의 소재지니라. (중략) 아국의 도회 중 제칠위에
> 거(居)ᄒ더라.[35]

'대한제국 황제폐하의 어도였던 경성'(『국어독본』 4권 15과)은 이제
'총독부의 소재지인 경성'이 되고, 수도 '서울'에는 '일제의 군사령부'가
위용을 과시하며, 경성은 더 이상 조선 최고의 도시가 아니라 '아국의
도회중 제7위'에 불과한 새로운 도시로 탈바꿈한다. 이제 정치와 문화의
중심은 '한성'이 아니다. 구한국 시절의 '지리'가 조선의 배타적 권력과
영토를 상징했다면, 여기서는 일본의 권력과 영토를 상징하는 제국의 일
부로 재조정된 것이다.

이러한 조정을 통해 일제는 조선 사람들을 자신들에게 복속하는 새
로운 국민으로 호명해 내고 있다. '수신과 이과' '지리와 기후' '역사와 정
치' 등의 단원들은 이제 더 이상 구한국의 꿈과 이상이 아니다. 이들 단원
은 천황이 국민에게 요구하는 실천의 요목이고 궁극적으로는 일제가 만
들어내고자 하는 신민의 상(像)이다. 근대적 지식과 정보를 깨치고, 스스
로를 청결하게 유지해서 건강한 신체를 갖춘 존재란 교육을 통해 길러내

---

34) 와키바야시 미키오, 정선태 역, 『지도의 상상력』, 산처럼, 2006, 31면.
35) 「경성」, 『조선어독본』 4권, 14과.

고자 한 피교육자의 상인 동시에 천황이 요구하는 국민의 모습인 것이다. 그런 점에서 『조선어독본』은 당대 조선인들에게 가르치고자 했던 일제의 이념과 가치가 집약된 지침서라는 것을 다시금 확인할 수 있다.

5. 국어와 국민의 형성

'국어' 교과서가 탄생하기 위해서는 국어의 성장이라는 객관적 사실이 전제되어야 한다. 한글은 오랫동안 한자에 비해 열등한 언어라고 인식되어 온 까닭에 국어가 근대 지식을 교수하는 도구가 되기 위해서는 먼저 한글 사용능력에 대한 교육이 이루어져야 한다. 그래야 한글이 국어로서의 힘을 발휘할 수 있다. 그런 점에서 『국어독본』의 앞부분에 국어 자모를 비롯한 한글 교육을 체계적으로 시도한 것은 중요한 의미를 갖는다. 자국어를 교육의 대상으로 삼는 일은 근대 유럽의 민족주의가 가장 힘들여 수행한 문화사업의 하나였듯이, 『국어독본』은 그런 인식을 구체적으로 보여주고 있다. 그렇지만 교과서의 문체가 한주국종체로 되어 있다는 것은 아직은 한글 위주의 문장을 공식어로 사용하기에는 여건이 성숙되지 않았다는 것을 뜻한다. 국한문체는 근대적 지식을 빠르고 용이하게 전달하기 위해 개발된 근대의 산물인 것은 분명하지만, 한편으로 그것은 일본과 조선의 동화를 노린 일제 식민주의의 사생아이기도 했다. 그런 사실은 일제의 조선어 교육이 우리의 말과 글을 가르치기보다는 국가의 통치 이념과 정책을 알리는데 주력했다는 사실에서도 드러난다. "아등의 독서함은 문자를 아는 것보담 서중(書中)에 있는 사물의 진리를 학습함"[36)에 있다는 교재의 한 구절처럼, 한글은 의사전달의 도구가 아니라 수양과 정신단련의 도구였다. 그런 의도를 갖고 있었기 때문에 계몽적 어투의 설명문과 논설문이 『국어독본』의 대부분을 차지한 것이다.

『국어독본』의 독특함은 이런 모순적 상황에서 발원한다. 구한국 정부의 국정 교과서라는 점에서 『국어독본』은 당대적 이념과 지향을 구체적으로 보여주지만, 한편으로는 그 모든 것이 일제의 책략에 의해 조율된 것이라는 점에서 제국주의적이고 반민족적이다. 『국어독본』을 통해서 일제는 외견상 조선의 민족주의를 허용하는 듯하면서도 한편으로는 그것을 일제를 중심으로 위계화하고 궁극적으로는 일본과의 문화적 통합을 시도하였다. 그 연장선상에서 1911년판 『조선어독본』에서는 조선의 역사와 인물을 삭제하고 대신 천황제를 그 한 복판에 배치하여 강점에 따른 가치와 이념의 축을 완전히 바꾸어 놓았다. 1907년판에서 문화적 통합을 시도했다면, 이 1911년판에서는 그것을 바탕으로 한 정치적 통합을 단행했고, 궁극적으로 조선의 역사와 인물을 제거한 공백의 상태에서 제국의 역사쓰기를 새롭게 시작한 것이다. 그렇지만, 민족과 국민이란 과거의 기억을 정체성의 근거로 한다는 점에서, 아직은 온전한 형태의 것이라고 할 수 없다. 구한국 정부가 과거의 역사와 인물을 호명해서 민족과 국민의 이미지를 만들어냈듯이, 일제가 온전한 형태의 신민을 창출하기 위해서는 일본의 과거 역사를 새롭게 호명하고, 거기에 비례해서 조선의 과거 기억을 삭제(혹은 망각)해야 한다. 조선 사람들은 이제 자신이 조선 사람이라는 사실을 잊어야 하고 동시에 누구나 천황의 은덕 속에 사는 제국의 신민이라는 기억을 새롭게 축적해야 한다. 일제가 이후 조선교육령을 개정하고 교과서를 대폭 수정하면서 일본의 역사와 인물을 대거 삽입한 것은 그런 견지에서 당연한 귀결로 볼 수 있다. 국민의

---

36) 「독서법」, 『조선어독본』 7권, 1911, 1면.

창출이란 본질적으로 폭력적이라는 점, 『국어독본』과 『조선어독본』은 그런 프로세스의 초기 상태를 생생하게 보여준다는 데 의의가 있다. 그런데, 그것은 제국의 신민을 목적으로 했다는 점에서 우리의 말과 삶을 내용으로 하는 국어 교과서와는 거리가 먼 것이었다.

조선어과 교과서의 변천사

허재영(단국대 교수)

1. 시작하기

이 글은 일제 강점기 조선 총독부에서 편찬한 조선어과 교과서의 변천 과정을 간략하게 기술하기 위한 목적을 갖는다. 이 주제는 박붕배(1987, 2003)를 비롯하여 허재영(2009)에서 비교적 자세히 논의된 바 있다. 특히 허재영(2009 : 71~146)에서는 초등용과 중등용을 시대별로 나누어 편찬 실태 및 내용상의 특징을 서술한 바 있다. 이 점에서 이 글은 허재영(2009)의 편찬 실태를 요약하고, 일부 잘못 진술한 내용을 바로잡는 데 목표를 둔다.

일제 강점기 조선 총독부의 교과서 정책은 '내선일체', '내선융화'를 슬로건으로 하는 동화 정책의 주된 수단이었다. 이 시기 교과서 편찬은 조선 교육령의 변화에 따른 학제 변화와 밀접한 관련을 맺는다.

조선교육령은 1911년 제1차 교육령(구 교육령)이 공포된 이후 10차

례에 걸쳐 개정되었다. 이 가운데 제1차 조선교육령은 '조선에서의 조선
인 교육'을 규정하기 위한 것이었으며, 이에 따라 제3차 조선교육령(1922
년 신 교육령)이 나오기까지는 일본 거류민의 경우 일본식 학제의 적용
을 받았으며, 조선인의 경우는 조선교육령의 적용을 받았다. 다음은 일
제 강점기 각 교육령의 특징을 나타낸 표이다.

차수	연월일	주요 변화	비고
제1차 조선교육령	1911.8.23.	조선교육의 기초 법령 명시 (朝鮮의 朝鮮人 敎育은 本 令에 依홈)	구교육령
제2차 조선교육령	1920.11.12.	보통학교 수업 연한 늘림	
제3차 조선교육령	1922.2.4.	국어 상용자를 기준으로 입 학 기준 적용 (朝鮮에 在흔 敎育은 本令 에 依홈)	신교육령
제4차 조선교육령	1929.4.19.	실업교육 강화, 사범 교육 관련 개정	
제5차 조선교육령	1933.3.15.	사범학교 관련 개정	
제6차 조선교육령	1935.4.1.	실업보습학교 관련 개정	
제7차 조선교육령	1938.2.23.	단선 학제 운용으로 개정	개정교육령
제8차 조선교육령	1940.3.25.	국민학교령에 따른 개정	41.3.25. 개정 에 따라 소학교 에서 국민학교 로 개정
제9차 조선교육령	1943.3.8.	중등학교령 발포에 따른 개정	통합교육령
제10차 조선교육령	1945.7.1.	전시체제에 따른 교육령	전시교육령

표에 언급하였듯이, 제1차 조선교육령은 조선인 교육만을 규정하기
위한 것이었다. 그렇기 때문에 이 시기 일본 거류민의 학제는 '소학교-중
학교/고등여학교'를 중심으로 한 문부성 체제로 운영되었으며(실제로는
조선공립 소학교, 조선공립 고등여학교, 조선공립 실업전수학교, 경성

외국어학교 등이 운영됨), 조선인을 대상으로 한 학제는 '보통학교-고등 보통학교/여자고등 보통학교'의 체제로 운영되었다.

학제 가운데 조선인 대상의 학교에서는 '조선어급한문' 교과를 두었으며, 이 교과를 운영하기 위해 조선어독본을 편찬하였다. 당시의 조선어과는 '국어(일본어)'과의 종속 교과 정도로 간주되었으며, 따라서 조선어과 교과서 역시 시대적인 제약 속에 식민 동화정책을 수행하는 도구로서 편찬되었다.

2. 초등교육용 조선어과 교과서 편찬사

일제강점기 조선인을 대상으로 한 초등교육 기관은 보통학교였다. 1911년 조선교육령은 일본인과 조선인 학교가 구분되는 교육령으로, 이때의 보통학교 규칙(1911.10.20.)에서는 수업연한을 4년으로 하였다. 이 규칙에서는 4년간 매주 총 수업시수 106시간 가운데 일본어과가 40시간, 조선어과는 22시간을 배당하였다. 제3차 교육령인 신교육령(1922)은 국어 상용 여부를 기준으로 하여 학제를 운영한다고 하였는데, 이 때의 보통학교 규정에서는 수업연한 6년제를 기본으로 총 시수 161시간(여자는 164시간) 가운데 일본어 64시간, 조선어 20시간을 배당하였다. 제4차 교육령(1930)에서는 매주 총 수업시수가 170시간으로 늘었으며, 제7차 교육령(1938)은 일본인과 조선인의 구분 없이 '소학교-중학교/고등여학교'제를 운영하면서 조선어과를 수의과로 변경하였다.

이처럼 교육령의 변화에 따라 일본어과와 조선어과의 위상도 달라졌기 때문에 교과서 편찬 작업도 큰 변화를 보일 수밖에 없었다. 연구자에 따라 다소의 차이가 있으나 일제강점기 초등교육용 조선어과 교과서

편찬은 모두 다섯 차례에 걸쳐 이루어졌다[1]. 이를 표로 나타내면 다음과
같다.

조선총독부 편찬 초등용 조선어과 교과서 변천사

시기	책명	권수	사용문자	발행 연도	판형
식민초기 (자구 정정)	朝鮮語讀本	총8권	국한문	1911.	국판
제1차교육령기	普通學校朝鮮語 及漢文讀本	총5권	국한문	1915.~1918.	국판
제3차교육령기	普通學校朝鮮語 讀本	총6권	국한문	1923. ~ 1924.	국판
제4차교육령기	普通學校朝鮮語 讀本	총6권	국한문	1930. ~ 1935.	국판
제7차교육령기	初等朝鮮語讀本	총2권	국한문	1939.	국판

이상의 각 교과서의 특징을 좀더 살펴보면 다음과 같다.

2.1. 자구 정정본 『보통학교 조선어독본』

식민 초기의 조선어과 교과서는 '교수상의 주의 및 자구 정정표'를
만들고 임시로 자구 수정을 반영한 형태로 출판되었다. 현재 이 교과서
를 수집하여 정리한 적은 없으나, 다음과 같은 기록을 통하여 자구 수정

---

1) 박붕배(1987 : 335)에서는 제1차 교육령기(1915~1918), 제3차 교육령기(1923~
1924), 제4차 교육령기(1930~1935), 제7차 교육령기(1939)의 4시기를 제시한 바
있으며, 김혜련(2008 : 103)에서는 大槻芳廣(1944)의 '教科書編纂事業の變遷'
(『文敎の朝鮮』第222號)을 참고하여, 조선어과 이외의 모든 교과서를 대상으로
제1기(1911.10.~1922.3.), 제2기(1922.4.~1928.3.), 제3기(1928.4.~1938.3.), 제4기
(1938.4.~1941.3.), 제5기(1941.4.~1945.8.)로 나눈 바 있다.

본 교과서의 존재 여부를 확인할 수 있다.

[教授上의 注意 幷 字句訂正表]2)

　　京鄕 各地의 私立學校에셔 不良흔 教科書를 改版訂正호야 施行
케 홀 意로 內務部 長官 宇佐美勝夫 氏가 各道 長官에게 發訓 注意케
홈은 已報호얏거니와 學務局에셔 舊學部 編纂 普通學校用 教科書와
舊學部 檢定 及 認可의 教科用圖書에 關호는 教授上의 注意 幷 字句
訂正表룰 左와 如히 製定頒布호얏더라.

　　例言

一. 舊學部 編纂 及 檢定의 圖書는 勿論이어니와 舊學部로셔 使用 認
　　可룰 與흔 圖書도 十分 其 內容을 審査흔 者이라도 今回 朝鮮은
　　大日本帝國의 一部分이 된 故로 今後에 朝鮮에 在흔 靑年 及 兒童
　　의 學修홀 教科書는 其 內容이 頗히 不適當흔 者ㅣ 有홈에 至혼지
　　라. 然이나 今에 遽히 此等 多數흔 圖書中 教材의 不適當흔 圖書
　　룰 修正 改版홈은 容易흔 事이 안임으로써, 先 此 右 圖書 中 教材
　　의 不適當흔 者와 又는 語句의 適切치 못흔 者에 就호야 注意書
　　及 訂正表를 製호야 教授者의 參考에資호노니 官公私立을 不問호
　　고 何學校에셔던지 宜當히 此에 依據호야 教授홀지라.

二. 教授者는 注意書 中의 各 注意 事項을 熟讀흔 後, 其 趣旨를 不誤
　　호도록 愼重히 教授홀지며 又 訂正表에 依호야 學徒 各自의 教科
　　書를 適宜흔 方法으로써 訂正 教授홀지라.

三. 舊學部編纂 普通學校用 教科書에 對흔 注意書에는 修身書. 日語
　　讀本, 國語讀本 及 習字帖 中 不適當흔 教材에 就호야 一一히 教
　　授上의 注意를 與호고 舊學部 檢定 及 認可의 圖書에 對흔 注意書
　　에는 此等 圖書 中에 現흔 不適當흔 事項을 槪括 列擧호야 一般的
　　注意를 與홀 事로 호노라.

四. 注意書 中에 與흔 事項內 韓國倂合의 事實, 祝祭日에 關흔 者,
　　新制度의 大要 等 爲先 教授홈을 要홈으로 認호는 者는 반다시 注
　　意를 與흔 當該課에 不限호고 適宜흔 時期에 繰上 又는 繰下호야

2) 〈매일신보〉 1911.11.22.

教授홈도 無妨ᄒ니라.

五. 字句 訂正表는 舊學部編纂 普通學校用 教科書에만 就ᄒ야 編製
  ᄒ 者이니, 圖畵臨本과 唱歌集 外는 擧皆 多少의 訂正을 施홀지
  라. 然이나 其訂正의 範圍는 今回 時勢의 革新과 制度의 變更을
  因ᄒ야 當然히 改正을 要홀 者에만 止ᄒ고, 其他는 一切 他日 改訂
  出版홀 時를 俟ᄒ노라.

六. 曩에 舊學部로셔 發ᄒ 通牒에 依ᄒ야 從來의 日語는 國語로 ᄒ고,
  國語는 朝鮮語로 ᄒ야 措處홀 事로 定ᄒ게 되얏슴으로 日語讀本,
  國語讀本과 如ᄒ 名稱은 此를 改홀 必要가 有ᄒ고 又 學部 檢定
  及 認可의 圖書 中 其 名稱에 '大韓' '本國' 等의 文字를 用홈은 不
  可ᄒ다 ᄒ나 如斯ᄒ 名稱上의 訂正은 今에 暫時 此를 寬假ᄒ노라.

七. 附錄으로 祝祭略解를 添ᄒ홈에 就ᄒ야 學校의 種類, 學年의 如何
  를 不問ᄒ고 擧皆 適當ᄒ 時期에셔 祝祭日에 關ᄒ 一般 注意 及
  要領을 教授홀지라.

자구 정정의 취지는 1910년 8월 29일 일제에 의한 강제 병합 조약
이 발휘됨으로써 조선이 실질적인 식민 상태에 접어들었음을 교과서에
서도 명시적으로 반영해야 한다는 데 있었다. 특히 조선총독부에서는 보
통학교용 교재로 1907년 학부에서 편찬한 『보통학교 학도용 국어독
본』(총8권)에 자구 정정을 가하여 재출판하였다. 이 교재는 김혜정(2006)
에서 분석한 것처럼, 통감부의 간섭 아래에서도 일부 애국애족적인 입장
을 견지하려는 노력이 들어 있었기 때문에3), 식민 지배 이후 그에 해당

---

3) 1907년 학부 편찬의 『보통학교 학도용 국어독본』은 1977년 아세아문화사에서
  영인한 〈개화기 교과서 총서〉 제6책에 수록되어 있다. 아세아 영인본에는 제7권이
  누락되어 있는데, 현재까지 권7은 발견되지 않은 것으로 알려져 있다. 이 교재의
  내용에 분석에 대해서는 김혜정(2006 : 245~255)를 참고할 수 있다. 김혜정(2006)
  에서는 이 교재와 자구 정정본을 동일한 것으로 설명하였는데, 자구 정정본은 이
  교재의 표현을 수정하여 조선총독부에서 발행한 교재이므로 두 교재는 다른 교재로
  보아야 한다.

하는 내용을 시급히 정정하고자 하였다. 자구 정정본은 임시방편으로 식민 상황에 맞지 않는 자구를 정정하거나 일부 단원을 삭제하는 방식으로 편찬되었다.

2.2. 제1차 교육령기 『보통학교 조선어급한문독본』

일제강점기 교과서 정책은 1910년 9월 11일 동경제국교육회 조선교육주사위원회의 보고서에서 '第三 敎科書의 編纂은 特히 重大흔 者인즉 總督이 直轄홀 機關을 設ᄒ야 從事케 홀 事'라고 천명한 것처럼 극히 중요한 의미를 지니고 있었다. 따라서 제1차 조선교육령(구교육령)이 발포된 뒤, '보통학교 규칙' 제3장에 의거하여 초등교육용 조선어독본을 편찬하기에 이른다. 이 시기 편찬된 교과서는 다음과 같다.

제1차 교육령기의 보통학교 조선어과 교과서[4]

책명	편찬 및 발행	인쇄	단원수	발행 연월일
普通學校朝鮮語及漢文讀本 卷一	朝鮮總督府	朝鮮總督府 總務局 印刷所	84	1915.3.15.
普通學校朝鮮語及漢文讀本 卷二			60	1915.3.15.
普通學校朝鮮語及漢文讀本 卷三			50	1917.3.10.
普通學校朝鮮語及漢文讀本 卷四			58	1918.3.15.
普通學校朝鮮語及漢文讀本 卷五			56	1918.3.25.
普通學校朝鮮語及漢文讀本 卷六			65	1921.3.26.

----

4) 허재영(2009 : 84)에서는 권6이 누락되었으나, 강진호·허재영(2010)에서는 권6을 수록한 바 있다.

이 교과서의 편찬 과정에서 대두되었던 주요 문제는 '한문'에 대한 처리 방식과 '철자법' 문제였다. 이 교과서에서 '한문과'의 처리 방식에 변화를 보이게 된 이유는 두 가지 관점에서 찾아볼 수 있다. 첫째는 근대계몽기 이후 널리 번진 국한문체의 사용 상황[5]과 관련된 것이다. 근대계몽기 이후 일제강점기까지의 문자 생활이 국한문체를 중심으로 전개되었음을 고려할 때, 조선어과 교육에서도 한문을 포함해야 할지 여부는 매우 중요한 과제가 되지 않을 수 없었다. 둘째는 일본문과 조선문의 문자상의 유사성을 매개하는 문자가 한자였다는 점에서 '한문'을 조선어과에 묶어 처리하는 것이 효율적이라는 판단이 작용했을 것으로 보인다.

철자법 문제는 교재 개발에서 기초적인 과제에 해당한다. 오다의 논문에 나타났듯이, 조선총독부의 철자법 명칭은 '보통학교용 언문철자법'이다. 고영근(1998), 허재영(2006), 정승철(2007) 등에서 밝힌 바와 같이, 근대계몽기 국문 사용은 어문 규범이 통일되어 있지 않은 상황에서 국문위본을 천명했더라도 큰 혼란을 경험하지 않을 수 없었다. 1907년 학부 내 국문연구소가 설립되어 '의정안'이 만들어지기는 했으나, 실제 공포되지 못한 상황에서 일제강점기의 조선어과 교과서 편찬 문제를 담당한 식민 정부로서도 이 문제를 고민하지 않을 수 없었을 것으로 보인다.[6]

---

5) 근대계몽기 문자 생활에서 국한문체의 발생, 국문위본의 천명 등의 문제는 연구자들 사이에서도 많은 논란이 벌어진다. 〈매일신보〉 1938.5.3.에서 스스로 밝혔듯이, 국한문체는 이노우에(井上角五朗)가 창작한 문체라는 설이 일제강점기에 널리 퍼져 있었으나 이를 부정하는 사람들도 많이 있다. 또한 한문의 위상에 대해서도 국문자의 일부로 받아들여야 한다는 견해와 이를 배제해야 한다는 견해가 근대계몽기 이후 끊임없는 논쟁의 대상이 되어 왔다. 이와 같은 국문 논쟁에 대해서는 하동호(1977), 『국문론집성』 (역대문법대계 3-10, 17)을 참고할 수 있다. 또한 연구자는 '일제강점기 어문 정책과 어문 생활'에 대한 별도의 연구 프로젝트를 수행하면서 이 분야에 대한 종합적인 정리를 수행하고 있으므로, 이에 대한 자세한 서술은 프로젝트 결과물로 밝힐 예정이다.

이러한 입장에서 조선총독부는 '조선어'와 '한문'을 한 교과로 묶어 '조선어급한문'으로 하였고, '보통학교용 언문철자법'(1912)을 제정한 뒤 본격적으로 『보통학교 조선어급한문독본』을 편찬하기 시작하였다.

2.3. 제3차 교육령기의 『보통학교 조선어독본』

　　제3차 교육령기 조선어과 교과서 편찬은 6년제 보통학교를 기준으로 이루어졌다. 이 교과서의 편찬 과정은 자세히 알려져 있지 않으나, 1920년 9월 설치된 '교과서조사위원회' 및 '언문 철자법 조사회'의 활동과 깊은 관련을 맺고 있었을 것으로 보인다. 교과서조사위원회는 교과용 도서와 관계된 중요 사항을 조사·심의하는 것을 목적으로 신설되었으며, 위원장은 정무총감으로 하고, 위원은 일본인과 조선인 가운데 교육 관계 종사자들로 임명하였다.[7] 이 위원회의 제1차 회의는 1921년 10월에 개최되었으며 교육 제도의 혁신(제2차 교육령)을 전제로 보통학교, 고등보통학교, 실업학교 등의 교과용 도서 편찬과 관련하여 시대에 적응할 수 있도록 중요 사항을 조사하고 심의하였다. 그 이후 1922년 별도의 심의회를 개최하였는데, 이 때 심의 내용은 다음과 같다.

　　　[1922년 교과서조사위원회 심의 사항]
　　　一. 教科書用 國語假名遣·諺文綴字法·國文朝鮮文ノ併記 及 朝鮮

---

6) 한국 어문 표준화 과정에서 근대계몽기의 국문 연구자들과 식민 정부, 일제강점기의 조선어학자들 사이에는 지향하는 바가 동일하지 않았음을 알 수 있다. 근대계몽기의 국문 연구자들은 '어문민족주의'를 전제로 국문의 통일을 주장하는 경우가 많았음에 비해, 식민 정부에서는 조선어과 교과서 편찬이라는 실용적인 차원에서 철자법 통일 문제를 다루었다. 이에 비해 일제강점기 조선어학자들은 사전 편찬 및 조선어의 보존이라는 차원에서 국어의 통일 문제를 다루고자 하였다. 이에 대해서는 별도의 논문을 준비 중에 있다.

7) 이에 대해서는 朝鮮總督府(1925), 『朝鮮總督府施政年譜 大正十二年度』, 朝鮮印刷株式會社 153~154를 참고할 수 있다.

譯文ノ作成 等ニ關シテハ別ニ 委員ヲ 設ケテ 調査スルコト

二. 教科用圖書ノ 材料ハ 一層 生徒ノ 性情 趣味ニ 適スルモノヲ 選フコト

三. 修身書ハ 實踐躬行ノ 勸奬ヲ 旨トスルコト

위의 심의 항목 가운데 제1항에 따라 일본인과 조선인 조선어학자 가운데 10여 명을 위원으로 선정하여 보통학교용 언문철자법조사위원회를 조직하고, 1921년 3월부터 심의를 시작하였다. 흥미로운 점은 이 때 조사위원회의 인적 구성은 비밀에 붙였던 것으로 보이는데, 후에 밝혀진 바에 의하면 오쿠라(小倉進平), 가네자와(金澤庄三郎), 후지나미(藤波義貞, 조선총독부 통역관), 다나카(田中德太郎, 통역관) 등의 일본인과 어윤적(魚允迪, 中樞院副參議), 현헌(玄櫶, 朝鮮總督府 視學官), 신기덕(申基德, 京畿道 視學官), 지석영(池錫永), 현헌(玄櫁, 中樞院 囑託), 유필근(柳苾根, 元 東京外國語學校 敎師), 최두선(崔斗善, 中央學校校長), 권덕규(權惪奎, 徽文高普敎員) 등의 조선인이 참여하였다.[8]

이 때 참여한 조선인 조사위원은 교과서 편찬에도 중요한 역할을 하였을 것으로 짐작되는데, 이는 제1차 교육령기의 『보통학교조선어급한문독본』에 비하여 제3차 교육령기의 『보통학교조선어독본』의 편제와 내용 구성에 큰 변화가 있기 때문이다. 제3차 교육령기의 초등교육용 교과서는 다음과 같다.

---

8) 철자법 조사위원 구성에 대해서는 김민수 외(1977), 『역대문법대계』(3-16)의 해제를 참고할 수 있다. 이 해제에는 오쿠라신페이가 들어 있지 않으나, 오쿠라(1921.3.20.), 후지나미(1921.3.22.), 현헌(1921.3.21.), 유필근(1921.3.26.)은 『매일신보』에 조사위원 참여자로서 철자법 개정 의견을 논문으로 발표한 바 있으므로 조사위원의 구성은 해제에 제시된 숫자보다 더 많았을 것으로 보인다. 이 철자법 공포는 오다 편집과장이 맡았다.

제3차 교육령기 보통학교 조선어과 교과서

책명	편찬 및 발행	인쇄	단원수	발행 연월일
普通學校朝鮮語讀本 卷一	朝鮮總督府	朝鮮書籍 印刷株式 會社	62	1923.3.20.
普通學校朝鮮語讀本 卷二			29	1923.2.3.
普通學校朝鮮語讀本 卷三			27	1924.1.15.
普通學校朝鮮語讀本 卷四			25	1924.1.20.
普通學校朝鮮語讀本 卷五			26	1924.1.31.
普通學校朝鮮語讀本 卷六			27	1924.2.20.

제3차 교육령기의 교과서는 보통학교 규칙 제7조에서 '조선어급한문'을 '조선어'로 개칭하였으므로, 이에 맞게 '조선어'만으로 구성하였다. 한문과가 수의과목이나 선택과목으로 설정되었던 까닭[9]에 조선어와는 별도의 한문 교과서가 개발되기도 하였는데, 제5학년용과 제6학년용 두 권이 편찬되었다.[10] 이처럼 '조선어급한문'을 '조선어'로 변경하게 된 이유는 교과서조사위원회에서 심의한 제2항과 밀접한 관련을 맺는 것으로 보인다. 왜냐하면 이 시기 '국어(일본어)급한문' 교과목이나 '조선어급한문' 교과목의 '한문' 교육 내용은 한자 어휘에 국한된 것이 아니라 '한문

---

9) 제3차 교육령기의 보통학교 교과목에서 '한문'은 수의과목, 또는 선택과목으로 간주되었으며 4년제 보통학교에서는 한문 교과목을 추가할 수 없었다. 고등과의 경우에도 수의과목이나 선택과목으로 간주되었으며, '토지의 정황(각 지역의 특성)'에 따라 추가할 수 있는 과목으로 설정되었다.
10) 『보통학교 한문독본(普通學校漢文讀本)』 제5학년용은 1923년 12월 17일 번각 발행되었으며, 조선서적인쇄주식회사에서 인쇄를 하였다. 이 교과서는 73과로 편제되었으며 한문 원문에 언문 토를 부가하였다. 제6학년용은 1923년 12월 22일 번각 발행되었으며 모두 67과에 언문 토가 부가된 교과서이다.

학습'을 목표로 한 것이기 때문이다. 이 점에서 언한문체(諺漢文體)의 한자 학습과 '한문' 사이에는 괴리감이 존재할 수밖에 없었을 것으로 보이며, 이는 일본어 보급에도 도움이 되지 않았으므로 교과목명에서 '한문'을 떼어내게 된 것이다.[11]

제3차 교육령기의 보통학교 조선어독본의 특징은 권두의 서언이 사라지고, 띄어쓰기를 적용한 점이라고 할 수 있다. 띄어쓰기에서는 조사를 띄어 쓰고, 어미는 붙여 쓰는 방식을 취했는데, 이 때 결정된 '개정철자법'에 띄어쓰기 항목이 없었음에도 불구하고 이를 반영하게 된 이유는 알 수 없다.[12]

이 교과서의 내용은 교훈적인 것(40과), 생활과 밀접한 관련을 맺는 것(31과), 자연을 감상하는 것(15과), 실업과 관련된 것(15과), 지리 관련 단원(8과), 조선의 인물이나 역사와 관련된 것(6과) 등의 분포를 보인다. 이는 전 시대의 교과서에 비해 이른바 '문화정치'의 색채를 강화한 것이라고 할 수 있지만, 조선의 역사와 지리는 대부분 식민 통치 이데올

---

11) 일제강점기 일본어과나 조선어과에서 한문의 위상에 대한 논의는 이루어진 바 없다. 그러나 1930년대에 이르러 '한자 제한 여부' 문제가 집중적으로 제기된 점을 고려할 때, 한문 학습의 부담은 그 이전부터 논의되었을 것으로 보인다. 특히 '생도의 성정과 취미에 적합하도록'이라는 표현은 학습 능률과 관련된 진술이라고 풀이할 수 있으므로, 교과목의 변경이나 교과서 개발의 준거로 작용했을 가능성이 높다. 달리 말해 학습 능률을 떨어뜨리는 '한문'을 별도의 교과목으로 설정하고 이를 수의과목이나 선택과목으로 지정함으로써, 일본어 학습과 조선어 학습의 능률을 높이고자 하였을 것이라는 뜻이다.

12) 띄어쓰기에 대한 인식은 1897년 〈독립신문〉 창간호 논설에서 본격적으로 제기되었지만, 규정으로 확립된 것은 1933년 '한글마춤법통일안'에 이르러서이다. 조선총독부의 언문철자법에서는 이 규정이 들어 있지 않은데, 교과서에서 이를 반영한 것은 학습자의 독해 능률과 관련이 있었기 때문으로 보인다. 참고로 1910년대의 잡지인 『학지광』에는 일부 필자의 글에 띄어쓰기가 적용되었고, 1920년대에 이르러서는 띄어쓰기가 적용된 문헌의 분포가 훨씬 넓어진다. 특히 고등보통학교 교재에서는 띄어쓰기를 적용하지 않았는데, 보통학교 교재에서만 띄어쓰기를 적용한 점은 아동의 문식 능력을 고려했기 때문으로 보인다.

로기와 직접적인 관련을 맺고 있으므로, 교과서에서 식민 지배이데올로기를 탈색하였다고 보기는 어렵다.

2.4. 제4차 교육령기의 『조선어독본』

제4차 교육령기의 조선어과 교과서 개발은 '시세의 진운(進運)과 조선의 사정(事情)'을 감안하여 일대 개정을 해야 한다는 취지 아래 진행되었다.[13] 이 교과서 개정 작업은 1928년부터 시작되었으나 조선어과의 경우는 언문철자법 개정 작업이 완료되지 않아 1930년에 이르러 권1이 편찬되었다. 이 과정에 대해 〈매일신보〉에서는 다음과 같이 보도하였다.

[제4차 교육령기 조선어과 교과서 개발 과정]

ㄱ. 저번부터 開催 中이든 舊時敎科書 改訂 調査委員會를 終了하고 稻垣** 課長은 今回의 方針에 關하여 다음과 같이 말하더라. 委員會의 決意에 基하야 編纂은 着手할 터인데 이번에 着手하는 것은 普通學校用 修身, 國語, 地理, 歷史 이 四種으로 修身의 一二學年用 二冊은 昭和 四年 四月 新學期부터 使用할 수 잇도록 更抄하자는 希望이요 同 一二學年用의 國語讀本 四冊과 五學年用의 地理 歷史는 昭和五年度부터 使用하도록 하라는 豫定인데 此等의 原稿가 完成되면 調査委員에게 審議를 바드라 하며 朝鮮語讀本은 綴字法의 改訂부터 시

---

13) 이에 대해 朝鮮總督府(1930), 『朝鮮總督府施政年譜(昭和七年)』(朝鮮印刷株式會社)에서는 "昭和三年ニ 時勢ノ進運ト朝鮮ノ實情トニ鑑シ從來ノ敎科書ニ對シ一大改訂ヲ加フルノ切要ナルヲ認メ同年八月臨時敎科書調査委員會ヲ設ケテ改訂ニ關スル主義綱領ヲ審議シ之ニ基キテ目下各種敎科書全般ニ涉リテ銳意改訂編纂ヲ急ギツツアリ."라고 기술한 바 있다. 당시 교과서조사위원회의 심의 내용은 『매일신보』 1928.8.28.(앞 장에서 서술함) 참고.

작하지 안이하면 眞實한 改訂으 될 수 업슴으로 몬저 綴字法 改訂부터 實行코자 그 調査委員會를 組織하라 하여 目下 그 人選 中이라 한다. 그리고 이번 調査委員會에 根據치 안이한 것으로 算術, 理科 農業補習學校用 修身, 算術, 高等普通學校用의 修身, 國語, 朝鮮語讀本 等이 잇스나 此等은 更히 編纂 方針을 樹立하야 가지고 委員會에 諮問만 하라 하더라.14)

ㄴ. 情緒觀念을 高調하애 普校 敎科書를 改訂 - 朝鮮語讀本에는 改正諺文綴字法 使用 - 新學期부터 一齊 使用 : 今春 新學期부터 普通學校 第一學年用 敎科書 修身, 國語, 朝鮮語讀本 等을 一齊히 改訂하기로 되엿다. 改訂의 趣旨는 從來의 敎科書들은 兒童 心理에 適合하다고 할 수 업는, 너머 乾燥無味한 感이 업지 안헛고 쏘 그 中에서도 修身 敎科書 가튼 것들은 專門學生이나 大學生 等에 잇서서 適當하다고 할만할 만한 것도 잇섯슴으로 이번에는 敎材 一切를 改正하야 兒童 心理와 쏘는 兒童의 實生活에 適應하도록 情調 注意를 高調하야 만든 것이며 쏘 朝鮮語讀本에 잇서서는 改正된 諺文綴字法을 使用하엿다. 그것은 表音式 諺文 使用法과 쏘는 終聲 通用의 大部分을 認한 것인데 이 改正綴字法 朝鮮語讀本에 對하야는 四月 一日 新學期부터 使用하게 될는지 아니하게 될는지는 아즉 未定이나 十分 使用하게 될 모양 가트며 쏘 修身 國語讀本에 對하야는 新學期부터 全朝鮮에 一齊히 使用하기로 決定되엿다.15)

위의 진술과 같이 이 교과서 개발 과정은 언문철자법 개정과 밀접한 관련이 있으며, '정서관념 강조'를 취지로 내세웠다는 점이다. 특히 조선

---

14) 〈매일신보〉 1928.8.10.
15) 〈매일신보〉 1930.2.5.

총독부의 제3차 철자법 개정 작업은 조선인 중등교원들의 청원에서 비롯된 것이라고 하는데, 이에 대해 김윤경(1933)에서 진술한 바 있다.

[보통학교용 '조선어독본' 개정 기초안]
　　이와 같은 各方面의 한글 運動은 마침내 社會 各方面의 注意를 이끌게 되어 置之度外하고 放任하던 總督府에서도 이에 어떠한 歸決을 짓지 않으면 아니되게 되엇습니다. 그리하여 昭和三年(西曆 一九二八) 九月 初에 學務局에서는 視學官 玄櫶, 編輯課의 田島, 李元圭 諸氏로 하여금 在來의 普通學校 讀本을 改訂할 基礎案을 만들게 하고 그 뒤 다시 京城師範學校 敎師 沈宜麟, 第二高等普通學校 敎師 朴永斌, 京城壽松洞普通學校 訓導 朴勝斗, 京城進明女子高等普通學校 敎師 李世楨 諸氏를 모아 그 基礎案에 對한 意見을 들어 그 意見대로 原案을 만들게 하엿습니다. 그리하고 다시 民間의 權威 잇는 學者들을 모아 審議委員會를 組織하여 그 原案을 다시 討議하게 하엿고 그 決議대로 採用하기로 하엿습니다. 그리하여 그 다음해(昭和四年 西曆 一九二九) 五月 二十二日에 다음과 같이 民間學者를 섞은 審議委員을 發表하엿습니다.
　　西村眞太郎(總督府 通譯官), 張志暎(朝鮮日報社 地方部長), 李完應(朝鮮語硏究會長), 李世楨(進明女子高等普通學校 敎員), 小倉進平(京城帝國大學 敎授), 高橋亨(右同), 田中德太郎(總督府 通譯官), 藤波義貫(右同), 權悳奎(中央高等普通學校 敎員), 鄭烈模(中東學校 敎員), 崔鉉培(延喜專門學校 敎授), 金尙會(每日申報 編輯局長), 申明均(朝鮮敎育協會 理事), 沈宜麟(京城師範學校 附屬 普通學校 訓導)
　　이 委員會에서는 여러 번 모이어 討議한 結果 同年(西曆 一九二九) 六月에야 確定하게 되엇습니다. 그리하여 그 이듬해(昭和 五年 西曆 一九三〇) 二月에 다음과 같이 新綴字法을 發表하여 그해 四月부터 普通學校 第一學年 敎科書를 그대로 改定하여 쓰기 시작하엿습니다. -김윤경(1933), 최근의 한글 운동-조선문자의 역사적 고찰(9), 『동광』 제40호앞의 글에 이어짐.

이 시기 조선인 교원 단체에 건의안에 포함된 내용은 중등학교 조선어독본의 문제점이 중심을 이루었을 것으로 보인다. 그러나 이 안의 핵심 내용에는 '언문철자법'의 문제점이 들어 있었을 것으로 짐작되며, 이에 따라 총독부 학무국에서는 언문철자법 개정이 이루어진 뒤 보통학교용 『조선어독본』을 발행하였다. 이에 대해 〈매일신보〉에서는 다음과 같이 보도하였다.

[諺文綴字法 改正案 中樞院서도 多數 贊成][16)

작십이일 수요회 석상에서 - 이로서 問題는 解決 : 諺文綴字法 改正案에 對하야 中樞院會 일부의 반대의견이 잇섯슴으로 그것을 同 水曜會 會議에 부치어 저번 水曜會 석상에서 일주일 동안 고려할 여유를 달라하야 연긔를 하엿섯다 함은 긔보한 바이어니와 십이일(水曜日) 오후 한시부터 中樞院 會議室에서 쏘 다시 會議를 개최하고 약 삼십여인이 출석한 가운데 總督府로부터 兒玉 政務總監을 비롯하야 今村 內務局長과 쏘 學務局長으로부터 稻垣 編輯課長 이하 玄 視學官 李 編修官 李源圭 氏의 警務局으로부터 西村 氏 等도 렬석하야 회의를 진행하엿섯는데 魚允迪 氏 等 석상에서 반대의견을 말하는 사람도 잇섯고 쏘는 일부 修正說을 주창하는 사람도 잇섯스나 동 긔간까지 서로 質疑 應答을 계속한 결과 改正의 要旨가 時勢의 進運에 따라 그와 가치 改正치 안을 수 업다는 것 쏘는 普通學校 兒童들이 배호기 간편하도록 그 부담을 경감하라는 데 잇다는 것을 잘 량해하고 나종에는 原案 贊成論이 다수하여지어 兒玉 摠監으로부터 "그러면 여러분의 다수 의견이 원안을 찬성하는 것으로 看做하겟다."고 말한 후 네시경에 페회하엿다 한다. 그리하야 이로써 문제는 해결될 모양이다.

◇ 新學期부터 改正을 實施 - 조선어독본 데일권서부터 - 改正內容은 如斯 : 별항과 갓치 中樞院側으로부터도 대체 찬성하는 뜻을 어더슴으로 學務局에서는 이번 사월 신학기로 보통학교 제일학년 朝鮮語讀本에서부터 改正綴字法을 실시하게 되엇는대 同 編輯課에서는 이믜 이

16) 〈매일신보〉 1930.2.14.

일이 잇기 전부터 改正綴字法에 의한 교과서를 작성하고저 原稿까지 만들어 인쇄에 부친 뒤이엇섯슴으로 인제는 校正만 보면 되게 되엿다. 개정하는 것은 一. 倂書 二. 終聲通用 三. 表音式 등 세 가지가 가장 중요한 것으로 우선 朝鮮語讀本 第一卷에 나올 개정 언문 글자는 單終聲 여덜 字와 倂書열 音字 모다 스물 일곱 자로 곳 'ㄲ, ㅃ, ㄸ, ㅉ 等'으로 개정되는 것이다. 그리고 또 漢字 表音이 모다 달라지어 간편한 表音式으로 되는 것이오 또 二重 **과 其他에 잇서서는 명년에 이학년용부터 개정하게 되엿다.

◇ 印刷冊數는 十餘萬卷 : 별항 사실에 대하야 稻垣 編輯課長은 말하되, "諺文綴字法 改正 敎科書(朝鮮語讀本 第一卷)는 이미 原稿가 작성되어 印刷所에 올린 중이니 이제 校正만 보면 그만임니다. 冊數는 약 십사오만 卷 가량 될 듯하고 定價는 장차 印刷소와 議論하야 決定하지 안흐면 아니되겟슴니다" 云

◇ 漢文字數도 制限 - 학동들의 부담을 경감하랴고 : 그리고 편집과에서는 보통학교 아동들의 부담을 경감하려는 쥬지 아리 신학기에 일학년 교과서부터 諺文 외에 漢字도 제한하야 될 수 잇는대로 어려운 자는 아니 쓰도록 하엿다. 현재 보통학교 朝鮮語讀本 데일권으로부터 데륙권까지 잇는 漢文 글자 총수는 모다 一千九百字인대 文部省에서 制定한 常用漢字가 모다 一千二百字임에도 불구하고 그와 가치 만흔 것은 보통학교 아동들의 부담을 너머 과중케하는 것이라 하야 이것도 금년부터 비롯하야 漸進的으로 감케 하랴는 방침이라 한다.

이 자료에서 확인할 수 있듯이, 철자법 개정 작업과 교과서 편찬은 교과서에 쓰일 규범을 정하는 데 중요한 의미를 지녔다. 이 과정에서 제4차 교육령기의 조선어과 교과서 편찬 작업에는 앞선 시기보다 조선인의 참여가 더 활발했던 것으로 보인다. 이처럼 이 시기 보통학교용 『조선어독본』은 '좀더 조선적인 것'을 지향함으로써 조선인의 참여 폭이 넓어졌고, 학습자의 부담을 줄이기 위하여 한자를 제한하였으며, 문예의 비중을 높인 교과서였다. 이 때 개발된 교과서는 다음과 같다.

제4차 교육령기 보통학교용 조선어과 교과서 발행 상황

책명	편찬 및 발행	인쇄	단원수	발행 연월일
朝鮮語讀本 卷一	朝鮮總督府	朝鮮書籍印刷株式會社	54	1930.3.30.
朝鮮語讀本 卷二			38	1931.3.28.
朝鮮語讀本 卷三			27	1932.2.20.
朝鮮語讀本 卷四			28	1933.1.25.
朝鮮語讀本 卷五			21	1934.3.25.
朝鮮語讀本 卷六			22	1935.3.31.

이 교과서에서는 띄어쓰기가 적용되기는 하였지만 일관성을 보이지는 않는다. 한자의 사용이 줄어들었으며, 권두의 서언도 없다. 이에 대해 박붕배(1987 : 336)에서는 "교재로서는 아주 간단하며, 문장도 토막글로 문장 학습에도 도움이 안 되며, 매우 무성의하게 편찬된 책"이라고 평가한 바 있다. 앞선 교재보다 분량이 줄어들었으며, 난이도가 매우 약한 편인데, 이는 이 시기 조선어과 교육의 실태를 반영하는 것이라고 할 수 있다.[17]

2.5. 제7차 교육령기(1938)의 『초등 조선어독본』

제7차 교육령의 특징은 기존의 교육령과는 달리 단선학제를 취했다는 점이다. 달리 말해 '민족의 다름'에 따라 학제를 달리 운영하던 방식이 '일본어(국어) 상용 여부'에 따라 운영되다가 1938년 이후에는 '소학교-고

---

17) 이 교과서의 편찬 취의서에 따르면, 당시의 교재 선택과 배열 원칙은 일본어(국어) 독본에 준거하도록 하는 조항만을 두었을 뿐, 조선어과 교과서로서의 특징을 고려한 흔적은 보이지 않는다. 이에 대해서는 조선총독부(1930), 「보통학교 조선어독본 권일 편찬취의서」, 『역대문법대계』 3-17에 수록됨)를 참고할 수 있다.

등학교/고등여학교'의 단선학제가 되었음을 의미한다. 이에 따라 조선어
과의 위상도 매우 달라졌는데, 이는 '내선일체', '국체명징' 등의 식민 통
치 이데올로기와 밀접한 관련을 맺는다. 이 시기의 통치 이데올로기는
'조선적인 것'을 배제하고, 완전한 일본인으로의 동화를 목표로 하였
다.[18] 이 시기 조선어 교과는 '수의과목'으로 전락하였으며, 그나마 대부
분의 학교에서는 조선어과를 택하지 않았던 것으로 보인다. 이러한 사정
은 다음의 기사를 통해 확인할 수 있다.

> [朝鮮語 敎授의 限界―三會議서 明白히 指示 : 대도시와 소도시 구별하
> 야 방침 확립 : 漸進的으로 全廢할 方針][19]
>   조선교육을 개정하야 내선인 교육을 통일하며 동시에 <u>내선인 공학</u>
> <u>을 할 수 잇게</u> 한 획긔적 학제 개혁은 사월 일일부터 실시하게 되엿는데
> 이에 세상의 주목을 쓰른 학제 개혁 후의 소학교와 중학교와 고등여학교

---

18) 특히 제7차 조선교육령 개정에 따라 발포된 '소학교 규정'에서는 '내선일체에 따른
황국신민화'과 소학교 교육의 목표임을 명시하고 있다. 이 규정의 특징에 대해 〈매
일신보〉 1938년 3월 17일 호외에서는 "第十六條 小學校에서는 恒常 左의 事項을
<u>留意하야 兒童을 敎育할 事   一. 敎育에 關한 勅語의 趣旨에 依하야 國民道德</u>
의 涵養에 努力하고 國體의 本義를 明徵히 하야 兒童으로 하여금 <u>皇國臣民으로</u>
<u>서의 自覺을 振起하고 皇運 扶黨의 道에 徹케 하도록 努力할 것. (중략) 七. 國語</u>
<u>를 習得케 하고 그 使用을 正確히 해서 應用을 自在케 하고 國語敎育의 徹底를</u>
<u>期하야써 皇國臣民으로서의 性格을 涵養하도록 努力할 것. 八. 敎授用語는 國語</u>
를 使用할 것. 九. 各 敎科目의 敎授는 그 目的 及 方法을 그릇하지 말고 相互聯
絡하야 補益하도록 努力할 것. <u>以上 條目 中 三四五六은 變更되지 안앗스나 七</u>
<u>八九는 새로 부가되엇거나 그러치 안으면 徹底的으로 改正된 것이다. 改正의 眼</u>
目은 '皇國臣民으로서의 自覺을 振起해야 한다는 것과 <u>內鮮一體가 條文에 明記</u>
된 것이요 또 國語敎育의 徹底를 期해야 되는 点과 敎授用語는 國語를 使用하라'
라는 点이 亦是 內鮮一體의 基本精神을 强調하는 点이다. 미치여(例를 들자면
前 敎育令 第十六條의 道德의 實踐)이 改正敎育令에서는 第十七條에 '國民世
俗의 實踐'으로 된 것, 그리고 '忠君愛國' 위에다 새로이 '皇國臣民으로서의 志操
를 굿게고저'라 첨가한 것 등 <u>國民的 自覺의 意氣를 規程</u>하고 잇는 点이다."라고
보도한 바 있다.
19) 〈매일신보〉 1938.3.23.

에서의 조선어 과목 교수 문제는 지난 십오일에 공포한 각학교 규정에 의하야 전부 수의과목(隨意科目)으로 되야 학교장은 도지사의 인가를 마터 가지고 조선어를 가설(加設) 과목으로 교수할 수 잇게 되엿다. 그러나 규정상에는 전반적으로 수의과목으로 되어 잇슴으로 조선어 과목의 교수를 어쩌케 할 것인가 함은 중대한 문제로 되어 왓섯다. 그런데 학무국에서는 이 문제에 대하야 일전에 열리엇든 내무부장 회의, 도 학무과장 시학관 회의, 각 중등학교장 회의에서 '조선어 과목' 교수 문제를 다음과 가티 명백히 지시하엿스며, 쏘 각 도에 정식으로 통첩을 하엿다 한다.

一. 소학교(종래의 보통학교)에 잇서서는 규정에 잇는 대로 교수할 것

一. 중학교와 고등여학교(종래의 남녀 고등보통학교)에 잇서서는 대도회지 학교 즉 경성(京城) 평양(平壤) 부산(釜山) 대구(大邱) 등 가티 국어가 일반적으로 보급된 큰 도회지 학교는 조선어과목을 전면 가르칠 필요가 업다.

一. 그러나 지방의 적은 도시에 잇는 학교로서 일반적으로 국어가 보급되지 아니한 학교에서는 사정에 짜라 각 학년을 통하야 一 二 三학년 정도까지 교수하거나 각도에서 이것은 적당히 취급하여도 무방하다.

一. 조선어과목의 교수 여부는 각 학교장이 적당히 긔안하야 학측 개정의 명을 도지사에게 신청하는 형식으로 도지사 전긔 표준에 의하야 결정한다.

　그리고 각 학교의 조선어 교수 시간은 이번에 각 학교 규정의 개정안에 의하야 다음과 가티 종래보다는 모다 교수시간을 감하엿다. 즉 신구 규측에 잇서 한주일간의 교수시간을 비교하여 보면 다음과 갓다.

學校名/學年別 敎授時間		一	二	三	四	五	六
小學校	舊	2	2	2	2	2	2
	新	2	2	2	2	2	2
中學校	舊	2	2	2	2	2	0
	新	2	2	1	1	1	0
高等女學校	舊	2	2	2	2	2	0
	新	2	2	1	1	1	0

이와 가티 결국은 각 도지사는 학무국의 지시 방침에 의하야 대도회지 남녀 중학교에서는 조선어를 교수하지 안코 지방 소도시에 잇는 학교에서만은 전학년을 또는 일부 학년에서 가르칠 수가 잇게 된 것인데 점진적으로 전폐할 것은 명백하게 되엿다.

이러한 사정을 감안하여 편찬된 제4차 교육령기의 조선어과 교과서는 초등용 권1과 권2뿐이다. 이 교과서 편찬은 '간이학교용'과 동일하게 취급되었는데, 편찬 취의서를 간이학교용으로 발행하였기 때문이다.[20]

이 교과서의 특징은 중일전쟁 이후 지속된 전시상황 아래에서 '국체명징', '내선일체', '황국신민'의 이데올로기가 교과서의 형식과 내용에 모두 반영된 점이라고 할 수 있다. 먼저 형식적인 면에서 표지의 색부터 전시상황을 반영하고 있는데, 이를 '시국색(단청색)'이라고 불렀다.

이 교과서 편찬의 기초가 되었던 편찬 취의서에 따르면 이 교과서는 소학교의 매주 조선어 수업 시수가 감소하고, 실제 4학년 이상에서는 조선어를 교수하는 경우가 없기 때문에, 이에 적합한 간결한 교과서를 보급해야 할 필요에 맞추어 편찬한 것이라고 하였다. 편찬의 근본 취지는 소학교 규정에 제시된 '내선일체, 동포집목의 미풍을 양성'하고 '황국신민이 되고자 하는 신념'을 함양하기 위한 것으로, 이를 구현하기 위해 다음과 같은 자료를 사용하기로 하였다.

(40) 편찬 취의서의 교재(교육재료)
　一. 語句(我が御父樣)
　二. 語句(我が御父樣)
　三. 短文(赤坊を呼ぶ)

---

20) 이 교과서의 편찬 취의서는 『初等朝鮮語讀本 全(簡易學校用) 編纂趣意書』(朝鮮總督府, 1939.6.22.)로 발행되었다.

四. 單語表(가나다라마바사아 行の字で終聲を含まないものから なつた語, 蜘蛛, 雁, 蝶蝶, 橋, 大根, 硯, 牛, 悉, 狐)

五. 單語表(자차카타파하 行の字及び既習の他行の字で終聲を含 まないものからなつた語, 竈, 笊, 巾著, 蠟燭, 鼻, 兜, 葱, 笛 ホ)

六. 諺文半切表(單初聲と單中聲とに依つて構成されたもの)

七. 短文(學校からの歸路)

八. 短文(兩親に對する朝, 登校, 歸宅, 晩の挨察)

九. 單語表(單終聲 ㄱㄴㄷㄹㅁㅂㅅㅇを含まないものからな つた語, 墨, 手, 馬, 虎, 鉅, 鐮, 筆, 鐵砲, ハシアリ)

十. 諺文表(諺文半切表と單終聲 ㄱㄴㄹㅁㅂㅅㅇとに依つて 構成されたもの)

十一. 欲長の犬

十二. 我が犬

十三. 諺文表(單初聲と重中聲 ㅐㅔㅓㅢとに依つて構成された もの)

十四. 蟻ときりぎりす

十五. 諺文表(單初聲と重中聲 ㅘㅝㅙㅞとに依つて構成された もの)

十六. 稲の一生

十七. 單語表(까, 따, 빠, 싸, 짜 行の字と既習の字からなつた語, 鵲, 稚, 鑿, 苺)

十八. 諺文表(重初聲と單中聲, 重初聲と重中聲の一部とに依つて 構成されたもの)

十九. 我が國旗

二十. 陸軍兵志願者訓練所生徒の家

二十一. 短文表(單終聲 ㄷㅈㅊㅌㅍを含む字からなつた語を使用 したも)

二十二. 諺文表(單終聲 ㄷㅈㅊㅌㅍを含むもの)

二十三. 御正月の皇軍慰問袋

二十四. 我が家
二十五. 國防獻金
二十六. 短文表(重終聲 ㄲ ㄱㅅ, ㄴㅈ, ㄹㄱ, ㄹㅁ, ㄹㅌ, ㄹㅍ, ㅄを含
む字からなつた語を使用したもの)
二十七. 諺文表(重終聲 ㄲ ㄱㅅ, ㄴㅈ, ㄹㄱ, ㄹㅁ, ㄹㅌ, ㄹㅍ, ㅄを含
むもの)
二十八. 諺文表(我が軍用飛行機

위의 편찬 취지에서 확인할 수 있듯이, 이 시기 교과서는 '황국신민
의 도'를 강조한 군국주의 이데올로기 교육 매체였다. 기초학습 자료인
'언문반절(한글 낱자 학습 자료)'과 일부 어휘를 제외하면 대부분의 내용
은 제국주의 이데올로기와 관련을 맺는 내용으로 편찬되었다.[21]

3. 중등 조선어과 교과서 변천사

3.1. 중등교육 조선어과 교과서 편찬 과정

일제강점기 중등교육은 일본인을 대상으로 하는 '중학교/고등여학
교'와 조선인을 대상으로 하는 '고등보통학교/여자고등보통학교'의 체계
로 출발하였다. 이러한 체계는 1911년의 교육령으로부터 제7차 개정교
육령이 발포될 때까지 이어졌다. 비록 1922년의 제3차 교육령에서는 '일
본어(국어) 상용 여부'를 기준으로 입학 자격을 변경하였지만, 일본인과
조선인의 구분은 뚜렷이 존재하였다.

이러한 상황에서 조선어과는 조선인 대상의 학교인 고등 보통학교

---

21) 허재영(2009)에서는 이 교재의 권1을 찾지 못한 상태였으나 강진호·허재영(2010)
에서는 이 교재를 찾아 함께 영인하였다.

와 여자고등 보통학교의 교과목 가운데 하나일 뿐, 일본인 대상의 학교에서는 교과목으로 설정하지 않았다. 특히 중등교육은 초등교육과는 달리 '일본어(국어) 보급'을 전제로 교과목을 설정하였기 때문에, 초등교육보다도 조선어과를 더욱 소홀히 다루었다. 이는 '고등보통학교 규칙' 제9조의 유의사항에서 천명한 '일본어(국어)의 사용을 정확하게 하고, 그 응용을 자재케 함을 기함'이라는 표현에서도 확인할 수 있다. 따라서 일제강점기 중등교육용 교과서의 편찬은 초등교육에 비해 소홀하게 다루어졌으며, 그 내용도 빈약했던 것으로 보인다. 중등용 조선어과 교과서 편찬 실태를 정리하면 다음과 같다.

일제강점기 중등용 조선어과 교과서 편찬사

시기	책명	권수	사용문자	발행 연도	판형
제1차 교육령기	高等朝鮮語及漢文讀本	총4권	국한문	1913.	국판
제3차 교육령기	新編高等朝鮮語及漢文讀本	총5권	국한문	1923.	국판
	女子高等朝鮮語讀本	총4권	국한문	1926. ~ 1928.	국판
제4차 교육령기	中等教育朝鮮語及漢文讀本	총5권	국한문	1933. ~ 1937.	국판

홍미로운 점은 초등용과는 달리 일제강점기 초기 중등용 조선어과의 경우 조선총독부에서는 자구 정정본을 발행하지 않았다는 사실이다. 초등용과는 달리 자구 정정본을 발행할 수 없었던 까닭은 정정 출판할 원본이 존재하지 않았고[22], 일부 검인정 교과서를 대상으로 '교수상의

---

22) 초등용은 통감시대의 『보통학교 학도용 국어독본』을 저본으로 하였으나, 고등보통학교의 경우는 학부 출판의 고등보통학교용 교과서가 존재하지 않았기 때문이다.

주의 및 자구 정정'을 하도록만 조치하였다. 따라서 식민 상황에 맞는 중등용 교과서 편찬은 초등용보다도 더 시급한 문제로 인식되었으며, 그 결과 1913년에는 4권의 조선어과 교과서가 편찬되었다. 그 이후 제3차 교육령기에는 남녀 학교를 구분하여 교과서를 편찬하였으며, 제4차 교육령 이후에는 '중등교과'로 묶어 단일본을 편찬하였다. 제7차 교육령기 이후에는 '일본어 보급 정책'의 강화로 중등교육에서는 조선어과를 교육하지 않았으므로 이에 따른 교과서 편찬은 이루어지지 않았다.

3.2. 제1차 교육령기 『고등 조선어급한문독본』

이 교과서는 조선어 교과서라기보다는 한문에 중점을 두어 편찬된 교과서이다. 이처럼 한문을 중시한 까닭은 통감시대부터 식민 초기에 이르기까지 중등교육기관이 충분하지 않았을 뿐만 아니라 교육 제도의 정비도 덜 이루어졌기 때문으로 보인다. 따라서 식민 초기 중등교육의 경우는 일본의 학제 및 교과서를 단순 도입하면서 '조선의 특수한 사정'에 해당하는 교과만을 대상으로 임시방편의 교과서 편찬만을 행했던 것으로 보인다. 이 시기의 교과서 발행 상황은 다음과 같다.

제1차 교육령기 중등교육용 조선어과 교과서

책명	편찬 및 발행	인쇄	단원수	발행 연월일
高等朝鮮語及漢文讀本 卷一	朝鮮總督府	朝鮮總督府 總務局 印刷所	73	1913.3.15.
高等朝鮮語及漢文讀本 卷二			92	1913.3.15.
高等朝鮮語及漢文讀本 卷三			61	1913.6.15.
高等朝鮮語及漢文讀本 卷四			55	1913.10.15.

이 교과서의 체제는 '범례(凡例)', '목차', '본문'의 구조를 갖추고 있는데, '범례'도 한문으로 서술한 점이 특징이다. 이를 살펴보면 다음과 같다.

[『고등 조선어급한문독본』 범례]

一. 本書專爲高等普通學校及其他同程度諸學校之朝鮮語及漢文科敎科用編纂之.

一. 本書收錄敎材, 須以漢文爲主而朝鮮文則畧加若干篇.

一. 漢文敎材, 約有三別. 經史子集中 擇其著要者, 一也. 內外古今雜書中 採錄其爲敎訓爲文範爲話料者, 二也. 係今新撰者, 三也. 而間加詩歌, 鼓發生徒意趣, 使之樂學.

一. 朝鮮文敎材, 多取其涉於朝鮮實業者, 又譯本書中 漢文敎材及高等國語讀本敎材等若干篇. 此等譯文, 須與原文對校, 可作飜譯敎授之資料, 以補其不足, 亦可.

一. 漢文敎材, 有照騰原書全文者, 有節錄者, 又或有刪修者. 各於篇尾, 記入原書名. 而全文則只曰某書, 以別之, 俾便考核.

一. 漢文句讀法, 全據朝鮮口訣, 酌加內地慣例, 用圖生徒誦讀之便.

一. 原文撰人及篇中所著人小傳, 與夫章句中難解處畧註, 並載諸讀欄, 以供參照.

大正二年 三月

범례에 따르면 이 교과서는 고등보통학교 및 이에 해당하는 정도의 학교 '조선어급한문과' 교과서로 편찬되었으며, 수록 교재는 '한문을 주로 하고 조선문을 약간 가미한 정도'이다. 한문 교재의 편찬 원칙은 경사자집류, 내외고금잡서, 계금신찬류의 세 종류이며, 조선문 교재는 조선의 실업과 관련된 것, 고등국어(일본어)독본 교재에서 번역한 것 등이다. 책의 편제 방식은 한문 교재의 경우 원문을 그대로 실은 것, 원문을 일부 삭제하고 고쳐 실은 것으로 나눌 수 있으며, 각 편의 끝에는 원서의 이름

을 표기하였다. 한문 독법은 조선의 구결법과 일본의 관례를 따른다고
하였는데, 이는 생도가 쉽게 암송하도록 하기 위한 것이라고 밝혔다.

3.3. 제3차 교육령기의 『신편고등 조선어급한문독본』

제3차 교육령기 중등용 조선어과 교과서는 남자용과 여자용을 구분
하여 편찬하였다. 이처럼 남녀를 구분한 까닭은 제3차 교육령기의 학제
에서 고등보통학교와 여자고등보통학교의 구분을 철저히 했기 때문으로
보인다. 남자용 교과서는 『신편고등 조선어급한문독본』으로 명명하여
모두 5권으로 편찬하였다.

제3차 교육령기 고등보통학교용 조선어과 교과서

책명	편찬 및 발행	인쇄	단원수	발행 연월일
新編高等朝鮮語及漢文讀本 卷一	朝鮮總督府	朝鮮書籍印刷株式會社	91	1924.2.20.
新編高等朝鮮語及漢文讀本 卷二			61	1924.2.5.
新編高等朝鮮語及漢文讀本 卷三			50	1924.4.5.
新編高等朝鮮語及漢文讀本 卷四			51	1924.12.28.
新編高等朝鮮語及漢文讀本 卷五			47	1926.3.31.

이 교과서의 편찬에 관여한 사람들에 대한 정확한 정보는 찾기 어려
우나, 책의 성격에 대해서는 '서언'을 둠으로써, 용도와 편찬 방식을 짐작
할 수 있게 한다.

[서언]

一. 本書는 高等普通學校 朝鮮語及漢文科 敎科書로 編纂한 者이다.

二. 本書는 全部를 五卷으로 하고 第一學年으로부터 第五學年까지 各
學年에 一卷식 配當한 者이다.

三. 本書는 敎授上 便宜를 圖하기 爲하야 朝鮮語와 漢文의 兩部에 分
하야 編纂한 者이라.

四. 朝鮮語의 諺文綴字法은 普通學校用諺文綴字法과 同一하게 하니라.

五. 漢文은 生徒의 初學하는 者로 標準을 삼아, 平易한 材料로부터 始
하고 漸次 程度를 高케 하니라.

六. 漢文은 卷三까지만 吐를 懸하고 卷四 以後는 此를 懸치 아니하니라.

大正 十二年 十一月

서언에 밝힌 것처럼, 이 교과서는 조선어부와 한문부를 나누었으며,
개정된 언문철자법을 반영하여 편찬하였다. 이 교과서에서는 조선어의
비중이 31%로 늘어났는데 이는 3.1 독립 투쟁의 결과 실시된 소위 '문화
정치'와 관련이 있을 것으로 짐작된다.[23) 그러나 이 교과서 편찬 과정에
서 조선어과의 특징을 고려한 흔적은 보이지 않는다. 이는 이른바 '문화
정치'의 시기일지라도 조선총독부의 교과서 편찬 정책은 일본어 보급 정
책과 관련된 일본어(국어) 독본 편찬에 치중되었기 때문으로 보인다.[24)
따라서 조선어의 비중이 높아졌다고 할지라도 실제 조선어 교육이 활발

....

23) 박붕배(1987 : 338)에서는 "3.1 독립 만세 운동 직후에 편찬된 교과서이어서 단원
내용이 상당히 한국적인 것이 많이 들어 있다."라고 진술한 바 있다.

24) 이 점에서 당시의 편집과장이었던 오다(小田省吾)의 회고는 당시의 교과서 정책을
이해하는 데 좋은 자료가 된다. 오다(1924)는 '朝鮮の教育に就て'(朝鮮總督府
(1924.6.)『朝鮮』第110號)에서 "先つ四年制の普通學校に用ひる教科書を急速
に拵へ, 五年六年にも必要なる新教科書も出版しましたが, 國語讀本の如き
は急を要せぬ, 故現在に於ては國定教科書を使用して居る次第であります.
高等普通學校 又は 女子高等普通學校に於きましても同樣でありまして…(下
略)"라고 하여 교과서 편찬에서 보통학교 및 국어(일본어) 독본을 우선하는 정책을
취하고 있음을 알 수 있다.

해졌다는 증거로 삼을 수는 없다.

이 교과서의 조선어부 내용상 특징은 교훈적인 자료(13과), 실업 관련 자료(10과), 문학 자료(10과), 자연 감상(9과), 과학 관련(9과), 조선 역사(8과) 등으로 나타나는데, 이 가운데 실업, 과학, 조선 역사와 지리 등의 자료는 1920년대 조선총독부의 시정 방침(施政方針)이나 식민 통치를 위한 사회 운동 등과 밀접한 관련을 맺고 있다.

3.4. 제3차 교육령기 『여자고등 조선어독본』

제3차 교육령기에는 여자고등 보통학교용 조선어과 교과서를 편찬한 점이 특징이다. 이처럼 남녀를 구분하여 교과서를 편찬한 까닭은 고등보통학교와 고등보통학교 교육의 차이를 반영하고자 했기 때문으로 보인다.

일제강점기 여자 교육에서는 남자와는 달리 '정숙', '근검'을 강조하였다. 특히 제3차 교육령기에는 두 항목에 '지조'를 추가함으로써, 남자와는 달리 여자만이 갖추어야 할 덕목이 존재함으로 강조하고자 하였다. 이러한 이데올로기는 교과서 개발에도 반영되었는데, 제3차 교육령기의 여자고등 보통학교용 조선어과 교과서 편찬은 다음과 같이 이루어졌다.

여자고등 조선어독본

책명	편찬 및 발행	인쇄	단원수	발행 연월일
女子高等朝鮮語讀本 卷一	朝鮮總督府	朝鮮書籍印刷 株式會社	28	1926.11.28. (1923.2.15)
女子高等朝鮮語讀本 卷二			26	1928.11.28. (1923.3.)
女子高等朝鮮語讀本 卷三			25	(1924.3.23.)
女子高等朝鮮語讀本 卷四			24	1924.3.31. (1925.3.31.)

이 교과서는 고등보통학교에서 '조선어'와 '한문'을 한 권으로 편찬한 것과는 달리, '조선어'만을 대상으로 하였다. 권두에 '서언'이 있고, 상단에는 주석이 들어 있다. 권두의 서언은 다음과 같다.

[서언]
一. 本書는 女子高等普通學校 朝鮮語科 教科書로 編纂한 者이라.
二. 本書는 全部를 四卷으로 하고 第一學年으로부터 第四學年까지, 各學年에 一卷식 配當한 者이라.
三. 本書는 京城에서 行用하는 言語로 標準을 삼고, 諺文의 綴法은 本府에서 定한 바를 依하야, 純全한 朝鮮語에 對하야는 發音式을 採用하야, 쟈댜를 자, 져뎌를 저, 죠됴를 조, 쥬듀를 주, 챠탸를 차, 쳐텨를처, 쵸툐를 초, 츄튜를 추, 샤를 사, 셔를 서, 쇼를 소, 슈를 수로 書하고, 中聲 ·는 使用치 아니하며 又 分明히 漢字로 成한 語音은 本來의諺文을 使用하니, 生徒로 하야금 恒常 此에 準據케 할지니라.
　　　　　大正 十一年 十一月

이 교과서는 학년 당 한 권씩으로 편찬되었으며, 1922년의 개정 언문철자법을 반영한 교과서이다. 이 교과서의 내용상 특징은 고등 보통학교용과는 달리 여자 교육의 특성으로 내세운 '정숙', '근검', '지조'와 관련된 단원이 많이 포함되어 있다는 점이다. 김혜련(2008 : 123)에 따르면 『여자고등 조선어독본』과 『신편고등 조선어급한문독본』의 공통 단원은 59과, 『여자고등 조선어독본』에만 수록된 단원은 44과로 나타난다. 여자용 교과서는 식민지 피지배 민족으로서의 조선인뿐만 아니라 여성으로서의 억압 이데올로기를 정당화하는 교육 자료를 담고 있다. 특히 권2의 '기제례'는 가정의 제사를 담당하는 존재로서의 여성을 합리화하는 내용이라는 점이 주목된다. 달리 말해 이 시기 조선총독부의 여자 교육 정책은 '근로하는 여성'이라는 새로운 모습과 '유교적 순응주의를 당연시하는 여성'이라는 양면성을 모두 취하고 있는 셈이다.

3.5. 제4차 교육령기의 『중등교육 조선어급한문독본』

초등교육용과 마찬가지로 제4차 교육령기의 중등용 조선어과 교과
서는 '좀더 조선적인 것'을 지향하는 가운데 편찬되었다. 〈매일신보〉
1930년 2월 17일 기사와 같이, '조선 문단의 중론을 모아 조선 문사의
글들을 채록'한다는 원칙 아래 조선적인 것을 담고자 하였다. 김윤경
(1933)에서 밝힌 바와 같이, 이 시기 조선어 교과서 편찬에는 '중등조선
어교원회'의 활동과 직접적인 관련을 맺고 있다. 그 결과 좀더 조선적인
것을 지향한다는 원칙이 표명된 것으로 보인다. 이에 대해 〈매일신보〉
에서는 다음과 같이 보도한 바 있다.

> [朝鮮 事情을 多分으로 教科書 改正 今春 完成][25]
> 총독부 학무국서는 수년 전 우리 보통학교와 고등보통학교 교과서
> 를 통일하기 위하야 그 편찬에 착수하야 매년 개정교과서(改正教科書)
> 를 점진적으로 반영하야 왓섯는데 금년으로 그 전부를 완성하게 되얏다.
> 즉 신학년부터 출현하게 될 개정교과서는
> ◇ 四년제 보통학교용으로는 국어독본 권칠, 수신서 권사, 리과서의
> 네가지요, 육년제 보통학교용으로는 수신서 권육, 국어독본 권9, 조선어
> 독본 권5, 지리부도의 네가지요, 고등보통학교용으로는 국어독본 권9, 조
> 선어독본 권2 두가지이요, 여자고등보통학교용으로는 국어독본 권5 한가
> 지인데, 이외에 지난 소화 4년에 중등정도의 교과서에 과하야 오든 법제
> 경제과를 업새고 국민적으로 실시한
> ◇ 공민과(公民科)에는 여태까지 일정한 교과서가 업는 바 이번 남
> 자 공민교과서와 여자 공민교과서를 제정하게 되어 목하 인쇄 중으로
> 이것도 신학년부터 채용하기로 되얏다. 그리고 전긔 개정 교과서 중 특색

---

25) 〈매일신보〉 1934.2.2.

을 가진 것으로는 고등보통학교 조선어독본 권2로 대부분 조선인 문사의 손으로 된 논문, 기행문, 소설문을 재료로 편찬한 것으로 그만큼 조선 정서를 다분으로 집어 너흔 것이다. 그리고 지리부도(地理附圖)는 전부를 화려한 색판(色版)으로 하는 외에 외국지도를 종래보다 상세히 나타내게 하얏는데 이 째문에 페이지 수도 만허저서 정가는 종래보다 삼 사 전이 빗사게 될 것 갓다 한다.

◇ 農民讀本의 統一 敎授 : 경긔도에서 보급 작년 여름 조선의 최초로 경긔도에서 발행한 농민독본(農民讀本)은 타도에도 상당히 보급되어 임의 총책수 칠만 오천부가 매진되엿스며 속속 수용 신입이 잇서 중쇄 중인데 본도에서는 그 독본의 교수자로 하여금 각과 내용의 주안점을 일치하도록 하기 위하여 이번에 경긔도 농민독본 보급에 대하여 이를 발행하여 도내 각 관공서와 학교 금융조합과 각 진흥회에 무상으로 배부하기로 외엿다. 쏘는 이를 희망하는 자에게는 룡산한강통 인쇄소(龍山漢江通印刷所)에서 유상으로 배부할 터이라 한다.

이 자료에 따르면 이 시기 중등용 교과서는 일본어(국어)의 경우는 남녀를 구분하여 편찬하였으나, 조선어과의 경우는 남녀의 구분이 없이 『중등교육 조선어급한문독본』으로 편찬하였다. 이처럼 남녀를 구분하지 않은 까닭은 남녀 교육의 차이를 인정하지 않았기 때문이 아니라, 조선어과를 중시하지 않았기 때문이라고 할 수 있다. 왜냐하면 이 시기 교육령 및 각급학교 규정에서 교과목에 대한 개정은 없었기 때문이다. 특히 1929년 개정된 제4차 교육령은 '체험주의'라는 명목 아래 '공민 교육'과 '실업 교육'을 강화하는 교육령이었으며, 남녀 중등학교를 하나의 수준으로 묶어 생산 교육에 치중하도록 하는 데 중점을 두었음을 알 수 있다26). 이러한 흐름에서 편찬된 중등 조선어과 교과서는 다음과 같다.

---

26) 〈매일신보〉 1930년 10월 30일 기사에서는 '중등교육개선'이라는 이름 아래 이 시기 교육이 '공민과 설치' 및 '체험주의 교육'을 지향하고 있다는 내용을 확인할 수 있다. 이는 제4차 교육령이 공민교육(황민화 교육), 실업교육(생산교육) 등을 지향하고

제4차 교육령기 중등 조선어과 교과서

책명	편찬 및 발행	인쇄	단원수	발행 연월일
中等教育 朝鮮語及 漢文讀本 卷一	朝鮮總督府	朝鮮書籍印刷 株式會社	76(38)	1933.1.28.
中等教育 朝鮮語及 漢文讀本 卷二			54(28)	1933.12.12.
中等教育 朝鮮語及 漢文讀本 卷三			46(23)	1935.3.28.
中等教育 朝鮮語及 漢文讀本 卷四			52(27)	1936.2.25.
中等教育 朝鮮語及 漢文讀本 卷五			36(20)	1937.1.28.

단원수 괄호 안은 조선어부의 단원

단원의 수를 고려할 때 전체 264과 가운데 조선어 단원이 136과를
차지한다는 점에서 조선어의 비중(51.52%)이 높아진 교과서이다. 교과
서의 서두에는 서언이 들어 있으며, 조선어부와 한문부를 나누어 편찬한
점은 앞선 시기의 『신편 조선어급한문독본』과 같은 체제이다. 서언은
다음과 같다.

[『중등교육 조선어급한문독본』 서언]
一. 本書는 주장으로 高等普通學校 朝鮮語及漢文科의 敎授에 充用키
    爲하야 編纂한 것이라.
二. 本書는 全部를 五卷으로 하야 各學年에 一卷식을 配當하다.
三. 本書는 敎授上 便宜를 圖키 爲하야 朝鮮語와 漢文의 兩部에 分하
    야 編纂한 것이라.
四. 諺文綴字法은 昭和五年 二月에 改正한 諺文綴字法에 據하다.
五. 漢文은 音訓, 熟字로부터 短文, 文章의 順序로 하다.
六. 漢文의 懸吐는 低學年에는 仔細히 하고 學年이 높아짐을 딸아 簡略

있음을 의미한다.

히 하다.

七. 難字句, 固有名詞, 引用句 中 特히 必要하다고 認定한 것은 上欄
   에 摘出하야 略解하다.
   昭和八年 三月

　　이 교과서에서 주목할 만한 점은 문학 제재와 기행문의 비중이 높아
졌을 뿐만 아니라, 이러한 자료들은 광복 이후의 교과서에서도 전범화되
는 경향이 높다는 점이다. 또한 이 교과서 편찬에 직접적으로 관여한 사
람을 구체적으로 확인할 수는 없으나, '좀더 조선적인 것'을 지향한 이
교과서는 광복 이후 조선어학회의 『중등 국어교본』의 저본(底本)으로
활용되었음을 고려할 때, 두 교과서의 편찬에 모두 관여한 사람들이 있
었을 것으로 짐작된다.

4. 마무리

　　일제강점기 조선어과 교과서 편찬사는 국어교육사 연구에서 비교
적 소홀하게 다루어진 면이 있다. 이는 식민 시기의 교과서 정책과 교과
서 편찬 자료에 대한 자료 부족 때문이기도 하지만, 다른 한편으로 볼
때 식민 상황에서의 교과서 편찬은 단순히 식민 정책의 연장선으로만
이해했기 때문이라고도 볼 수 있다.
　　이와 같은 상황에서 일제강점기의 교과서 정책과 교과서 편찬에 대
한 객관적인 자료 조사는 국어교육사를 재구성한다는 차원에서 매우 중
요한 의미를 갖는다. 이러한 작업은 강윤호(1973), 박붕배(1987), 이종
국(1991) 등의 선행 업적이 남아 있기는 하지만, 아직까지도 그 전모를

파악했다고 볼 수는 없다. 왜냐하면 지금까지의 연구는 일제강점기 교육령 변화를 비롯한 학제 변화, 교과서 관련 일부 법령 연구, 편찬된 교과서의 수집과 정리 등에 머물러 있기 때문이다.

이 점에서 일제강점기 조선어과 교과서 변천사 기술은 교과서 편찬 정책이 어떻게 변화되어 왔는지를 비롯하여, 구체적으로 어떤 교과서가 편찬되었으며, 어떤 내용으로 구성되었는지를 밝히는 데 도움을 줄 수 있을 것이다. 그럼에도 불구하고 이 연구는 본질적인 한계를 갖고 있다. 왜냐하면 각 시기별 교과서를 편찬할 때 구체적으로 어떤 사람이 관여했는지를 밝히는 데 한계를 보이기 때문이다. 이러한 문제는 일제강점기 조선어과 교과서 편찬과 관련된 문서를 종합하고, 또 새로운 문서를 발견하는 데 힘을 쏟아야만 해결될 것으로 보인다. 다른 방법으로 교과서 편찬에 관여했던 사람들이 생존해 있다면 그 분들의 경험을 듣는 방법이 있을 수 있으나, 현재로서는 그 가능성이 매우 희박하다. 이 점에서 광복 이후의 교과서 편찬에 관여했던 분들의 경험을 듣고 기록해 놓는 방법도 있을 수 있다. 특히 제4차 교육령기의 조선어과 교과서는 광복 이후 조선어학회의 『초등국어교본』(상·중·하), 『중등국어교본』(상·중·하)의 저본이 되었다는 점을 고려할 때, 광복 이후 교과서 편찬에 관여했던 분들 가운데 일부는 일제강점기의 교과서 편찬과 관련된 경험을 공유하고 있을 가능성이 있기 때문이다.*

---

* 이 글은 허재영(2009 : 71~146)을 요약한 것이다. 일제 강점기 조선어독본 편찬 실태를 간결하게 소개하기 위해 서지 사항을 중심으로 요약하였으며, 일부 오류를 바로잡았다.

제2부

'조선어독본'과 제국의 국민 만들기

조선어독본과 국어 문화

01 '조선어독본'과 일제의 문화정치

제4차 교육령기 『보통학교 조선어독본』의 경우

강진호(성신여대 교수)

1. '조선어과' 교과서

그 동안 교과서는 교육학의 대상으로 인식되어 문학 연구자들로부터 큰 주목을 받지 못했다. 기존 논문의 대부분이 국어교육 전공자들에 의해 씌어졌고, 그렇지 않은 경우는 대체로 출판과 서지에 주목한 경우가 많았다. 물론 교과서란 교과 교육론의 대상이고 특히 '국어' 교과서는 국어과 수업의 자료인 관계로 이런 사실을 자연스러운 현상으로 볼 수도 있다. 하지만, 이 글에서 주목하는 일제치하의 『조선어독본』은 오늘날의 '국어' 교과서와 마찬가지로 이질적인 내용과 형식을 가진 글들이 한 자리에 모인 이른바 혼종적 텍스트라는 것을 주목할 필요가 있다. '국어과' 란 지금처럼 우리말로 된 문학, 한문, 작문, 시문(時文) 등을 포함하는 통합 교과 영역을 칭하지만, 일제 강점기의 현실에서는 일본어가 국어의 지위를 대신했던 관계로 '국어' 교과서는 일본어로 된 교재이고, 한글 교재는 '조선어독본'으로 명명되었다. 한글이 일개 지방어로 격하된 현실에서 '조선어독본'이 오늘날의 '국어' 교과서를 대신한 것인데, 실제로 『조선어독본』은 체제와 내용에서 오늘의 '국어' 교과서와 여러 모로 흡사한 것을 볼 수 있다. 『조선어독본』(특히 『보통학교 조선어독본』)에는 근대적 지식과 문물에 대한 소개에서부터 조선과 일본의 지리와 산수의 아름다움을 설명하는 글, 국토와 문화유산 기행문, 일본의 명절과 풍습, 식민정책과 규범 등 실로 다양한 종류의 글들이 수록되어 있다. 형식면에서도 논설문, 설명문, 기행문, 시와 시조, 속담과 격언, 소설과 우화 등이 다양하게 나열되어 오늘날 '국어' 교과서와 별 차이가 없다. 또한, 1929년 제4차 교육령기의 교과서에는 한글맞춤법통일안이 반영되어 있고, 1925년의 제3차 교육령기의 교과서에는 '아래아(ㆍ)'가 사용되는 등 국어사의 측면에서도 주목할 대목들이 많다. 그런 점에서 『조선어독본』은 사회와 문화, 한글 정책, 일제 식민정책 등 식민치하의 다양한 측면들을 이해할 수 있는 중요한 문화사적 사료이다.

교과서가 갖는 이런 중요성에도 불구하고 그 동안 교과서에 대한 연구는 그리 활발하지 못하였다. 그것은 무엇보다 연구자들의 무관심으로 교과서의 온전한 실태조차 파악되지 않았기 때문이다. 최근 들어 그 실체가 분명해지고 또 자료가 발굴·정리되고 있지만 얼마 전까지만 해도 교과서를 구하는 일 자체가 쉽지 않았다. 초기 연구의 대부분이 서지와 자료조사 등 기초 연구에 모아졌던 것은 그런 사실과 관계되는데, 기존 연구에서 특히 주목되는 것은 박붕배와 이종국의 경우이다. 박붕배와 이종국에 의해 일제의 교육정책과 교과서의 발간과 출판·서지 등이 상당 부분 정리되었고, 특히 박붕배는 제1차 교육령기, 제3차 교육령기, 제4차 교육령기의 보통학교 및 고등 보통학교, 여자고등 보통학교 교과서 자료집을 낸 바도 있다. 그러나 이들 연구에서는 교과서의 전체상이 밝혀지지 않은 채 부분적으로 서지와 출판, 정책 등이 논의되었고, 자료 집 역시 일부가 누락되고 또 발행 부수가 제한되어 연구자들이 쉽게 이용하기 힘들었다. 이런 한계를 보완하고 한층 진전된 성과를 보여준 게 최근의 연구들이다.[1] 허재영은 박붕배의 연구를 이어받으면서 일제강점기 조선어과 교과서에 적용된 식민정책과 교과서의 출판 실태를 확인하고 약 62종의 교과서가 개발되었음을 밝혀내었다. 그는 일제 교과서정책과 조선어과 교과서의 관련성을 고찰하여 교과서 편찬에 적용된 식민정책을 구명하는 등 교과서 연구의 중요한 전기를 마련하였다. 강진호 등은 국어 교과서에 작용하는 일제 식민주의, 해방 후 교과서에서 목격되는 식민과 탈식민, 문학작품의 미의식과 정전(正典) 등을 고찰하여 교과서 내용 연구의 중요성을 새롭게 환기하였다. 이런 성과들을 통해서 일제 강점기 조선어과 교과서는 거의 전모가 드러났다고 할 수 있다.

※ 조선어독본 발간 현황[2]

시기	책명	권수	발행 연도
① 식민 초기	조선어독본	8	1911
② 제1차 교육령기 (1911.8.23)	보통학교조선어급한문독본	6	1915-18
③ 제3차 교육령기 (1922.2.4)	보통학교조선어독본	6	1923-24
④ 제4차 교육령기 (1929.4.19)	보통학교조선어독본	6	1930-35
⑤ 제7차 교육령기 (1938.2.23)	초등조선어독본	2	1939

1) 강진호 외의 『국어 교과서와 국가 이데올로기』(글누림, 2007), 허재영의 『일제강점기 교과서정책과 조선어과 교과서』(경진, 2009), 강진호의 「해방기 '국어' 교과서와 탈식민주의」(『문학교육학』, 문학교육학회, 2009.12) 등
2) 교과서의 발간 현황과 문교정책에 대해서는 허재영의 『일제강점기 교과서정책과 조선어과 교과서』 3장을 참조하였다.

하지만 엄밀한 의미에서 교과서 연구는 지금부터 본격화되어야 할 것으로 보인다. 일제의 교육정책과 교과서 출판 등에 대해서도 좀 더 깊이 연구되어야 하고, 교과서 내용의 사회·문화적 성격과 식민주의, '국어(일어)독본'과의 차이점과 공통점 등도 새롭게 규명되어야 한다. 또 다섯 차례나 발간되었음에도 불구하고 『조선어독본』 각각의 내용과 특성, 식민정책과의 연관성 등은 거의 언급되지 않았고 특히, 교과서에 작용한 식민성과 탈식민성의 길항 관계 등은 거의 연구되지 않았다. 이런 측면들이 규명되어야 일제 강점기의 교육과 교과서의 실체가 보다 온전해지고 궁극적으로 그것을 바탕으로 한 일제 강점기 전반의 사회·문화사 연구가 가능해질 것이다.

이글은 이런 사실을 전제로 이른바 제4차 교육령에 의거해서 만들어진 『조선어독본』(1930-35)에 대해 고찰해 보고자 한다. 이 『조선어독본』에 주목하는 것은 대략 두 가지 이유 때문이다. 우선 이 『조선어독본』을 통해서 일제의 식민지 문화정책과 교과서의 편찬 과정을 구체적으로 확인할 수 있다는 점이다. 일제는 매 시기마다 이른바 '교육령'이라는 것을 통해서 교육의 기본 지침을 정하고 거기에 맞게 교재를 편찬·수정하였다. 제4차 교육령기의 교재 역시 예외가 아닌데, 특히 이 『조선어독본』에는 '실업의 강화'라는 조선총독부의 식민정책이 구체적으로 반영되어 있다. 일본과 동일하게 학제가 개편되고 그 연장에서 '공손하고 충량한 신민'을 만들기 위한 목적을 갖고 발행된 1923년판과는 달리 이 『조선어독본』에는 실업과 자력갱생의 사례들이 무엇보다 강조된다. 교재 곳곳에는 실업 관련 단원들이 수록되고, 심지어 자력갱생의 성공적 사례까지 제시된다. 이를테면, 『조선어독본』은 일제의 문화정책이 집약된 교본이자 동시에 식민적 주체를 생산하는 문화적 장치였다. 부르디외(P. Bourdieu)의 지적처럼, 교육은 이데올로기를 재생산하는 도구이자 동시에 체제를 선전하고 유지하는 유력한 수단인[3] 관계로, 일제는 교재를 만드는 과정에서부터 시종일관 당국의 정책을 교재에 반영하고자 했던 것이다. 다음으로, 이 책은 일제치하에서 간행된 『조선어독본』 중에서 '조선적인 것'을 가장 많이 수록하는 독특한 모습을 보여준다는 점이다. 1923년판 교과서에 비해서 제4차 교육령기의 교과서에는 '조선의 인물과 지리'를 소재로 한 단원들이 훨씬 많이 수록되어 있는 것을 볼 수 있다. 일본과 같은 식으로 학제가 개편된 뒤 만들어진 1923년판에서는 무엇보다 친절하고 공손한 주체, 효도하고 충성하는 주체가 강조되었다. 그래서 「아침인사」, 「저녁인사」, 「선생님과 생도」, 「집안일의 조력」, 「문병」, 「인사」, 「친절한 여생도」, 「예의」 등 예절바르고 공손한 주체를 내세운 단원들이 주를 이루었지만, 이 1930년판 『조선어독본』에는 그와는 달리 조선의 인물과 지리 등이 보다 많이 수록된다. 「박혁거세」, 「윤회」, 「조선 북경」, 「경성 구경」, 「부산」, 「조선의 기후」, 「조선에서 제일가는 것」, 「부여」 등의 단원은 모두 조선의 인물과 지리를 다루고 있다. 일제의 동화정책이 본격화된 상황에서 이렇듯 '조선적인 것'을 강조한 원인과 배경은 무엇인지, 그리고 이들 단원이 과연 조선의 역사와 전통을 제대로 담고 있는 것인지 등이 관심을 끌기에 충분한 것이다.

이 글은 이런 생각을 바탕으로 1930년판 『조선어독본』이 편찬되는 일련의 과정을 살펴보고 나아가 교과 내용을 통해서 일제가 만들고자 했던 식민 주체의 모습이 어떠했는지를 고찰해보기로 한다. 일제는 『조선어독본』이라는 교과서를 적극적으로 활용하면서 식민지를 자기 식으로 개조하는 문화정치를 적극적으로 수행했음을 새삼 확인하게 될 것이다.

---

3) P. 부르디외, J.C. 파세롱, 이상호 역, 『재생산』, 동문선, 2003, II장 참조.

2. 일제 교육령과 『조선어독본』의 출판

　오늘날 한 권의 교과서가 만들어지기 위해서는 여러 가지 복잡한 과정을 필요로 한다. 교과서의 기본틀이자 방향을 제시하는 교육과정(일제치하에서는 교육령)이 마련되어야 하고, 그것을 근거로 교재를 구안하고 집필하는 편찬 주체가 구성되어야 한다. 게다가 만들어진 교재가 교육과정을 충실히 반영하고 있는가를 살피는 편수업무가 더해지고, 그것을 성공적으로 통과해야 비로소 교과서의 기본틀이 만들어진다. 그만큼 당국의 규제와 방침이 엄격하고 까다로운 것이다. 이런 사실은 일제치하에서도 크게 다르지 않았는데, 특이한 것은 그 모든 과정이 학무국 편집과에 의해 주도되었다는 점이다. 학무국 편집과는 교재를 만드는 첫 단계부터 심의과정까지 시종일관 교재가 정책에 부합하는가의 여부를 살폈고, 그것을 통해서 식민정책, 교육사조 및 학설 등을 판단하고 반영하였다. 교과서를 식민 당국의 교육정책과 이념이 구체적으로 반영되고 실현되는 매체로 간주했고,[4] 그래서 식민정책에 맞춰 수시로 교재를 평가하고 개편하는 열의를 보였던 것이다.

　앞의 표에서처럼 『조선어독본』은 크게 다섯 차례에 걸쳐 편찬·수정되었는데, 그 과정은 모두 일제의 식민정책을 근거로 하고 있다. ①은 식민 초기, 조선총독부의 '교수상의 주의 및 자구(字句)정정표'를 근거로 1907년 학부에서 편찬한 『보통학교 학도용 국어독본』(8권)을 수정하여 모두 8권으로 재출간한 것이다. ②는 강제합병 직후 일제가 식민지 교육을 본격화하기 위해 만든 1911년의 제1차 조선교육령에 의거한 것이다. 일제는 어문교과뿐 아니라 모든 교과서를 일본어로 만들어 일본식 용어

---

4) 장신, 「조선총독부 학무국 편집과와 교과서 편찬」, 『역사문제연구』16호, 역사문제연구소, 35면.

를 쓰도록 하였고, 한글을 조선어로 격하시키고 대신 일본어를 '국어'로 격상시켰다. 6권으로 된 『조선어급한문독본』(1915-18)은 그렇게 해서 만들어진 총독부 편찬의 국정 교과서이다. 이후 1922년의 제3차 조선교육령이 공포되고 '일어를 사용하는 자와 일어를 사용하지 않는 자의 구별'과 "일어를 습득케 함을 목적으로 한다"는 취지에 맞게 다시 교과서가 개편되는데, 특이한 것은 '한문'이 수의과목으로 돌려지면서 ③과 같이 '조선어'만을 대상으로 한 『조선어독본』으로 조정된 사실이다. 그리고, 이글의 대상이 되는 ④는 1929년의 개정교육령을 근거로 '실업교육의 강화'라는 취지에 의해 만들어졌다. ⑤는 중일전쟁이 발발하고 사회 전반이 전시체제로 재편되면서 1938년 제7차 조선교육령이 공포되고, 거기에 맞춰 6권을 2권으로 축소해서 발간한 것이다. 이렇듯 일제는 시대 상황과 통치정책의 변화에 맞추어 수시로 교과서를 개편하는 기민함을 보이면서 조선을 조직적으로 통제했고, 그런 관계로 교과서의 내용은 시기별로 상당한 차이를 보이게 된다.

　　여기서 주목하는 제4차 교육령기의 『조선어독본』은 1920년대 후반에 불어 닥친 세계 대공항의 여파에 대응하고자 한 총독부의 정치적 의도를 근거로 하고 있다. 1920년대 후반 들어 국내외의 정세가 크게 요동쳤고, 특히 1920년대 말에 불어 닥친 세계 대공황은 일본 사회에도 큰 영향을 주었다. 사회 전반이 경제적으로 큰 어려움에 직면했고 특히 농촌에서의 궁핍화가 심각했다. 설상가상으로 사회 전반에 확산된 사회주의 사상은 교육계에도 심각한 영향을 주었다. 사회주의 사상과 민족주의의 고양으로 여러 학교에서 동맹휴교 등 식민지 교육정책에 저항하는 움직임이 빈발하는 등 식민정책 전반이 위기를 맞았고, 이에 1927년 새로 부임한 山梨半造 총독은 3.1운동 이후 취해진 융화정책을 전면적으로 재검토하기에 이른다. 山梨 총독은 조선은 일본과 여러 가지로 사정이 다른 데도 불구하고 일률적으로 일본과 비슷한 내용의 교과서를 사용하는 것은 문제가 많다고 지적하면서, 조선의 실정에 맞는 방향으로 교과서를 개편해야 한다고 판단한 것이다.5) 한 신문에 소개된 것처럼, 山梨 총독은 "일본과 심히 사정을 달리한 조선보통학교용 교과서가 일본 교과서와 대차(大差)가 무(無)하고 조선 독특한 내용을 가미"하지 않는 것은 "매우 조치 못한 편찬방침이라는 의견"에서 "조선의 민도와 풍습에 적합한 독특한 재료"로 교과서를 만들라는 의견을 제시한 것이다.

> 山梨 총독은 착임 이래 여가를 이용하야 보통학교용 교과서 전부를 통독한 결과 총독부 편수과 편찬의 교과서는 조선에 별개로 보통학교용 교과서를 편찬할 필요도 업스나 일본 소학교 사용의 국정 교과서와 내용에 잇서서 유사점이 다(多)하고 이래서는 현재 일본에서도 1종 2종으로 도시용 농촌용 兩樣의 교과서를 편하야 지방의 민도풍습에 적합케 하는 차제에 일본과 심히 사정을 달리한 조선보통학교용 교과서가 일본 교과서와 대차(大差)가 무하고 조선 독특한 내용을 가미 안배치 안는 것은 매우 조치 못한 편찬방침이라는 의견으로 …… 학무국에서는 목하 개편 중의 수신, 국어, 국사 교과서의 편찬에 대하야 우 총독의 지시를 體하여 조선의 민도와 풍습에 적합한 독특한 재료를 싣게 되어 각각 준비를 進하고 잇는데 개편 후의 신교과서는 면목을 일신하야 조선의 민도풍습에 관한 사항을 교묘히 석거노혼 조선 색체가 농후한 교과서가 되리라더라.6)

山梨 총독의 이런 의견을 근거로 총독부는 1928년 6월 임시교육심의위원회를 소집하여 교육정책의 부분적 수정 방침을 제출했는데, 여기서 임시교육심의위원회는 보통학교를 증설하고 실과와 직업교육의 강화

---

5) 여기에 대해서는 김한종의 「조선총독부의 교육정책과 교과서 발행」(『역사교육연구』, 한국역사교육학회, 2009.6) 참조.
6) 《동아일보》, 1928, 3.16.

를 건의하였다. 말하자면 대공황으로 사회 전반에 혼란이 초래되자 조선의 특수성을 바탕으로 실과와 직업교육의 강화를 통해서 그것을 극복하고자 한 것이다.[7] 이런 정책의 변화는 군사적 강압만으로는 식민지를 지배할 수는 없다는 판단에 따른 것으로 일종의 문화적 유인책이라 하겠다. 3·1운동을 통해서 강압적 통치의 한계가 분명하게 드러난 상황에서 일제는 그것을 보완하기 위해서 문화정책을 시행했고, 그 일환으로 실업교육의 강화를 도모한 것이다.

① 칙어와 조서의 요지를 철저하게 반영하는데 한층 유념할 것
② 황실 및 국가에 관한 사항에 한층 유념할 것
③ 일한합병의 정신을 이해시켜 내선융화의 효과를 거두기 위해 관련 있는 사항에 한층 유념할 것
④ 조선의 실정에 맞는 근로애호, 흥업치산, 직업존중 및 자립자영의 정신을 함양하는데 적절한 자료를 늘릴 것
⑤ 동양의 도덕에 배태된 조선의 미풍양속을 진작하는데 적절한 자료를 늘릴 것
⑥ 사회공동생활에 적응하는 품성의 도야에 적절한 자료를 늘릴 것
⑦ 책임을 중시하는 실천궁행을 장려하는데 적절한 자료에 유의할 것[8]

이러한 지침은 수신(修身), 국사, 국어(일본어) 교과서를 겨냥한 것이지만, 이글의 대상이 되는 조선어 교과서 역시 예외가 아니었다. 학무국은 『조선어독본』도 이런 취지에 맞게 전부 개정하기로 방침을 정하고 기초위원과 심의위원을 선정하여 교과서 편찬에 착수한 것이다.

---

7) 그래서 이 시기를 '근로교육 강조 시대(1931-1938)'로 명명하기도 한다. 한기언·이계학의 『일제의 교과서 정책에 관한 연구』(한국정신문화연구원, 1993) 참조.
8) 《경성신문》, 1928. 8.4, 앞의 김한종의 「조선총독부의 교육정책과 교과서 발행」 317면에서 재인용.

교과서의 개정안을 만들기 위해서 총독부는 "시학과 현헌(玄櫶)씨와 편즙과 전독(田島) 이원규(李元圭)"를 임명하고, 그것을 검토하기 위해 "경성사범학교 교사 심의린(沈宜麟), 제이고등보통학교 교사 박영빈(朴永斌), 수송보통학교 훈도 박승두(朴勝斗), 진명여자고등보통학교 교사 이세정(李世楨)" 등을 소집하야 개정철자법에 대한 의견을 물어본 후 원안을 만들고, 그것을 다시 심의위원회에 붙여 확정짓기로 한다. 그래서 집필위원 일부를 포함한 각계의 명사를 망라하여 "西村眞太郎, 장지영, 이완응, 이세정, 小倉進平, 高橋亨, 田中德太郎, 藤波義貫, 권덕규, 정렬모, 최현배, 김상회, 신명균, 심의린" 등으로 심의위원을 확정해서 발표한다.

역 할	위 원
기초위원 (기초안 마련)	현헌, 전독, 이원규
검토위원 (기초안 검토)	심의린, 박영빈, 박승두, 이세정
심의위원 (심의 및 확정)	西村眞太郎, 장지영, 이완응, 리세정, 小倉進平, 高橋亨, 田中德太郎, 藤波義貫, 권덕규, 정렬모, 최현배, 김상회, 신명균, 심의린

여기서 西村眞太郎, 田中德太郎, 藤波義貫는 총독부 통역관이고, 장지영은 조선일보사 지방부장, 이완응은 조선어연구회장, 리세정은 진명여고보 교원, 小倉進平과 高橋亨는 경성제국대학 교수, 권덕규는 중앙고보 교원, 정렬모는 중동학교 교원, 최현배는 연희전문 교수, 김상회는 매일신보 편집국장, 신명균은 조선교육협회 이사, 심의린은 경성사범부속보통학교 훈도였다.[9] 이들 심의위원은 앞의 기초위원이 만든 안을

토의한 뒤 최종적으로 원안을 만들고(6월), 이듬해 1930년 2월 신철자법이 발표되자 4월부터 보통학교 1학년 교과서를 개정하였다. 이 과정에서 이들은 당국의 정책을 적극적으로 반영하면서 직접 교재를 집필하거나 아니면 일본 문부성 교과서를 저본으로 해서 조선의 상황에 맞게 적절히 집필하기도 하였다. 이렇게 해서 만들어진 교재가 제4차 교육령기의 『조선어독본』(1930-1935)인 관계로, 이 『조선어독본』에는 "근로애호, 흥업치산, 직업존중 및 자립자영의 정신의 함양" 등 총독부의 정책과 관련된 내용들이 다양하게 수록된 것이다.

여기서 또 하나 주목할 점은 이 『조선어독본』에는 '조선적인 것'이 상대적으로 많이 반영되었다는 사실이다. 그것은 기존의 '조선어독본'이 '조선'의 말과 글을 다루고 있음에도 불구하고 '조선적인 것'이 상대적으로 적었다는 반성을 전제로 하고 있다. 가령, 1922년판 교과서는 조선 사람을 대상으로 한 교재임에도 불구하고 조선적인 정조를 담고 있지 못하였다. 한 신문의 기사처럼, "종래의 교재는 대개 일본 문학자의 지은 글을 번역하거나 그렇지 않고 조선에서 만든 것이라고는 치밀을 섞지 못하고 문필이 아름답지 못하"[10]였다. 그래서, 이번에는 조선인 문학자의 글을 교재에 수록하고자 한 것이다.

> 하나 들리는 바에 의하면 보통학교나 또는 고등보통학교의 조선어독본 교과서가 그 문장에 잇서서나 또는 기타에 잇서 현대 조선에 적합하지 못한 것이 만홀 뿐 아니라 그 교재 채택에 잇서서도 엇던 일개인의 의견만으로 된 것이 잇슴으로 지금에 불만족한 점이 만히 발견되야 저번 언문철자법을 개정하랴 할 때 위원회를 열고 그 의견을 따라서 한 것과 마찬가지로 이번에는 조선문단의 중론들을 망라하야 그들의 의견을 들어

9) 김윤경, 「최근의 한글운동, 조선문자의 력사적 고찰(18)」, 『동광』40, 1933,1.
10) 「조선인 문학자 문장 편입문제」, 《동아일보》, 1928, 9. 25.

가지고 그들의 문장을 조선어독본에 채록하야 시대에 적합한 교과서를 만들랴는 것이다. (중략) 조선문사의 글들을 교과서에 채록한다는 것은 조선의 문단이 성립된 이후 실로 처음 되는 일이오 또 교육행정에 잇서서도 일신기원이라 아니할 수 업다. 그리하야 이것이 실현되는 날에는 초등학교와 또는 중학교의 조선어 교수가 가장 시대에 부합되어 큰 효과를 나타내게 될 것이다.[11]

기존의 교과서와는 달리 조선의 현실에 맞는 교재를 만들기 위해서 "조선문사의 글들을 교과서에 채록한다는 것"이고, 이는 "조선의 문단이 성립된 이후 실로 처음 되는 일"이라고 감격하기까지 했던 것이다.

하지만 그런 기대와는 달리 조선 문인들의 글을 교과서에 수록하기는 쉽지 않았다. 「조선인 문학자 문장 편입문제」라는 기사에서 짐작할 수 있듯이, 조선 문인들은 "대개 당국이 원하는 글을 쓰지 않는 관계로 글로 보면 일본 문사에 뒤지지 않을 명문이 많"지만, 글에 내재된 "정신이 총독부로서는 채용할 수 없"었기 때문이다. 그래서 "학무국에서는 이 문제로 딜렘마에 빠져" "아직 편집에 착수치 못"[12]했다고 한다. 총독부 당국의 입장에서는 조선 문인들의 글이 미덥지 않았던 것이다. 그런 문제가 개입되어 있었던 관계로 실제 출간된 『조선어독본』에는 조선 사람들의 글이 발견되지 않는다. 필자명이 밝혀지지 않은 관계로 조선 사람의 글이 수록되어 있을 수도 있으나, 전체를 일별해 볼 때 조선 문인의

---

11) 「언문철자법 개정과 교육행정의 신기원」, 《매일신보》, 1930. 2. 17.
12) (전략) 이번에는 일본 국어독본 같이 학식이 풍부하고 문장이 아름다운 조선인문학자의 지은 글을 교재로 채용함이 어떠한가 하는 문제가 일어나서 사람과 글을 선택하여 보았으나 조선의 사무라고는 대개 당국이 원하는 글을 쓰지 않는 관계로 글로 보면 일본문사에 뒤지지 않을 명문이 많으나 글 쓴 정신이 총독부로서는 채용할 수가 없음으로 방금 학무국에서는 이 문제로 [딜렘마에 빠져 있는 중이라는데 이러한 관계로 아직 편집에 착수치 못하고 있더라.(「조선인 문학자 문장 편입문제」, 《동아일보》, 1928. 9. 25)

글로 짐작되는 글을 찾기가 힘들다. 대신 이전 교재와는 달리 조선을 소재로 한 글들이 한층 풍성하게 수록된 것을 볼 수 있다. 「입에 붙은 표주박」, 「한석봉」, 「박혁거세」, 「윤회」, 「두 사신」, 「황희의 일화」, 「조선에서 제일가는 것」 등과 같이 많은 단원들이 조선의 역사와 인물들을 다루고 있다. 이들 단원들은 설화, 전기문, 설명문, 기행문 등 장르를 달리하면서 다양한 일화와 교훈을 소개하고 있다.

그런데 이들 단원은 궁극적으로 일제의 심의를 통과한 것이라는 점에서 일제의 문화정책과 긴밀하게 연결되어 있는 것을 볼 수 있다. 다음에서 살피겠지만, 교재의 내용이란 기실 일제가 조선 사람들에게 주입하고자 했던 제국의 이념과 가치라고 해도 과언이 아니다. 그것은 조선의 인물과 지리가 다루어짐에도 불구하고 역사적 맥락이라든가 배경이 삭제된 단순한 교훈담이나 정보 제공의 수준에서 벗어나지 못하기 때문이다.[13)]

---

13) 그런데, 주목할 점은 이들 단원의 상당수가 해방 후 초등학교 교과서에 그대로 재수록 된다는 사실이다. 『조선어독본』(조선총독부)과 해방기 『초등 국어교본』(군정청 학무국)은 여러 가지로 흡사한 점이 많은데, 특히 수록 단원의 60% 정도가 동일하다. 그렇게 된 이유의 하나는 두 교과서를 만든 주체가 연결된 까닭인데, 그 중심에 있던 인물이 한글학회의 최현배이다. 최현배(1894-1970)는 조선어학회 회원으로 적극적인 활동을 전개하여 개정철자법 제정의 핵심적인 역할을 했고, 제4차 『조선어독본』의 편찬에 깊이 관여하였다. 그는 1942년 조선어학회사건으로 체포되어 옥고를 치르기도 했지만, 8·15해방과 더불어 석방된 뒤 그해 9월 미군정청 문교부 편수국장으로 임명되어 3년간 재직하였다. 이때 최현배는 국어 교재의 편찬과 교원 양성을 총괄하는 중요한 임무를 수행하면서 일제치하와 해방 후의 교과서를 매개한 것으로 보인다. 또, 제4차 교육령기의 심의위원으로 들어 있는 이완응 역시 주목할 수 있다. 조선어학회의 전신인 조선어연구회의 회장을 역임한 이완응(李完應, 1887-?)은 1905년 6월 관립중학교 심상과 4년제를 졸업한 뒤 모교인 관립중학교에서 교관을 역임하였다. 1910년 9월 관립 한성외국어학교 교관으로 전임되었으나 1911년 8월 일제의 교육령으로 새로 개편된 관립 경성고등보통학교 교유(教諭)가 되어 1925년까지 조선어과를 담당하였다. 그는 1926년 4월 『조선어발음급문법(朝鮮語發音及文法)』이라는 단행본을 조선어연구회에서 출판했고, 1929년에는 이 책을 보완한 『중등교과 조선어문전』이 당국의 검정을 거쳐 고등보통학교용 교과서로 널리 사용되었다. 이런 명성과 식견을 바탕으로 이완응은 제4차 교육령기의 『조

3. 실업의 강조와 자력갱생의 주체

　　『조선어독본』의 내용을 검토해 보면 무엇보다 눈에 띄는 대목은 '수
신'이다. 수신(修身)이란 원래 강제적 규범이나 구속이라기보다 스스로
를 가꾸는 자세와 태도를 의미한다. 일상생활에서 그것은 말투나 몸가짐,
행동의 양식 등으로 구체화되어 드러나는 일종의 실천 덕목이지만, 『조
선어독본』에서는 그것이 식민치하의 현실에서 요구되는 피식민의 자세
와 규범을 의미한다는 점에서 구별된다. "동양의 도덕에 배태된 조선의
미풍양속", "사회공동생활에 적응하는 품성" 등 교육령에서 언급된 것처
럼 수신은 식민 주체로서 학생들이 갖추어야 할 행위의 구체적 내용들이
다. 그런 단원들이 교재 전반에 배치된 관계로 교과서는 대체로 계몽적
인 어투와 문체로 되어 있다. 「우리집」, 「약물」, 「친절한 상점」, 「추석」,
「편지」, 「식목」, 「땀」, 「검약과 의연」, 「점심밥」, 「훈패냐 돈이냐」, 「소」,
「땀방울」, 「의 조은 형제」, 「어머님께」, 「갱생」 등은 학생들이 본받고
실천해야 할 덕목들을 내용으로 하고 있다.

선어독본』 편찬에 깊이 관여하였다. 제4차 『조선어독본』은 이 두 인물에 의해 개정
철자법이 적용되는 등의 학교문법이 정비된 것을 볼 수 있다. 『조선어독본』과 해방
기 『초등 국어교본』의 특성에 대한 비교는 강진호의 「해방기 '국어' 교과서와 탈식
민주의」(『문학교육학』, 문학교육학회, 2009.12) 참조.

내용	단 원 명
수신과 실업	(3권)「리언」「편지」「일기」「점심밥」「식목」「땀」「검약과 의연」 / (4권)「훈패냐 돈이냐」「리언」「내 버릇」「땀방울」「편지」「운동회」「야구」「발자국」「화폐」「인삼」
역사와 지리	(3권)「박혁거세」「윤회」「신무천황(神武天皇)」「조선북경(北境)」「경성 구경」 / (4권)「부산」「두 사신」「조선의 기후」「지리문답」「조선에서 제일가는 것」「명관」「4명절」「중강등수(中江藤樹)」「부여」
이과	(3권)「우리는 물이 올시다」「비행기」「꿈」「빗보는 것」「우체통」 / (4권)「진보하는 세상」「라듸오」「명태」
문학	(3권)「산아산아」「꽃닢」「웃으운 이야기」「귀신의 눈물」「자장가」「이번 노래는 신신치 못하지오」 / (4권)「아침바다」「소」「혹뗀 이야기」「삼년고개」「촌부가」
기타	(3권)「수수격기」 / (4권)「글자 수수격기」

여섯 권 중에서 두 권을 표본으로 정리한 것이지만, 표에서 알 수 있듯이『조선어독본』에서 가장 큰 비중을 차지하는 것은 수신적 내용이고, 다른 글들도 도덕과 교훈을 전달하기 위한 계몽적 의도로 채워져 있다. 이과(理科)에 속하는 글들이나 실업, 심지어 문학 영역에 속하는 단원들도 대부분 친절하고 공손한 태도를 주문하는 도덕적 가르침이나 교훈이고, 조선의 역사와 지리에 대한 설명 역시 일제의 의도를 전달하기 위한 도구로 되어 있다.

「우리집」은 당시『조선어독본』이 추구하는 가족의 전형적인 모습을 보여준다. 아버지와 형님은 매일 아침 일찍 일어나서 밭에 나가 일을 하고, 어머니와 누님은 집에서 바느질과 빨래를 하며, 나와 누이동생은 공부를 한 뒤에 닭에게 모이를 주고 집안을 청소한다. 외견상 한 가족의 평범한 일상을 기록한 듯하지만, 여기에는 가족의 바람직한 모습과 함께

---

14) 조선총독부,『보통학교 조선어독본』(3권, 4권), 조선서적인쇄주식회사, 1930(1931).

지켜야 할 규범이 내재되어 있다. 아버지와 어머니, 자식들은 각기 자신의 처지에 맞는 일을 갖고 있고, 그 일에 최선을 다한다. 이런 사례를 통해서 이 단원은 사회의 기본 단위인 가족의 바람직한 모습을 제시하고 있다. 「추석」에서는 이러한 가족의 윤리가 돌아가신 조상으로 확대된다. 추석을 맞아서 산소를 찾고 할아버지와 할머니께 제사를 지내며 살아계실 때의 일을 회상한다는 내용이다. 「약물」(2권)에서는 약물터에는 날마다 사람들이 많이 모이는데, 제 생각만 하고 남을 밀치고 들어가는 무례한 행동을 해서는 안 되며 또 약물에는 좋은 것과 그렇지 않은 것이 있으니 가려 먹어야 한다는 내용이다. 「식목」(2권)에서는, 조선은 내지와 비교하면 나무가 없는 산이 많으니 부끄럽게 여겨 부지런히 나무를 심어야한다는 내용이고, 「땀」에서는 교통순경과 수레꾼, 그리고 농부가 땀을 흘리는 모습을 소개하면서 나와 남을 위해서 "나도 땀을 흘리자"고 권유한다. 「친절한 상점」에서는 사회생활을 원만하게 하기 위해서는 친절하고 공손해야 한다는 점을 강조한다. 즉, 자기에게 이익이 되거나 그렇지 않거나 간에 언제든지 친절해야 한다는 것. 「검약과 의연」에서는 절약하고 아끼는 생활을 해야 어려운 이웃을 도울 수 있다는 내용이 소개된다. 이런 내용들을 통해서 교과서는 조상과 부모를 섬기고 또 친절하고 검약하는 인물을 호명해내고 있다.

그런데 여기서 호명되는 주체는 대체로 농업과 상업 등 실업에 종사하는 인물이라는 점에서 이전 시기의 교과서와는 구별된다. 1923년판 『조선어독본』에서는 「아침인사」, 「저녁인사」, 「문병」 등 부모님을 비롯한 이웃에게 인사를 잘하는 예절바르고 공손한 어린이가 강조되었지만, 여기서는 그런 단원들이 모두 삭제되고 대신 「친절한 상점」, 「검약과 의연」, 「훈패냐 돈이냐」, 「갱생」 등 제4차 교육령에서 강조한 사회적 가치와 윤리, 실업교육 등이 주를 이룬다. 「실업」에서는 농업·공업·상업 등의 실업을 강조하면서 실업인의 구체적인 모습이 제시된다. 세상 사람들은 흔히 관리·군인·변호사·의사 등의 직업을 존중하지만 사실은 농업·공업·상업 등의 실업이 중요하다. 의식주 원료의 대부분은 농업에서 생산되며, 공업은 그것을 이용해서 발전한 것으로 문명의 진보와 직결되어 있다. 그리고, 실업에는 이 외에도 수산업·광업·교통업 등 여러 가지가 있는데, 그 모두가 생활에 필수적이고 또 그 성쇠가 국가의 부강과 깊은 관계를 맺고 있다. 이런 사실을 설명하면서 이글은 실업의 중요성을 새롭게 환기한다. 또, 「고심의 결정」에서는 실업인의 구체적 사례로 "발명은 고심의 결정이다."라는 명언을 남긴 뉴턴(Newton)이 소개된다. 냄비에다가 회중시계를 넣고 끓인다든지, 문밖에서 친구가 기다리는 것도 잊고 연구에 몰두한다든지, 사과 떨어지는 것을 보고 그것을 연구하는 등의 엉뚱한 모습을 소개하면서 발명은 '고심의 결정'이라는 것을 말하고 있다. 「품종의 개량」에서는 농작물이나 가축은 현재 상태에서 개량할 여지가 많으므로 연구를 거듭해서 양종을 산출하고 수익을 증대시키기 위해 노력해야 한다고 주문한다. 그것이 곧 "국가 사회의 복리를 증진하는 길일 뿐더러, 실로 우리 조상의 노력에 대한 보답"이라는 것이다.

이 과정에서 눈길을 끄는 것은 교재 전반에서 강조되는 '소'의 품성이다. 『조선어독본』에는 '소'를 중심 내용으로 한 단원이 다섯 개나 등장하는데, 1권의 첫 단원은 소 한 마리를 달랑 그려놓은 그림이고, 12과에서는 '소가 온다'는 내용이며, 20과에서는 어미 소와 송아지가 등장하고, 40과에서는 소를 몰고 장에 갔다 오는 내용이다. 그리고 4권에서는 「소」(6과)라는 제목의 단원이 제시되어 소의 품성과 행동이 인간의 귀감이 되고도 남는다는 것을 말한다.

나는 소를 보면, 얼골이 저절로 붉어지드라.
무거운 짐을 모다 날르고,
넓으나 넓은 논밭을 다 갈것마는,
소는 한번도 공치사 한 적이 업섯다.

(중략)
아아, 소, 고마운 소,
평화롭고, 근면하고, 겸손하고, 관대한 김생,
만물의 영장이라 자랑하는 인간도,
너에게 배울 바가 하도 만쿠나.15)

소의 일생을 서술한 이 시의 내용은 곧 "평화롭고, 근면하고, 겸손하고, 관대한 김생"이라는 말로 요약된다. 공치사도 않고 그저 묵묵히 맡은 일을 수행하는 존재, 게다가 죽어서도 고기와 가죽을 남기는 유익한 존재가 소라는 것이다. 소에 대한 이러한 의미 부여는 소가 아동들의 일상에서 자주 목격되는 친숙한 동물이고 또 조선의 농가에서 무엇보다 중시되는 가축이라는 데 있을 것이다. 그런 사실을 전제로, 교과서는 소의 성실하고 과묵한 특성을 일제가 만들고자 했던 '충량한 신민'의 모습과 연결시킨 것으로 보인다. 위에서 언급된 소의 형상은 주인을 위해서 자신의 모든 것을 바치는, 그렇지만 결코 후회하지 않는 충량(忠良)한 신민의 모습이다.

교과서 전체의 결론이자 모범적 인물의 구체적 사례로 제시된 「갱생(更生)」의 김재호는 그런 점에서 이 『조선어독분』이 지향하는 주체의 모습이 무엇인가를 보다 선명하게 보여준다. 김재호는 과묵하고 성실한 소의 품성을 몸소 실천하는 인물이다. 김재호는 부친의 사업 실패와 뒤

---

15) 『조선어독본』 4, 16-18면.

이은 죽음으로 어렵게 보통학교를 졸업한 뒤 자립에 성공한 인물로, "새벽에는 별을 밟고 나가서, 저녁에는 달을 이고 돌아온다."는 좌우명을 갖고 있다. 이런 신조를 바탕으로 재호는 보통학교를 졸업한 뒤 짚신도 삼고 새끼도 꼬고, 남의 논밭을 갈아주기도 하는 등 불철주야로 일을 쉬지 않는다. 그러던 차에 그의 딱한 사정을 알고 있던 교장 선생님의 주선으로 가마니 짜는 기계를 사고, 온 가족이 합심해서 기계를 돌린 덕분에 드디어 저축까지 할 정도로 돈을 모은다. 그 결과 김재호는 빈촌이었던 자기 마을을 일약 '지도부락'으로 만들고, 자기 역시 재산을 늘려 '소'를 가족의 일원으로 맞아들이는 등 갱생에 성공한다.

> 이것이 재호의 열성과 노력의 결정이 아니고 무엇이랴. 그러나마, 그는 한갓 자신 또는 자가의 행복만을 도모할 뿐 아니라, 그 인격의 힘으로써 인리향당(隣里鄕黨)까지, 감화 갱생케 하며, 지금도 오히려 자자히 분투의 생활을 계속하고 잇다.
> 김재호는 실로 우리들의 모범적 인물이라 하겠다.[16]

'열성과 노력'으로 성공한 '모범적 인물'이 곧 재호라는 것. 이러한 내용들을 종합하자면, 피교육자는 매사에 성실하고 묵묵히 일하는 존재여야 한다는 것으로 정리할 수 있다. 물론, 가난을 타개하기 위해서 불철주야 노력한다는 것은 오늘날도 충분히 공감되는 덕목이다. 하지만 그 이면에는 당대 사회의 문제를 게으름과 자립심의 부족으로 치부하는 일제의 통치 이데올로기가 놓여 있는 것을 간과할 수 없다. 일제는 1930년대 이후 효과적인 식민 통치를 위해서 여러 가지 사회운동을 전개했는데, 체력 교육 강화, 위생 강화, 자력갱생운동, 부녀회운동 등이 그 단적인

---

16) 『조선어독본』 6, 94-5면.

사례들이다. 제4차 교육령에서 강조한 실업교육의 강화 역시 그런 흐름과 맥을 같이 하며, 위의 「갱생」 역시 그 연장선상에 있다. 일제는 조선의 궁핍한 상황을 자력갱생 정신의 결핍으로 몰아붙였는데, 이는 병참기지화라는 수탈정책으로 발생한 경제적 궁핍을 다른 것으로 호도하고, 자력갱생이라는 미명 아래 수탈을 더욱 가속화하고자 한 것이었다. 그런 의도에서 일제는 저축장려운동이나 부인회운동을 적극적으로 전개한 것이다.[17] 위의 「갱생」에서처럼, 가난은 개인적인 노력으로 얼마든지 극복될 수 있다는 이데올로기는 조선 사람의 분발을 촉구해서 생산을 증대하려는 데 목적이 있었다. 여기에 의하자면 조선인은 과묵하고 성실하게 일하는, 그러면서 어떠한 불만도 감내하는 '소'와 같은 우직한 내면의 소유자로 스스로를 정립할 수밖에 없다.

4. 조선의 인물과 지리의 몰주체적 서술

『조선어독본』에는 이전과 비교할 때 '조선적인 것'이 상대적으로 많이 수록되어 있다. 앞에서 살핀 대로, 이전의 교재가 '조선어독본'임에도 불구하고 조선적인 것이 너무 적었다는 비판이 있었던 관계로 이 『조선어독본』에서는 그것을 새롭게 보완한 것으로 보인다. 「입에 붙은 표주박」, 「한석봉」, 「박혁거세」, 「윤회」, 「두 사신」, 「명관」, 「언문의 제정」, 「황희의 일화」, 「조선 북경(北境)」, 「경성 구경」, 「조선의 기후」, 「지리 문답」, 「조선에서 제일가는 것」, 「부여」 등은 모두 조선의 역사와 지리에 관한 글들이다. 교재를 편찬한 주체가 '조선총독부'이고 또 교재의 궁극적 의

---

17) 허재영, 『일제강점기 교과서정책과 조선어과 교과서』, 경진, 2009, 113-4면.

도가 식민 질서의 구축에 있었기에 조선의 역사와 인물을 다룬다는 것은, 외견상 일제의 의도에 반하는 것으로 보이기도 한다. 하지만 내용을 자세히 들여다보면 그런 외양과는 다른 식민주의적 의도가 깊게 숨어 있는 것을 목격할 수 있다. 『조선어독본』에 수록된 조선 관련 역사와 인물은 '조선어' 교재라는 특성상 불가피하게 수록된, 이를테면 조선 사람으로서의 민족적 자긍심이라든가 정체성이 배제된, 기능적 배치 이상의 의미를 갖고 있지 못하다.

그런 사실은 우선 조선의 인물들을 소재로 한 단원들이 대부분 단편적 교훈이나 가르침을 전달하고자 하는 의도로 구성된 데서 알 수 있다. 가령, 「입에 붙은 표주박」에서는 윗사람을 공경해야 한다는 주제가 석탈해를 통해서 제시된다. 즉 탈해 임금이 토함산에 올라갔다가 목이 말라 그곳에 있던 젊은이에게 물을 떠오라고 하였다. 분부대로 젊은이는 물을 뜨러 갔는데, 자기도 목이 말라던 관계로 먼저 물을 마셨다. 그랬더니 표주박이 입에 붙어서 떨어지지 않았고, 한참을 기다리던 탈해가 올라와 그것을 보자, 젊은이는 잘못을 깨닫고 깊이 사죄하였다. 그랬더니 표주박이 바로 떨어졌다는 이야기로, 윗사람을 공경해야 한다는 교훈을 석탈해를 빌어서 말하고 있다. 여기서 석탈해는 어떤 독립된 의미를 갖지 못하고 단지 교훈을 전달하는 매개자로만 기능한다. 「한석봉」에서는 한석봉이 떡 장사를 하는 모친의 정성으로 큰 학자가 되고 또 명필이 되어 후세에 명성을 날렸다는 내용이다. 멀리 떨어져 공부를 하던 한석봉은 어머니가 너무나 보고 싶어서 공부를 중단하고 집으로 돌아왔지만, 어머니는 그런 한석봉을 꾸짖어 다시 돌려보냈다는 이야기이다. 한석봉의 효심과 어머니의 엄격한 자식 사랑을 엿보게 되는데, 이 역시 윗사람을 공경해야 한다는 앞의 「입에 붙은 표주박」과 같은 맥락의 교훈담이다.

「윤회」에서는 훌륭한 학자가 된 윤회의 지혜와 생명 존중의 정신이 소개된다. 윤회가 어느 주막에서 하룻밤을 보내는 과정에서 뜻하지 않게 작은 구슬을 잃어버린 주인으로부터 도둑 누명을 쓰게 된다. 이에 윤회는 옆에 있던 거위를 자기 옆에 묶어 두게 한 뒤 그날 밤을 보내고 다음 날 거위 똥에서 그 구슬을 발견한다는 이야기로, 슬기롭게 위기를 모면하고 동물의 생명까지 구한다는 내용이다. 「황희의 일화」는 남의 결점을 들추기 좋아하고 또 남을 조금도 용서할 줄 모르던 황희가 훌륭한 정승이 된 내력을 소개한다. 즉, 황희는 소 두 마리를 몰고 밭을 가는 농부를 발견하고, 어느 소가 더 일을 잘 하는가를 물어보았다. 그랬더니 농부는 황희의 귀에다 대고 조용히 그 답을 속삭였다. 아무리 짐승이라 하더라도 제가 못한다는 말을 듣고 좋아할 리 없다는 것, 그래서 귓속말로 속삭였다는 것이다. 이에 황희는 "조그마한 재능을 과신하고 제가 젠 체 자기와 같은 사람에게 대해서까지 불손한 언동이 많았던 자기의 경박함을 한없이 부끄러워" 하였고, 그 후 수양에 힘써 마침내 괄목상대할 만한 딴 사람으로 변했다는 내용이다.

여기서 윤회나 황희는 지혜롭고 또 자신을 성찰할 줄 아는 사람이지만 조선의 정신과 혼을 담지한 인물로 그려지지는 않는다. 인물이 지닌 역사적 맥락과 배경이 생략된 채 단지 교훈적 특성만이 언급된 까닭이고, 그래서 동일한 내용의 교훈을 전하기 위해서 한석봉을 다른 인물로 바꾸어도 무방하다. 실제로 1923년판 『조선어독본』에 수록되었던 '솔거'는 이 4차 교육령기의 교과서에는 빠지고 이후 1937년에 편찬된 『조선어독본』에 다시 등장하는데, 제목은 '솔거'가 아니라 '솔거와 응거(應擧)'이다. 솔거와 같은 일본의 유명 화가 '응거'를 덧붙여 두 인물의 일화를 단편적으로 대비한 것이다. 또 4권에는 「중강등수(中江藤樹)」가 등장해서 한석봉과 동일한 교훈을 전해준다. 즉, 어머니와 멀리 떨어진 할아버지 집에서 공부를 하던 등태랑(藤太郎)은 어머니가 손등이 터져서 고생한다는 사실을 알고, 신약을 구해서 할아버지 몰래 어머니를 찾아간다. 그러나 어머니는, 한석봉의 어머니처럼, 공부를 중도에 폐하고 돌아온 아들을 꾸짖으며 다시 돌려보낸다는 내용이다. 자식의 효심과 그것을 공부로 승화시키는 어머니의 사랑을 구체적 사례를 들어 제시한 것이다. 이들 단원에서 인물들은 그 자체의 개성과 역사성을 갖지 못하고 단지 교훈을 전달하는 매개자로 기능할 뿐이다.

그런데 더욱 놀라운 것은 이들 인물이 지닌 재능과 성취가 일제의 식민통치를 정당화하는 도구로 활용된다는 점이다. 그런 사실은 대동여지도를 만든 김정호를 소개한 「김정호」에서 단적으로 확인이 가능하다. 즉, 산천에 대한 궁금증이 많았던 김정호는 그것을 풀기 위해 스승에게도 물어 보고, 친구로부터 지도를 얻어서 실제 지형과 대조도 해보고, 또 상경해서 규장각에 있는 조선팔도지도를 얻어서 실제로 조사를 해보기도 하였다. 하지만, 어느 하나 맞는 게 없었고, 그래서 자기 손으로 정확한 지도를 만드는 것 외에는 다른 도리가 없다는 사실을 알고 십여 성상 천신만고 끝에 대동여지도를 완성한다. 하지만 지도를 인쇄할 판목이 없었고, 그래서 소설을 지어 팔면서 판목을 하나 둘 사 모았고, 다시 10여년의 세월을 보낸 뒤에야 지도를 인쇄할 수 있었다. 그렇게 만든 지도를 김정호는 병인양요가 일어나자 대원군에게 바쳤지만, 대원군은 "나라의 비밀이 다른 나라에 누설되면 큰일"이라는 생각에서 지도를 압수하고 김정호 부녀를 옥에 가두었다.

아아, 비통한 지고, 때를 맞나지 못한 정호……, 그 신고와 공로의 큼에 반하야, 생전의 보수가 그 같도치 참혹할 것인가. 비록 그러타 하나, 옥이 엇지 영영 진흙에 무처버리고 말 것이랴. 명치 37,8년, 일로전쟁이 시작되자, 대동여지도는, 우리 군사에게 지대한 공헌이 되엿슬 뿐 아니라,

그 후 총독부에서, 토지조사사업에 착수할 때에도, 무이(無二)의 호(好) 자료로, 그 상세하고도 정확함은, 보는 사람으로 하야금 경탄케 하얏다 한다. 아, 정호의 간고(艱苦)는, 비로소 이에, 혁혁한 빛을 나타내엿다 하리로다.18)

김정호의 20년에 걸친 혼신의 노력이 일거에 수포로 돌아간 것, 하지만 일제는 그와는 달리 지도의 우수성을 인정하고 전쟁과 식민정책에 유용하게 활용했다는 이야기이다. 인재를 알아보지 못한 조선의 우매함에 대한 비판을 바탕으로 그와 대배되는 일제의 우월함을 과시함으로써 식민 지배를 정당화한 것이다. 조선의 역사를 자신들의 지배를 합리화하는 도구로 이용한 단적인 사례인 셈이다.

그런 사실은 「언문의 제정」에서도 유사하게 나타난다. 「언문의 제정」은 세종대왕이 백성을 사랑하는 마음에서 언문을 제정하는 위업을 성취했다는 내용이다. 당시 조선에는 자신의 말을 적을 만한 적당한 글자가 없었기에 세종대왕은 그 필요를 절실히 느껴 마침내 언문을 만들었다는 것이다. 즉, "언문은 제정되어, 국법으로써 장려한 것인데, 읽기 쉽고 쓰기 쉽게, 썩 훌륭하게 되엿슴으로, 점차 보급되어, 오늘날에는 국어의 가나와 같치, 조선어를 발표함에 업지 못할 편리한 글자가 되"었다는 것.19) 한글의 반포로 일본의 가나[仮名]처럼 쉽게 쓰고 읽을 수 있는 표기 수단을 갖게 되었다는 말로, 한글의 과학성이라든가 원리 등에 대해서는 관심이 없고 단지 가나와 같이 편리한 언어를 만들었다는 사실만이 강조된다. 여기서 조선은 '이씨 조선'으로 격하되고, 한글은 '조선말로 치부되어 가나를 보완하는 일개 지방어로 전락한 것을 볼 수 있다.

18) 『조선어독본』 5권, 24-5면.
19) 『조선어독본』 5권, 62면.

한편, 조선의 지리와 유적지를 답사한 글에서는 조선이 일본의 일개 지방에 지나지 않는 즉, 동일한 심상지리(imaginative geography)[20] 속에 서술되는 것을 볼 수 있다. 「후지산과 금강산」에서 알 수 있듯이, 내지의 명산인 후지산은 조선의 금강산과 대만의 신고산 등과 같이 하나의 심상지리 속에 자리 잡고 있다. 후지산은 내지에 있는 산으로 형세가 수려하고 높다는 것, 그렇지만 대만의 신고산이 더 높다는 것, 반면 금강산은 기암괴석과 폭포가 장관이라는 사실을 소개한다. 일본 제국을 구성하는 내지와 대만과 조선을 총칭해서 "우리나라"라 이름하고 그 각각의 특성을 제국의 심상지리 속에서 설명한 것이다.

이런 심상지리를 바탕으로 조선의 지리와 사적들이 언급되는 관계로 단원의 내용은 일제의 큰 테두리 속에서 개별적인 정보와 지식을 소개·전달하는 이상의 의미를 갖지 못한다. 「부산」에서 알 수 있듯이, 부산은 내지와의 관계 속에서 의미를 형성한다. 부산은 하관(下關)으로 연락선이 오가고, 그래서 부두에는 사람으로 붐빈다는 것, 또 부산은 북으로 경성과 만주로 통하는 철도의 기점이라는 사실이 강조된다. 「간도에서」는 간도로 이주해서 학교를 다니는 학생이 조선에 있는 친구에게 보내는 편지글로, 간도에서의 학교생활과 간도라는 명칭의 유래와 범위, 기후, 농업 등이 제국의 심상지리 속에서 소개된다.

> 용정촌에는 제국 총영사관이 잇고, 기타에는 분관이 잇서서, 다 조선인 보호에는 힘을 쓰고 잇네. 또 각지에는 조선총독부의 보조를 받는 보통학교와 서당이 잇고, 의료시설도 각지에 퍼져서, 차츰 열려가는 중일세. 간도라 하면, 비적들이 횡행하야 매우 위험한 곳으로 생각하는 사람

---

20) 심상지리란 주체가 인식하고 상상하는 특정 공간에 대한 지리적 인식을 가리키는 말로, 서구 제국주의의 상상적 지리 관념을 지시하는 말이다. 『상상의 공동체』(베네딕트 앤더슨, 윤형숙 역, 나남, 2007) 25-27쪽 참조.

도 잇는 듯하나, 그것은, 이 땅이 아즉 지나 영역으로 잇슬 때 일이고, 소화 7년 3월에 새로 이 만주국이 건설된 뒤로는, 질서가 차차 정돈되여, 그런 위험도 이제는 업서젓네.21)

제국의 관할 아래 보통학교와 서당, 의료시설이 있다는 것, 그래서 간도는 결코 위험하지 않다는 사실을 선전하고 있다. 여기에 이르면, 『조선어독본』에 수록된 조선의 인물과 지리는 일제의 식민주의를 선전하고 실천하는 문화적 도구라는 것을 새삼 알 수 있다. 그렇기에 '조선'에 대한 소개는 정보를 제공하고 안내하는 수준을 벗어나지 못하고, 심지어는 호기심의 대상으로 제시되기도 한다. 「석왕사행」에서 볼 수 있듯이, 조선의 유적들은 기이한 호기심의 대상으로 나타난다. 글의 중심에 놓인 것은, 이태조가 임금이 되기 전에 파옥(破屋)에서 서까래 세 개를 짊어지고 나오는 꿈을 꾸었다는 것, 그것을 풀이하면 왕(王)자가 되고, 그 풀이대로 왕이 되었다는 사연이다. 한 나라의 시조를 설명하는 단원에서 기껏 기이한 꿈 한 토막을 소개할 뿐, 건국의 의의라든가 대의와 명분은 암시조차 되지 않는다.

그런 점에서 조선의 역사와 지리에 대한 서술은 '조선적'이라는 외양에도 불구하고 근본적으로 조선을 자신(일제)을 위해서 써버리는 '민족에 대한 강력한 폭력'을 행하고 있음을 알 수 있다. 호미 바바(Homi Bhabha)가 언급한 것처럼, 이런 담론들은 '문명화 과정에서 고착된 위계 질서 속에 타자의 역사를 기록'한 것으로, 궁극적으로 '식민지적 팽창과 착취를 정당화'하는 역할22)을 수행한다. 조선인으로서 조선어를 학습하고 있음에도 불구하고 자기 문화에 대한 어떠한 자긍심이라든가 역사적

---

21) 『조선어독본』 5권, 42-44면.
22) 호미 바바, 나병철 역, 『문화의 위치』, 소명출판, 2002. 198면.

맥락을 배우지 못하는 현실에서 피식민지 주체는 교재 곳곳에서 언급된 일본의 역사와 인물에 대한 선망의식을 내면화할 수밖에 없는 것이다.

5. 국어 교육의 뿌리와 역사

이글에서 주목한 제4차 교육령기의 『조선어독본』은 일어로 된 『국어독본』이나 『수신』과 함께 일제가 의도했던 '국민' 만들기의 구체적 매뉴얼과 같은 책이었다. 이들 교과서는 조선 사람들을 제국의 충량한 신민으로 만들려는 목적에 의해 조율되었고, 따라서 그것을 교육받고 수용하는 과정에서 조선 사람들은 자연스럽게 일본 민족으로 재탄생하게 된다. 언급한 대로, 일제는 식민정책의 변화에 맞춰 『조선어독본』을 수시로 개편하면서 근대적 생활과 가치, 새로운 문물을 소개하고, 한편으로는 일제의 정책을 전파하고 실행하는데 혈안이 되어 있었다. 그 결과 조선 사회는 식민 통치를 겪으면서 이전과 다른 면모를 갖게 되고, 개개인들의 의식도 점차 일본화되어 갔다. 주체는 선험적으로 탄생하는 것이 아니라 제도와 규범 속에서 형성되고, 또 주체를 구성하는 내면(mentality)은 일상적 삶의 체계와 습속, 그것을 통제하는 권력과 제도적 장치에 의해 만들어진다. 교과서는 바로 그런 규율과 통제의 장치였고, 단원 하나하나는 그렇게 해서 만들고자 했던 내면의 형상이었다.

제4차 교육령기의 『조선어독본』이 실업교육을 강조하고 한편으로는 조선적인 것을 강화한 것은 모두 그런 식민주의적 의도에서 비롯되었다. 일제는 조선의 궁핍한 상황을 자력갱생 정신의 결핍으로 몰아붙였고, 그것을 통해서 병참화로 발생한 경제적 궁핍을 호도하고 극복하려 하였다. 그런 의도대로 일제는 과묵하고 성실하게 일하는, 그러면서 어떠한 불만도 묵묵히 감내하는 '소'와 같은 우직한 내면의 주체를 조작해낸 것이다. 조선의 역사와 지리에 대한 서술 역시 동일한 맥락에서 이해될 수 있다. 조선의 역사와 인물을 다루고 있음에도 불구하고 역사적 맥락과 정신을 제거하고 단지 기능적 측면만을 서술한 까닭에 궁극적으로 조선을 자신(일제)을 위해서 써버리는 '민족에 대한 강력한 폭력'을 행했던 것이다. 그런데 그렇게 만들어진 주체는 기껏 허위적 주체에 지나지 않았다. 가난이 개인의 노력에 의해서 극복될 수 있다는 주장은 일제의 강압에 따른 문제를 한 개인의 나태와 무능으로 호도하는 문화적 기만책에 지나지 않기 때문이다. 자력으로 갱생에 성공한다는 것은, 제국주의의 완고한 착취와 억압구조 속에서는 한갓 신기루와도 같이 허망하고 무력하다. 그럼에도 일제는 '재호'라는 가상의 인물을 만들어 성공신화를 조작해내고 모두가 그렇게 되기를 독려하는 등 정치적 선전을 게을리 하지 않았던 것이다.

  식민제국이 요구하는 인재를 양성하려는 목적에서 비롯된 이런 내용들은 모두 교육의 도구화라는 측면에서 아직도 우리 주변에서 목격되는 교육의 병폐가 어디에서 비롯된 것인가를 시사해준다. 한 국가를 유지하고 통제하는 가장 유력한 수단이 군대와 학교와 국회라는 그람시(A. Gramsci)의 지적과도 같이, 교육은 당대의 이데올로기와 정치적 교의를 전파하는 강력한 매체였다. 단원 하나하나까지도 통제하면서 자신이 의도했던 주체를 만들고자 했던 일제의 교과서는 그런 특성이 고도로 발휘된 정치적 텍스트였던 셈이다. 정권이 바뀔 때마다 교육과정과 교과서가 바뀌었던 우리의 지난 과거는, 여러 모로 일제와 닮아 있다. 일제 잔재의 뿌리가 그만큼 깊고 완강하다는 것, 그런 점에서 교과서 연구는 단순한 식민주의 연구가 아니라 탈식민주의 연구라는 것을 알 수 있다.

02 일제 강점기 초등교육과 '국민 만들기'

제 3·4차 조선교육령기에 발행된

『보통학교 조선어독본』을 중심으로

김소륜(이대 강사)

1. 들어가며

한 나라의 '언어'를 학습하는 과정은 대상 국가의 이데올로기를 학습하는 과정과 긴밀하게 연결되어 있다. 언어란 정보전달과 의사소통에만 관련된 것이 아니라, 상대방을 복종시키기 위한 명령의 기능을 수반하기 때문이다.1) 특히 '교육'을 "상징 권력이 만들어지는 장소"2)라고 한다면, 일제가 조선인을 상대로 추진한 '언어 교육'은 식민 정책의 성격을 규명하는 첫걸음이 될 것이다. 일제는 교과서를 통해 자신이 요구하는 국민의 성격을 조작하고, 이를 대상 학생에게 주입함으로써 이상적인 '황

---

1) 질 들뢰즈·펠릭스 가타리, 『천 개의 고원』, 김재인 옮김, 새물결, 2001, 147쪽.
2) 부르디외가 보기에 교육은 민주주의 사회에서 기회와 평등의 이념을 실현시키기 위해 존재하는 것이 아니라, 오히려 사회 불평등을 유지시키는 기제에 불과하다. 특히 등급화된 교육 시스템은 사회질서의 위계화를 내재화시키며 지배계급의 지배와 기득권을 정당화시켜 준다. 교육체계는 합격과 낙제, 시험과 성적등급, 학위와 자격증 등으로 학생의 사회문화적 차이에 따른 위계화를 인정하게 하기 때문이다. 현택수 외, 『문화와 권력: 부르디외 사회학의 이해』, 나남출판, 1998, 9쪽.

국신민(皇國臣民)'을 양성해내고자 욕망했기 때문이다. 이는 일제에 의해 공포된 '조선교육령'이 실제 교육 일반의 목적이나 이념과 관계없는, 오로지 "조선의 교육을 전면적으로 포획"하여 조선인을 일제의 충량한 신민으로 훈육하기 위한 '정치적 기획안'이었다는 사실을 통해 증명된다.3)

당시 일제가 조선인을 상대로 추진한 언어 교육은 국어(國語)로서의 '일본어'와 외국어(外國語) 혹은 지방어(地方語)로서의 '조선어'로 구분된다. 1891년에 세워진 '일어학당'은 설립 초기 외국어로서 일본어를 교육하였다. 그러던 '일본어'가 어느 순간 타자의 언어인 외국어의 자리에서 벗어나, 국어라는 주체의 자리를 점유하게 된 것이다. 반면 '조선어'는 "일제가 관리 감독한 학교 교육에서 교과를 전제로 한 교과 교육"으로 범위가 한정되었다.4) 이로 인해 당시 조선인들은 '국어'로서의 일본어와 '외국어/지방어'로서의 조선어를 교육받는 왜곡된 상황에 놓였으며, 그나마도 조선어 수업 시간은 국어로 상정된 일본어에 비해 절반 수준에도 미치지 못하게 된다.

한 나라의 정신은 그 나라의 '언어'를 통해 유지된다고 한다. 그런 의미에서 '조선어'가 '국어'의 자리에서 밀려났다는 사실은 조선인으로서의 민족성을 말살하고, 당시 일제가 요구하던 '황국신민'을 양성해내겠다는 고도의 식민화 전략이었음을 부인할 수 없다. 이는 '조선어' 관련 교재

----

3) 김혜련, 「제1차 조선교육령기『보통학교 조선어독본』수록 제재 연구 – 「흥부전」을 중심으로」, 『돈암어문학』제23집, 돈암어문학회, 2010.12, 64쪽.
4) "일제하 공교육 범위 안의 全 공식문서에 사용된 國語/國文'이라는 명칭은 '日本語文'을 지시하고, '우리글과 말에 대해서는 '朝鮮語'로 下待하게 된다. 따라서 '공교육 상황에서 이루어지는' 일제하 우리 어문 교육은 '朝鮮語'로, 비제도권하에서 이루어지던 어문 운동 차원의 어문교육은 '한글/한글교육', 또한 사용 주체가 우리나라일 때는 '국어/국문(國語/國文)'을 경우에 따라 사용한다." 김혜정, 「일제강점기 '朝鮮語 敎育'의 意圖와 性格」, 『어문연구』제31권 제3호(통권 제119호), 한국어문교육연구회, 2003.9, 435쪽.

의 내용들이 조선인으로서의 긍지나 자주적 정신을 키워주는 것과는 상당히 거리가 멀었다는 사실을 통해 확인된다. 즉 '조선어'를 교육한다는 외피를 취하고는 있으나, 실상은 '조선어'를 학습하면 할수록 조선인으로서의 정체성을 부정하게 되는 결과를 초래한 것이다.

이에 본고는 일제강점기 초등교과서에 해당하는 『보통학교 조선어독본(普通學校朝鮮語讀本)』(이하 『조선어독본』)에 수록된 교과 내용을 중심으로, 당시 일제가 양성하고자 했던 '이상적인 국민상'에 대해 분석해보고자 한다. 이때 보통학교에 주목하는 이유는 일제가 식민정책을 추진하는 과정에서 가장 중시했던 것이 다름 아닌 보통학교 교육이었기 때문이다. 1930년대 중엽까지는 초등학교 졸업이 대다수의 아동들에게 학창 시절의 끝이 되었다. 그러므로 보통학교 교육은 당시 식민지인들이 생애 처음으로 접하는 근대 교육이자, 유일한 정규학교 교육이었다고 볼 수 있다.[5] 따라서 일제 강점기 보통학교에서 이루어진 '조선어 교육'에 관한 연구는 일제에 의해 추진된 조선인의 우민화(愚民化), 제국신민화(帝國臣民化), 황민화(皇民化) 등의 심리적 풍토를 파악하는 기본 단위가 된다.

일제 강점기에 발행된 '조선어독본'은 크게 다섯 차례에 걸쳐 편찬·수정되었다.[6] 이 가운데 정확하게 『보통학교 조선어독본』이라는 책명으로 발간된 것은 제3차 조선교육령기(1922, 2.4-1929, 4.18)와 제4차 조선교육령기(1929, 4.19-1933, 3.14)에 발행된 두 판본 뿐이다.[7] 이때 두

---

5) 그러나 1930년대 말부터는 중등학교 진학자 수가 크게 늘어나기 시작하였다. 초등학교 졸업자 수가 워낙 빨리 증가해 중등학교 진학률은 1940년대 초에도 1920년대 말의 그것보다도 낮았으나 중등학교 입학자 수는 1940년대 초에 1920년대 말의 거의 세 배에 달했다. 박지향 외, 『해방 전후사의 재인식 1』, 책세상, 2006, 140쪽.
6) 강진호, 「『조선어독본』과 일제의 문화정치」, 『상허학보』 29집, 상허학회, 2010.6, 121쪽.
7) 『조선어독본』이 처음 발간된 것은 식민 초기인 1911년이다. 그러나 당시 일본교과서인 『심상소학독본(尋常小學讀本)』을 거의 그대로 옮겨놓았다는 점에서, 조선총

차례의 교육령기는 모두 신교육령기(1922, 2.24-1938, 2.22)에 해당한다.[8] 구교육령이 식민 초기 정책에 따른 조선인 위주의 교육령을 실행하였다면, 신교육령은 '일어를 상용하는 자'와 '일어를 상용하지 않는 자'를 구분하여 보다 노골적인 일인화 교육을 추진하였다.[9] 이에 신교육령기에 발행된『조선어독본』연구는 교육을 통해 '충량(忠良)'한 황국신민을 만들고자 했던 일제의 노골적인 욕망을 드러내는 통로가 될 것으로 판단된다. 뿐만 아니라 제3·4차 조선교육령기에 발행된『조선어독본』은 조선총독부에서 '신교육령'에 의거하여 간행한 유일한 조선어 교과서이자, 1938년 이후 모든 학교에서 조선어가 폐지되는 '중간 단계'에 해당한다는 점에서도 매우 중요한 의미를 갖는다.[10] 따라서 본고는 제 3·4차

....

독부에 의해 의도적으로 제작된 최초의 교과서라고 보기에는 다소 무리가 따른다. 이후 제1차 교육령기(1911.8.23)에 해당하는 시기에도『보통학교조선어급한문독본(普通學校朝鮮語及漢文讀本)』이 발간되었으나, '조선어'만을 대상으로 삼고 있지 않다는 점에서 본격적인 '조선어 교과서'라고 명명하기는 어렵다. 마지막으로 제7차 교육령기(1938.2.23)에는『초등조선어독본(初等朝鮮語讀本)』(1939년 발행)이 발행되었는데, 기존에 발행된『보통학교조선어독본』이 6권인데 반해 2권으로 축소된 모습을 보인다.

8) 일제의 교육 정책은 '조선교육령'과 밀접한 관련을 맺는다. 일제강점기에 이루어진 조선교육령의 변천과정은 허재영의『일제강점기 교과서 정책과 조선어과 교과서』(경진, 2009) 23쪽 참조.

9) 신교육령이 구교육령에 비해 큰 차이를 보이는 점은, '국어 상용자'와 '비상용자'를 나누어 학제를 개편했다는 점이다. 허재영,『국어과 교육의 이해와 탐색』, 박이정, 2006, 79쪽.

10) 두 권의『조선어독본』은 각각 1923-1924년(大正 12-13년), 1930-1935년(昭和 5-10년)에 발행되었다. 본고에서 다루고자 하는 텍스트의 발행 연도는 다음과 같다. 우선 1923-1924년에 발행된『조선어독본』의 경우 1-3권까지는 '大正十二年'(1923년), 4-6권까지는 '大正十三年'(1924)에 발행된 것으로 기록되어 있다. 한편 4차 조선교육령기에 발행된『조선어독본』4권은 '昭和八年(1933년)'에 번각인쇄·발행, '昭和十三年(1938년)'에 개정번각 인쇄·발행된 것으로 표기되어 있다. 그리고 5권은 '昭和九年(1934년)', 6권은 '昭和十年(1935년)'에 각각 번각인쇄·발행되었다. 두 판본 모두 6권으로 구성되어 있으며, 저작 겸 발행자는 조선총독부로 되어 있고, 발행소는 조선서적인쇄주식회사이다.

조선교육령기에 발행된 『조선어독본』을 중심으로 '충량한 황국신민'을 향한, 즉 교육을 통한 일제의 '국민 만들기' 욕망이 어떤 식으로 구현되어 나갔는가를 확인해보고자 한다.[11)]

2. 수직화된 학교

우리나라에 근대 교육이 도입되기 시작한 것은 개항 이후인 1880년대로 거슬러 올라간다. 갑오경장 이후 근대교육이 본격적으로 시행되면서 교육전담 부서인 학무아문(學務衙門)이 설치되었고, 전국 각지에 근대식 학교를 세우려는 움직임이 활발하게 일어나기 시작한 것이다.[12)] 그러던 가운데 을사조약 체결과 한일강제병합 이후, 일제에 의한 교육기관인 '학교'가 등장하였다. 학교가 "근대 사회에서 근대적 주체 형성의 핵심적 장"[13)]으로 기능하게 된 것이다. 그러나 1910년까지만 해도 조선 사회에서의 학교는 기피의 대상이었다. 이는 당시 보통학교 교사인 '훈도(訓導)'들이 서당에서 공부하는 아이들을 마치 사냥을 하듯 잡아와 숙직실에 가두고 그들에게 학교에 다닐 것을 강요했다거나, 학생들의 어머니와 할머니들이 학교에 울면서 찾아와 자녀들을 돌려달라고 호소했다는

---

11) 본문에서는 제 3차 조선교육령기에 발행된 교과서는 『3차 조선어독본』으로, 제 4차 조선교육령기에 발행된 교과서는 『4차조선어독본』으로 명기하고자 한다. 그리고 두 종류의 독본을 통칭할 때에는 『조선어독본』이라고 밝히고자 한다. 또한 본문에서 언급되는 교과서의 내용은 (판본-권-과)의 형식을 취한다. 예를 들어 『3차조선어독본』 5권에 수록된 9과의 내용은 (3-5-9)로 표기한다. 이때 해당 단원의 제목은 〈 〉로 표기하고, 앞에서 언급한 작품의 경우에는 출처를 중복 언급하지 않는다.

12) 강진호, 「근대 교육의 정착과 피식민지 주체 -일제하 초등교육과 『조선어독본』을 중심으로 」, 『상허학보』 16집, 상허학회, 2006. 2, 153쪽.

13) 강영심, 「일제 시기 '충량한 신민 만들기' 교육과 학교 문화」, 『일제 시기 근대적 일상과 식민지 문화』, 이화여자대학교 출판부, 2008, 86쪽.

기록을 통해 접근된다.14) 그러나 1920년대로 들어서면서 이러한 태도에 변화가 찾아온다. 보통학교 입학을 위한 과도한 교육열이 일어난 것이다. 이처럼 일상의 장(場) 안으로 깊숙이 침투한 학교 공간은 교과서 내에서도 주요 소재로 등장한다. 이는 학교를 조선인의 일상 안으로 밀어 넣고자 했던 일제의 의도적인 전략이라고도 이해된다. 즉 근대적 공간으로서의 학교는 당시 일제가 추진하고자 했던 이상적인 국민을 만들기 위한 도구적 공간으로 활용된 것이다.

이에 교과서는 교실에서 손을 드는 학생의 삽화(3-1-28)를 시작으로, 〈선싱님〉(3-1-45)·〈선생님과 생도〉(3-1-52)를 통해 위엄있는 스승과 순종하는 학생의 모델을 제시한다. 또한 집에 돌아와 〈복습〉(3-1-55)하는 아이를 통해 학교에서 "국어와 산술과 톄조"에 관한 교육이 이루어지고 있음을 밝히고, 학교에 가는 것을 "조와"하는 〈슈남이와 복동이〉(3-1-60)를 등장시킨다. 특히 아이들은 하나같이 학교를 좋아하는데, 〈숨박곡질〉(3-2-14)을 해도 꼭 학교에서 하고, 눈싸움을 해도 "학교에 와서는 여러 생도와 갓치, 운동장에 나가"서한다(3-2-24).

그런데 중요한 것은 '학교' 공간이 교과서에 자주 등장한다는 사실에 있지 않다. 문제는 근대 공간으로서의 '학교'가 교육의 주체를 학생이 아닌, 절대적인 권위를 지닌 '교샤'로 상정하고 있다는 점에 있다. 따라서 〈친절한 여생도〉(3-2-4·5)에 등장하는 선생님은 친절한 "女生徒는 칭찬"하시고 그렇지 않은 "男生徒들에게는 꾸지람"을 하는, 곁에 없으나 모든 것을 알고 상벌(賞罰)을 내리는 우월한 인물로 그려진다. 이에 학

---

14) 그들은 자녀들이 학교에서 일본식 체조를 배워 일본 군인이 되고, 그리하여 전쟁에서 총알받이로 내몰리게 될 것이라고 믿었던 것이다. 이기훈, 「식민지 학교 공간의 형성과 변화 -보통학교를 중심으로-」, 『역사문제 연구』 제 17호, 역사문제연구소, 2007.4, 71-72쪽 참조.

생이 갖춰야할 최고의 미덕은 훌륭한 교사의 말에 무조건적으로 순종하는 것이 된다. 이를 통해 학생들은 자연스럽게 수동적인 주체로 교육되며, "普通學校에 단기"는 두 아이는 "先生님이, 누구든지 집안을 정하게 하면, 병이 아니난다 하셨소"라며 집안 치우기에 열심을 낸다(3-2-15). 또한 정월 초하루에도 "學校에 갔다와서"는 더욱 공부를 열심히 하라는 "先生님"의 말씀을 떠올리는 아이(3-2-25)로 성장한다. 그리하여 〈수남이의 선행〉(3-2-29)에서 중요한 것은 수남이가 베푼 행위 자체보다는 "敎室 당번을" 마친 학생의 행위라는 부분에 방점이 찍힌다. 즉 학교 규칙을 잘 지키는 순종적인 학생이 이웃과 사회에서 인정받는 존재가 됨을 암묵적으로 강조하고 있는 것이다.

한편 이러한 교사의 권위는 신식 교육기관인 보통학교 교사, 즉 당시의 훈도들의 경우로만 한정된다. 전통적인 스승의 이미지를 드러내는 서당의 훈장님과 같은 인물들은 오히려 학생보다도 지혜가 모자란 인물로 그려지기 때문이다. 1전으로 방 안을 가득 채운 학생(4-1-37)이나, 병풍에 그려진 호랑이를 묶어보라는 스승에게 먼저 호랑이를 바깥으로 몰아달라고 말하는 아이(4-2-9)는 하나같이 스승보다 뛰어난 지혜를 지니고 있다. 이에 반해 전통적인 스승들은 새로운 것을 배우기 위해 질문하는 학생을 상대로 "배울 必要가 업다"(3-6-3)고 면박을 주거나, "그런 것을 알아 무엇을 할 것이냐"(4-5-4)고 윽박지를 뿐이다. 따라서 스승에 대한 신뢰는 신식 교육기관인 학교 공간에서만 성립된다. 이는 곧 학교라는 공적 기관을 세운 국가를 향한 신뢰로 전이된다. 절대적인 권위를 가진 교사의 이미지를 국가 위에 포개어 놓음으로써, 일제는 미개한 조선을 교육하는 진보적인 교사의 이미지를 획득하게 된 것이다.[15]

---

15) 스승의 권위를 절대화하고, 학생을 수동적으로 교육하는 것은 교과서 내에 나타난 '발화'의 양상을 통해서도 접근된다. 이는 『3차 조선어독본』 2-6권에 실린 총 132과

뿐만 아니라 '학교'는 피폐한 현실을 벗어나게 해주는 구원의 통로로도 기능한다. 〈갱생〉(4-6-16)의 주인공 길재는 '보통학교'를 통해 '지도생'이 되는 기회를 제공받고, 이를 통해 비참한 현실을 딛고 안정적인 삶을 살게 된다. 여기서 말하는 '지도생'이란 '졸업생지도' 정책으로, 당시 보통학교 교원이 보통학교 졸업생 중에서 지도생을 선발하여 개별적으로 지도하는 사회교육·보습교육정책이자 농촌지배정책을 의미한다.16) 따라서 보통학교는 길재가 전근대이자 조선으로 상정된 '병들어 죽은 아버지'를 대신해서 새로운 황국의 신민으로 거듭날 수 있는 매개가 된다. 이에 조선인 학생들은 "우리들의 模範的人物"로 상정된 길재를 통해 가난하고 초라한 전근대적인 조선에서 벗어나 풍요롭고 안정적인 일본의 국민으로 다시 태어날 것을 학습한다. 또한 길재를 격려하는 교장 선생님을 통해, 삶의 변화를 가져오는 강력한 힘을 지닌 학교는 자애로운 스승이 존재하는 공간임이 거듭 확인된다. 이로 인해 일상생활에 스며든 근대 공간 '학교'는 교육의 주체인 '교사'에 대한 절대적인 신뢰를 생산하는데 성공한다.

일제 강점기의 교육정책 기조가 조선인의 황국신민화·우민화 정책이었다는 점을 감안할 때, 교사에 대한 절대적인 신뢰는 학생들로 하여금 주어진 텍스트를 무조건적으로 수용하는 수동적인 주체로 만들어내

의 내용들이 거의 대부분 일방적인 말하기의 진술을 통해 전개되고 있음을 통해 드러난다. 객관적인 사실을 소개·설명하는 형식을 띠고는 있으나, 발화자의 태도가 지극히 주관적인 태도로 명령하는 방식을 취하고 있기 때문이다. 이러한 특징은 교사와 학생과의 관계가 수직적인 상하관계에 놓여있음을 드러낸다.

16) 나카바야시 히로카즈는 '졸업생지도'가 지닌 두 가지 목표를 다음과 같이 설명한다. 하나는 산미증식계획을 추진하는 과정에서 보통학교 졸업생들을 농촌에 정착시켜 농사개량에 중심적으로 활동시키려 했다는 것이고, 다른 하나는 보통학교 졸업생을 체제 내로 포섭하려 했다는 것이다. - 나카바야시 히로카즈(仲林裕員), 「1920년대 후반~30년대 초 조선총독부의 보통학교 '졸업생지도' 정책」, 『學林』 제 29집, 연세대학교 사학연구회, 2008, 91쪽.

는데 일조했음이 분명하다. 이는 교육을 받는 주체에 대한 고려를 배제한 채, 오로지 가르침을 받는 것이 얼마나 큰 은혜인지만을 강요하고 있다는 점에서도 뒷받침된다. 즉 "이 몸 낫기는 父母님의 恩惠요, 이 몸 닦기는 先生님의 恩惠라. 니즐소냐, 先生님, 父母님과 一般이라"(3-4-25)는 문장을 통해 '나'를 낳은 부모로서의 '조선'과 근대문물을 전달하는 스승으로서의 '일본'이 결국 동일하다는 가치를 전달하는 것이다.

일제가 추구한 교육의 궁극적 목표는 천황의 지배이데올로기에 순응하는 황국신민의 완성에 있었다. 따라서 『조선어독본』은 그러한 황국신민화 전략의 효과적인 수행책이었다고 해도 과언이 아니다. 또한 주체가 타자와의 교섭을 통해 정립된다는 점에서, 절대적인 권위를 행사하는 스승을 통한 수직적인 위계질서의 학습은 조선인 학생들을 주체의 위치에서 밀어내는 역할을 했으리라 추정된다. 그런 의미에서 『조선어독본』은 조선인을 천황을 위한 새로운 국민으로 양성해내고자 한 일제의 계획된 식민정책의 반영물이었다고 보아야 한다. 즉 조선의 학생들은 교과서를 통해 스승과 제자라는 수직 관계를 학습하고, 이를 통해 일제와 조선 사이의 수직적 위계질서를 내면화해나간 것이다. 이에 당시 조선인들은 거대한 타자로 상정된 일제에 동화되어 스스로를 타자로 전락시키는 결과를 초래하고 만다. 일제가 양성하고자 했던 피식민 주체의 성격을 학습하며, 수직적인 위계질서에 맹목적으로 복종하는 수동적인 내면을 생산하고, 종국엔 능동적인 주체의 위치를 상실한 수동적인 타자로 전락하는 결과를 맞이하게 된 것이다.

3. 도구화된 현모(賢母)

조선에서 여성교육이 시작된 것은 1890년대부터이다.[17] 공식적으로 교육의 범주에 포함된 여성은 『조선어독본』 안에서도 쉽게 발견된다. 운동회에서는 "紅白帽子를 쓴 男生徒와 고은 옷을 닙은 女生徒들이 쩨를 지어서" 왔다갔다하고(3-3-16), 딸은 학교에 가기 위해 아들과 나란히 어머니께 인사(4-1-13)를 드린다. 여성이 남성과 나란히 학교에 다니는 교육의 수혜자가 되었음을 보여주는 예라고 볼 수 있다. 물론 여성에 대한 교육은 일제 강점기에 새롭게 제기된 문제는 아니었다. 여성을 교육하는 일은 이미 "국가적인 이익"의 차원에서 논의되어 왔다.[18] 그러므로 중요한 것은 『조선어독본』에 등장하는 여성 이미지를 통해 일제가 무엇을 추구하였는가를 밝히는 일이다.

교과서를 통해 구현된 여성들은 대부분 가정과 가사에 관한 일에 집중하고 있다. 이는 근대 교육이 또다시 '현모양처'를 생산하는 논리를 반복하고 있다는 점에서 문제적이다. 즉 여성을 상대로 한 교육은 '근대'라는 외피를 쓴 채, 기존의 가부장적 남성 사회를 보완하는 범위 내로 제한되고 있다는 것이다. 때문에 교과서에 등장하는 여성은 주로 '자선을 베푸는 친절한 이미지'로 집약된다. 여성을 향한 이와 같은 정형화는 식민지의 규정성과 남성에 의한 차별이 복합적으로 작용하여 생산된 것으로 파악된다.[19] 이에 식민지 여성은 "식민지에서의 다중적 억압과 차

---

17) 홍인숙, 『근대계몽기 여성담론』, 혜안, 2009, 28쪽.
18) "젼국 인구 반이나 내버렷던 거시 쓸 사롬들이 될 터이니 국가 경제학에 이런 리는 업다" 『독립신문』, 1896년 9월 5일자 논설. (홍인숙, 위의 책, 28쪽, 재인용)
19) 근대 사회로 이행하면서 여성들이 자유와 평등을 획득하기 위해 가장 중요하게 여긴 것은 다름 아닌 지식의 문제였다. 이에 개화기 초기의 여성들은 스스로가 학문과 지식에서 소외된 존재라는 사실을 자각하고, 여성교육의 중요성을 인식하게 되었다. 그러나 1930년대까지도 한글과 일어를 읽고 쓸 수 있는 여성이 전체 여성의

별을 배경으로 식민지와 남성에 대한 타자"[20]로 머물게 된다.

때문에 '친절한 여생도'는 자신이 잘못한 일이 아님에도 미안한 생
각을 품고 노인의 모자를 집어온다. 또 다른 여학생은 친구의 집에 놀러
가 '김장'(3-4-14)을 돕고, 가련한 이웃을 위해 저금한 돈으로 자선을 베
푼다(3-6-24). 여성의 미덕은 '친절'이 되고, 이는 자신이 가진 것을 아낌
없이 베푸는 행위를 통해 뒷받침된다. 그리고 여성이 베푼 친절은 대부
분 남성을 위해 행해진다. 이는 '친절한 여생도'가 모자를 집어준 상대가
남성이라는 점이나, 〈매제에게〉(3-5-8)에서 "小包郵便으로 보낸 周衣
는 昨夕에 倒着하얏는대, 裁縫이 精密하고, 長廣이 몸에 꼭 마즈니, 너
의 針工이 이갓치 進步됨은 實로 喜幸한 일이다"라고 칭찬하는 오빠의
진술을 통해서도 발견할 수 있다. 즉 오빠의 발언을 통해 여성에게 요구
되는 덕목은 바느질과 같은 가사 일에 국한되며, 그것 역시 남성을 보조
할 경우에만 인정받을 수 있음이 증명된다. 따라서 여성은 집에서 바느
질(3-5-8, 4-2-10)을 하거나, 식사 준비(4-1-32)를 반복한다.

뿐만 아니라 여성은 순종과 헌신만이 아니라, 지덕(知德)을 겸비할
것도 요구받는다. 이는 〈칠석〉(3-6-10)에서 "乞巧하는 女兒可愛롭다.
燈火를 親하기 조흔이 時節, 智德을 硏磨함에 힘을 쓰네"라는 문구를
통해 확인되는데, 이러한 특징은 『4차 조선어독본』에 이르러 보다 두드
러지게 나타난다. 학업을 위해 험난한 생활고를 감수하는 어머니들

1.9%, 한글 또는 일어를 읽고 쓸 수 있는 여성은 10.5%에 불과했다. 이에
1910-1920년대 초의 여성들 가운데의 극소수만이 학교를 통해 근대 교육을 받았다
고 추측할 수 있다. 그런데 이러한 수치는 당시 여성의 교육 기회가 식민지 남성뿐
만 아니라, 식민지에 거주하였던 일본인 여성과 비교하더라도 형편없이 낮은 편에
해당한다. 이에 식민지 여성의 교육은 식민지 남성에 비해 이중의 억압 구조 안에
놓여 있음을 확인할 수 있다. 천정환, 『근대의 책 읽기(독자의 탄생과 한국 근대문
학)』, 푸른역사, 2003, 339쪽.
20) 김경일, 『여성의 근대, 근대의 여성』, 푸른역사, 2004, 318쪽.

(4-2-31, 4-4-26, 4-6-16)로부터 자식을 지키기 위해 무서운 귀신의 입에 스스로 뛰어드는 어머니(4-3-18)로 인해 자식들은 훌륭한 학자가 되고, 아기는 엄마 품에서 평화롭게 잠이 든다(4-3-19). 이밖에도 어머니는 딸에게 약의 올바른 복용에 대해 설명하고(4-1-49), 아들에게 산울림의 원리를 설명(4-2-29)함으로써 자녀를 교육한다.

『조선어독본』이 강조하는 이러한 여성 이미지는 기존의 유교적인 가치관과 매우 흡사해 보인다. 하지만 교과서에 나타난 여성들은 전형적인 의미의 '현모양처(賢母良妻)'와는 분명히 다른 지점을 갖는다. 기존의 유교적인 가치관 속에서 강조된 여성상은 '현명한 어머니' 보다는 주로 '열녀(烈女)'의 계열에 속해있었기 때문이다.[21] 물론 근대계몽기로 들어서면서 유교적 질서 내에서도 가르치고 교육하는 어머니의 역할이 강조되기는 하였다. 그런데 여기서 말하는 여성의 교육이란, 여성의 정체성 형성과는 아무런 관련을 맺지 않는다. 여성에게 부여된 것은 오로지 아들을 가르치고 기르는 역할로 제한되기 때문이다. 일제는 이러한 '양육(養育)하는 어머니'의 이미지를 활용함으로써, 조선의 여성들을 황국 신민을 양육하기 위한 '현모(賢母)'로서 교육하고자 한 것이다. 따라서 천황에게 충성할 수 있는 튼튼한 자녀를 낳아 기르는 황국의 어머니가 되는 것이야말로 일제에 의해 구성된 새로운 근대적 여성관이라고 볼 수 있다. 이러한 특징은 일제가 전시체제로 들어선 이후, 보다 노골화되기 시작한다.[22]

---

21) 홍인숙, 앞의 책, 34쪽.
22) 1920~30년대 현모양처론을 살펴보면 여성지식인들이 총력전체제 아래에서 현모양처를 '총후(銃後) 부인'이나 '군국의 어머니'로 전환하는 임무를 맡게 되었다. 특히 그들은 가사합리화로 물자와 에너지의 절약방법을 연구하거나 국가의 전쟁에 기여하는 주부상을 일반여성들에게 심어주기 위한 선전활동을 했다. 박선미, 『근대 여성, 제국을 거쳐 조선으로 회유하다』, 창비, 2005, 222쪽.

또한 국가를 위해서라면 목숨도 아끼지 않는 황국신민으로서의 여성은 『조선어독본』에 반복 수록된 고소설 〈심청〉(3-4-19 · 20-21, 4-5-21)을 통해 서도 나타난다. 효도하는 딸 청이를 통해 국가가 욕망하는 '충량한 국민'의 이미지가 구축되고 있기 때문이다. 『조선어독본』의 두 판본에서 고르게 등장하는 청이는 주제 파악도 못한 채 덥석 공양미 삼백 석을 시주하겠다고 나선 아버지로 인해 죽음과 직면하게 된다. 앞을 못 보는 아버지를 위해 매일 품을 팔고 구걸을 하던 딸이 종국엔 자신의 목숨마저도 팔아야하는 처지로 내몰린 것이다. 그러나 청이는 어느 순간에도 아버지를 원망하지 않는다. 오히려 죽는 순간까지도 "죽기는 어렵지 안타만은, 이버지는 누구를 依託하신단 말이냐"고 걱정할 뿐이다. 이처럼 청이는 아버지를 위해 자신의 목숨을 아낌없이 바치는 이상적인 '신민'이 된다. 이는 국가를 위해서라면 언제든지 자신을 버릴 수 있는 국민을 욕망하는 지배 집단의 이데올로기가 발현된 것이라고 볼 수 있다. 이는 아버지의 자리로 전치된 일제가 가부장적 이데올로기를 통해 식민 지배를 보다 공고하게 추진해나갔음을 파악하게 한다.

한편 청이를 죽음으로 내몬 심봉사는 당시 조선이 처한 상황과 교묘하게 일치된다. 앞을 보지 못하는 심봉사는 국제 정세를 파악하지 못하던 조선과 맞물리고, 그러한 아버지의 어리석음이 가련한 딸 청이로 상정된 조선의 백성들이 감수해야 할 희생으로 이어지기 때문이다. 따라서 죽음에 처한 청이가 왕을 만나 왕후가 되듯이, 조선은 일제와의 결합을 통해 새로운 신분으로 거듭날 수 있음을 시사한다. 뿐만 아니라 '뺑덕어멈'의 존재는 어디에도 등장하지 않는데, 이는 남성을 배신하고 이용하는 이기적인 여성에 대한 언급이 애초부터 제거되어있다는 점에서 주목할 만하다. 즉 여성은 오직 가족과 국가를 위해 모든 것을 헌신하고, 끝까지 충성하는 모습으로 남아야함이 강조되는 것이다. 그러므로 여성의 교육은 여성 주체의 발현이 아닌, 여성을 도구적 존재로 전락시키는 현상을 불러온다. 이는 여성을 넘어 조선인 학생 전반을 대상으로 확장된다. 이처럼 일제는 교과서를 통해 도구화된 주체를 배치하고, 이를 학생들에게 반복적으로 주입함으로써 자신들이 욕망하는 순종적인 국민을 양성해내고자 했음을 알 수 있다.

4. 위장되는 근대화

『조선어독본』 속에는 라디오로부터 전차·기차·비행기와 같은 교통수단과 학교·은행·관청과 같은 공공기관, 나아가 화폐·법률·재판과 같은 제도에 이르기까지 다양한 근대 문물이 언급된다. 이는 당시 일제가 조선의 침략과 식민 지배를 정당화하기 위한 명분으로 조선의 근대화를 내세우고 있었음을 짐작하게 한다. 실제로 우리에게 있어 '근대화'란 일제에 의한 '식민화'와 불가분의 관계 속에 놓여있음을 부정할 수 없다. 그런 의미에서 당시의 교과서는 이러한 일제의 침략 정책을 근대화라는 외피로 감싼 채, 조선 학생들의 사상을 세뇌하는 도구로 활용됐다고 할 것이다. 대표적인 예를 '자본'의 중요성을 통해 접근해볼 수 있다.

식민지 교육기관에 취학하기를 꺼리던 1910년대와 달리, 1920년대에는 보통학교와 중등학교에서 심각한 입학난이 야기된다. 이러한 현상은 일제가 학력에 따른 고용·임금상의 차별을 제도화한 결과라고 할 것이다.[23] 이는 당시 사회가 지닌 '자본'의 위상을 드러내는데, 식민 자본은 일제가 조선의 침략을 정당화하는 기능을 수행하였다. 그래서인지 『조선

----

23) 이혜영, 『한국 근대 학교교육 100년사 연구(Ⅱ) - 일제시대의 학교교육-』, 한국교육개발원, 1997, 참고.

어독본』에 수록된 이야기들은 유독 자본과 관련된 내용이 많이 등장한다.

〈혹 뗀 이야기〉(3-2-16·17), 〈말하는 남생이〉(3-3-18·20), 〈심청〉을 비롯한 일련의 작품들에서 주인공이 찾는 행복은 하나같이 물질적인 풍요로 이어지기 때문이다. 〈혹 뗀 이야기〉의 노인은 귀찮던 혹이 떨어져나간 것뿐만이 아니라, '보패'를 얻음으로써 기쁨을 느낀다. 〈말하는 남생이〉의 아우는 죽은 남생이를 묻어줌으로써 "나무가지에서 金銀寶貝가 우수수하고 떨어져서 當場에 富者가"되며, 〈심청〉은 왕비가 되어 전국의 맹인들을 모아 잔치를 벌일 만큼의 엄청난 부(富)를 획득한다. 사람의 행복과 불행은 모두 물질에 의해 좌우된다. 이것은 애초에 청이가 공양미 삼백 석 때문에 팔려갔다는 것을 통해서도 증명된다. 청이의 지극한 효성을 가늠할 수 있는 척도(尺度) 역시 목숨 값인 공양미 삼백 석으로 산출되며, 사람의 목숨도 돈만 있으면 얼마든지 교환의 대상이 될 수 있다. 뿐만 아니라 심청을 가엾게 여긴 뱃사람들이 쌀을 오십 석 더 얹어주었다는 점에서, 누군가를 도와주는 것 역시 자본의 논리 가운데 종속됨을 알 수 있다. 때문에 〈옥희의 자선〉(3-6-24)에 등장하는 옥희는 신문을 통해 접한 '여원' 모자(母子)의 가련함을 동정하여 그동안 저금해 놓았던 '1원 15전'을 나누어준다. 이처럼 교과서는 누군가를 가련히 여기고 안타까운 마음을 갖는 것으로는 부족하다고 교육한다. 도움을 주기 위해서는 타인에 대한 인정(人情)이 아니라, 물질적인 지원이 뒷받침 되어야한다는 것이다.

이는 나아가 이상적인 황국신민 역시 '자본'을 통해 생산됨을 이야기한다. 〈근검〉(3-5-26)을 통해 "국(國)을 강하게 할 수가 있다"고 주장하는 것은 물론, "국민된 자는 반드시 납세를 납부해야"한다며 〈납세〉(3-6-12)야말로 "국민의 제일 중대한 의무"라고 주장하기 때문이다.

"國民된 者는 반다시 租稅를 納付하야, 其 設備에 要하는 經費를
分擔치 아니할수업슨즉, 納稅는 國民의 第一重大한 義務라할지니라.
… 사람마다 그러한 惡行이 잇슬것 갓흐면, 國家를 維持할수업스면, 百
姓이 비록 巨大한 財産이 잇슨들, 엇지自力으로 其生命·財産을 安全
히 保存할수잇스리오. … 我等은 納稅의 重要한 所以를 覺醒하야 國民
도한 本分을 다하도록 하야아 할지니라."

　　　　　　　　　　　　　　　　- 〈납세〉(3-6-12), 44-48쪽.

　　이처럼 국가는 국민들의 납세를 통해 유지됨을 들며, 만일 국가가
유지될 수 없다면 백성이 아무리 거대한 재산이 있다고 한들 그것을 안
전히 보호할 수 없을 거라고 위협한다. 이를 통해 우리는 당시 일제가
욕망한 국민의 구체적인 모습을 유추할 수 있다.

　　이러한 성격은 학년이 올라가면 갈수록 교과서 내에서 노골화되는
데, 『3차 조선어독본』의 마지막 권에 해당하는 6권에 이르면 국민으로서
갖추어야 할 본격적인 의무에 대한 교육이 집중된다. 〈자활〉(3-6-23)은
학생들에게 '노력하는 국민'을 강조하고, 그것을 통해 "善良한 國民"이
되는 길을 가르친다. 그리고 "各各自己才能의 적당한 바를 헤아려서 自
身獨立의 計를"세움으로써 직업을 찾을 것을 권고한다. 학생들은 직업
을 통해 경제활동을 하고, 노동을 통해 번 돈을 성실하게 납세함으로써
국가에 의해 선량한 국민으로 인정받게 되는 것이다.

　　『4차 조선어독본』 역시 이러한 자본의 논리가 이어지는데, 〈훈패냐
돈이냐〉(4-4-4)에서는 명예도 돈을 통해 회복될 수 있음이 제시된다. 그
리고 〈화폐〉(4-4-12)를 통해서는 '조선·일본·대만'의 은행권을 언급함
으로써, 자본을 통한 제국의 심상지리를 피력한다. 뿐만 아니라 일본의
화폐가 널리 통용된다면, 조선과 대만의 화폐는 통용되지 않는다는 서술
을 통해 일제가 조선이나 대만보다 상층에 위치하고 있음을 주입한다.

日本銀行券과, 朝鮮銀行券과 臺灣銀行券이 잇다. 이 中에 貨幣와 日本銀行券은, 國內에서는 勿論이오, 關東州 와 滿洲의 一部에서도 通用되지마는, 朝鮮銀行券은, 朝鮮· 關東州及滿洲의 一部에서만, 臺灣銀行券은, 臺灣에서만 通用되고, 다른 地方에서는 쓰이지 안는다.

- 〈화폐〉(4-4-12), 43-44쪽.

이밖에도 〈은행〉(4-5-3), 〈돈의 유래〉(4-5-6), 〈물건값〉(4-5-7), 〈상업〉(4-6-7)을 비롯해서 흰옷의 비경제성을 이야기하는 〈흰옷과 무색옷〉(4-5-18)에 이르기까지, 일제는 자신들의 식민 지배를 근대화라는 외피로 포장하는데 노력을 기울인다. 뿐만 아니라 형제간의 우애(4-5-14) 역시 서로에게 나누어주는 곡식을 통해 가능되며, 아이를 바라던 여인은 아이 대신 〈인삼〉(4-4-19)을 받아 기름으로써 남은 삶을 행복하게 살게 된다. 이 모두가 물질을 통해 누리는 안락한 삶을 제시한다는 점에서 자본의 논리가 거듭 강조되고 있음을 알 수 있다.

이처럼 자본은 일제의 침략을 '근대'라는 이름으로 정당화하는 위장의 기능을 수행한다. 이는 미개한 조선과 진보된 일제라는 이분법을 생산하며, 조선과 일제가 하나 되는 것은 일제가 베푼 일방적인 은혜를 통해서라는 왜곡된 이미지를 주입하는 결과로 이어진다. 이처럼 근대는 일제의 식민 지배를 정당화하는 기능을 갖는데, 이는 교과서에 수록된 교통 수단의 변화를 통해서도 가시화된다. 우선 『3차 조선어독본』에서는 '기차'의 출현을 통해 삶이 변화된 예가 빈번하게 등장한다.24) 〈기차〉(3-2-27)의 생김새· 구조· 속도에 관해 언급하는 것을 시작으로 철도· 철교에 대한 외양 묘사와 용도, 나아가 철도개통으로 인한 주변 환경의 변화에 대해 언급된다. 이때 눈에 띄는 것이 〈호남여행〉(3-5-11)에 수록된 "裡里는 원래 적막한 一寒村이엿섯스나, 철도개통이래로 급격히 발전하"였다는 내

---

24) 『3차 조선어독본』에서 기차와 관련해서 언급된 내용을 살펴보면 다음과 같다.

용이다. 사실상 조선의 철도건설은 일제의 침략정책을 위해 이루어졌다. 1901년 8월 20일에 시작되어 3년 9개월 만에 완공된 경부철도는 일 제가 노·일 전쟁을 위해 개통한 것이다. 이처럼 철도는 조선의 근대화가 아닌, 일제의 전쟁을 뒷받침하기 위한 수단에 불과하였다. 그러나 교과서는 이러한 일제의 의도와는 무관한, 기차여행을 통해 가능해진 전국여행이나 철도를 통한 마을의 발전에 대한 부분만을 서술한다. 철도가 없던 조선사회의 후진성을 강조함으로써, 일제의 침략정책이 갖는 정당성

券	課	내용
4권	11. 신의주에서	**철도**는 경성방면에 통하는 길, 의주를 지나서 압록강 상류지방에 행하는 길, 또 용암포 지방에 통하는 길들이 잇스며, 철도는 **경의선**이 此地를 경하야, 만주지방에 통하오.
		철교는 길이가 3098피-트인대, 인도도 併設하얏스며, 그 철교의 중앙은 개폐식으로 되엿소.
	13. 삼림	**철도의 침목은 전혀 栗木을 使用하나니 ... 또 電信柱로는 杉木을 상용하니,**
	24. 부산항	(은행, 회사, 학교, 선박, 철도 소개)
5권	11. 호남여행	**호남선남행열차**를 탄 우리는 충청남도의 대도회인 대전을 進行하얏소.
		裡里는 원래 적막한 一寒村이엿섯스나, **철도개통**이래로 급격히 발전하야,
		輕便鐵道로 전주를 방문하얏소
		기차는 어느듯 蘆嶺隧道를 통과하오
		남조선철도를 밧궈타고, 동쪽으로 한 삼리쯤 가면 광주에 닐으오.
		再次大田行**汽車**속사람이되엿소
6권	8. 개성	봄에는 홍염이 난만한 **철도공원**
	15. 공덕	汽船, 電車의 乘降이나, 또는 사람이만이모여 混雜한때에, 달은 사람을 밀치고 자기가 먼저 하랴하는 등사는 가장 불가한 일이고 모두 공덕으로는 緣故요
	17. 평양에서	**黃州驛頭**
		평양역에서 **기차**에 나려, **전차**를 바꿔타고
		철도는 **경의선**이 남북으로 此地를 관통하였으며
	19. 철의 담화	육해군의 병기, **汽車及電車**의 궤도

을 확보하려는 일제의 지배논리가 작용한 것이다.

　이러한 일제의 의도는 『4차 조선어독본』에서 보다 강화되는데, 이때 등장하는 것이 바로 〈비행기〉(4-3-12)이다. 높고 맑은 가을 하늘 위로 비행기 한 대가 푸로페라 소리를 내며 웅장하게 날아가면, 남녀노소 할 것 없이 모두가 시선을 모으고 "한번 타보고 싶습니다"를 연발한다. 그 가운데 비행기가 어디를 향하느냐고 묻는 아들의 질문이 이어지고, 아버지는 "아마 내지로 가는 것이겟지"라고 답을 한다. 모두가 감탄하는 비행기가 향하는 곳은 다름 아닌 '일본(日本)'인 것이다. 이를 통해 교과서는

(4-3-12) 39쪽

학생들에게 조선에 근대 문물을 제공하는 '일본'의 이미지를 각인시킨다.25) 특히 경성에서 도쿄까지 기차로 36시간이나 걸리던 것이 비행기로 5시간에 그치게 되었다는 진술은 단순히 교통수단의 발전만을 의미하지 않는다.

　왼쪽 그림에서 살펴볼 수 있듯이 비행기는 여러 교통수단 가운데에서 제일 위에 배치되어 있는 반면, 조선인의 복장을 한 가마꾼들과 말을 탄 선비들의 모습은 제일 밑에 배치되어 있다.

---

25) 이는 『조선어독본』 내에 외국에 대한 언급이 거의 없다는 것과도 연결된다. 교과서에 언급된 외국인은 『3차 조선어독본』 6권 6과에서 종두 치료제를 개발한 '영국인 제너어'와 『4차 조선어독본』 6권 20과에서 〈고심의 結晶〉을 통해 소개된 뉴턴이 전부이다. 이를 통해 일제는 조선의 근대화를 가능하게 하는 대상은 오직 '일본'이라는 것이 강조된다.

이는 단순한 교통수단의 진화를 의미하지 않는다. 비행기, 기차와 자동차, 가마를 멘 가마꾼들과 말의 순서로 배치된 근대화된 교통수단의 등급은 일본의 진보성과 조선의 후진성을 학습시키기 위한 식민 정책으로 파악되기 때문이다. 이처럼 일제는 자신들의 침략과 식민 지배를 근대화라는 외피로 위장하는데 성공한다. 그리고 이러한 왜곡된 교육은 조선인 학생들을 오인하는 주체로 전락시키는 결과로 이어진다.

5. 종속되는 사상

『조선어독본』은 조선어 학습을 위한 교과서이지만, 그 속에 배치된 내용들은 하나같이 열등한 조선과 우월한 일본으로 이미지화된다. 즉 표면적으로는 조선과 일제를 동등하게 제시하고 있으나, 그 속에는 우월한 일제와 열등한 조선이라는 위계질서를 강조하고 있는 것이다. 이는 당시 일제가 부르짖던 '내선일체(內鮮一體)'가 우월한 문화 안으로 열등한 문화가 포획되는 방식의 결합이라는 점에서 접근된다. 이와 같은 일제의 욕망은 고학년으로 올라갈수록 보다 강력하게 제시된다. 이는 보통학교를 마치는 과정에서, 식민지 조선인들을 자신들이 요구하는 황국신민으로 완성하겠다는 일제의 강력한 의지가 반영된 것이라고 볼 수 있다.

우선 〈신라의 고향〉(3-5-25)에서 화자는 첨성대, 불국사, 석굴암 등의 신라 유적지를 소개하며, 이것들이야말로 동양예술의 아름다움이라고 극찬한다. 그러나 이러한 찬사를 조선의 역사를 향한 것이라고 받아들여서는 곤란하다. 경주의 아름다움은 일본 나라(奈良)의 아름다움으로 연결되기에, '조선의 美'가 아닌 '일본 美'의 찬사로 이어지기 때문이다. 뿐만 아니라 본문의 내용은 과거 일본이 한반도에 많은 영향을 미쳤음을 드러내며, 일본과 조선은 결국 하나라는 '내선일체' 사상을 강조한다. 이러한 특징은 〈박혁거세〉(3-3-17, 4-3-5)와 같은 역사 속 인물이나, 〈이웃사촌〉(3-4-1)과 같은 도덕적인 내용, 〈식물과 동물〉(3-6-1)과 같은 자연 과학적인 글 속에서도 고스란히 반복된다. 특히 박혁거세 이야기에서는 원래 왕이 없던 신라에 외부에서 '알'이 유입되고, 거기에서 태어난 인물이 왕이 되었음이 이야기된다. 이것은 외부에서 들어온 일본이 조선의 주인이 될 수 있다는 정당성을 피력하는 것으로 이해된다. 또한 이웃사촌의 중요성을 강조하는 글 역시, 이웃을 넘어 형제가 될 것을 요구함을 통해 일본과 조선이 이웃나라를 넘어 하나가 될 것을 요구하는 것으로 받아들여진다. 식물과 동물에 대한 설명에서도 그 둘이 서로 돕는 관계임을 강조하며, 일본이 조선에게 도움을 주는 존재임을 거듭 강조한다. 이처럼 교과서는 곳곳에서 조선이 일본을 경계하지 않고, 받아들여 하나를 이룰 것을 암묵적으로 주입하고 있다.

이와 같은 성격은 교과서 내에서 조선인 스스로가 자신의 부족함을 언급하는 부분에서 보다 노골적으로 가시화된다. 〈식목〉(3-3-1)에서 한 노인은 "조선은 어듸든지 붉은 산이 만타"라고 말하며, '神武天皇祭日'을 맞아 나무를 심는 학교 교육을 칭찬한다. 〈면〉(3-6-13)에서도 "朝鮮에는 古昔에 木棉"이 없다며, 일찍이 총독부에서는 "목포에 면작모범지장을 설치하고, 여러 가지로 재배법의 개선과 품종의 개량을 고심연구한 결과" 최근에 조선면의 장래가 유망하게 되었다고 이야기된다. 뿐만 아니라 〈감저〉(3-6-16)에서도 화자는 감저의 여러 유용성을 밝히고는, 이처럼 훌륭한 작물이 일본을 통해 조선에 유입되었음을 강조한다. 이밖에도 교과서는 끊임없이 식민지 조선에게 일방적으로 은혜를 베푸는 존재로서의 일제를 각인시켜 나간다.

또한 주목되는 것은 교과서 내에서 조선과 일본을 지칭하는 용어이다. 〈富士山과 金剛山〉(3-5-16,4-6-14)에서 화자는 '富士山'을 '我國本柱의 名山'으로 웅장수려(雄壯秀麗)하다고 평한다. 그리고 '金剛山'에 대해서는 '朝鮮의 名山'으로 우미유수(優美幽邃)하다고 서술한다. 일본의 산을 '我國'으로 명기하고, 조선은 3인칭으로 대상화한 것이다. 이러한 특징은 교과서 곳곳에서 빈번하게 발견된다. 〈종두〉(3-6-6)에서는 "우리 조선"이라는 표현이 발견되는데, 이는 〈기원절〉(3-3-25)에서 일본을 두고 "우리나라"라고 명시한 것과 맞물려, 두 나라가 하나임을 암시한다. 이로써 조선과 일본이 하나라는 '내선일체'의 논리를 확인시킨다.

그러나 문제는 이것이 조선과 일본의 동등한 위치에서의 결합이 아니라는 사실에 있다. 〈조선의 행정관청〉(3-6-11)에서 "조선은 대일본제국의 일부니, 조선총독이 천황의 명"을 받아 통치되고 있다고 언급된다. 조선이 일본의 일부라고 확실하게 밝힘으로써, 조선과 일본은 수평적 관계가 아닌 수직적 관계임을 강조하는 것이다. 이는 '나보다 우수한 벗을 만나 사귀면 나도 발전한다'(3-6-25)는 논리를 통해, 조선은 발달된 일본과 하나가 되어야만 비로소 보다 나은 삶을 누리게 된다는 사고를 주입하는 결과로 이어진다.

일제의 교육 정책은 식민정책을 효율적으로 추진하기 위한, 또 조선인의 저항을 극소화하기 위한 고도의 이데올로기적 통치수단이자 침략도구였다. 따라서 교과서에 수록된 조선 관련 역사와 인물들은 단지 언어를 습득하기 위해 활용된 도구일 뿐만 아니라, 조선인으로서의 민족적 정체성이나 자부심을 부인하는 역할을 했다고 볼 수 있다. 다시말해 일제에 의해 제작된 교과서는 조선 민족에게 일본 문화의 우수성을 학습하고, 잠재적으로 일본에 동화되도록 이끈 계획된 식민정책이었다는 것이다.

한편 3차 『조선어독본』과 달리 4차 『조선어독본』에서는 가족이 강조되기 시작한다. 1권의 4-5과에서 아버지와 어머니가 언급되고, 학교에 가는 자녀들은 "어머니, 학교에 단겨오리다"(4-1-13)라고 인사를 드린다. 뿐만 아니라 소꿉놀이를 하는 아이들이 '집'을 만들며(4-1-34), 아들은 아버지와 함께 집으로 돌아가고(4-1-40), 아버지와 어머니께 문안을 드리며(4-1-41 · 42), 식구들은 마당에 아름다운 꽃이 피는 집에서 각자 맡은 일을 수행한다(4-2-10). 교사가 있던 절대적인 위치에 가족이 들어서는데, 이때 강조되는 인물이 바로 아버지이다. 아들은 아버지의 진지가 식을 것을 염려해서 함께 놀자는 동무의 유혹을 뿌리치고(4-1-50), 아버지를 통해 땀의 소중함(4-3-9), 비행기의 빠르기(4-3-12), 광대한 우주(4-6-3)에 대해 배운다. 또한 아버지는 스승의 역할을 대신할 뿐 아니라, 아들과 다정하게 어울리는 자애로운 이미지(4-4-17)를 획득한다. 이는 얼핏 '임금과 스승과 아버지의 은혜가 같음'을 의미하는 '군사부일체(君師父一體)'를 떠올리게 한다. 엄한 스승이자, 자애로운 아버지는 궁극적으로 일본이라는 국가를 향해 가기 때문이다. 그런데 이때의 '스승 - 아버지 - 국가'라는 구도는 전통적인 유교사상의 그것과는 분명히 구별된다. 이는 1938년 이후 본격화된 '황국신민화'를 향한 과정이 내재되어 있기 때문이다. 다시 말해 일제는 교과서를 통해 스승의 역할을 겸비한 아버지로 지배 영역을 확장하고, 이를 궁극적으로 천황의 이미지로 재교육하고 있는 것이다.

3차 『조선어독본』과 4차 『조선어독본』은 모두 비교적 저학년에 해당하는 2권과 3권을 통해 천황에 대한 내용을 전달한다.[26] 이는 "天長節 祝日"에는 학교뿐만 아니라 집집마다 국기를 달고 창가를 부르고, 이는 "神武天皇"이 즉위하신 "紀元節"에도 마찬가지라고 이야기하는 부분을

---

26) 『조선어독본』에 언급된 천황에 대해 내용은 크게 4부분으로 나타난다. 「天長節 祝日」(3-2-18), 「紀元節」(3-3-25), 「明治節」(4-2-27), 「神武天皇(신무덴노-)」(4-2-24).

통해 접근된다. 또한 "今上天皇陛下의 할아버지 되시는 明治天皇"과 124
대 조상이 되시는 "神武天皇"은 '우리나라'를 진보하게 하셨을 뿐 아니라
주변국을 평정하신 분으로 칭송된다. 이에 천황은 '우리'에게 새로운 시대
를 열어준 스승이자, '우리'를 주변국으로부터 보호하는 아버지인 '국가'
자체가 된다. 이러한 아버지는 아이 혹은 자식보다 못한 조선의 아버지들
과 대비된다. 삼년고개가 갖는 미신 때문에 눈물짓는 노인(4-4-10), 김정호
의 지도를 알아보지 못하는 대원군(4-5-4), 그리고 딸을 죽음으로 몰아넣
은 심봉사에 이르기까지, 조선의 아버지는 하나같이 어린아이나 자식보
다도 못한 어리석음을 보이기 때문이다. 뿐만 아니라 조선의 아버지들은
하나같이 일찍 죽음으로써 가족들을 고통스러운 삶(3-6-24, 4-6-16)으로
밀어 넣을 뿐이다. 이에 학생들은 어리석고 나약한 아버지를 버리고, 강
한 힘을 가진 천황의 자녀로 거듭나고자 욕망하게 된다.27) 이것이 바로
식민지 조선인을 상대로 추진한 일제의 '충량한 황국식민 만들기'의 궁극
적인 목표라고 볼 수 있다. 이에 조선인 학생들은 교과서를 학습하면 할
수록, 주체성을 상실한 종속된 존재로 전락하는 결과를 맞이하게 되었음
을 추측할 수 있다.

---

27) 일제는 주로 저학년의 권두에 실린 기미가요를 부르게 함으로써 학교교육을 천황중
심의 신민교육으로 바꿔나갔다. 그리고 이러한 천황숭배는 제3차 조선교육령 개정
이후에 입학식이나 졸업식, 축일, 대제일 등의 행사 일에 신사참배와 함께 동원되어
의식교육으로 이어졌다. 이병담·문철수·김현석, 「근대아동 탄생의 특수성으로서
작용한 일제의 천황 이미지 형상과 사상교육 변화 -『普通學校修身書』를 중심으로-
」, 『한국일본어문학회 학술발표대회논문집』(한국일본어문학회 2006년도 분과학술
발표대회 PROCEEDINGS), 한국일본어문학회, 2006. 4, 225쪽.

6. 나가며

『조선어독본』은 근대교육의 시작을 알리는 첫 교과서로서, 서당을 중심으로 이루어진 사교육이 공교육으로 어떻게 전환되었는가를 확인할 수 있는 효과적인 자료가 된다. 더불어 교육을 주관함으로써 자신들이 원하는 이상적인 국민을 양성하고자 했던, 당시 일제의 지배 이데올로기를 드러내는 적극적인 매개체라고도 볼 수 있다. 이에 본고는 신교육령이 발포된 1922년 2월 4일을 시작으로, 개정교육령이 발포된 1938년 2월 23일 이전의 시기에 편찬된 『조선어독본』에 나타난 내용 분석을 시도하였다. 그 결과 조선인 학생들은 스스로를 타자화·도구화함으로써, 식민지 현실을 오인하고 일제에 종속되는 주체로 전락하게 되었음을 발견할 수 있었다.[28] 이러한 의미에서 일제의 교육 정책은 식민정책을 효율적으로 추진하기 위한, 또 조선인의 저항을 극소화하는 고도의 이데올로기적 통치수단이자 침략도구였음을 다시금 확인 할 수 있다.

『조선어독본』은 조선인 학생이 보통학교에 입학하여 처음이자 유일하게 접하는 한글 교재이다. 따라서 이 시기의 한글 교육은 학생들에게 조선인으로서의 정체성을 형성하는 중요한 역할을 했을 것으로 추정된다. 그러나 일제는 조선인들을 자신들의 침략에 저항하지 않고, 그러면서도 국가정책을 이해하고 따를 수 있을 만큼의 수준으로 교육하기 위해 '일본어'를 보급하는 일을 최우선 과제로 삼았다. 이에 한글은 외국어로서도 체계적인 교육이 이루어지지 못한 채, 오히려 일본어를 교육하

---

28) 이에 대한 예는 1933년쯤 남산보통학교의 교원으로 부임한 도쿠다 노부의 자서전 『먼 구름』에서 조선인 학생들이 "나는 조선어 시간이 싫습니다.(……)조선어는 어렵습니다(……)국어를 제대로 외면 조선어는 더 이상 공부할 필요 없지요"라고 말하는 내용을 통해 살펴볼 수 있다. 김부자,『식민지 시기 조선 보통학교 취학동기와 일본어』,『사회와 역사』제77집, 한국사회학회, 2008. 봄호, 51쪽에서 재인용.

기 위한 보조적 성격을 띠게 됨으로써 이중의 소외를 경험하게 되었다.

따라서『조선어독본』을 연구하는데 있어 중요한 것은 조선어 교육이 단지 '외국어'로 밀려났다는 사실에 있지 않다. 문제는 한글이 일본어를 학습하기 위한 보조 수단, 혹은 도구적 언어로 활용되었다는 점이다. 그 예를 보여주는 것이 바로『조선어독본』에서 제시된 한글의 학습 순서이다. 각권은 모두 첫 장을 통해 한글의 기본 요소인 자음과 모음을 소개한다. 그런데 이때의 학습 순서가 일반적인 한글교육에서의 '자음 → 모음'순이 아닌, '모음 → 자음'의 순서로 배치되고 있음이 문제적이다. 이는 일본어인 히라가나를 배울 때 'あ い う え お'와 같은 모음을 먼저 교육하는 것과 연결된다. 뿐만 아니라 각 장에서 제시되는 한글 학습표 역시 일본어인 '히라가나'를 가르치는 방식과 매우 흡사한 형태를 띠고 있다. 이러한 특징은 이 시기의 한글 교육이 한글의 독자성에 맞춰 체계적으로 교육되었다기보다는 일본어 보급의 틀 안에서 이루어지고 있었음을 추측하게 한다. 즉 일본의 한글 교육이 갖는 궁극적인 목표란 한글 습득이 아닌, 일본어를 보다 용이하게 습득하기 위한 도구적 역할에 국한되어 있음을 의미한다.

실제로 교과서는 조선어를 외국어로 타자화함으로써 민족의식을 와해시키고, 그 자리에 천황으로서의 아버지와 황국신민을 길러내기 위한 어머니를 배치하고 있었다. 그리고 이러한 새로운 부모를 통해 태어난 국민은 근대화로 위장된 일제의 식민 지배 체재 아래에서 '황국신민'이라는 왜곡된 주체로서 존재하게 되었다. 이는 중일전쟁 이후 노골화된 '군국주의적 황민화 교육29)'이 이미 일제의 식민지 침략 초기부터 진행

---

29) 일제는 황민화 교육의 일상화를 강요하기 위해 '궁성요배(宮城遙拜)', '교육칙어' 암송 강제, 황국신민 서사 외우기, 군사훈련, 교련 조회, 신사 참배, 조서봉독(詔書奉讀), 일장기 게양식, 시국강화(時局講話), 무도(武道), 황국신민 체조 등과 더불

되어온 지배 전략이었음을 확인시켜 주었다.

오늘날 우리는 근대를 연구하기 위해 그 시대의 문학작품과 작가를 연구하고자 여러 방면으로 노력하고 있다. 특히 최근에는 당대인들의 일본유학 체험을 토대로 한 연구도 상당히 활발하게 진행되는 상황이다. 그러나 정작 그 당시 식민지 사회 내에서 살아가야 했던 수많은 조선인들이 학교 교육을 통해 무엇을 배우고, 주입받아왔는가에 대한 관심은 다소 미흡하다고 판단된다.

학교는 혈연관계를 벗어난 인간이 처음으로 접하는 사회적 공동체이다. 특히 오늘날의 초등학교에 해당하는 보통학교 교육은 자아정체성을 형성하는 시기에 해당하던 수많은 조선인들에게 절대적인 영향력을 행사했을 것이다. 따라서 당시 일제가 교과서를 통해 추구하고자 했던 목표를 확인하고, 그러한 내용을 수용할 수밖에 없던 다수의 학습자에 대한 연구야말로 근대를 이해하는 과정에서 반드시 거쳐야 할 과정이 아닐까 한다. 나아가 이 시기 교과서에 수록된 내용들이 해방 이후에도 고스란히 반복되고 있다는 점에서, 해방 이후 우리 교육의 출발지점을 확인하는 중요한 밑거름이 되리라 기대해 본다. 이에 일제강점기의 교과서 연구는 해방 이전과 이후를 포괄하는, 한국 근대 교육의 발전 과정을 규명하기 위한 중요한 좌표가 될 것으로 전망된다.

어 '국어(일본어) 사용의 철저' 강화 등을 강제 실천케하는 교육을 시행하였다. - 강영심(2008), 앞의 글, 86-87, 93쪽.

03 일제의 황국신민화 정책과 『조선어독본』

4, 7차 교육령기 『조선어독본』을 통해 본
일제의 식민지배 정책 변화

박수빈(고려대 대학원)

1. 일제강점기 교육과 『조선어독본』

이 글은 보통학교 조선어 교재로 활용되었던 『조선어독본』의 텍스트적 성격을 밝히고, 『조선어독본』이 일제 말 중일전쟁과 '7차 교육령 개정'을 전후하여 황국신민화 정책에 따라 어떠한 변화양상을 보이고 있는지 살펴보는 데에 목적이 있다.

주지하다시피 교과서는 식민지 지배에 있어 식민주체가 피식민 주체에 이데올로기를 주입하기에 가장 효과적인 도구로서 기능한다. 때문에 일제강점기 조선총독부는 교과서 편찬에 직접적으로 개입하고 교과서 정책 수립, 교과서 개발, 보급, 검인정 등 모든 사항을 관장[1]하였다.

『조선어독본』은 오늘날의 '국어' 교과서와 마찬가지로 이질적인 내

---

1) 허재영(2009), 『일제강점기 교과서 정책과 조선어과 교과서』, 경진, p.20.

용과 형식을 가진 글들이 한 자리에 모인 이른바 '혼종적(混種的) 텍스트2)이다. '독본'은 근대계몽기에 정비되기 시작한 공교육 체계에서 읽기 교재로 등장하였는데, 일제 강점기 이후에도 공적으로 편찬된 교과서의 형태로 여전히 존재하는 한편, 민간 차원에서도 '-독본'이라는 이름을 달고 다수 출간되었다. 기본적으로 독본은 편찬자가 '모범'이 될 만하다고 판단하는 글들을 뽑거나 지어서 묶어놓은 형태라는 점에서 편찬될 당시의 시대적인 담론과 지향을 그것의 체재와 내용으로 반영하고 있다. '독본'의 형식을 띠고 있는 책들은 그 안에 담긴 '사상(思考)'을 흡수하게 하려는 의도를 가지고 있음은 물론이거니와, 선별되거나 창작된 글들이 그 자체로 문장 '형식'의 전범(典範)이 된다는 점에서 자연스럽게 한글 문장 쓰기의 방식을 습득케 하는 역할을 담당하고 있었다.3) 특히 『조선어독본』은 조선총독부의 기획 하에 만들어져 아직 일본어의 사용이 서툰 보통학교 학생들에게 조선어로 일제의 정책을 홍보하고, 주입시키는 도구로 활용되었다.

이러한 일제강점기 조선어 관련 교재는 학교 교육용 교재와 일반인용 교재로 나누어 고찰할 수 있다. 이 가운데 교과용 도서는 조선총독부의 관할 아래 조선총독부가 개발한 것과 검인정 제도 아래에서 검정을 받은 것이 있다. 그런데 엄밀히 말한다면 교과용 도서인 『보통학교 조선

---

2) '국어과'란 지금처럼 우리말로 된 문학, 한문, 작문, 시문(時文) 등을 포함하는 통합 교과 영역을 칭하지만, 일제 강점기의 현실에서는 일본어가 국어의 지위를 대신했던 관계로 '국어' 교과서는 일본어로 된 교재이고, 한글 교재는 '조선어독본'으로 명명되었다. 한글이 일개 지방어로 격하된 현실에서 '조선어독본'이 오늘날의 '국어' 교과서를 대신한 것인데, 실제로 『조선어독본』은 체제와 내용에서 오늘의 '국어' 교과서와 여러모로 흡사하다. 강진호(2010), 「조선어독본'과 일제의 문화정치 : 제4차 교육령기 『보통학교 조선어독본』의 경우」, 〈상허학보〉 29집, 상허학회, pp.115~116.
3) 문혜윤(2008), 『문학어의 근대』, 소명출판, pp.140~141. 참고.

어독본』,『고등보통학교 조선어급한문독본』,『여자고등 조선어독본』 등
은 조선총독부에서 발행한 것 이외에는 존재하지 않는다. 또한 조선인을
대상으로 한 조선어과 작문이나 철법에 관련된 교재로 개인 저작물이
저술된 경우는 극히 드물었다.[4] 즉, 당시에 조선어과 교육을 목적으로
한 텍스트는 조선총독부에서 발행한 것 외에는 찾아볼 수 없었다. 그러
므로 이 시기 교과서는 조선총독부의 지배 이데올로기와 직접적으로 맞
닿아 있다.

　　조선총독부의 교육정책은 10차에 걸친 조선교육령으로 집약[5]되는
데, 국내외 정세와 언어생활의 변화 등에 따라 교과서의 개편도 잦았던
것으로 보인다. 이 가운데 이 글에서 대상으로 삼을 자료는 1929년 4차

---

4) 허재영(2007),「일제강점기 조선어 장려 정책과 한국어 교육」,『한말연구』 20호,
　 한말연구학회, p.9.
5) 〈표1〉 '조선교육령'의 변천과정

차수	연원일	주요 변화	비고
제1차 조선교육령	1911.8.23.	조선교육의 기초 법령 명시	구교육령
제2차 조선교육령	1920.11.12.	보통학교 수업 연한 늘림	
제3차 조선교육령	1922.2.4.	국어 상용자를 기준으로 입학 기준 적용	신교육령
제4차 조선교육령	1929.4.19.	실업교육 강화, 사범 교육 관련 개정	
제5차 조선교육령	1933.3.15.	사범학교 관련 개정	
제6차 조선교육령	1935.4.1.	실업보습학교 관련 개정	
제7차 조선교육령	1938.2.23.	단선 학제 운용으로 개정	개정교육령
제8차 조선교육령	1940.3.25.	초등학교령에 따른 개정	소학교를 국민학교로 개정
제9차 조선교육령	1943.3.8.	중등학교령 발포에 따른 개정	통합교육령
제10차 조선교육령	1945.7.1.	전시체제에 따른 교육령	전시교육령

(강진호·허재영(2010),『조선어독본』1권, 제이앤씨, p.472. 참고)

교육령기와 1938년 7차 교육령기의 보통학교 학생들을 대상으로 한 『조선어독본』[6]이다. 4차 교육령기와 7차 교육령기 사이에 5, 6차 교육령이 발표되기는 하나 그 사이에 교과서 자체가 새롭게 개편되지는 않았다. 다시 말해, 4차 교육령기의 『조선어독본』 이후에 7차에 이르러야 『조선어독본』이 새롭게 개편되어 활용되었던 것이다. 이렇게 1929년 발표된 4차 교육령과 1938년 발표된 7차 교육령 사이에는 커다란 역사적 사건이 있는데 그것은 바로 중일전쟁(中日戰爭)이다. 1937년 7월 발발한 중일전쟁은 식민지 조선의 교육에 큰 영향을 미쳤다. 중일전쟁 발발 후, '7차 교육령 개정'을 기점으로 조선의 보통학교의 교육방침, 교육내용, 교육목표 등이 모두 달라진다. 이 같은 과정이 각각 6권과 2권의 독본이 출판되었던 4차 교육령기와 7차 교육령기의 『조선어독본』에 고스란히 반영되어 있다. 또한 4차와 7차 교육령기의 『조선어독본』은 일제의 식민지배 통치이데올로기의 변화양상을 가장 잘 보여주는 텍스트라 할 수 있다. 외부적으로는 중일전쟁이라는 거대한 사건이 생겼고, 내부적으로는 '7차 교육령 개정'과 맞물려 내용상 큰 변화가 불가피했기 때문이다.

　　본고에서는 이러한 문제의식을 바탕으로 4차, 7차 교육령기의 보통학교[7] 『조선어독본』의 삽화와 텍스트들을 비교분석하고, 거기에 작동한 일제의 식민지배 통치이데올로기와 그 변화양상을 살펴볼 것이다. 지금까지 조선어과 교과서 연구에 있어 삽화에 대한 연구는 찾아보기 어려웠다.[8] 그러나 삽화에는 교과서 저자가 교과서를 통해 길러주려는 역사인

---

6) 4차, 7차 교육령은 각각 1929년, 1938년에 발표되었지만, 4차 교육령기 보통학교 『조선어독본』은 1933년부터 1935년에 걸쳐, 7차 교육령기 보통학교(간이학교) 『조선어독본』은 1939년에 발행되었다.
7) 4차에서는 『보통학교 조선어독본』, 7차에서는 『초등 조선어독본』으로 그 이름이 바뀌었으나 모두 보통학교 학생들을 대상으로 한 것이었다. 이 글에서는 통칭하여 『조선어독본』으로 서술하겠다.
8) 일제강점기의 교과서는 조선총독부가 식민지적 가치관과 사상을 주입하기 위한 매

식이 포함9)될 뿐만 아니라, 문자텍스트에서 전달하지 못하는 의미를 한 눈에 전달해 주는 기능이 포함되어 있10)다는 점에서 그 의의를 찾을 수 있고, 교과서의 시각자료는 그 어떤 문자나 설명에 의한 표현수단보다도 구체적이고 직접적인 경험을 제공할 수 있는 우수한 교육적 가치를 지닌 다11)는 점에서 주목해 볼 필요가 있다. 실제 4차 교육령기와 7차 교육령 기의『조선어독본』에는 본문의 내용을 상징적으로 보여주는 많은 양의 삽화가 수록되어 있다.12) 때문에 본고에서는『조선어독본』의 삽화와 본 문을 함께 살펴 4차와 7차 교육령기『조선어독본』에 내재된 식민지배

개물로 사용되어 그 영향력이 절대적이었다. 미술사학에서 개화기 이후 삽화에 대한 연구는 홍선표를 필두로 2000년 이후 활발히 진행되어 왔으나 주로 신문 및 잡지 삽화에 집중되어 있었고, 교과서의 경우는 수신서에 대한 연구만이 이루어졌을 뿐이다.
신수경(2009), 「일제강점기 지리 교과서 삽화 연구 : 내제된 이데올로기와 표현방식의 변형」, 『미술사논단』, 제29호, 한국미술연구소, p.249. 참고.
9) 김한종(1999), 「역사교육에서 미술사 자료의 텍스트성과 그 활용」, 『문화사학』12·13·14호, p.918.
10) 박삼헌(2008), 「일본중학교 후소샤판 역사교과서의 삽화분석 : 근대화에 대한 역사인식을 중심으로」, 『일본역사연구』27집, 일본사학회, p.3.
11) 이은경(2009), 「삽화 제시 유형에 따른 학습자의 삽화 이해에 관한 연구」, 『한국지리환경교육학회지』17호, p.178.
12) 〈표2〉 4차 교육령기와 7차 교육령기『조선어독본』에 수록된 삽화의 수(數)와 내용

	4차 권1	권2	권3	권4	권5	권6	7차 권1	권2	간이 학교용
동 식 물	6	1	4	4	2	4	1	1	2
인 물	30	12	14	14	11	12	17	7	9
농 산 물	1	1	·	1	·	·	·	3	·
의 복	3	·	·	·	·	·	1	·	·
조선정경	4	5	5	7	1	2	1	1	1
근대화정경	·	1	1	·	·	2	1	1	1
지 도	·	1	1	2	3	2	·	·	·
근대문물	·	·	·	4	2	1	·	1	·
도형/도표	·	·	3	·	·	1	·	·	·
현미경자료	·	·	·	·	2	·	·	·	·
기록삽화	·	·	·	·	·	·	·	1	·
총	44	21	28	32	21	24	21	15	13

이데올로기에 대해 알아보고자 한다.

2. 전통과 근대, 조선과 일본의 혼종적 양상
: 4차 교육령기 『조선어독본』

　4차 교육령기 『조선어독본』의 삽화에 가장 많이 등장하는 것은 바로 '인물'이다. 교과서에 등장하는 인물은 학생들에게 올바른 역사인식과 역사적 가치관 및 바람직한 인간상을 정립시켜주는 학습효과[13]와 의도가 바탕이 되어 있다는 점에서 주목해 볼 필요가 있다. 이 시기 『조선어독본』에 등장하는 인물들의 특징은 그들의 복식(服飾)을 통해 함께 살펴볼 수가 있다.

　어른보다는 아이들이 대부분인 4차 교육령기 『조선어독본』 삽화에서 그들의 의복은 대부분 전통적인 조선의 복식이다. 삽화에는 쪽진 머리에 비녀를 꽂은 조선인 어머니가 옷감을 꿰매고 있는 모습이 그려져 있고(4-324)[14], 농사일을 마치고 돌아오는 아버지(4-324)의 의복은 잠방이와 저고리차림이다. 그러한 아버지의 손을 잡고 있는 아이 중 여자아이는 저고리와 치마, 땋은 댕기머리를 하고 있고 사내아이만은 조선의 바지, 저고리, 두루마기 위에 '일본식 학생모(學生帽)'를 쓰고 있다. 이렇게 4차 교육령기 『조선어독본』의 삽화에 등장하는 조선인들은 대부분 전통적인 조선의 복식을 하고 있다. 남자아이들은 저고리와 바지차림,

---

13) 김덕진(1998), 「중학교 국사교과서 삽화의 분석」, 『전남사학』 12집, p.258.
14) 이 글에서는 강진호, 허재영에 의해 정리된 『조선어독본』(제이앤씨, 2010) 2권과 3권을 활용하여 논지를 전개하는 논거로 삼았다. 앞으로 이 글을 인용할 때에는 별도의 주석을 달지 않고 본문에 페이지 수만 괄호에 넣어 밝히기로 한다. (교육령기-페이지)

여자아이들은 치마와 저고리를 입고 모두 짚신을 신거나 고무신을 신은 모습이다.

그러나 4차 교육령기의 삽화에서 그 수는 많지 않지만, 전통적인 조선의 복식과 일본 학생복(學生服) 차림이 함께 등장하는 경우가 있어 눈에 띤다. 조선인과 일본인의 화합(化合)을 강조하고 있다는 측면에서 간과할 수 없는 이 삽화에는 란도셀(ランドセル: 일본의 초등학생용 책가방)과 학생모, 학생복을 입은 일본 복식의 남자아이와 두루마기, 짚신, 책보를 든 조선 복식의 남자아이가 사이좋게 손을 잡고 집으로 돌아가는 모습(4-329)이 그려져 있다.

다음으로는 어린 학생들의 놀이문화에 주목하여 살펴보자. 4차 교육령기 『조선어독본』의 삽화에 등장하는 인물의 대부분은 어린 학생들인데, 그들의 놀이는 전통적인 조선의 것이다. 여러 아이들이 모여서 모래판 위에서 공놀이와 씨름을 하는 모습(4-336)이 그려져 있는가 하면, 남자아이들의 경우는 제기차기를 하고(4-339), 여자아이들은 모여서 화초를 심는 모습(4-339)으로 묘사되어 있다.

또한 겨울에는 팽이를 치거나 얼음을 지치면서 즐겁게 노는 아이들의 모습(4-357)이 그려져 있다. 이러한 전통적인 놀이를 즐기는 아이들의 모습은 7차 교육령기에 이르면 완연히 다른 모습으로 드러나 흥미로

〈그림1〉 제기차기하는 남자아이들과 화초를 심는 여자아이들

운 대목이라 할 수 있다.15)

　　다음으로 삽화에서 나타난 정경에 대해 알아보자. 4차 교육령기 『조선어독본』의 삽화에는 전통적인 조선의 모습과 근대화된 정경(주로 경성의 모습)이 함께 나타난다. 이는 전통적인 조선의 모습을 나타내 조선적인 것을 강조하는 동시에 일본의 통치 하에서 점점 근대화되어가는 모습을 보여주려는 의도로 해석할 수 있다. 4차 교육령기의 본문에서 가장 강조하고 있는 특징 가운데 하나는 바로 '노동의 중요성'이다. 이러한 노동은 바로 농업을 의미하는 것으로 나타나는 경우가 많은데, 조선의 자연을 배경으로 한 삽화에서 강조되고 있다.

〈그림2〉 훈장과 아이들이 있는 서당

　　조선의 자연이 배경이 되는 이 삽화에서 가장 많이 등장하는 것이 논과 산이다. 일반적인 농촌의 모습이 보통 논과 산으로 대표된다는 점을 감안하더라도 이 시기 삽화에서의 논과 산은 농업의 생산력에 대한 강조로 해석될 수 있는 여지가 많다. 그저 자연경관을 그려놓는 것이 아니라 논과 밭이 배경이 되는 삽화에서 인물들은 소를 끌고 집으로 돌아

---

15) 이 부분에 대한 서술은 본문의 4장에서 자세히 다루기로 한다.

오는 모습(4-346)이거나, 들이나 산에서 나물을 캐는 모습(4-367) 등으로 그려지고 있기 때문이다. 그밖에도 조선의 전통을 강조하는 정경을 그려놓은 것으로는 조선 장날의 모습(4-340), 훈장과 아이들이 있는 조선 전통의 서당(4-342)의 풍경을 찾아볼 수 있으며 삽화 속에서 묘사되는 가옥들은 모두 조선의 전통적인 기와집이나 초가집의 모습(4-379, 395)으로 나타나 있다. 그밖에도 낙화암(落花巖)이나 평제탑(平済塔)[16] (4-521), 석왕사(釈王寺)(4-586)와 같이 조선의 오랜 역사가 담겨 있는 장소들을 삽화에 등장시키기도 하였다.

그러나 일본의 명치절(明治節)을 묘사한 삽화에서는 초가집과 기와집 풍경에 모두 일장기를 매달아놓은 모습(4-401)을 그려놓거나, 여자아이들이 비가 그친 뒤 벚꽃 잎이 가득한 땅을 쓸고 있는 모습(4-427)을 그려놓는 등 조선의 일상 깊숙이 일본적 색채가 드리워져 있음을 보여주기도 하였다. 〈경성구경〉이라는 글의 삽화에서는 북악산을 배경으로 그 앞에 조선총독부와 은행, 학교, 우체국 등의 근대화된 건물들(4-449)을 빼곡히 그려 발달된 조선의 모습을 강조하는 데 주력하고 있다. 또한 〈진보하는 세상〉이라는 글에서는 전차, 비행선, 배, 축음기(4-472, 473) 등 일제치하에서 새롭게 발명된 물건들이나 일본을 통해 들어온 여러 근대문물에 대해 소개한다. 뿐만 아니라 가족 모두 모여앉아 라디오를 듣는 모습(4-474)이나 항구를 개발하면서 더욱 발달된 면모를 갖추게 된

---

16) 평제탑은 부여 정림사지 오층석탑을 칭하는 말인데, 이 석탑의 탑신 4면에 당나라 장군 소정방이 백제를 무너트린 후에 새겨놓은 기공문을 보고, 조선에서는 이를 평제탑이라고 부르면서 백제가 멸망하던 시기에 건립된 것으로 오랜 시간 여겨져 왔다고 한다. 그러다가 식민지기에 이 절터를 조사하는 과정에서 발견된 기와에 '정림샤'라는 명칭이 양각되어 있는 것을 보고 이 절의 이름이 '정림샤'이며 탑과 기공문과는 상관없이 탑은 소정방이 기공문을 써넣기 전에 건립되었음을 알게 되었다. 이를 통해 4차 교육령기 『조선어독본』이 나온 시기는 이곳에 대한 조사가 이루어지기 전이었음을 알 수 있었다.

부산항의 모습(4-487)을 보여줌으로써 일제 통치하에 편리하고 더욱 부강해져가는 조선의 모습을 강조한다. 이렇듯 전통적인 조선의 모습과 근대화되고 발달되어가는 조선의 모습을 함께 제시함으로써 일제는 자신들의 통치를 정당화시키고 있는 것이다.

한편 4차 교육령기 『조선어독본』의 삽화에서는 아이들에게 '부지런하고 예의범절을 지키는 어린이'의 모습을 직접적으로 보여줌으로써 아이들이 이와 같이 생활하기를 종용한다. 부지런하고 예의바른 어린이에 대한 교육은 시대를 막론하고 동일한 교육의 내용처럼 여겨지지만 이 당시 부지런한 국민성 함양은 일제가 조선의 국민성 개조에 있어서 가장 중요시했던 부분이라는 점에서 간과할 수 없는 대목이다. 삽화 속에 등장하는 아이들은

〈그림3〉 부엌일을 돕는 여자아이들

잠들기 전과 일어난 후에는 부모님께 절을 하며 문안인사를 드린다.(4-346, 347) 일찍 일어난 아이들은 아침에 동무들과 동산에 올라가서 함께 해돋이를 바라본다.(4-344) 그리고 삽화 아래에는 "잠구러기는 못보는, 막 돋은 아침해"라는 글이 쓰여 있다. 부지런한 생활을 강조하는 것이다. 또 다른 삽화 속에서 남자아이들은 아버지를 따라 논밭에서 농사일을 거든다(4-346). 여자아이들은 부지런히 어머니를 도와 부엌일을 하고(4-338) 봄이면 나물을 캐기 위해, 들로 산으로 몰려다닌다(4-367). 삽화는, 이렇게 적은 힘이나마 가계와 농사에 보탬이 될 수 있는 노동의 가치를 강조하면서 아이들이 수행할 수 있는 직접적인 방법들을 제시하는 역할을 하고 있다. 또한 간접적으로는 길에서 "땀에 흠뻑 젖은 순사"

가 교통정리를 하는 모습(4-435), "구슬같은땀"을 흘리는 "구루맛군"의 모습, "땀투성이"가 되어 김을 매는 농부의 모습(4-436)을 보여줌으로써 땀 흘리는 '노동'이 얼마나 가치 있는 것인가를 강조한다. 이는 『조선어독본』의 본문과 맞물려 더욱 강조되는 부분이기도 하다.

실제 4차 교육령기 『조선어독본』의 본문은, 조선의 전통을 강조하면서도 동시에 계몽적이고 교훈적인 메시지를 전달하는 데 주력하고 있다. 아이들에게 예의범절과 노동을 바탕으로 한 바람직한 생활을 권장하면서 다른 한편으로는 내선일체(內鮮一體) 사상을 주입한다.

노동의 가치와 당시의 '바람직한 생활방식'에 대해 언급하고 있는 부분들을 살펴보자. 『조선어독본』 1권의 시작은 "어머니는 밥을 지으시오. 누님을 생선을 구으시오, 복순이는 그릇을 씻으오, 모다 일을 하고잇소.(4-338)"라고 글로 시작된다. 전술한 바와 같이 4차 교육령기 『조선어독본』에서 강조하는 것은 집안일과 농사일을 돕는 아이들의 부지런한 생활 태도이다. 하루 종일 아버지를 도와 밭일을 하다가 집으로 돌아오는 창근이 이야기에서는 아버지가 "애 창근아, 곤하지. 소를 타렴" 이라고 말하면 창근이는 어른스럽게 "아니올시다. 소도 곤해하닛가, 안타겟습니다."라고 거절하는 대화(4-345)가 제시되고, 〈우리집〉이라는 제목의 글에서는 "요새 아버지와 형님은, 날마다 아침에 일즉 일어나서, 밭에 가시오. 어머니와 누님은, 집에서 바느질도 하시고, 앞 시내에서 빨래도 하시오. 나와 누이동생은, 학교에 가기 전과, 학교에 갓다온 후에, 닭에게 모이를 주는 것과, 집안 소제 하는 것을 맡앗소.(4-379~380)"라는 글이 등장하는 것도 위와 같이 각자 맡은 바 책임을 다하는 부지런한 모습을 강조하기 위함이다. 아이들이 소를 좋아하는 이유는 "하루 종일 일을 하고도 공치사를 하지도 않고, 늘 묵묵히 저 할일만 하며, 살아서도 죽어서도 인간의 삶에 보탬이 되어주"(4-479)기 때문이며, 제비를 좋아하는 이유도 "비오는날이나바람부는날이나부지런이일하는것"(4-432)때문이다. 특히 4차 교육령기에는 '노동의 가치=땀'이라는 명제를 강조하는 데에 주력하는데, 〈땀〉이라는 글에서는 각자의 자리에서 열심히 일하는 구루마군, 교통순사, 농부의 모습을 제시하면서 "나도 땀을 흘리자. 나도 땀을 흘리자. 나를 위하야서 땀을 흘리며, 일하야주는 사람들을 위하야"(4-436~437)라고 굳게 결심하는 아이의 이야기를 전하고 있다. 또한 〈땀방울〉에서는 "산 고개 길가 고목 밑에, 한 노파가 앉어 빈대떡을 부치니, 행인이 걸음을 멈추고, 이것을 사먹는도다. 밧븐 노파의 이마에는, 구슬 같은 땀방울이 반짝이더라. 그 땀방울은, 고가(高価)의 보옥(宝玉)보다도, 일층 더 아름답게 내 눈에 비첫도다."(4-497~498)라는 표현을 통해서, 꼭 대단한 일이 아닐지라도 작은 일에나마 최선을 다해 노력하는 삶을 사는 사람들에 대해 찬사한다. 이러한 근면한 생활에 대한 강조는 '위생관념'과 더불어 일제의 내선일체 지배이데올로기에서 가장 중요한 부분을 차지하는 것이다. 부지런하고 깨끗한 생활을 하는 것이 바로 일본식 생활태도라고 규정하고 이를 교육시키는 데 주력하였던 것이다.

다음으로는 '내선일체'의 지향을 뚜렷이 드러내고 있는 글들을 살펴보겠다. 보통학교 학생들을 대상으로 하기 때문에 이때 『조선어독본』의 내선일체란 '조선과 일본의 동일함'을 강조하여, '우리는 하나'라는 의식을 심어주는 데에서 출발한다. 그런데 여기서 유의해야 할 것은 이러한 내선일체의 강조 밑바탕에는 '내지(内地)'와 '조선(朝鮮)'이라는 이름으로 사실상 그 구분이 분명히 있다는 사실이다.[17] 다음의 표현들에 주목

---

17) 실제로도 日帝가 주장하던 '内鮮一體'란 한국인과 일본인이 대등하게 공존하는 것을 의미하는 것이 아니었다. 한·일 병합이 한국이 일본 영토의 일부분이 된다는 의미였듯이, '내선일체'란 한국인이 완전히 일본인이 되어 한국인이라는 민족이 사라지는 것을 의미했다. 또한 그 근저에는 한·일병합이 그러하였듯이 소위 '내선일체'가 마치 일본제국주의가 한국민족에게 베풀어주는 '은혜(恩惠)'라는 시혜의식(施

해보자.

> 〈쌀과 콩〉 "朝鮮에서 만이 먹을뿐아니라, 内地와 外國으로도 만이 나가
> 오"(4-399)
> 〈온돌〉 (조선의 온돌에 대해서 자세히 설명하고 좋은 점을 강조한 후에)
> "근래 内地人 집에서도 온돌을 만드는 집들이 생겼다"(4-412)
> 〈朝鮮에서第一가는것〉 "금강산은 "内地의富士山과같치, 世界에그이름
> 이높으니라"(4-505)
> "건축물도훌륭한것이각지에적지안으나, 그중에도조선에서제일이라할것
> 은, 경성에잇는조선총독부이니 (중략) 그괴장웅대함이윈동양에도그류(類)
> 가업다하나니라"(4-506)
> 〈식목〉 "朝鮮은, 内地와 비교하야, 나무업는山이적지안타고하니, 그것은
> 참으로붓그러운일이올시다." (4-424)

위의 인용문에서 알 수 있듯이 4차 교육령기『조선어독본』에는 조
선과 일본의 구분이 뚜렷이 존재한다. 그러나 그 구분을 뛰어넘어 조선
이든 일본이든 서로의 좋은 점들을 개방적으로 받아들여 두 나라 간에
경계를 점차적으로 무화시키고자 한다. 그에 대한 방법으로 조선과 일본
의 동일성을 강조하는 텍스트들이 동원된다. 대표적인 텍스트가 〈이언
(俚諺)〉과 〈부사산과 금강산〉이다. 〈이언(俚諺)〉은 이언(俚諺)[18]을 통
해서 같은 의미가 담긴 표현을 공유하는 조선어와 내지어의 유사성을
강조하기 위해 쓰였다. 내지어로 "꽃보다 떡"이라는 표현은 조선에서는
"금강산도 식후경"이라는 말로 쓰고, 내지의 "돌다리도 두다려보고 건너

惠意識)과 일본민족은 한국민족이 '동화(同化)'되어야 할 우수한 민족이라는 우월
감이 기조를 이루고 있었다.
정창석(1999), 「'내선일체' 이론의 양상」, 『일본학보』 42, 한국일본학회, p.371. 참고.
18) 일본어로는 り-げん 이라고 한다. 항간(巷間)에 퍼져 있는 속담(俗談) 가운데에서 주
로 사물(事物)의 형용(形容)과 비유(比喩·譬喻)에 쓰이는 형상적인 말을 뜻한다.

라"는 조선에서 "얕은 내도 깊게 건너라"로, 내지의 "사공이 많으면 배가 산으로간다"가 조선에서는 "상자가 많으면 가마솥을 깨트린다"(4-601)와 같은 식으로 쓰이고 있음을 이야기하면서 이언을 통해보면 내지와 조선 뿐 아니라 서양도 통하지 않는 뜻이 없을 것이라고 강조한다. 다음으로 〈부사산19)과 금강산〉은, 일본을 대표하는 명산으로 부사산을, 조선을 대표하는 명산으로 금강산을 꼽고 이를 함께 소개하는 글이다. 부사산에 대해 "형상이 수려하고 사람으로 하야금 속세를 떠나, 선경(仙境)에서 노는 늣김"이 나게 한다고 묘사하고 금강산에 대해서는 "금강산을 보기 전에는 산수를 말하지 말라"속담을 인용하면서 이러한 속담이 생긴 것 은 당연하다고 상찬한다. 이 글에서는 두 산 중 어느 곳에 치우침 없이 둘 다 훌륭한 산임을 강조하면서 마지막에는 "우리나라의 명산일 뿐 아 니라, 한 세계의 절경(絶景)"(4-622)이라고 묶어서 칭한다. 그럼에도 불 구하고, 이 글에서 중요한 것은 그 내용이 아니라 두 나라의 구분이 엄연 히 존재한다는 사실과 내지와 조선을 분리하여 서술하는 입장에는 변함 이 없다는 사실이다.

그럼 본문에서 조선과 일본의 구분이 완전히 없어질 때는 언제일까. 바로 일본의 명절이나 역사에 대한 정보를 전달할 때이다. 4차 교육령기 『조선어독본』에는 '명치절'에 대한 텍스트가 있다. 이 텍스트는 명치절을 맞아 아이들이 학교에서 예식을 치르고, 교장선생님의 훈시를 통해 명치 천황의 "장하신 이야기"를 전해 들으며 이에 깊이 감화 받는 모습을 묘사 한 것이다. 이때에는 "명치천황은 금상천황폐하의 하라버지 되시는 어른 이신데, 이 천황 때에, 우리나라는 모든 일이 매우 진보하야, 훌륭한 나 라가 되엿습니다."(4-402)라는 표현이 등장한다. 여기에서의 우리나라란

---

19) 부사산 (ふじさん)은 일본의 후지산을 뜻한다.

곧 '일본'을 뜻하는 것이다. 내선일체의 바탕에는 '동조동근론(同祖同根論)'이 있으므로, 일본의 역사를 설명할 때에 그것은 곧 조선의 역사인 것이다. 뿐만 아니라 신무천황(神武天皇)의 업적을 기리는 글에서도 "우리나라"는 늘 일본과 조선을 한꺼번에 칭하는 말이 된다.

이렇게 4차 『조선어독본』에는 조선과 내지의 경계가 뚜렷이 존재하고 이를 '동일성'을 통해 어떤 식으로든 봉합해보려는 노력이 반영되어 있다. 그리고 일본의 역사와 기원, 천황에 관계된 각종 기념일과 제일에 대해서만큼은 이데올로기적 집단훈련을 통해 '하나됨'을 강조했다.

3. 황국신민화와 군국주의의 노골화 : 7차 교육령기 『조선어독본』

7차 교육령기 『조선어독본』의 삽화에서 가장 특징적인 것은 일본 복식의 조선인들, 월등히 잦은 횟수로 등장하기 시작한 일장기(日章旗), 그리고 궁성요배(宮城遙拜)하는 모습이다. 궁성요배는 말 그대로 궁성, 즉 일본 천황이 있는 동경을 향해 요배(遙拜), 절을 하는 행위를 뜻한다. 이는 일제가 시행한 보통학교의 이데올로기적 집단훈련[20] 가운데서도

----

20) 일제가 조선의 학교 행사에서 가장 중요시한 것은 각종 기념일, 제일에 실시되는 의식이다. 이때마다 조회에서는 그와 관련된 교장의 훈화가 실시되며, 일정한 절차에 따라 의식이 치러졌다. 이 기념일 의식 중에 법제화되어 있었던 것은 기원절, 천장절, 명치절 및 1월 1일 등 이른바 '사대절'(四大節)이었다. 「普通學校規定」 제43조에 따르면 "기원절, 천장절, 명치절 및 1월 1일에는 직원 및 아동은 학교에 집합하여 다음의 식을 행해야 한다. 1. 직원 및 아동은 「기미가요」(君が代)를 합창한다. 2. 학교장은 교육에 관한 칙어를 봉독한다. 3. 학교장은 교육에 관한 칙어에 기반하여 성지를 연설한다. 4. 직원 및 아동은 그 축일에 상당하는 창가를 합창한다"라고 규정되어 있었다. 이렇게 법제화된 기념일 외에도 천황제 이데올로기와 관련된 기념일, 식민지 통치 및 제국주의 지배와 관련된 기념일, 다양한 정기적 기념일이 있었다.

가장 중요시한 것이다. 일제는 중일전쟁 발발 후에 매월 1일을 '애국일
(愛國日)'로 정하여 모든 직장과 학교, 마을에서는 애국일 행사와 근로
봉사 작업을 하도록 하고, 각 가정에서는 출장 군인의 노고를 생각하여
금주, 절연 등 자숙, 자성을 하도록 강요했다. 그 뿐만 아니라 월간 애국

〈그림4〉 궁성요배

행사 외에도 매일 아침에는 일정한
시간에 일제히, 일본 천황이 있는 동
쪽을 향해 궁성요배를 하고, 정오에
는 각자가 있는 그 자리에서 정오의
묵념을 하도록 강요하였다. 정오의
묵념은 출정 군인의 무운을 빌고 호
국 영령에 감사하라는 뜻이었다.21)
중일전쟁의 발발로 인해 조선인의
생활에는 커다란 변화가 찾아오게
된 것이다. 중일 전쟁 후 일제는 일
본과 조선을 전시체제로 개편하게
된다. 이에 따라 일상생활에도 여러

통제가 뒤따르게 된 것은 물론이었다. 일정하게 정해진 시간마다 사이렌
이 울렸으며, 이에 따라 사람들은 집 앞 청소, 맨손 체조, 궁성요배를
실행했다. 이는 모두 전시생활의 쇄신을 위한 것이라는 명목으로 교육되
었으며, 특히 사치를 금하고 정신무장을 강조하는 내용을 담고 있었다.
　　실제 7차 교육령기의 『조선어독본』을 살펴보면, 이러한 일제의 전

　　박경식(1994), 「일제의 황민화정책」, 강만길 외(편), 『한국사 13-식민지시기의 사회
　　경제(1)』, 한길사, p.187. 참고.
21) 박지동(1996), 「한민족에 대한 日·美의 종속화 교육 및 언론 시책에 관한 연구
　　: 日帝 식민지 시기와 미군정기를 중심으로」, 고려대 신방과 박사논문, p.86.

시동원 체제(戰時動員 體制)나 노골화된 황민화 전략을 여러 곳에서 발견할 수 있다. 4차 교육령기와 동일한 텍스트라 하더라도 삽화는 모두 일본식 색채를 강하게 띠게 되었다.[22] 농사일을 마치고 돌아오는 아버지의 의복은 셔츠차림으로 바뀌었고, 그 손을 잡고 걸어오는 아이들의 복식도 일본의 학생복을 착용한 모습(7-536)이다. 여자아이들은 단발머리에 블라우스와 주름치마를 입고 게다(げ-た)를 신고 있으며(7-537), 남자아이들은 모두 머리를 짧게 깎고, 학생복을 입은 전형적인 일본 복식(7-539)이다. 남자어른은 국민복(國民服)차림(7-569)이거나 군복(7-562)을 입고 등장하기 시작했고, 유카타 차림의 남자아이(7-562)의 모습도 보인다. 조선의 전통복식과 일본의 학생복식이 함께 등장하던 4차 교육령기와는 달리 아이들은 모두 같은 옷을 입고, 단체로 행동한다. 이렇듯 7차 교육령기 『조선어독본』에는 일제의 전체주의가 반영된 삽화들이 주를 이룬다.

인물들의 배경에는 근대화된 건물로서 학교가 일장기와 함께 서 있거나(7-545, 579) 초가집들의 대문마다 일장기가 달려있는 모습(7-588)이 그려져 있다. 특히 2권의 경우는 교과서의 첫 장을 열면 바로 일장기가 전면 삽화(7-566)로 제시된다. 국기게양, 신사참배, 정오묵도(正午黙禱) 등은 사실상 조선인의 민족의식과 저항을 잠재우고 전쟁협력을 강요하기 위한 황국신민화 정책의 일환이다. 내선일체를 내세우고, '우리는 대일본제국의 신민이다. 우리는 합심하여 천황폐하께 충성을 다한다.'는 내용의 〈황국신민서사〉를 제창하게 한 것 또한 이와 같은 맥락에서 민족말살정책에 속한다. 이렇듯 일본천황과 황실을 숭배하는 궁성요배나 일장기 게양 등을 강요하고, 이를 학생들이 따라서 실행할 수 있도록 교과서에 반복적으로 그리고 있는 것 또한 일제의 황국신민화 교육의

---

22) 구체적인 변화양상은 4장에서 자세히 설명하고자 한다.

일환이라 할 수 있다.

7차 교육령기의 『조선어독본』 삽화 가운데 유일하게 기록화가 하나

〈그림5〉 지원병제도 관련 삽화

있다. 조선총독부육군병
지원자훈련소(朝鮮総督
府陸軍兵志願者訓練所)
라는 설명이 옆에 붙은 삽
화로, 출정을 앞두고 징집
된 훈련병들이 모여 있는
모습(7-600)을 담은 것이
다. 조선 내에서 지원병제
도가 논의된 것은 중일전쟁 직후이며, 이듬해인 1938년에 지원병제도는
정부방침이 된다. 이에 따라 조선총독부는 1938년 2월 26일 육군특별지
원병령을 공포하고 조선총독부 육군지원자 훈련소 관제를 제정 공포한
바 있다.

징병제의 실시에 즈음하여 일본제국주의는 '병역의무는 선량(善良)
한 황민(皇民)만이 누릴 수 있는 지고(至高)의 명예이며, 동시에 지상
(至上)의 특권이다. 병역의무를 다 할 수 있는 천재일우(千載一遇)의 이
특권을 확보하고, 나아가서 성전(聖戰)에 참가할 수 있는 기회가 왔다
.'23)고 선전하였다. 그러한 선전의 일환으로 『조선어독본』에는 총을 든
용맹한 지원병들의 모습이 그려져 있는 것은 물론 본문에서도 징병과
출전에 관한 내용들이 구체적으로 다루어지기 시작한다.

즉, 7차 교육령기의 『조선어독본』은 조선어과 교과서로서의 면모보

23) 京城日報社(1994), 『半島學徒出陳譜』, 경성일보사, pp.75~76.
　　(정창석(2007), 「일본 군국주의 파시즘」, 『일본문화학보』 34권, 한국일본문화학회,
　　p.662. 재인용.)

다는 일제의 황국신민화 정책을 홍보하는 매체, 전시체제를 더욱 공고화하는 수단으로서의 성격이 강해졌다. 모두 일본의 식민지배 정책들과 밀접하게 관련된 내용들로 이루어진 7차 교육령기는 그 교육의 목적 자체도 뚜렷했다.

> · 소학교는 아동의 신체의 건전한 발달에 유의하며 국민도덕을 함양하고 국민생활에 필요한 보통의 지식을 얻게 함으로써 <u>충량한 황국신민을 육성하는데 주력한다.</u>(소학교규정 제1조)
> 1. 교육에 관한 칙어의 취지에 기초하여 국민 도덕의 함양에 힘써 국체의 본의를 명징하여 아동으로 하여금 황국신민다운 자각을 진기시켜 황운부익의 도에 철저히 힘써야 한다.
> 2. 아동의 덕성을 함양하여 순량한 인격을 도야하고 건전한 황국 식민으로서 자질을 키우며 나아가 국가에 봉사하는 염을 두텁게 하여 내선일체, 동포집목의 미풍을 기르는데 힘써야 한다.
> 3. 근로애호의 정신을 길러 흥업치산의 지조를 강고히 하는데 힘써야 한다.(소학교규정 제16조)[24]

'충량한 황국신민의 육성'이 목표였던 만큼 7차 교육령기의 『조선어독본』에는 이러한 의도가 고스란히 반영된 텍스트들이 실렸다. 문학적 텍스트들은 대부분 사라지고, 산문이나 편지글이 주를 이루고 있다. 특히 중일전쟁이라는 시기적 특성과 맞물려 주로 일본군의 위용을 과시하거나 전시체제에 참여하는 조선인 학생들의 올바른 자세에 대해 교육하려는 의도가 담겨져 있다.

> "아버지, 오늘 선생님께서, 비행기전쟁의 말슴을 해주섯습니다. 돈을 만이 내여서, 비행기를 바친 사람이 만타는 말슴도 들엇습니다. 우리

---

24) 김경자 외(2005), 『한국 근대 초등교육의 좌절』, 교육과학사, p.59.

도 돈을 바첫스면 조켓습니다."

"착한 생각이다. 나도 어적게 가마니를 팔아, 경찰서에 헌금하고 왓다. 이뒤로도, 자조 헌금할 생각이다."

"아버지, 나도 모아둔 돈이 팔전이 잇스니, 선생님께 갓다드리고, 헌금하야줍시사고 하겟습니다."

"조은 말이다. 내가 사전을 줄터이니, 이것을 보태서, 십이전을 갓다드려라. 얼마되지안는 돈이라도, 모으면, 만은 돈이 되여서, <u>총도 만들고, 비행기도 만들 수가 잇는 것이다.</u>"

(7-550~552)(밑줄은 인용자)

이 짧은 글에서 우리는 여러 정보를 얻을 수 있다. 일제가 조선인들을 대상으로 헌금을 걷고 있었고 이는 경찰서와 학교 모두에서 이루어졌다는 사실, 그리고 그 돈은 군수물자를 대거나 살상무기를 만드는 데 사용되었다는 사실이다.[25]

다음으로는 비행기에 대한 텍스트를 살펴보자. 이 글은 "두 날개에 히노마루(ひのまる, 일장기)가 그려진 비행기가 서쪽으로 날아간다."는 문장으로 시작된다. 그런데 이 글에서 가장 두드러지는 부분은 다음의 문장이다.

"지나 비행기는, 우리나라 비행기를 당할 수가 업다지오"

"그렇습니다. 우리나라에서 만든 비행기를 가지고 어느나라와 전쟁을 하든지 걱정이 업다고 합니다"

저 비행기 중에는, 우리들이 바친 돈으로 만든 것도 잇슬것이라고 생각하니, 참 반갑습니다.

(7-562~564)

---

25) 그 외의 글에서도 "군일들에게, 설 쉴 물건을 보내야하겟구나"라고 말하는 어머니와 "학교에서 위문품을 모아서 보낸다고 하얏스니 래일 가지고가겟습니다"라고 말하는 아이의 대화(556)를 통해서 일제가 조선인들을 대상으로 헌금뿐 아니라 돈이 될 만한 물건들과 위문품들을 걷고 있었음을 확인할 수 있다.

즉 이 텍스트는 비행기를 구경하는 아이들과 어른들의 대화를 통해서 일본군의 전투력을 과시하고, 중국군의 능력을 폄하하면서 중일전쟁의 승리에 대한 의지를 보여주는 것이라 할 수 있다.

다음은 궁성요배에 관한 글이다. 이 글에서는 궁성요배에 임하는 조선인의 한결같은 자세에 대해서 강조한다. "동경에는 천황폐하께옵서 게시옵시는 궁성가 잇습니다. 우리집에서는, 식구들이 아침마다, 뜰에 느러서서, 동쪽을 향하야, 궁성요배를 합니다. 치운 때나, 더운 때나, 비가 오나, 눈이 오나, 하로도, 빠진 일이 업습니다."(7-569~570)라는 대목을 통해서, 궁성요배의 생활화를 실천하라는 의도로 쓰인 글임을 알 수 있다. 궁성요배의 내용을 다룬 또 다른 글에서는 '애국일'을 맞아 동네 진흥회관에 모여서 마을 사람들이 다 같이 궁성요배를 하는 내용을 담고 있다. 이 글에 등장하는 진흥회관은 '일제시대 농촌진흥정책'을 의미하는 상징적인 장소이다. 농촌문제의 원인을 사회구조적인 이유에서 찾지 않고, 조선인의 나태와 농민정신 결여를 문제시하며 정신개발을 중요한 목표로 삼았던 일제의 식민지배정책이 고스란히 반영된 곳이 바로 진흥회관이다. 또한 이 글에서는 국가 제창, 〈황국신민서사〉 낭독, '천황폐하만세'와 같은 애국일의 식순에 대해서 자세히 서술하고 글의 끝에, "애국반26)의 할 일"에 대한 내용을 언급하는 것으로 마무리하고 있다. 〈황국

---

26) 1930, 40년대 일본의 식민지 지배정책의 특색은 한국을 일본 제국주의의 침략전쟁에 동원하기 위해 '총동원(總動員) 통치시대'를 열어, 갖가지 형태로 민중을 조직화한 것에 있다. 1938년 7월 조선총독부를 정점으로 하고 '애국반(愛國班)'을 최말단으로 하는 '국민정신총동원조선연맹(國民精神總動員朝鮮聯盟)'을 조직, 40년 10월 '국민총력조선연맹(國民總力朝鮮聯盟)'으로 개편, 45년 7월 '조선국민의용대(朝鮮國民義勇隊)'의 결성에 이른 것은 그 대표적인 예이다. 지방연맹의 최말단에 10~20가구를 단위로 애국반(愛國班)이 조직되었는데 1942년 당시에 43만여 개의 애국반이 편성되었다.
정창석(2007), 「일본 군국주의 파시즘」, 『일본문화학보』34, 한국일본문화학회, pp.654~656.

신민서사〉란 민족동화를 꾀한 것이고, 애국반 활동은 개개인에게 전시체제에서의 사회적 역할을 강조하는 일제의 식민지지배시책이다.

　　마지막으로 두드러지는 것은 징병제에 관한 글이다. 편지글의 형태이지만 그 내용은 이 시기 활발하게 이루어졌던 징병권유 강연회나 글과 다를 바가 없다. 지원병(志願兵)으로 입대한 봉수의 형이 편지에 "나는 여기 들어온 뒤로, 몸이 더욱 튼튼해졌다"고 자신의 소식을 전하고, "나는 훌륭한 군인이 되여서, 나라를 위하야, 몸을 바치기로 결심하얏다"고 다짐하는 부분, 또 이 편지에 감동한 아버지가 봉수에게 "너도 커서 훌륭한 군인이 되어야 한다."고 당부하는 내용(7-601~603)을 통해서 이 텍스트는 자원병으로의 입대를 권유하고, 장차 일제의 중요한 군사력이 될 조선의 학생들에게 어서 커서 훌륭한 '일본의 군인'이 되라고 가르친다.

　　이렇듯 7차 교육령기 『조선어독본』에는 전시체제에 대응하는 조선인의 올바른 자세, 일본군의 위용과 전투력 과시, 전시체제의 강조를 통한 헌금과 군수물자 걷기, 궁성요배와 같은 이데올로기 교육의 강화, 농촌진흥정책의 시행 등 다양한 일제의 식민지배 통치이데올로기를 확인할 수 있는 텍스트들이 대거 실렸다. 이를 통해 일제의 황국신민화 정책이 교육을 통해 점차 강화되고 있음을 알 수 있다.

4. 중일전쟁과 '7차 교육령 개정'

　　4차 교육령기와 7차 교육령기의 『조선어독본』을 비교하여 살펴보면, 삽화와 본문의 내용상에 큰 변화가 있었음을 알 수 있다. 삽화와 본문 모두에서 조선적인 것과 일본적인 것의 경계가 완전히 허물어진 7차 교육령기의 『조선어독본』에는 4차에서 등장했던 문학적 텍스트는 거의 사라지고 어느새 교과서가 일제의 식민정책을 선전하고, 전시체제를 홍보하는 매체로서 기능하게 된 것을 확인할 수 있다. 그러나 그렇기 때문에 7차 교육령기의 『조선어독본』은 중일전쟁 이후 심각하게 노골화된 일제의 식민지배 통치이데올로기를 가장 잘 확인할 수 있는 텍스트이기도 하다. 물론 4차 교육령기 『조선어독본』에서도 일제의 식민지배 통치이데올로기는 은근하게 드러난다. 때문에 '내선일체'를 통한 '조선과 일본의 결합'을 강조하고 나선 4차 교육령기 『조선어독본』에는 두 나라의 유사성을 강조하고, 바람직한 황국신민이 되기를 바라는 의도가 문면에 깔려있다. 4차와 7차 교육령기 『조선어독본』의 변화양상은 삽화를 통해서 한눈에 살펴볼 수가 있다.

〔4차 『조선어독본』〕   〔7차 『조선어독본』〕
〈그림6〉 동일한 텍스트에서 삽화의 변화 – 아이들의 놀이모습

위의 삽화는 동일한 내용의 본문에서 삽화가 어떻게 변화했는지를 정리해본 것이다. 이 삽화는 아이들의 놀이에 대한 것이다. "생도들이 놀고잇소. 저긔서는 공을 던지오. 여긔서는 씨름을 하오. 다름박질 하는 사람도 잇소."(4-336) "생도들이, 만이 놀고잇습니다. 여기서는, 공을 던집니다. 저기서는, 다름박질을 합니다."(7-545) 사실상 본문의 내용은 거

의 동일하다. 그러나 삽화에는 큰 차이가 있다. 4차 교육령기『조선어독본』에서 묘사하고 있는 아이들은 전통 조선복식을 하고, 씨름과 공놀이를 하고 있다. 그런데 7차에서 묘사된 아이들은 모두 똑같은 학생복차림이고 조선의 전통놀이인 씨름은 사라졌다. 그리고 아이들보다도 더 눈에 띄는 것은 그림의 한 가운데 위치하고 있는 일장기다. 일제의 지배를 상징적으로 드러내 보이고 있는 부분이다.

4차『조선어독본』　　　　　　〔7차『조선어독본』〕
〈그림7〉 동일한 텍스트에서 삽화의 변화 - 비행기를 보는 사람들

　　〈그림7〉은 모두 비행기를 바라보는 조선인의 모습을 묘사한 것이다. 여기에서는 삽화뿐만 아니라 텍스트 내용상의 변화에도 주목해볼 필요가 있다. 4차『조선어독본』에서 이 삽화는 아이들이 비행기의 빠른 속도에 놀라워하면서, 과학의 발달에 감탄하는 내용(4-440)을 담고 있는 텍스트에 활용되었다. 그런데 7차 교육령기『조선어독본』에 이르면 이 글은 중국과 비교하여 일본의 발달된 군사력을 강조하는 데 목적을 둔 텍스트(7-561)로 바뀌게 된다. 뿐만 아니라 삽화에서 남자아이는 유카타와 게다차림이고, 뒤에는 군복을 입은 성인남성을 그려 일본과 조선의 복식 상의 차이도 거의 사라지고 있음을 강조함과 동시에 조선 또한 전시체제임을 보여주고 있다.

〔4차 『조선어독본』〕　　　　　　　〔7차 『조선어독본』〕
〈그림8〉 동일한 텍스트에서 삽화의 변화 – 추석맞이 풍경

〈그림 8〉의 경우 또한 추석맞이 한 가정의 풍경을 보여주는 동일한 텍스트에서 그들의 복식과 머리모양의 차이 등을 엿볼 수 있는 삽화이다.

그렇다면 4차와 7차 교육령기 사이에 이러한 변화가 일어나게 된 원인은 어디에 있을까. 그 원인은 외부적으로는 중일전쟁의 발발, 그리고 직접적으로는 '7차 교육령 개정'[27])에 있었다. 일제는 조선의 보통학교를 교육하는데 있어서 자신들의 외부적 변화나 전시체제에 기민하게 대처할 수 있도록 교과과정을 수차례 개정하고, 교육목표나 교수방법 등에도 변화를 꾀했다. 4차 교육령기와 7차 교육령기 사이에는 중일전쟁의 발발이 있었고, 그로 인해 조선이 전시체제에 접어들었으므로 이는 당연히 교육과 교과서에 고스란히 반영되어 나타났다. 학교행사들은 모두 제

27) 1936년 8월에 부임한 미나미(南) 총독은, '國體明徵', '內鮮一體', '忍苦鍛鍊'이란 교육방침하에 '皇國臣民の誓詞', 齊誦, 神社參拜 등 애국적 행사를 장려하고, 38년 2월에 육군특별志願兵令을 공포한다. 이 시국에 발맞추어 38년 3월 개정교육령을 공포하고 4월 1일부터 실시한다. 이 개정 교육령을 요약하면 다음과 같다. 첫째, 조선인을 위한 학교와 일본인을 위한 학교는 명칭 상 통일시킨다.(보통학교→소학교) 둘째, 교수요지, 교과목, 교육과정 등에 관해서는 조선어를 제외하고 모두 양국인 동일하게 한다. 셋째, 조선어는 필수과목(正課)에서 선택과목으로 한다.
이용덕(1991), 「『國語讀本』의 특징 및 天皇・天皇制」, 『일본학보』 27호, 한국일본학회, p.21.

국주의 이데올로기를 전파하는 목적으로 활용되었고, 그로 인해 아이들은 일본식 전체주의에 동화되면서 부지런하고, 청결하며, 예의 있는 어린이로 성장하기를 요구받았다.

7차 교육령기 『조선어독본』에는 더 이상 조선의 지리나 풍습, 조선의 전통에 대한 텍스트나 삽화가 실리지 않게 되었다. 일본의 교과서에 실려도 위화감이 없을 만큼 일본과 똑같은 학교의 모습, 아이들의 복식을 삽화를 통해 보여주는 한편, 텍스트의 내용 또한 '완전한 일본인'이 되어 중일전쟁을 똑같이 국가의 위기로 받아들여, 이를 위해 싸울 수 있는 용맹한 '군인되기'를 강조하는 데 주력한다. 또한 4차 교육령기 『조선어독본』이 복종, 충성, 근면을 강조하면서 일제의 지배하에 점차 부강해지는 조선의 모습을 보여줌으로써 일제의 체제에 순응하고, 동화되기를 강요했다면 7차 교육령기에는 조선의 민족사상을 송두리째 파멸시키고, 군국주의 이데올로기를 전파함으로써 전시에 적응하는 조선인의 태도를 강조하는 것이 주요한 내용이 된다.

일제가 식민 정책을 펴는 과정에서 가장 중시했던 것은 보통학교 교육이었다. 보통학교 교육은 일제가 의도했던 바를 달성하기 위한 가장 효과적인 장이었다. 교육은 이데올로기를 재생산하는 도구일 뿐만 아니라 체제를 선전하고 유지하는 강력한 수단인 관계로 일제는 조선 내에서 하급 사무원과 기술자를 양성하고 나아가 지배체제를 공고화하기 위해 우민화, 제국신민화, 황민화 등 심리적 풍토를 조성하는데 주력했는데, 보통학교는 이 일련의 과정을 계도하는 가장 기본적인 단위였다.[28] 그리하여 『조선어독본』은 일제의 식민지배 통치 이데올로기와 밀접한 연관을 갖고 변화해 왔으며, 식민지 조선의 아이들에게 황민화 전략으로 전

---

28) 강진호(2006), 「근대 교육의 정착과 피식민지 주체」, 『상허학보』 16집, 상허학회, p.2.

체주의, 군국주의, 황민화 이데올로기를 주입시키는 도구로서 기능하였다.

이 글에서는 4차 교육령기와 7차 교육령기의 비교를 통해서 일제의 황민화 교육이 점차 강화되고 노골적으로 변해가는 양상을 확인할 수 있었으며, 『조선어독본』이 단순히 국어교육의 역할만이 아니라 사상교육의 역할을 겸하고 있었음을, 그리고 그 어떤 친일문학작품보다도 일제의 이데올로기를 전파하는 가장 효과적인 텍스트였음을 알 수 있었다. 이후 1945년에 이르면 장기화된 중일전쟁의 여파로 학교병영체제(學校兵營體制)로 전환되면서 학교는 교육기관의 역할과 의미를 상실하고 인적자원의 공급처가 된다. 일제의 식민지배 하에서 조선의 학교와 교육이 겪어야 했던 비극적 역사가 『조선어독본』에는 고스란히 반영되어 있다.

04 일제강점기 보통학교 『조선어급한문독본』의 성격

제1차 교육령기 4학년 교과서의 '연습'을 중심으로

박치범(경인교대 강사)

1. 교과서 연구의 관점

국어교육사의 관점에서 볼 때, 일제강점기는 독특한 성격의 시기이다. 일본 제국주의의 조선 강점은 조선인을 이중 언어의 상황에 놓이도록 만들었고, 이에 따라 식민지 조선의 학교교육에서 국어 교과에 일본어가 자리하는 한편 언중의 실질적인 모국어인 조선어는 제2 언어 교과에 놓이게 된 것이다.[1] 1886년 설립된 육영공원을 한국의 근대적 학교교육의 시작으로 생각할 때 일제강점기를 제외한 어떠한 시기에도 민족어로서의 한국어가 '국어' 이외의 교과로 다루어진 적이 없다. 이러한 점

---

[1] 이러한 이유로 일제강점기 국어교육연구에서는 '국어'와 '조선어', '일본어' 등의 어휘가 혼란을 일으킬 수 있다. 이에 이 글에서는 '국어'라는 말을 현재 일반적으로 사용되고 있는 '모국어로서의 한국어 교과'를 뜻하는 것으로 사용하고, 일제강점기의 교과명을 지칭할 때는 '조선어', '일본어' 등과 같이 교과에서 다루었던 언어의 이름을 밝혀 쓰도록 한다. 다만 일본어의 경우에는 당시 국어라는 명칭의 교과로 학습되었음을 감안하여 '일본어(국어)'로 쓰기로 한다.

에서 일제강점기의 국어교육은 '역사적으로' 살펴볼 만한 '사건'이 아닐 수 없다.

학문의 한 분야로서 국어교육의 역사를 연구할 때 그 대상으로 삼을 수 있는 현상들은 매우 다양하지만, 근대적 학교교육이라는 틀에서 생각해 보면 우선적으로 교수·학습의 실천과 직접적으로 관련된 요소들을 고려해 볼 수 있다. 교수·학습이나 평가의 이론 물리적·규범적 지원과 제도, 사회·문화적 인식 등의 요소들은 결국 교수·학습의 실천에 존재의 근거를 두고 있다. 이에 따라 교사와 학습자 등 교수·학습 실천의 주체와 이 둘을 매개하는 교과서에 대한 연구는 국어교육사 연구에서 결코 소홀히 다루어질 수 없다. 특히 교수·학습을 염두에 둔 교과서 연구는 물리적 실체를 다루는 것으로, 교사나 학습자 등 당대 인간 요인에 대한 연구에 비해 관련 자료의 획득이 용이하다는 점에서 주목할 만하다.

조선총독부는 초, 중등급 학교교육을 통해 '일본어(국어)'와 '조선어'를 모두 가르치도록 했으며 이를 위한 국정 교과서를 간행했다. 아울러 국정 교과서 못지않게 다양한 민간 독본들도 적지 않게 편찬되었으며, 이들은 조선총독부의 검정을 받아 활발히 간행되었다.2) 그러나 다양한 종류의 민간 독본들은 교과서의 내용이나 수준 등이 편찬 주체에 따라 제각각이고, 한 개 학교나 한 지역에서 일시적으로 사용된 것이 대부분이다. 결국 일제강점기에 사용되었던 다양한 국어 교과서는 국정인 『보통학교 조선어급한문독본』을 중심으로, 이것을 보완하거나 대체하기 위한 민간독본들이 산개하는 형국이었다고 이해할 수 있다. 따라서 일제강점기 교과서 연구는 국정 교과서인 『보통학교 조선어급한문독본』에 대한 다각도의 의미화에 우선적인 관심을 기울일 필요가 있다.

---

2) 장신, 「조선총독부 학무국 편집과와 교과서 편찬」, 『역사문제연구』 제16호, 역사문제연구소, 2006, pp.55-59.

이상과 같은 의의에도 불구하고 일제강점기 국어 교과서에 대한 연구는 이제까지 제한적으로만 이루어져 왔다. 1970년대부터 본격적으로 시작된 일제강점기의 교과서에 대한 연구는 대체로 관련 자료의 정리3)와 교과서 본문 분석 또는 교과서에 내재된 이데올로기 분석4)을 중심으로 진행되었다. 이와 같은 선행 연구들은 후속 연구를 위한 기초 자료를 발굴·정리하고, 당시 국어 교과서가 갖는 역사적·사회적 측면의 의의를 구명(究明)해 냈다는 점에서 의의를 갖는다. 그러나 이들 연구에서 연구의 대상인 교과서가 교과서로서 다루어졌는가에 대해서는 회의적이다. 왜냐하면 어떤 국어 교과서를 학습 교재로서 다룬다는 것은 거기에 수록된 본문 텍스트의 구성과 내용 외에 '단원 구성 방식'과 '학습과정 구성방식'5) 등 교수·학습을 돕기 위한 다양한 교육적 장치에도 주목한다는 것을 뜻하기 때문이다. 교과서는 같은 글을 수록하고 있더라도 "수업의 수월성, (교수·학습-인용자) 내용의 표상성과 같은 조건을 충족"6)시키

---

3) 김한종(2009), 「조선총독부의 교육정책과 교과서 발행」, 『역사교육연구』9권, 한국역사교육학회, pp.295 -329.
   장신(2006), 앞의 글, pp.33-68.
   김혜정(2004), 「근대 이후 국어과 교재 개발에 대한 사적 검토」, 『국어교육연구』13집, 서울대 국어교육연구소, pp.403-436.
4) 박수빈(2011), 「일제의 황국신민화 정책과 『조선어독본』」, 『어문연구』제149호, 한국어문교육연구회, pp.467-492.
   강진호(2010), 「『조선어독본』과 일제의 문화정치」, 『상허학보』29권, 상허학회, pp.115-147.
   김혜련(2009), 「식민지기 문학교육과 정전 논의」, 『문학교육학』28호, 한국문학교육학회, pp.405-434.
   강진호 외(2007), 『국어 교과서와 국가 이데올로기』, 글누림.
   김혜정(2003), 「근대 계몽기 국어교과서 내적 구성 원리 탐색」, 『국어교육연구』11집, 서울대 국어교육연구소, pp.283-322.
   박붕배(1987), 『국어교육전사』(상), 대한교과서주식회사.
5) 한국교과서재단(2004), 『교과용 도서 내적 체제 개선에 관한 연구』(연구보고서 04-01), pp.49-51.
6) 최지현 외(2007), 『국어과 교수학습방법』, 역락, p.89.

는 방향으로 편집된다는 특징을 갖기 때문에 일반 텍스트와 다르게 취급되어야 한다. 그러므로 앞으로 이어질 일제강점기 교과서 연구에서는 대상의 본연을 존중하여 교과서를 교과서, 즉 교수·학습의 과정에서 사용되었던 자료 혹은 매개체로서 다루는 태도가 필요해 보인다.

이러한 문제의식을 바탕으로 이 글에서는 일제강점기 보통학교에서 사용되었던 국정 교과서인 『보통학교 조선어급한문독본』이 학습 교재로서 갖는 성격을 규명하고, 이것이 당대 학교교육에서 갖는 교육적 의미를 살펴볼 것이다.

2. 『조선어독본』 '연습' 활동의 양상과 성격

이 글에서는 거의 같은 시기에 교과서로 사용되었던 일본어(국어) 교재인 『보통학교 국어독본』을 비교항으로 설정하여, 대상과 비교항의 차이를 밝히고 이를 해석하는 방식으로 논의를 진행하고자 한다. 편찬 당시 『보통학교 국어독본』에는 편찬의 주체인 조선총독부가 생각하는 일본어(국어) 교육에 관한 최신의 체제와 내용이 반영되었을 것으로 추측할 수 있다. 이는 '반도'의 일본어(국어) 교재인 『보통학교 국어독본』과 '내지'의 일본어(국어) 교재인 『심상 소학독본(尋常小學讀本)』이 단원 체제 및 단원의 내용, 삽화 등에서 상당히 유사하다는 점[7]으로 인해 설득력을 갖는다. 따라서 『보통학교 국어독본』을 국어 또는 언어 교과서의 현실적 최선으로 놓고, 이를 기준으로 같은 시기에 사용되었던 『보통학교 조선어급한문독본』의 차이를 살펴보면 연구 대상의 특징과 성격을

----

7) 민병찬(2008), 「1912년 간행 『보통학교국어독본』의 편찬 배경에 대하여」, 『일본어교육』 43권, 한국일본어교육학회, pp.5-7.

밝힐 수 있을 것이다.

　여기서 일제강점기에 발간된 국정 조선어과 교과서 전체를 논의의 대상으로 삼는 것은 효율적인 방법이 아니라고 판단된다. 왜냐하면 현실적으로 논의 가능한 지면에 비해 일제시대 발간된 조선어과 교과서의 양이 방대8)하므로 이를 모두 다룰 경우 논의의 초점이 흐려지거나 구체성이 떨어질 수 있기 때문이다. 이에 따라 이 글에서는 1910년대 보통학

〈그림 1〉『조선어독본』의 체제. 『조선어독본』권4 14과.

교 4학년이 일본어(국어)와 조선어 시간에 각각 사용되었던 교과서인 『보통학교 국어독본』(1915) 권 7, 8)9과 『보통학교 조선어급한문독본』(1918) 권 410)를 연구의 대상으로 한정짓고자 한다.

---

8) 허재영(2009)에 따르면 보통학교에서 사용된 조선과 교재는 자구 정정본과 제1차 교육령, 3차 교육령, 4차 교육령, 7차 교육령에 의거한 교재와 교사용 교재를 포함해 총 42권에 달한다.
9) 이 글에서는 원본과 이것의 번역본인 김순전 외(2009)를 텍스트로 삼아 연구를 진행하였다. 특히 번역본을 통해 일본어로 쓰어진 제목과 본문, 연습문제, 신출단어 등의 교과서 내용 전반을 참고했다. 또 앞으로 이 책을 언급할 때는 『국어독본』이라 약칭하고 그 뒤에 인용한 부분에 해당하는 단원을 "권 몇의 몇 과"의 형식으로만 덧붙이기로 한다. 아울러 권7과 권8은 각각 보통학교 4학년 학습자를 위한 1, 2학기 교과서이므로, 필요에 따라 권7을 4학년 1학기용 『국어독본』으로, 권8을 4학년 2학기용 『국어독본』이라 부르기도 했음을 밝혀둔다.
10) 강진호·허재영(2010)에서 재인용. 앞으로 이 책을 언급할 때는 『조선어독본』이라

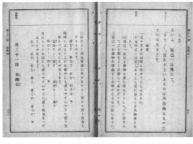

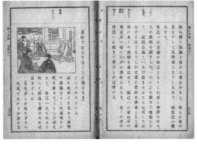

〈그림 2〉 『국어독본』의 체제. 『국어독본』권 8 20과와 21과. 그림 1과 2에서 볼 수 있듯 두 교재는 제목과 본문, 삽화, 연습으로 구성되어 있고 각 페이지마다 상단의 신출단어, 양 옆의 구분(index), 쪽수가 표시되어 있다는 점에서 유사한 체제로 되어 있다.

이 때 연구대상으로 1910년대의 교과서를 선택한 것은 이 시기가 조선총독부의 제1차 교육령에 근거한 교육이 시행된 시기라는 점을 고려한 결과이다. 제1차 교육령에 근거한 교육은 일제의 식민지 교육 정책의 본격적인 시작으로, 이어질 일곱 차례 교육령 개정의 기준이 되었을 가능성이 높다. 또 4학년 교과서를 대상으로 삼는 것은 보통학교 학제 상 최고학년인 4학년 교과서에 일본어(국어)와 조선어 교과에서 구현 가능한 교육 활동의 양적 · 질적 최대치가 수록되었을 것으로 판단되기 때문이다.11)

연구의 대상으로 삼은 보통학교 4학년용 『조선어독본』은 같은 학년용 『국어독본』과 분량 및 체제 면에서 거의 유사하다. 4학년용 『조선어

약칭하고 그 뒤에 인용한 부분에 해당되는 단원을 "몇 과"의 형식으로만 덧붙이기로 한다.

11) 여기에는 학교교육 체제에서 학년급 간 학습의 위계를 두어 학습내용과 교과서를 구성했다는 전제가 깔려 있다. 실제로 같은 시기의 1~3학년 조선어과 교과서를 살펴보면, 1학년의 경우 글깨치기가 중점으로 되어 있어 나머지 학년용 교과서와 이질적인 면이 많고 2, 3학년용 교과서의 경우에는 4학년용 교과서보다 본문도 짧고 수록된 연습의 양상도 비교적 단순해 보인다. 한편 이와 관련하여 보통학교 4학년 교재의 내용과 수준이 상급학교인 고등보통학교 교육과 얼마만큼의 연계를 가지는가에 관한 연구도 가능할 것 같다. 이러한 점에서 이 글은 상급학교 국어과 교육과의 연계성을 밝히기 위한 기초 연구로서의 의미도 가질 수 있을 것 같다.

독본』은 총 1권으로 196쪽의 책에 총 58개의 단원이 수록되어 있다. 또한 같은 학년용『국어독본』은 1학기용과 2학기용의 2권으로 되어 있고, 두 권 합계 총 226쪽(부록 제외)의 책에 60개의 단원이 수록되어 있다. 그리고 체제 면에서도 두 교재 모두 단원명과 본문, 연습으로 되어 있고, 책의 말미에 부록이 끼워져 있으며, 본문의 중간 중간 삽화와 '신출 단어'가 제시되어 있다는 점에서도 유사하다.

　이러한 점을 감안하여 이 글에서는 이들 교과서가 근대적 학교교육에서 학습 교재로서 갖는 특징을 밝히기 위해 교과서에 각각 수록된 '연습'에 주목한다. 앞에서 살펴본 것과 같이『조선어독본』과『국어독본』은 크게 '단원명-본문-연습'의 체제로 구성되어 있어, 교과서 자체의 성격과 이를 통한 교수ㆍ학습의 실천 양상은 본문과 연습에 좌우되었을 것이다. 이 때 연습은 본문의 내용을 바탕으로 구체적인 교수ㆍ학습을 안내하고 있으므로, 여기에 주목하면『조선어독본』이 교과서로서 갖는 성격을 파악할 수 있다.

　예를 들어 4학년용『국어독본』의 1~3과는 모두 "우리나라의 경치"라는 제목으로 나란히 배치되어 있다. 1과에서는 "이쓰쿠시마, 아마노하시다테, 마쓰시마"의 경치에 대해, 2과에서는 "요시노 산의 경치"와 "교토의 아라시야마"의 경치에 대해, 그리고 3과에서는 "금강산" 곳곳의 경치에 대해 설명하고 있다. 또 1과에는 3개, 2과에는 2개, 3과에는 2개의 삽화가 각각 제시되어 있으며, 신출단어도 각각 23, 30, 33개가 제시되어 있다. 이렇게 대동소이한 체제에도 불구하고 세 과의 교수 상 초점은 다소 다르게 설정될 수 있는데, 그 근거는 '연습'의 차이에 있다. 각 과의 연습문제만을 뽑아 적어보면 다음과 같다.

1과: 1. 이쓰쿠시마에 대해 말하시오. / 2. 아마노하시다테에 대해 말하시
오. / 3. 마쓰시마에 대해 말하시오. / 4. 다음 글을 읽고 보통체와
정중체의 구분에 유의하시오.

2과: 1. 요시노 산의 경치를 글로 쓰시오. / 2. 요시노 산의 시를 외워서
읊어보시오. 또 그 의미를 말하시오. / 3. 아라시야마의 경치에 대해
말하시오. / 4. 다음 글을 읽고 어느 것이 보통체이고 어느 것이 정중
체인지 말하시오. / 5. 다음의 보통체 글을 정중체로 고쳐 보시오.

3과: 1. 금강산 경치의 좋은 점을 말하시오. / 2. 만물상의 경치를 말하시
오. / 3. 구룡연의 경치를 말하시오. / 4. '볼만한 것' '대단하다'를
사용하여 두 개의 짧은 글을 지으시오.

1과의 연습에서는 본문에서 설명한 명소들에 대해 다시 말하도록
하는 문제를 중심으로 '정중체' 익히기 활동이 곁들여져 있다. 반면 2과
연습에서는 총 연습 문항 5개 중 2개만이 본문에 대해 다시 말하기이고,
나머지 3개는 정중체 익히기 활동과 시가 외우기로 되어 있다. 1과와
다른 장소에 대해 설명하고 있음에도 본문 내용을 다시 말하는 활동의
비중이 대폭 줄어든 것이다. 그러나 3과에서는 다시 4개의 연습 문항
중 3개가 본문의 내용을 다시 말하는 활동에 할애되어 있고, 나머지는
짧은 글 짓기로 되어 있다. 이와 같은 차이로 인해 이 교과서를 바탕으로
한 교수ㆍ학습은 수업 내용은 물론 강조점까지 달리하여 나타나게 되는
것이다.

따라서 『조선어독본』과 『국어독본』에 수록된 연습의 문항을 유형
별로 나누어 이를 비교ㆍ분석해 보면 『조선어독본』이 당시의 학교교육에
서 담당한 역할과 성격을 추측해 볼 수 있다.

3. 연습 활동의 분류

앞에서 밝힌 목적을 위해 우선 『조선어독본』에 수록된 연습 197문항과 『국어독본』에 수록된 연습 211문항을 뽑아 정리했다. 그런데 "三, 다음 □표 속에 漢字를 넛코, 吐를 달어라. 그리하고, 그것을 외여라"로 되어 있는 『조선어독본』 8과의 연습 3번과 같이, 어떤 것은 한 문항에서 학습자들로 하여금 두 가지의 활동을 하도록 안내한다. 이러한 경우에는 묻고 있는 내용에 따라 한 문항을 복수의 활동으로 각각 처리했다. 따라서 분석의 대상이 된 실제 활동 내용은 숫자로 구분된 문항의 개수보다 많은 220개(『조선어독본』)와 224개(『국어독본』)가 되었다.

이어 이들 연습의 질문이 학습자들에게 요구하는 활동 내용들을 항목화하여 유사한 것들끼리 묶었다. 여기서 질문의 유형을 곧바로 분석의 대상이라 하지 않은 것은 동일한 질문이라 하더라도 본문과의 관계에 따라 학습자의 활동 양상이 달라질 수 있기 때문이다. 가령 연습의 질문형식이 "A란 무엇인가"로 똑같이 되어 있다 해도 묻고 있는 내용이 본문에 그대로 정리되어 있는 경우와 그렇지 않은 경우에 학습자의 사고 활동은 달라지게 마련이다. 전자의 경우에는 단순히 어떤 구절이나 단어를 찾거나 기억해 내는 회상 혹은 재인 활동이 나타나는 반면, 후자의 경우에는 본문의 내용을 재구성하여 종합하거나 요약하는 활동이 나타나는 것이다.[12]

이 글은 연습에서 구체적으로 안내하고 있는 서로 다른 활동에 코드를 부여하여 빈도를 세는 방법으로 진행되었다. 이 때 빈도를 세기 전에

----

[12] 블룸(Bloom)은 인간의 지적 사고 활동을 높은 수준의 것과 낮은 수준의 것으로 분류하였는데, 그에 따르면 지식(재인, 기억)의 과정은 낮은 수준의 지적 활동이고, 이해, 적용, 종합, 분석과 같은 활동은 고등한 수준의 지적 활동이다(피터 애플러백, 조병영 외 옮김, 『독서 평가의 이해와 사용』, 한국문화사, 2010, p.83에서 재인용.). 이후 등장하는, 지적 활동의 수준에 대한 언급은 모두 블룸의 논의에 따른 결과이다.

어떤 틀을 만들어 두지 않고 새로운 유형의 활동이 제시될 때마다 이에 고유한 코드를 부여하여 빈도를 세어 나갔다. 그 결과 1차 분류에서 총 35개의 유형이 나타났고, 이들을 다시 한 번 유사한 것들끼리 묶은 결과 '특정 단어나 장면 찾기', '특정 구절의 의미 파악하기', '한자 익히기', '단어의 활용(活用) 연습하기', '특정 장르의 읽기 유의점 익히기' 등 총 18개의 소분류 항목으로 정리할 수 있었다. 이어 분석의 편의를 위해, 정리된 18개 항목을 다시 '사실적 이해', '추론적 이해 및 비판적 이해'13), '한자 익히기', '어휘 및 문법 연습', '글의 형식 익히기'의 다섯 가지 중분류 항목으로 묶어 정리하였다. 이 때 '사실적 이해' 영역에는 본문에서 특정 단어나 장면을 찾아 있는 그대로 답하거나 본문의 부분 부분을 찾아 잇거나, 또는 간단한 한문을 해석하는 활동이 포함되었다. 또 '추론적 이해 및 비판적 이해' 영역에는 본문의 내용을 자기 주변이나 조선의 상황에 적용하기, 감상 말하기, 주제 파악하기 등의 활동이 포함되었다. 또 '한자 학습'에는 한자의 부수를 익히거나 다른 모양의 한자 구별하기 등의 활동이, '어휘 및 문법 익히기'에는 동사의 활용이나 반대말 찾기 등의 활동이, '글의 형식 익히기'에는 특정 장르 읽기의 유의점 익히기나 같은 형식의 글 모방하기, 시가 외우기 등의 활동이 포함되었다.

---

13) 현행의 교육과정 독서 영역에서는 독서 활동을 '사실적 독서', '추론적 독서' 등으로 구별한다. 이 때 사실적 독서란 "단어, 문장, 문단 등 글을 구성하는 각 단위의 내용과 그들 사이의 관계를 파악"하는 활동을, 추론적 독서란 "지식과 경험, 표지, 문맥 등을 이용하여 생략된 내용을 추론"하는 것을, 비판적 독서란 "내용의 타당성과 공정성, 자료의 정확성과 적절성 등을 판단"하거나 "글에서 공감하거나 반박할 부분을 찾고, 필자의 생각을 비판"하는 것을 말한다. 이 밖에 감상적 독서는 정서적 측면의 변화를 전제로 한 독서 활동을 말한다(교육인적자원부(2007), 『국어과 교육과정』, 대한교과서, p.89.). 이 글에서는 『조선어독본』 및 『국어독본』과 별다른 관계가 없는 것으로 판단되는 감상적 독서를 제외한 나머지 세 가지 독서 활동의 이름을 수용하여 사용하되, 이해의 과정을 강조하기 위하여 교육과정에서 '○○적 도서'라고 명명된 것을 '○○적 이해'로 바꾸어 '사실적 이해', '추론적 이해', '비판적 이해'로 사용하기로 한다.

이렇게 얻어진 5개의 중분류 항목은 교수 · 학습 과정 상 나타나는 활동의 특징에 따라 최종적으로 "독해 활동"과 "문법 연습 활동", "기타"의 세 가지 대분류 항목으로 다시 정리되었다. 독해 활동 항목에는 텍스트에 대한 사실적 이해와 추론적 · 비판적 이해를 요구하는 항목이 포함되었다. 이 때 독해는 일본어(국어)와 조선어 수업 시간에 이루어지는 독해 활동, 즉 교수 · 학습의 실천으로서 독해를 말한다. 또 문법 연습 활동 항목에는 한자 학습과 어휘 및 문법 연습이 포함되었다. 한자 학습이 문법 연습으로 묶일 수 있는 것은, 한자의 학습이 곧 일본어(국어)와 조선어의 어휘 학습과 밀접한 관계를 갖는다고 판단하였기 때문이다. 그리고 글의 형식 익히기 항목은 크게 독해와 관련이 있지만 교수 · 학습의 실천으로서 독해와는 간접적인 관련성만을 갖고 있다고 판단되어 기타 항목에 두었다.14)

이러한 과정을 거쳐 최종적으로 1910년대 보통학교 4학년 교재로 사용되었던 『국어독본』과 『조선어독본』에 수록된 연습의 활동 유형과 빈도는 다음 장의 [표1]과 같이 정리될 수 있다.

4. 『조선어독본』의 성격

4.1. 일제가 만든 언어 교과서의 현실적 최선
: 비교항 『국어독본』 '연습'

[표1]에 볼 수 있는 것과 같이 1910년대 보통학교 4학년 용 『국어독본』의 연습은 "독해 활동"이 67%, "문법 연습 활동"이 26.3%, "기타"가

---

14) 앞으로 연습 활동의 내용 분류 결과에 대해 언급할 때는 구분을 명확하게 하기 위하여 대분류 항목의 이름에 큰 따옴표("")를, 중분류 항목의 이름에 작은 따옴표(')를 병기하기로 한다. 한편 소분류 항목의 이름에는 아무 표시도 하지 않기로 한다.

6.7%로 구성되어 있다. 교과서의 이름에 '독본'이라는 명칭이 사용되었음을 감안할 때, "독해 활동"이 전체[15]의 절반 이상을 차지하는 것은 자연스러운 결과이다.

각 항목들을 조금 더 자세히 살펴보면, "독해 활동"의 경우 대체로

교수의 초점			국어 독본	조선어독본		
대분류	중분류	소분류		조선어 부분	한문 부분	계
독해 활동	사실적 이해	특정 단어나 장면 찾기	123	100	23	123
		한문 문장 해석하기	0	0	6	6
		소계	123	100	29	129
		전체에 대한 비율(%)	54.9	84.7	28.4	58.6
	추론적 이해 및 비판적 이해	특정 구절의 의미 파악하기	3	7	0	7
		본문 요약하기	3	0	1	1
		본문 내용 종합하기	4	0	0	0
		본문 내용을 주변 상황에 적용하기	3	2	0	2
		감상 말하기	2	1	4	5
		본문과 관련된 내용 더 알아보기	4	0	0	0
		문학 작품의 주제 파악하기	8	0	0	0
		소계	27	10	5	15
		전체에 대한 비율(%)	12.1	8.5	4.9	6.8
문법 연 습 활동	한자 익히기	한자 익히기	22		56	56
		소계	22	0	56	56
		전체에 대한 비율(%)	9.8	0	54.9	25.5
	어휘 및 문법 익 히기	단어의 '활용(活用)' 연습하기	10	0	0	0
		반대말 찾기	1	0	0	0
		짧은 글 짓기	6	0	0	0
		한자, 한문, 문어 ⇄ 일어, 언문, 구어	14	3	10	13
		문체 익히기(정중체 ⇄ 보통체)	6	0	0	0
		소계	37	3	10	13
		전체에 대한 비율(%)	16.5	2.5	9.8	5.9
기타	글의 형 식 익히 기	특정 장르 읽기의 유의점 익히기	3	1	0	1
		같은 형식의 글 모방하기	3	3	0	3
		시가 외우기	9	1	2	3
		소계	15	5	2	7
		전체에 대한 비율(%)	6.7	4.2	2.0	3.2
빈도 총계			224	118	102	220
문항 총계			211	117	80	197

[표1] 『국어독본』 수록 연습 활동의 내용 분류

----

15) '전체'라는 말을 수식어 없이 사용하면 해당 교재에 수록된 연습 전체를 뜻하는 것이다.

'사실적 이해'에 관한 것들이었다(전체의 54.9%, 독해 활동의 82%). 특히 '사실적 이해'에 해당되는 연습 활동은 모두 특정 단어나 장면 찾기 활동이다. 반면 "독해 활동" 중 '추론적 이해 및 비판적 이해'에 해당되는 것은 총 27개 활동으로 전체의 12.1%, 독해 활동의 18%를 차지하는 데 그쳤다. 따라서 『국어독본』은 주로 독해를 염두에 둔 교과서이며, 특히 본문에서 다루고 있는 어떤 내용을 지식으로서 익히는 데 주된 초점이 맞추어져 있는 것이라 할 수 있다. 왜냐하면 언어로 된 텍스트의 의미와 구조를 파악하고 이를 학습자가 재구성하게 하는 등의 활동에 비해 '사실적 이해'에 속하는 특정 단어나 장면 찾기 활동은 언어 자체가 아니라 본문에서 다루고 있는 사회, 과학, 역사, 지리 등에 관한 내용 자체 익히기를 더 강조하고 있기 때문이다.16) 연습의 답을 본문 안에서 찾아 특정 지식을 확인하도록 하는 활동은 인간의 지적 활동 중 가장 낮은 수준에 속하는 것으로, 이러한 활동이 강조되는 교육은 지식의 주입과 수용을 주된 목적으로 하며, 이는 당시의 이른바 "객관적이고 절대적인 지식관"17) 이 반영된 교육의 양상을 보여준다. "이쓰쿠시마에 대해 말하시오"(권7의 1과)나 "아마테라스오미카미의 조칙을 서술하시오"(권8의 1과)에서 볼 수 있듯 '사실적 이해'에 속하는 활동들은 언어로 언어를 가르치기18)보다 언어로 지식을 가르치기에 중점을 두고 있다. 이러한 특징은 『국어독본』이 오늘날 학교교육의 국어 교과서는 물론 사회와 역사, 과학 등의 교과

---

16) 4학년 용 『국어독본』에 수록된 본문 중 과학이나 기술에 관련된 것은 8개, 일본의 역사에 관한 것은 6개, 사회나 도덕에 관련된 것은 21개, 지리와 관련된 것은 3개 등으로 이들을 합치면 총 38개로 전체 60개의 단원의 절반이 넘는다.

17) 강진호·허재영, 「일제 식민정책과 조선어과 교과서」, 『조선어독본2』, 제이앤씨, 2010, p.739.

18) 이 구절에서 앞에 사용된 언어는 교수·학습에서 사용되는 언어로서의 국어를 말하고, 뒤에 사용된 언어는 언어 자체와 일상적 의사소통의 언어, 문학의 언어, 사고를 표현하는 도구로서의 국어를 말한다.

서 역할을 겸하고 있음을 보여주는 것이다.

물론 『국어독본』 연습 활동의 12.1%는 인간의 고등 사고를 요하는 활동인 '추론적 이해 및 비판적 이해'와 관련된 것들이며, 여기에 속하는 문학 작품의 주제 파악하기나 본문과 관련된 내용 더 알아보기, 본문 내용을 주변 상황에 적용하기 등은 글의 내용을 바탕으로 학습자들이 새로운 지식을 스스로 생산해 내도록 유도하는 것들이다.[19] 예를 들어 권8의 15과 "확실한 보증"에 수록된 연습 5번 문항은 "주인이 청년을 고용한 이유를 설명하시오"로 되어 있다. 본문은 어느 상점 주인이 "유명인사의 소개편지를 지참하고 온 사람"을 마다하고 어떤 청년을 고용한 이유에 대해 설명하는 내용으로 되어 있다. 따라서 연습 문항에 답을 하기 위해서는 본문에서 길게 이어지는 주인의 설명 내용을 전체적으로 이해하고 이를 바탕으로 주인이 청년을 고용한 이유를 재구성해야 하는 것이다. 이러한 '추론적 이해 및 비판적 이해'에 활동들은 '사실적 이해'에 속하는 것들에 비해 빈도가 낮지만, 7개에 걸친 다양한 유형으로 제시되어 있어 언어 교재로서 『국어독본』이 갖는 특징을 잘 보여준다.

한편 『국어독본』에 수록된 연습 활동의 26.3%에 해당되는 59개는 "문법 연습 활동"에 속하는 것들이다. 이 중 '한자 익히기'는 한자에 토달기, 한자 모양 익히기, 한자를 이용하여 단어 만들기 등의 활동과 관련되어 있는데, 여기에 속하는 활동은 총 22개로 전체의 9.8%를 차지한다. '한자 익히기'는 2학기용 『국어독본』의 16과에 수록된 4번 문항 "다음 말을 읽고 그 의미를 말해 보시오. / 包圍 周圍 / 運動 勞働 出動 / 收穫 捕獲 捕虜" 등을 통해 쉽게 확인할 수 있다. 또 '한자 익히기'에

---

19) 이는 학습자로 하여금 특정구절과 글 전체의 내용을 이해하고 이를 자신의 생각으로 정리하도록 안내하는 것으로, 오늘날 국어 교과에서도 매우 중요시 하는 교육의 목표 중 하나이다.

포함되지 않는 '어휘 및 문법 익히기' 유형의 활동은 37개로 전체의 16.5%, "문법 연습 활동"의 62.7%를 차지하는데, 이들 연습은 총 29개 과에 걸쳐 나타났다.

아울러 총 15번 제시된 "기타" 항목의 '글의 형식 익히기'는 전체의 6.7%를 차지했으며, 글의 형식 익히기의 절반 이상은 '시가 외우기'(9개) 였다. 시가를 외우는 활동은 권7의 2과(우리나라의 경치2), 4과(일본), 24과(끊임없이 노력하며), 권8의 2과(와카), 21과(금강석)에 수록되어 있으며 여기에는 천황이나 황태후가 지은 시가, 일본 자연의 아름다움을 노래한 시가 혹은 근면의 덕목을 강조한 시가가 수록되었다. 그리고 '특정 장르 읽기의 유의점 익히기'와 '같은 형식의 글 모방하기' 활동은 각각 3개씩 제시되어 있는데, 이 중 '특정 장르 읽기의 유의점 익히기' 유형의 활동은 모두 『국어독본』권8의 23과 '옛 스승께 보내는 편지'에 수록된 것이다. 여기에는 "편지 글에는 다음과 같이 여러 가지 독특한 표기법이 있습니다. 이를 읽어 보시오"라는 안내와 함께 "오쿠리가나를 생략하는 것", "가나 대신에 한자로 쓰는 것", "한자만으로 써서 거꾸로 읽는 것"의 세 가지 유형의 예시가 4~5문장 씩 제시되어 있다.

이상에서 살펴 본 것과 같이 『국어독본』의 연습활동은 "독해 활동" 중 '사실적 이해'에 해당되는 활동이 전체의 54.9%로 가장 많은 가운데, '추론적 이해 및 비판적 이해'에 해당되는 활동이 12.1%, '한자 학습'과 '어휘 및 문법 연습', '글의 형식 익히기'에 해당되는 활동이 각각 9.8%, 16.5%, 6.7%를 차지했다. 그러나 위와 같은 결과만을 놓고, 이것이 국어 교재로서 적절한 구성인가에 대해서는 판단하기 어렵다. 1910년대 편찬된 『국어독본』은 당대의 상황 또는 국어 교과에 대한 인식에 따라 사회와 역사, 과학 등의 지식 전달을 위한 교재로서 편찬된 것이기 때문이다. 다만 여기에서 말할 수 있는 것은 『국어독본』의 이와 같은 구성이 일제가 생각하는 '국어' 교과서의 성격을 현실적으로 구현해 놓은 것이라는 점이다. 결국『국어독본』에 수록된 연습에 대한 이상과 같은 분석 결과는 4장 2절에서 다루어질『조선어독본』연습의 구성과 비교하기 위한 비교항으로서의 의미를 가진다.

4.2.『조선어독본』의 성격

1) 창의적 활동의 약화, 한자 학습 강조-『조선어독본』 전체

이제 앞 절에서『국어독본』의 연습을 분석한 결과를 바탕으로『조선어독본』의 성격을 살펴보고자 한다. [표1]에 따르면『조선어독본』에 수록된 연습 활동은 대분류 수준에서 "독해 활동" 65.4%, "문법 연습 활동" 31.4%, "기타" 3.2%로 구성되어 있다. 이는 앞서 살펴본『국어독본』의 구성 비율(67%-26.3%-6.7%)과 거의 유사하다. 다만『조선어독본』의 문법 연습 활동 비중이 비교적 높아 보이지만, 그 차이는 5%p 가량으로 크게 눈에 띌 정도는 아니다.

중분류 수준에서 비교해 보면『조선어독본』과『국어독본』의 차이가 보다 잘 드러난다. '사실적 이해' 활동은 양쪽이 비슷한 비율을 보인 가운데『국어독본』의 경우 '추론적 이해 및 비판적 이해'와 '어휘 및 문법연습, '글의 형식 익히기'가 보다 빈번하게 나타난 반면『조선어독본』의 경우 '한자 학습'이 상대적으로 빈번하다. '사실적 이해'보다 '추론적 이해 및 비판적 이해' 활동이 보다 고등한 사고의 과정이라는 점을 상기해 볼 때, 『조선어독본』은『국어독본』에 비해 본문의 심화나 창의적 성격의 활동, 어휘 및 문법 익히기 활동이 약화된 채 한자 학습이 강조된 교재라 평가될 수 있을 것이다. 또 '추론적 이해 및 비판적 이해'와 "문법 연습 활동"에 속한 항목에서『조선어독본』의 연습 활동은『국어독본』의 그것에 비해 빈도도 낮지만 활동의 종류도 단순하게 구성되어 있음을 지적할 수도 있다. 이는 특히 '어휘 및 문법 익히기' 항목에서 두드러져『국어독본』이 소분류 항목 다섯 가지 유형을 모두 가지고 있는 것에 비해『조선어독본』은 한자나 한문, 문어를 언문이나 구어로 바꾸는 활동만을 가지고 있을 뿐이다. 이를 통해『조선어독본』은『국어독본』에 비해 언어 교육 기능이 약화되어 있는 교재라 평가될 수 있다.

그러나『조선어독본』의 연습을 '조선어 부분'과 '한문 부분'으로 나누어 같은 틀에서 살펴보면『조선어독본』의 성격을 더욱 정확하게 살펴볼 수 있을 것 같다.『조선어독본』을 두 부분으로 나누어 살펴보는 것은 『조선어독본』의 단원 체제가 한문과 조선어의 이원체계로 구성되어 있다는 점에서 타당성을 갖는다.『조선어독본』의 단원은 단원명이 '漢文'으로 되어 있는 것과 그렇지 않은 것으로 쉽게 구분할 수 있고, 이는 실제로 분문에 사용된 언어에 따라 구분한 결과와도 일치한다. 또한 교과서가 사용되었던 1910년대 이전부터 일본과 조선에서는 한문과 다른 자국어인 '국어'에 대한 인식을 가지고 있었다는 점도 근거가 될 수 있다. 특히 1894년 11월 21일 公布된 고종 칙령[20] 이후 국한문체가 국가의 공식 문서에 사용되기 시작하면서, 조선 사회의 공식 문체는 한문체에서 국한문체로 변화하게 되었다. 이 과정에서 나타난 국한문체와 국문체간 경쟁 구도는 한문과의 거리두기가 전제로 되어 있었다. 국한문체의 성립 과정이 "구(舊-인용자) 지식인은 한문에서 국문으로 접근하고 부유(婦儒)는 국문에서 한문으로 상승해 가야한다는 이중의 기획이 만난 지점"[21]으로 설명되는 이면에는 한문과 조선어의 분리가 전제되어 있는

---

20) "第十四條. 法律勅令. 總以國文爲本. 漢文附譯. 或混用國漢文(제 14조. 법률과 칙령은 모두 국문으로 본을 삼고 한역(漢譯)을 덧붙이며 국한문을 혼용할 수 있다.)."『고종 실록』, 고종 31년(1894. 11. 21).

것이다. 임상석에 따르면, 근대 계몽기의 국어 교재들이 "한문은 고전 학습용의 언어로 설정하고 작문 등의 실제적 언어 생활에서는 한국어의 사용을 높이려 했"고, 한문과 조선어를 분리하여 생각하려는 '전근대적 어문질서'는 조선총독부의 어문 및 교육 정책을 통해 계속 유지되었다.[22] 이와 같은 상황은 조선보다 일본에서 먼저 일어난 것으로, 일본에서의 "'국어'는 국가 지배를 위한 정치적 장치일 뿐만 아니라, 근대 일본의 정신을 주박(呪縛)하는 지적 장치"[23]이며 여기에도 고전어인 '한문과 다른 자국어'에 대한 인식이 깔려있다.

이에 따라 4장 2절에서는 『조선어독본』을 '조선어 부분'과 '한문 부분'으로 나누어 각각에 수록된 연습 활동의 양상을 분석해 보기로 한다.

2) 식민지배 및 계몽 담론 전파의 수단 : '조선어 부분'의 경우

『조선어독본』의 조선어 부분에 해당하는 단원은 전체 58개 단원 중 31개로, 단원명이 '한문'으로 되어 있지 않은 모든 과가 여기에 속한다. [표1]에서 보듯 조선어 부분에는 총 117개의 연습 문항이 수록되어 있고 복수의 활동을 고려한 분석 대상의 총 개수는 118개이다.

이 중 "독해 활동"에 해당되는 연습은 무려 110개로 조선어 부분 전체의 93.2%에 달한다. 특히 "독해 활동" 중에서도 '특정 단어나 장면 찾기' 활동은 무려 100개가 되었고, 이는 전체의 84.7%를 차지하는 엄청난 비중이다. 『국어독본』에서와 마찬가지로 '특정 단어나 장면 찾기' 활동이 강조된다는 것은 교과서가 본문에 제시된 지식을 전달하는 수단으

21) 권보드래(2000), 『한국 근대소설의 기원』, 소명출판사, p.142.
22) 임상석(2010), 「일제강점기, 조선총독부의 조선어급한문 교과서 연구 시론」, 『한문학보』 22호, 우리한문학회, pp.134-135.
23) 이연숙, 고영진·임경화 옮김(2006), 『국어라는 사상』, 소명출판사, pp.103-104.

로 인식되었다는 것을 뜻한다. 수록된 연습 활동의 거의 대부분이 이러한 활동에 속한다는 것, 특히『국어독본』(전체의 54.9%)에 비해 훨씬 높은 비율로 수록되어 있다는 점은 문제시될 수 있다. 게다가『조선어독본』조선어 부분에서 '특정 단어나 장면 찾기' 활동이 제시된 25개 단원의 면면24)을 함께 고려해 보면 이와 같은 양상이 곧 근대 계몽 담론을

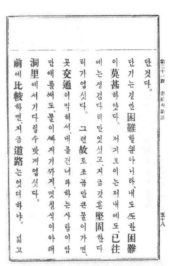

〈그림 3〉『조선어독본』21과의 삽화와 본문 일부

보급하고 조선 지배를 위한 담론들을 전파하고자 했던 편찬 주체의 의도라는 점을 추측해 낼 수 있다. 특정 단어나 장면 찾기에 해당되는 단원의 본문은 일제가 피식민지 조선인에게 강조한 덕목(공덕, 미신 타파, 근검,

---

24) 여기에 해당되는 25개 단원의 제목을 나열하면 다음과 같다. 1과 공덕(公德), 3과 종두, 5과 우인(愚人)의 미신, 10과 근검, 12과 폐물(廢物)이용, 14과 빡데리아, 16과 식물(食物)의 저장, 21과 노수(老樹)의 담화, 23과 묘(猫)와 호(虎), 25과 조선의 행정관청, 27과 직업, 29과 조선의 산업1, 30과 조선의 산업2, 32과 인삼과 연초, 34과 효안(梟眼), 36과 성실, 38과 군함, 40과 면(面), 42과 조선의 삼림, 44과 농가의 여업(餘業), 46과 마(麻), 48과 권업모범장(勸業模範場), 53과 다기가구다이(瀧鶴臺)의 처(妻), 55과 납세, 57과 모리무라이지사에몬(森村市左衛門)옹(翁).

절약, 성실, 위생, 국가에 대한 헌신, 생산성 증대 등)과 실생활과 관련된 과학의 지식(종두, 박테리아, 생물 등), 조선의 자원·산업·행정구역 등을 다루고 있다. 그리고 각 단원의 연습에서는 본문의 중심 내용이나 중요 개념에 대해 물어, 학습자로 하여금 이를 다시 한 번 본문에서 찾아 익히도록 안내한다.

일제 통치가 조선을 근대화 시키고 조선 사회의 발전에 커다란 영향을 끼쳤다는 내용의 "21과 老樹의 談話"에서 이와 같은 사정이 단적으로 드러난다. 『조선어독본』의 21과는 "어느여름날에, 多年길가에서잇던큰 늣틔나무가, 길左右에보기좃케가즈런히벌녀잇는어린보부라나무를對하 야" 지금 자신들이 서 있는 곳에 난 국도가 전에 비해 상당히 발전된 것임을 독백하는 형식으로 되어 있다. '큰늣틔나무'는 자신이 그 자리에 서 있은 지 이삼백년이나 되었다는 점을 수차례 강조하면서 "지금은사람 이通行하기에便利할쑨아니라, 짐실은수레가連絡不絶하게단기며, 自轉 車도단기며, 째째로自動車가큰소리를내면서瞬息間에지나가니, 참曾往 과는霄壤之判"이라고 말한다. 이러한 변화로 인해 이전보다 더 많은 사 람들이 '큰늣틔나무' 자신이 서있는 국도를 지나지만, 어떤 사람들은 나 무를 함부로 상하게 하기도 한다면서 이러한 행동에 대해 불평을 늘어놓 기도 한다. '큰늣틔나무'는 결국 길을 좋게 만드는 것이 산업을 발달시키 는 것과 밀접한 관련을 맺고 있음은 물론 이러한 "文明의惠澤"을 지방으 로 전파하는 수단임을 강조하면서 모두가 길을 소중히 아껴야 한다고 말한다. 이러한 내용의 본문 말미에는 총5개의 연습이 붙어 있다. 그런데 이들 문항은 모두 교과서 본문의 내용을 확인하고 정리하는 데 초점을 두고 있는 것처럼 보인다.

一, 늣틔나무는, 옛적길과지금길의달은
　것을엇더케말하얏느냐.
二, 늣틔나무는, 압헤보이는내와다리를
　보면서, 엇더한말을하얏느냐.
三, 늣틔나무는, 길가나무가往來하는사
　람에게利益되게하는일을엇더케말
　하얏느냐.
四, 衣冠한사람이나무가지를썩거가는
　것을보고, 늣틔나무는무엇이라고흉
　보앗느냐.
五, 길이좃케되면, 그地方이繁昌하는
　理由를말하야라.

〈그림 4〉『조선어독본』21과의 연습

　　당시 학교교육에서 『조선어독본』은 이중 언어 교육용 교재였으며,
국어 수업을 위한 『국어독본』이 별도로 존재하여 사회나 과학 교과서
역할을 겸(兼)하고 있었다. 그럼에도 불구하고 『조선어독본』의 조선어
부분에서 사회나 역사, 과학, 기술 등의 지식을 교수·학습하도록 의도
한 것은 편찬주체가 조선어 교과를 언어 교육이 아니라 계몽과 지배 담
론의 전파 도구로서 이용했음을 보여주는 것이다.

　　한편 『조선어독본』 조선어 부분 연습의 "독해 활동" 중 '추론적 이해
및 비판적 이해'에 해당되는 활동은 총 10회 제시되어 있다. 그 중 '본문
내용을 주변 상황에 적용하기'에 해당되는 단원은 1과와 5과인데, 1과
본문에서는 공중도덕을 지키는 태도의 중요성을, 5과 본문에서는 미신
을 타파해야 하는 이유를 설명하고 있다. 이에 따라 1과에서는 "右에서
말한것外에, 公德으로重히역이지아니치못할일을말하야라", 5과에서는

"너의地方에밋지못할迷信이잇거든, 그것을말하야라"의 문항이 제시되어 있다. 이렇게 본문의 내용을 심화·확장하여 학습자의 주변 문제로 바꾸어 생각하도록 하는 활동은 분명 특정 단어나 장면 찾기 활동보다 높은 수준의 사고(思考)를 요하는 것임에 틀림없다. 그러나 그 비중이 너무나 낮고 단 두 차례 제시된 활동이 조선의 현실과 조선인에 대한 비판을 유도한다는 점에서, 이러한 질문의 의도가 학습자들의 고등 사고 활동을 안내하기 위한 데에 있다고 판단하기 어렵다. 이밖에 단 한 번 제시되어 있는 '감상 말하기'(53과 瀧鶴臺(다기가구다이) 妻) 유형 역시 교재 전체에 비해 비중이 너무 낮고, 일제의 통치 이데올로기와 맥락을 같이 하는 교훈의 확인을 의도한 활동[25]으로 판단되므로 이들로부터 해당 교과서의 새로운 의의를 찾기란 어려운 일이다.

이밖에 『조선어독본』 조선어 부분에 수록된 연습 중 "문법 연습 활동"과 "기타"에 해당되는 활동은 총 8개이며, 이들 문항의 대부분은 언문으로 된 단어를 한자로 고치는 활동과 동일한 형식의 글 모방하여 쓰기 활동이다. 언문으로 된 단어를 한자로 고치는 연습의 경우 38과("軍艦"), 40과("面"), 48과("勸業模範場")에 제시되어 있다. 그리고 같은 형식의 글 모방하기 활동의 경우에는 7과("友人의 慈親喪을 弔慰함"), 18과("與妹弟書"), 51과("書籍을 請借함")에 제시되어 있으며, 이들은 모두 서간문의 형식을 익히는 것으로 되어 있다. 이는 교수·학습의 초점이 "개인적 정감이나 자아와 세계의 발견, 나아가 연애나 사회의식" 등의 차원이

---

25) "53과 瀧鶴臺(다기가구다이)의 妻"에 제시되어 있다. 53과는 "容貌가 自幼로 醜"하여 시집을 못가던 처녀가 유망한 유학자인 다기가구다이와 결혼해 내조의 공을 세우게 되었는데, 결혼 생활 내내 붉은공과 흰공을 지니고 다니면서 "惡한마음이생기면,붉은공에실을더감고,착한마음이생기면흰공에실을더감"아 스스로 반성하며 "**女子의本分**을잘직히고,또自己가**善良한習慣을養成**하기에힘"(강조-인용자) 썼다는 내용이다. 이러한 본문 끝에 지시된 연습은 "鶴臺의妻이약이를듯고,感動된것을말하야라"라는 문항으로 되어 있다.

아니라 "근대 계몽을 위한 실용적 내용"의 차원에 편중된 것으로 이해될 수 있다26). 그러나 이러한 역할마저도 『조선어독본』 조선어 부분 전체의 6.8%에 그칠 만큼 미미한 수준이다.

이상의 분석을 통해 『조선어독본』의 조선어 부분은 결국 교수의 초점이 '사실적 이해'에 맞추어져 있으며, 이는 특히 조선총독부가 의도한 지배 이데올로기와 계몽담론을 지식으로서 가르치고 연습하도록 한 것임을 확인할 수 있다. '추론적 이해 및 비판적 이해'나 "문법 연습 활동", "기타"에 해당되는 활동 역시 주로 지배 이데올로기와 계몽담론 관련 지식의 심화 활동으로 이어지는 데 그쳤다. 결국 『조선어독본』 조선어 부분은 언어 교재로서의 기능보다 일제의 지배 이데올로기와 계몽담론 전파를 위한 수단으로서의 기능이 강조된 교과서라고 볼 수 있다.

3) 일본어 교육의 보조 수단, 보통학교 입학에의 유인책
: '한문 부분'의 경우

『조선어독본』의 한문 부분은 단원명이 '한문'으로 되어 있는 총 27개 단원이며, 여기에 수록된 연습은 총 80문항, 102개의 활동으로 되어 있다. [표1]에서 가장 눈에 띄는 점은 대분류 수준에서 "문법 연습 활동"의 빈도가 전체의 64.7%로 가장 높다는 점이다. 『조선어독본』 전체와 조선어 부분, 『국어독본』의 경우에는 "독해 활동", 특히 '사실적 이해'의 비율이 가장 높은 것과 대조적이다.

『조선어독본』 한문 부분에서 가장 빈번하게 제시된 "문법 연습 활동"은 소분류 수준에서 볼 때 '한자 익히기'와 '언문을 한문으로 바꾸어 보는 활동'27)으로 제시되어 있고, 이들은 각각 전체의 54.9%(56개)와

---

26) 김성수·손광식(2010), 「국어(조선어) 독본 수록 서간(書簡)의 존재양상과 사회적 의미」, 『한국근대문학연구』22호, 한국근대문학회, p.197.

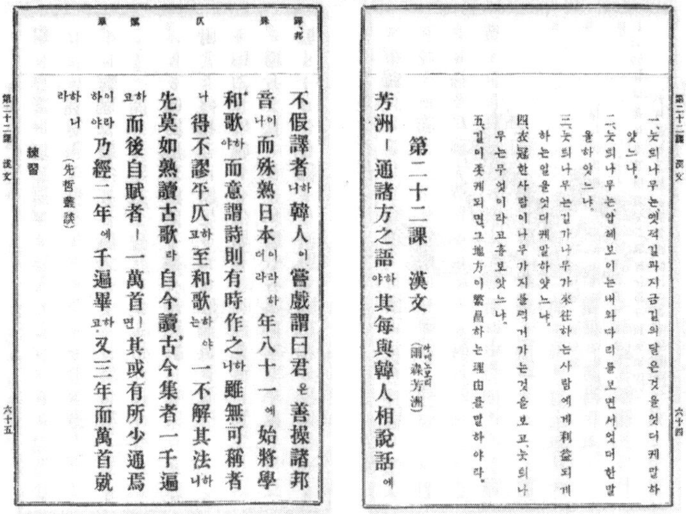

〈그림 5〉『조선어독본』22과.

『조선어독본』조선어 부분과 달리 한문 부분에는 삽화가 전혀 그려져 있지 않다.

9.8%(10개)를 차지했다. 특히 소분류의 단일 항목으로 전체의 절반을 넘긴 '한자 익히기'의 경우 한자에 토를 달거나 음과 훈을 밝혀 적는 연습(23개), 비슷한 모양의 한자를 구별하는 연습(9개), 본문에 제시된 한문 문장 중간에 빈 칸을 넣고 한자를 채워 쓰는 연습(19개), 한자 한 글자를 이용하여 단어를 만드는 연습(5개) 등으로 구성되어 있다.

또 전체의 33.3%를 차지한 "독해 활동"(34개)의 절반 이상은 '사실

---

27) '사실적 이해' 중 '한문 문장 해석하기'와 "문법 연습 활동" 중 '언문을 한문으로 바꾸어 보는 활동'은 일종의 번역이라는 점에서 동일하다. 그러나 이 둘은 서로 다른 유형의 활동으로 처리하였다. 왜냐하면 당시 학교교육의 학습자들에게 있어 '한문을 번역하는 것'과 '한문으로 작문하는 것'은 매우 다른 정도의 노력이 요구되었으리라 판단되기 때문이다. 언문일치에 근접해 갔을 것으로 추정되는 당시의 국문체에 비해 한문은 따로 배워 익혀야 하는 외국어였다는 점에서도 그러하거니와 한문 문장 해석하기는 본문의 내용을 다시 한 번 되묻는 것인 반면 언문을 한문으로 바꾸어 보는 활동은 학습자가 새롭게 작문을 해야 하는 과제라는 점에서도 그러하다.

198 '조선어독본'과 국어 문화

적 이해'에 해당되는 특정 단어나 장면 찾기, 한문 문장 해석하기로 되어 있으며, '추론적 이해 및 비판적 이해'에 해당되는 활동은 감상 말하기와 본문 요약하기로 되어 있다.

『조선어독본』한문 부분의 이러한 구성은 한자 교육에 대한 강조로 특징지을 수 있는데, 한문 교과가 한자 익히기에 주된 초점을 맞추고 있다는 점은 문제적이라 할 수 있다. '한자 익히기'에 속하는 연습은 한문 교육의 맥락에서 이루어지고 있긴 하지만, 엄밀한 의미로 따졌을 때 한자의 교육이 곧 한문 교육으로 되는 것은 아니다. 언문을 한문으로 바꾸어 써보는 활동이나 "독해 활동"에 포함된 활동 등 한문 문장을 해석하여 의미를 파악하거나 한문 작문을 해보는 연습이 한문 교육 본연이라 할 수 있다. 그러나 '사실적 이해'와 '추론적 이해 및 비판적 이해', '어휘 및 문법 익히기'와 언문을 한문으로 바꾸어 써보는 활동을 모두 합쳐(44개, 한문부분 전체의 43.1%)보아도 '한자 익히기' 활동(56개, 한문 부분 전체의 54.9%)에 못 미치리만큼『조선어독본』한문 부분의 '한자 익히기'는 지나치게 강조되어 나타나 있다.

물론 한문을 배우기 위해 한자를 익혀야 하는 것은 너무나 당연한 일이므로 '한자 익히기'의 강조를 한문 교육의 한 단계로 이해할 수도 있다. 그러나 "일본문과 조선문의 문자상의 유사성을 매개하는 문자가 한자였다는 점"[28]을 통해 추측하건대 '한문'은 그것 자체를 가르치기 위한 것이 아니라 일본어와 조선어 교육의 방편으로서 취급되었다고 볼 수 있다. 또 "대만을 위시한 일본의 주요 식민지가 전통적으로 한자문화권에 속하는 점과 일본어의 언어적 구조상 한자와의 혼용을 피할 수 없다는 점"[29]에서 조선총독부는 한자를 식민지 문화 통합의 매체로 인식했다.

---

28) 허재영(2009),『일제강점기 교과서 정책과 조선어과 교과서』, 경진, p.86.
29) 임상석(2010), 앞의 글, p.137.

또 『조선어독본』한문 부분에 해당되는 과에는 본문의 이해를 돕기 위한 삽화가 전혀 없다는 점도 이러한 판단의 근거가 될 수 있다. 이는 같은 학년 용 『국어독본』에 총 47개의 삽화가 그려져 있고 『조선어독본』 조선어 부분에 총 12개의 삽화가 그려져 있는 것과 대조적이다.

따라서 이 시기 한문 교육은 일제가 기획한 근대적 학교교육의 중요 교육과정이 아니었다고 추측해 볼 수 있다. 더욱이 조선총독부는 한문 교육에 대해 부정적 입장이어서 "한문을 보통학교에서 가르치는 것을 장래에 폐지하지 않으면 안 된다"고 생각했다.[30] 이에 따라 한문 교육을 한자 교육 중심으로 전환하여 이를 일본어(국어) 교육을 수월하게 하기 위한 도구로 사용했을 것이라고 추측해 볼 수 있다. 물론 조선어 교육에 있어서도 한자의 교육이 긴요한 것이긴 했지만, 앞에서 살핀 것과 같이 『조선어독본』조선어 부분의 교수·학습 상 초점이 언어(조선어)에 있지 않았다. 따라서 『조선어독본』한문 부분에서 한자가 강조된 것은 일본어(국어) 교육의 수월성을 위한 조치라고 보는 편이 타당할 것 같다.

4학년 2학기용 『국어독본』머리말에서 제시한 교수 안내는 조선총독부의 이러한 의도를 잘 보여준다. 안내 중 3번 항은 "이 책 제5과 및 제6과에는 한문에 훈독을 위한 부호 및 보조가나를 붙인 글을 게재하여 한문훈독을 예시하였다. 나아가 교사는 보통학교[31] 조선어 및 한문 독본에서 평이한 한문을 적절하게 골라서 이를 훈독하게 해도 된다"고 명시한다. 그리고 뒤이은 항목들에서도 교사는 학습자들의 원활한 학습을 위해 적절한 수준과 내용의 보조 자료를 적극 활용해야 한다고 강조한다.

---

30) 高橋浜吉(1927), 『조선교육사고』, 제국지방행정학회 조선본부, 1927, p.127, 古川 昭, 이성옥 옮김(2006), 『구한말 근대학교의 형성』, 경인문화사, p.97에서 재인용.
31) 이 글에서 참고한 번역본은 이 구절을 "초등학교"라고 의역해 두었으나 여기서는 원문에 적힌 그대로 "보통학교"라 적었다.

이러한 내용은 교사에게 권고하는 형식으로 되어 있지만, 일본어 교육의 보조 자료로서 한문을 이용하도록 했다는 점에서 한문 교과는 일종의 도구로 인식되었음을 엿볼 수 있는 것이다.

한편 『조선어독본』 한문 부분에서 한자 학습이 강조된 것은 대중들의 학교교육에 대한 관심을 모으려는 유인책의 일환으로도 생각해 볼 수 있다. 일제강점기를 전후 해 전국 각지에 보통학교가 설립되었지만 많은 대중들은 여전히 과거의 교육 기관인 서당에 입학했다. 다음의 자료는 1910년 직전의 이러한 사정을 잘 보여준다.

> 츙쳥남도각군에 교육졍황을 드르즉 셔당이 륙빅팔십륙인디 싱도가 ᄉ쳔구십륙인이오 교과셔는 한문을 위쥬ᄒᄂ디 혹 한국력ᄉ와 디지를 ᄀ릐치ᄂ디도잇스며 공ᄉ립보통학교는 일빅십이인디 싱도는 오쳔ᄉ빅칠십이인이오 교원은 삼빅삼십인이라더라
>
> ─ 『대한매일신보』, 1909년 11월 13일자, 3면 1단)

충청남도 지역에 한정된 이야기이지만 인용문은 근대식 학교와 서당에 대한 당시 사람들의 관심이 거의 비등하게 나타남을 보여준다. 이와 같이 보통학교가 개교한 상태에서도 조선의 대중들 사이에는 여전히 서당의 인기가 높았다.

고마고메 다케시가 조사한 공립학교 취학률과 서당의 수효 역시 이러한 사정을 잘 보여준다.

> 조선의 공립학교 취학률은 사노 미치오(佐野通夫)의 추산에 따르면 1920년 시점에서 남녀 합해 3.7%, 25년에 13.0%, 30년에 14.5%였다. …… 조선에서는 1912년 조사 당시 약 1만 6000교였던 서당이 계속 증가해 1921년에는 대략 동리 수에 필적하는 약 2만 5000교에 달했다.[32]

따라서 일제가 장차 폐지해야할 필요성을 느끼면서도 보통학교에서 한문 교과를 유지하는 한편 한문 교과를 한자 교육 중심으로 시행한 것은 서당 교육의 수요를 자연스럽게 근대식 학교로 끌어오기 위한 의도가 아닐까 추측해 볼 수 있는 것이다. 조선총독부가 근대식 학교교육에 대중들을 끌어들이고자 한 것은 근대식 학교교육이 식민지 조선을 지배하는 데 필요한 '충량한 신민' 양성의 중요한 과정이었기 때문이다. 한문이 아니라 한자에 교육의 초점이 맞추어져 있었다는 점에서 한문 교육의 본질에는 일본어 교육의 수월성이 자리하고 있음은 물론이다.

　　이상에서 분석한 것과 같이, 『조선어독본』의 한문 부분은 "문법 연습 활동" 중에서도 특히 '한자 익히기'에 교수·학습의 초점이 맞추어져 있다. 이는 일제가 일본어 교육을 보다 원활히 수행하기 위한 방편이자 서당 교육의 수요를 공교육의 장으로 끌어들이기 위한 수단이라고 볼 수 있다. 그 결과 『조선어독본』의 한문 부분은 조선어 부분과 마찬가지로 언어 교과로서의 기능이 약화되었으며, 언어교육보다는 근대식 학교교육에 대한 조선 대중의 거부감을 줄이고 일본어 교육을 보조하는 기능이 강조된 교과서라 할 수 있다.

---

32) 고마고메 다케시, 오성철 외 옮김(2008), 『식민지제국 일본의 문화통합』, 역사비평사, pp.149-150.

5. 결론

국가의 기획 아래 다수의 학습자들을 대상으로 실시되는 학교교육은 근대 국가에 있어 매우 중요한 의미를 갖는다. 특히 교육이 담당하는 국가적 담론의 재생산 기능은 국가의 존립에 무시할 수 없는 영향력을 끼치게 마련이다. 이에 따라 학교교육의 교재인 교과서 역시 중요한 의의를 가질 수밖에 없다. 국가의 의도가 집약되어 널리 읽힌다는 점에서뿐만 아니라, 교수·학습의 구체적인 모습을 안내한다는 점에서 교과서는 단순한 텍스트 이상의 의미를 지니게 된다. 이에 따라 교과서는 본문에 씌어진 텍스트를 넘어선 의미를 가지며, 이러한 의미는 교과서의 다양한 교육적 장치와 본문을 종합적으로 고려할 때 드러날 수 있다. 이 글에서는 이러한 문제의식을 바탕으로 1910년대 보통학교 4학년이 국어와 조선어 시간에 각각 사용했던 교과서의 '연습'을 분석해 보고, 이를 통해 『조선어독본』의 성격에 대해 살펴보았다.

1910년대 보통학교 4학년이 국어와 조선어 시간에 각각 사용했던 교과서인 『보통학교 국어독본』과 『보통학교 조선어급한문독본』에 수록된 '연습'의 내용을 분석한 결과 『국어독본』에서는 "독해 활동"에 해당되는 활동인 '사실적 이해' 활동과 '추론적 이해 및 비판적 이해' 활동이 각각 전체의 54.9%와 12.1%를 차지했다. 또한 "문법 연습"에 속하는 '한자 익히기'와 '어휘 및 문법 익히기' 활동은 전체의 9.8%와 16.5%를, 이밖에 "기타"에 속한 '글의 형식 익히기'의 경우에는 전체의 6.7%를 각각 차지했다. 이러한 결과는 당시 『국어독본』이 오늘날의 국어 교과에 해당되는 내용 이외에도 지리나 역사, 과학 등의 지식을 가르치는 교과로서의 성격을 가지고 있었기 때문으로 풀이된다. 위와 같은 『국어독본』 연습의 특징은 이어질 『조선어독본』 연습에 대한 비교항으로서 의미를 갖는다.

한편『조선어독본』에서는 "독해 활동"에 해당되는 '사실적 이해' 활동과 '추론적 이해 및 비판적 이해' 활동이 각각 전체의 58.6%와 6.8%를 차지했다.『국어독본』의 54.9%, 12.1%와 비교할 때,『조선어독본』은『국어독본』보다 텍스트에 나타난 지식의 교육이 강조된 반면 고등 수준의 사고 교육은 약화되었다고 볼 수 있다. 또한 '문법 연습 활동'에 속하는 '한자 학습'과 '어휘 및 문법 연습'과 "기타"의 '글의 형식 익히기' 활동은 각각 25.5%, 5.9%, 3.2%의 비율을 차지하여『국어독본』에 비해 한자학습이 강조된 반면 언어에 대한 교육은 약화되었음을 알 수 있다. 아울러『조선어독본』의 "문법 연습 활동"은『국어독본』에 빈해 빈도도 낮지만 활동의 유형 또한 다양하지 않다는 점 또한 지적해 둘 만하다.

그런데『조선어독본』의 성격은 교과서를 조선어 부분과 한문 부분으로 나누어 살펴 볼 때 보다 뚜렷하게 드러난다.『조선어독본』조선어 부분 연습의 84.7%는 단순히 본문에 나타난 지식을 찾아 확인하는 것으로 되어 있으며, 이러한 연습이 수록된 단원들은 대부분 일제가 강조하고 있는 근대 계몽 담론과 지배 체제의 정당화를 위한 담론을 그 내용으로 하고 있다. 따라서『조선어독본』의 조선어 부분은 일제가 만들어낸 담론을 지식으로서 전달하는 교과의 성격이 부각되어 있는 교재임을 확인해 볼 수 있다. 또한『조선어독본』의 한문 부분에서는 전체 연습의 54.9%가 한자 익히기에 할애되어 있어『조선어독본』의 한문 부분은 한자 교육을 중심으로 한 일본어 교육의 보조 수단적 성격을 띤다고 할 수 있다. 동시에 일제가 서당 교육의 수요를 학교교육으로 끌어들이기 위한 유인책으로서의 성격을 갖는다고 추측해 볼 수도 있다.

다소 미숙한 점이 있지만, 이 글이 향후 교과서 연구에 교과서를 교육의 자료로서 바라보려는 태도를 환기하는 계기가 되길 희망한다. 또

국어교육사의 관점에서 일제강점기에 대한 다양한 연구는 물론 계화계몽기, 미군정기, 교육과정기 등에 발간된 교과서에 대한 관심과 연구가 지속되었으면 하는 바람이다. 특히 계화계몽기부터 일제강점기를 거쳐 미군정기, 교육과정기에 이르는 교과서 변천사를 앞선 시대 교과서와의 영향관계와 함께 밝혀 하나의 흐름으로 만드는 작업이나 교육과정의 변천을 아우르는 다각도의 의미 규명 작업은 국어교과서사(國語敎科書史)의 중요한 향후 연구 과제로 남겨둔다.*

---

* 이 글은 2011년 6월 30일에 발간된 같은 제목의 논문(『어문연구』 150호, pp449-476)을 수정, 보완한 것임을 밝혀둔다.

05 『여자고등 조선어독본』을 통해 본 여성상

정상이(고려대 강사)

1. 연구 목적과 의의

이 글의 목적은 일제강점기 여성을 상대로 편찬한『여자고등 조선어독본』을 분석하여 일제가 교과서라는 형식적인 체제를 가지고 조선 여성에게 무엇을 교육시켰으며, 무엇을 얻고자 하였는지를 알아 보고자 한다. 여성을 교육시킨다는 명분 아래 일제가 원하는 여성상을 어떤 식으로 정립시켜 갔는지를 알아보는 것은 여러 가지 면에서 의미 있는 일이다. 여태까지 피상적으로 알고 있었던 일제시대 여성 교육의 실상을 파악할 수 있는 일이며, 앞선 시기의 교과서와 다음 시기의 교과서에 어떤 영향을 주었는가를 파악하는 좋은 자료가 되리라 여겨진다. 여기서 두 가지 의문을 가질 수 있다. 왜 일제강점기이며, 왜『여자고등 조선어독본』이 그 대상이냐이다. 일제치하의『조선어독본』은 오늘날의 '국어' 교과서와 마찬가지로 이질적인 내용과 형식을 가진 글들이 한 자리에 모인 이른바 혼종적 텍스트1)라는 것을 주목할 필요가 있다. 그런 점에서『조선어독본』은 사회와 문화, 한글정책, 일제 식민정책 등 식민치하의 다양한 측면들을 이해할 수 있는 중요한 문화사적 사료라 할 수 있다.2) 이런 중요한 의미에도 불구하고 이 시기의 교과서에 대한 다양한 연구가 이루어지지 못한 데에는 우선, 교과서의 발굴과 정리에서 오는 어려움을 들 수 있다. 초기 연구가 대부분 서지와 자료조사 등 기초 연구3)에 집중되었던 것은 당연한 순서였다. 여기에 허재영4)과 강진호 등의 연구로 인하여 일제강점기 조선어과 교과서에 적용된 식민정책과 교과서의 출판 실태, 식민과 탈식민, 문학작품의 미의식과 정전(正典) 등 교과서 연구의 중요성이 새롭게 부각되었다. 그러나 위의 연구들은 그 대상이 너무 광범위(일제강점기부터 제7차 교육과정 교과서까지)하여 하나의 교과서를 세밀히 살펴 그 의미를 찾는데는 한계를 드러내고 있다. 중등학교를 대상으로 하는 교과서 연구로 김혜련5)과 조지원6)이 있다. 김혜련은『여자고등 조선어독본』과『신편고등 조선어급한문독본』을 통해 일제강점기 중등학교 교육정책의 의미를 밝히며 두 교과서를 비교 연구하였다. 그러나 국

----

1) 형식이 가지는 다양한 종류 즉 설명문, 논설문, 기행문, 소설, 우화 등과 다양한 내용(근대적 지식에서부터 문물 소개, 일본의 지리와 명절 풍습, 식민정책 등)
2) 강진호, 「조선어독본'과 일제의 문화정치」, 『상허학회 21집』, 상허학보, 2010. 6, 116쪽
3) 박붕배, 『한국국어교육전사 (상, 하)』, 대한교과서주식회사, 1987.
   이종국, 『한국의 교과서』, 대한교과서주식회사, 1991.
   -, 『한국의 교과서 출판변천연구』, 일진사, 2001.
4) 허재영, 『일제강점기 교과서 정책과 조선어과 교과서』, 경진, 2009.
   강진호 외 『국어 교과서와 국가 이데올로기』, 글누림, 2007.
5) 김혜련, 「신편고등 조선어급한문독본'과 식민지 조선인 재구성 기획」, 『한국언어문화학』, 제5권 1호, 2008.
   -, 『식민지기 중등학교 국어과 교육연구』, 동국대 국어국문학과 박사논문, 2008.
   -, 『일제강점기 조선어과 교과서와 조선인』, 역락, 2011.
6) 조지원, 『1920년대 중등학교 조선어독본 분석』, 고려대학교 교육대학원 석사논문, 2007.

어과 교육에 초점이 맞추어져 있으며 체제를 밝히는 데 치중하여 세부적인 내용 연구는 소홀한 면이 있다. 조지원도 두 독본을 비교 연구하여 1920년대라는 시대적 상황에서 동화교육의 의미를 살펴보았다. 그러나 김혜련과 마찬가지로 체제와 구성을 밝히는 데 머물고 있다.

두 독본의 비교 연구는 의미 있는 일이다. 그러나 독본이 가지고 있는 세부적인 내용을 알아야 그 의미와 당시에 어떠한 의도로 그러한 교육을 시행하였는지를 알 수가 있다. 또한 일제강점기에 일제가 행한 여러 가지 교육장치 중 여성을 상대로 무엇을 행하였는지 알기 위해선 『여자고등 조선어독본』의 내용 분석이 필수적이다. 이에 『신편고등 조선어급한문독본』은 참조되는 항목만 살펴보고, 『여자고등 조선어독본』을 집중적으로 분석하여 일제가 조선인 여학생을 대상으로 무엇을 교육시켰으며, 무엇을 얻고자 하였는지를 알아보고자 한다.

'여자다워야 한다. 현모양처가 제일이다'라는 이미지는 만들어진 것이다. 어떤 것이 여자다운 것이며, 현명한 어머니상인지에 대해서는 모두들 알고 있다. 사회가 만들어 놓은 '여성상'으로 인해 여자들은 이중적인 고통에 시달려 왔다. 물론 이러한 이미지가 일제강점기에 만들어진 것은 아니다. 그 기원은 더 거슬러 갈 수 있다. 이 논문에서 다루고자 하는 것은 이러한 여성의 이미지가 교과서라는 체제를 통해서 치밀하게 교육되어 질 수도 있음이다. 그리하여 교과서가 가지는 이데올로기를 좀 더 깊이 생각하게 하고, 우리 교육의 방법에 대해서도 신중하게 검토해 보는 계기가 되었으면 한다.

2. 일제강점기 교과서

일제강점기는 조선어과를 제외한 모든 교육이 일본어로 이루어졌다. 그 과정에서 일본어 교과서가 국어 교과서의 자리를 대신하였으며, 조선어과 교과서는 '조선어급한문(朝鮮語及漢文)'으로 명칭이 바뀌면서, 언문 단원을 줄이는 방식으로 개발되었다. 일제강점기의 교과서 개발 주최는 조선총독부였다. 1910년대의 교과서에서는 인명, 지명 등이 일본식 독음을 취하다가 1920년대 교과서에서는 조선어 독음을 취하게 되고, 다시 제3차 교육령 이후에는 일본어 독음을 취하는 방식도 그 중의 하나이다. 이처럼 일제강점기의 조선어과는 일본인화 교육에서 제2외국어로 다루어졌다.[7]

조선어과가 제2외국어의 영역에서 표면적으로 위치를 달리하게 된 시기는 1920년대이다. 1920년대는 3·1운동 이후 일제가 문화통치를 표방하면서 식민지 정책을 반영하는 교과서를 본격적으로 편찬했던 시기이다. 이 시기는 민립대학설립 운동을 비롯한 각급 학교의 설립운동이 일어나면서 조선인의 교육열이 고조되기 시작한 시기였다. 또한 3·1운동이라는 조선인의 저항에 부딪힌 식민지 교육 당국이 조선인 교육에 대해 신중을 기하고 있었으므로 교육내용에서도 많은 변화가 이루어지는 시기였다. 따라서 일제의 의도를 담은 조선인 교육이 적극적으로 시행되었던 시기였다.

일제의 교육 정책은 구체적으로 '조선교육령'으로 나타난다. '조선교육령'은 1911년 11월 1일부터 모두 9차례 개정이 있었다. 교육령은 교육정책을 법적으로 뒷받침 한다는 점에서 교육정책이나 교과서 연구의 기

---

7) 강진호 외, 『국어 교과서와 국가 이데올로기』, 글누림, 2007, 31~37쪽.

준으로 설정할 수 있다. 특히 1911년, 1922년, 1938년 발포된 교육령은 교육정책 및 교과서 변화와 밀접한 관련을 맺는다.[8]

식민시기에 조선어 교육은 '조선어'의 사용 능력을 향상시키는 목적을 내세우고 있었지만, 조선인 학습자의 식민화를 유도하기 위해 정치적으로 기획되고 한시적으로 실행된 것이 사실이다. 식민지배 집단의 이데올로기를 내면화하여 지배 집단에 적합한 '국민'을 양성하기 위한 교과로 활용되었던 것이다.[9]

김혜정[10]은 일본이 조선어과 교육을 시킨 목적을 크게 두 가지로 보고 있다. 첫째는 근대적 문식성(文識性) 획득을 위한 것이고, 둘째는 일본어 학습을 위한 매개 언어 혹은 교수 학습 언어로서의 효용 때문이었던 것이다. 이는 일제에게 있어 근대적 문식성(文識性)을 획득하게 한다는 교육상의 선전용 대의를 표방하기에 적절하고, 일본어의 체계를 완전히 숙달하지 못한 저학년생에게 목표어(目標語)를 설명하는 매개언어로서 항시 일본어 교육과 연결을 취해야 하는 언어였던 것이다. '근대적 문식성'은 단지 표면적 목표이고 실질적 목적은 조선어 교육을 통해 일본 문화를 학습하게끔 하고, 일본적 제도와 문물에 순응하는 신민(臣民)으로 키우기 위한 것이라고 볼 수 있다.

『여자고등 조선어독본』은 3·1 운동 이후 이른바 문화통치로의 전환을 반영하여 공포한 제3차 조선교육령 하에서 편찬된 국어 교과서[11]이다. 제3차 조선교육령 하에서 편찬된 『여자고등 조선어독본』은 여타

---

8) 허재영, 『일제강점기 교과서 정책과 조선어과 교과서』, 경진, 2009, 22~23쪽.
9) 김혜련, 『식민지기 중등학교 국어과 교육연구』, 동국대 국어국문학과 박사논문, 2008, 6쪽.
10) 김혜정, 「일제강점기 '조선어 교육'의 의도와 성격」, 『어문연구』제31권 제3호, 2003, 446쪽.
11) 일제강점기에 '국어교과서'는 일본교과서를 의미했고, '조선어독본'이 조선교과서였다. 그러나 여기에서는 '조선어독본'을 '국어교과서'라 부르겠다.

의 교과와는 달리 표기 언어를 '조선어'로 채택하여 학습자와 교과 간의 친밀감을 유도함으로써 식민 기율의 내면화를 효과적으로 창출할 수 있도록 만든 교과서라 할 수 있다. 조선어 교과서를 통한 수업은 아직 일본어에 익숙하지 못한 저학년과 여학생들에게는 효과적이면서 긴요한 방법이라고 할 수 있다.

3. 여성의 교육과 현황

근대적 학교제도를 통하여 여성에게 교육 기회를 부여하고자 했던 최초의 시도는 외국의 선교 사업의 일환이었다. 흔히 우리나라 최초의 여성 교육 기관으로 일컬어지는 이화학당은 개항 10년이 지난 1886년에 미국인 선교사에 의해 창설되었다. 초기의 여성 교육 기관은 학제나 수업의 운영 등에서 제도화된 규정이 없었다. 설립 초기의 이화학당이 주로 고아나 과부 등을 학생으로 받아들였던 것에서 보듯이 초기에는 개인 교수 비슷하게 교육이 이루어졌고, 교과 내용 또한 정해진 것이 없었으며, 졸업장도 임의로 수여되었다. 1900년대 후반에 이르면 점차 국가 권력에 의한 제도화의 과정을 밟게 된다.[12]

근대 계몽기부터 여성들도 교육을 시켜야 한다는 담론은 꾸준히 제기 되었지만 학교를 다니는 여자들을 쉽게 보게 된 것은 1920년대에 이르러서이다. 조선총독부의 공식 통계에 따르면 여자고등보통학교에 다니는 인원이 1923년 현재 1,370명, 1925년 현재 2,022명으로 집계되었다.[13]

사립과 공립을 합하여 1911년 경성과 숙명여고가 설립되었고, 1912

---

12) 김경일 『여성의 근대, 근대의 여성』, 푸른역사, 2004, 276쪽.
13) 연구공간 수유+너머 근대매체연구팀, 『신여성』, 한겨레신문사, 2005, 13쪽.

년에 진명, 1918년 이화와 호수돈이, 1921년에 정의가, 1925년에 배화 ·
일신 · 루씨, 1926년에 공주 · 동덕 · 대구,　1927년에 광주와 부산에서
여자고등학교가 설립되었다.14) 1911년부터 1927년까지를 보면 여자고
등학교의 수는 14개교인데 반해 남자고등학교의 수는 27개교이다. 여자
고등학교의 수가 14개교이지만 교실의 수는 한 학교에 1~2학급 정도였
기에 남자고등학교의 학생수와 비교하면 많은 차이가 있다.

　일본의 식민지 정책은 민족적 자주성과 그 운동을 탄압하는 일에
집중되었고, 우리의 교육목적은 조국과 동포를 사랑하고 조국의 독립을
위해 헌신적으로 투쟁하는 국민을 만들어 내는 것이었다. 교육은 독립을
위한 강력한 수단으로 생각되었다. 이러한 상황 속에서 여성을 위한 교
육의 기회가 확대되었다. 여성교육운동이 일어나던 상황과는 달리 보다
다급하게 민족적 관점에서 여성교육이 요청되었던 것이다. 과거 교육면
에서 국한되었던 여성의 사회운동도 3 · 1운동에 적극적으로 참여 하면
서 독립운동, 계몽운동, 문맹퇴치운동, 생활개선운동 등으로 확대되었다.

　동경 여자유학생들이 만든 잡지 『여자계(女子界)』가 1918년 익명
으로 발표한 '여자교육론'을 살펴보면 당시 교육 받은 한국여성의 교육관
은 이제 지난 시대의 범주를 넘어서 여성교육의 이상을 추구하는 경향을
보인다. 논지의 핵심은 첫째, 교육기회의 남녀평등에서 교육의 남녀평등
을 주장하고 있다. 둘째, 생존의 개념을 통해 사회진출 및 경제활동의
가능성을 타진하고 있으며, 셋째 현모양처 교육이라는 여성교육관을 뛰
어넘어 여성의 위치를 새롭게 인식한 여성운동가를 만나 실질적인 남녀
평등의 개념에 다가서고 있다.15) 그러나 일제시기를 맞아 공교육은 일제

---

14) 자료:조선총독부 학무국, 『조선 제학교 일람』, 1938년 참조.
15) 한국여성사연구소, 『한국여성사 정립을 위한 인물유형연구』, 1993, 1~16쪽, 김미
　　란, 「1920년대 여성교육에 대한 비판적 고찰」, 한국교원대 교육학 석사논문, 2007,

의 정치적 목적으로 이용당하면서 계속적으로 피폐화된다.

1930년대 초반까지 여학생 수는 13만 6천명으로 여성 총인구의 1.2%에 지나지 않았으며, 여성 인구의 92%가 문맹상태였다.[16] 여성에게는 교육의 기회도 적었고 교육기관도 매우 부족하였다. 1920년대를 기점으로 일제의 여성에 대한 교육 기회 제공으로 여학생의 수가 늘어나긴 했지만, 여자들의 교육 기회와 더불어 경제적 자립이 함께 이루어지기는 힘들었다. 그것은 시데하라 히로시의 『조선교육론』에서도 나타난다.

구한말 학부의 학정 참여관을 지낸 시데하라 히로시(弊原坦)는 1919년 집필한 『조선교육론』에서 다음과 같이 언급하고 있다.

> 한국 정부도 우리가 명치 41년에 고등여학교 및 그 시행규칙을 발포하여 경성에서 시작해 고등여학교를 두고 그것에 예과를 설치하여 이에 예과에서도 남자의 보통학교 정도의 동등한 교과를 가르치고 그리고 후에 본과에 들어가게 했다. 이것이 금일의 경성 여자고등보통학교의 전신이다. (중략)
> ① 즉 여자교육은 반드시 나아가 그것을 시설하는 것에서 그치지 않고 그것을 시설하는 경우에도 설비의 허가가 떨어진 범위 내에서 이루어지도록 하고 그리고 **그 효과도 간이적절하게 실용비근(實用卑近)의 것이 이루어지도록 한다.** ② 처음에는 빈민의 여자를 학교에 입학하게 했다. 그 중에 시세는 변천해서 합방이 되어 문화의 보급이 가정에까지 미침에 따라서 조선인에게 부형의 향학심은 비교적 신속히 발달했다. 중류의 자는 여자를 학교에 보내어 형세를 순치했다. ③ 또 국어의 보급도 공히 조선인에게 국어 수습과 더불어 흥미가 더해지는 결과가 되어 국어를 배우지 않은 자는 만사에 남들에게 뒤처지는 것 같은 기운을 촉성함에 이르렀다. ④ 여자가 학교에 입학하기를 원하는 것을 따르는 것은 평안도 벽지의 지방에서 남장을 하고서라도 보통학교에 입학하는 여자를 보기에

22쪽 재인용.
16) 신영숙, 『일제하 한국여성 사회사 연구』, 이화여대 박사논문, 1989, 8쪽.

이르렀다. (중략) ⑤ 여자의 취학은 남자와 터럭도 다르지 않다고 말해지고는 있지만 아직까지는 그렇지 않아 남자에 미치지 못하고 있다. 그 이유는 여러 가지가 있겠지만 신의주공립보통학교의 조사에 의하면 여자교육의 필요를 인식한 고래의 풍습, 남녀 자리를 함께 하지 않는 관습, 조혼, 가사일 돕기, 교육을 받는 여자에게는 결혼신청이 적은 사회의 실정, 학자의 부족, 통학의 불편 등을 들었다. (중략) ⑥ **학교 방면에서도 여자에게는 특히 생활상 유용한 지식과 기능을 전수 받는 것을 본지로 한다. 그래서 재봉과 수예에 비중을 두고서 경성의 진명여자고등보통학교와 같이 기직(機織)까지를 배우게 되었다. 여자의 훈육은 그 천분과 생활의 실제에 비추어 수신과 제가에 적절한 것을 기하도록 하되 최근 부화(浮華) · 경조의 풍을 경계하도록 한다.**[17] (강조 : 인용자)

①에서 여자교육의 목적이 실용에 두고 있음을 밝히고 있다. ②에서는 시간이 지남에 따라 여성 교육에 대한 열의가 높아지고 있음을 알 수 있다. ③에서 '국어'보급이란 일본어를 의미하며 일본어를 배우는 것이 남보다 앞서는 것임을 드러내고 있다. ④에서는 남장을 하고서라도 학교에 가고자 하는 여성들의 교육에 대한 높은 의지가 보인다. ⑤에서는 여성들의 높은 교육열과 달리 실질적으로는 학교에 다니는 여자가 적음을 말하고 있다. 그 이유로 관습, 가사일 돕기, 조혼과 교육을 받은 여자는 청혼이 적게 들어오는 사회의 실정을 들고 있다. 봉건적인 사고방식은 여성들의 교육을 막고 있었다. ⑥에서는 다시 여자에게 교육시키는 목적이 생활상 필요한 지식과 기능의 전수임을 밝히고 있다. 재봉과 수예 등 기술적인 교육이 여학생들이 배우는 주 과목이었다. "최근 부화 · 경조의 풍을 경계하도록 한다"는 1920년대를 기점으로 '신여성'[18]이

---

17) 시데하라 히로시(幣原坦), 「조선교육론」, 『식민지조선교육정책사료집성 25』, 국제아카데미편, 2002, 185쪽~199쪽. 밑줄과 굵은 글씨는 강조를 위해 필자가 하였다.
18) 신여성 담론을 형성하는 주요한 거점은 잡지와 신문 같은 매체이다. 특히 잡지는 여러 가지 형태의 글쓰기와 재현물이 망라되고 특정한 이념이나 목적의식을 지향하

등장하고 그들에 대한 다양한 논의가 펼쳐지지만, 시데하라 히로시의 글에 나타나듯이 그것을 단순히 부화와 경조의 풍으로 여겼다.

여성의 교육과 더불어 여성의 의식도 성장하였지만 그것을 차단하는 봉건적인 관습과 '수신(修身)과 제가(齊家)'라는 허울을 만들어 여성의 경제적인 자립를 막고 있었다. 그건 고등교육이 실생활과 동떨어진 교육이었음을 보여준다. 따라서 근대적 학교교육을 통해 배출된 여성 지식인은 실제적으로는 근대적 여성상을 향해 나아갈 수도 없었으며, 현모양처의 전통적 여성상에 부합될 수밖에 없었다.

1910년대에 참사관이었던 일본인 하라가 경성 여자고등 보통학교를 시찰하고 쓴 『조선의 여행』에서 식민정책상 여성교육이 어떤 의미에서 행하여졌는지 잘 드러난다.

조선인 여자 교육은 남자 교육에 비하여 뒤지지 않는 중요한 의미가 있다. 경제적 융합과 사회적 융화는 식민 정책의 뿌리와 꼭지가 되지만 그 가운데에도 뒤의 것, 곧 사회적 융합이라는 것이 한층 더 곤란한 것이

는 필진들을 집결하며, 그에 공감하는 독자층을 형성시킨다는 점에서 중요한 위치를 차지한다. 신여성을 담론적 구성물로 만드는 데 주요한 역할을 한 매체는 여성잡지, 특히 『신여성』이라는 잡지였다.(김수진, 『신여성, 근대의 과잉』, 소명출판, 2009, 42쪽) 식민지 시대에 대표적인 여성잡지는 개벽사에서 나온 『신여성』(1923~1934)과 동아일보사에서 나온 『신가정』(1933~1936), 조선일보사가 낸 『여성』(1936~1940)을 들 수 있다. 『신여성』은 1920년대와 1930년대 초반까지 사실상 여성잡지로서 독보적인 위치를 차지한다. 1920년대 초 몇몇 여성잡지가 창간되었으나 오래 지속되지 못하였고 계몽적 대중성이 『신여성』에 비해 현저하게 떨어졌기 때문이다. 『신여성』은 1923년 창간해서 1926년까지, 1931년 복간해서 1934년까지, 약 42권이 발간된 여성 대중지이다. 잡지의 표제에 걸맞게 구독 대상은 주로 근대적 학교 제도의 수혜를 받은 문자 해독이 가능하고 신사상을 적극적으로 받아들이는 여성이다. 내용은 '신여성'이 알아야 할 새롭고 대중적인 정보가 망라되어 있다. 표지와 활자체, 편집 방식 등에서 당대 최고, 최신의 것이었던 근대적인 여성지였지만 여성이 주체가 되는 잡지는 아니었다. 구독자 여성은 계몽과 선도의 대상이 되는 타자로서만 존재했다. 이 잡지에서 다룬 주제는 크게 세 가지로 나눌 수 있다. 첫째, 근대지식과 신문물 둘째, 결혼과 남녀차이 셋째, 성과 직업이다.

다. 그러나 일단 성공을 하면 경제적 융합보다도 더 힘 있는 사회의 뿌리와 꼭지를 굳게 하는 시멘트가 된다. 어떻게 하여서든지 부녀자를 감화시키는 데서부터 들어가는 것이 지름길이다. 유럽의 선진국들이 식민지 정책 또는 종교 정책에 부녀자의 감화를 중요시하는 이유가 깊다고 생각한다. (중략) 그런데 여자가 감화하면 남자는 저절로 감화되는 것이다. 이와 같이 하여 밑의 밑에서부터 두드려가지 않으면 통치의 근저가 진정하게 되어 가지 못할 것이다.[19]

"어떻게 하여서든지 부녀자를 감화시키는 데서부터 들어가는 것이 지름길이다."라고 말하는 것처럼 식민 정책자들은 여성을 우선 감화 대상자로 보았다. 여성에 대한 감화가 쉽다고 본 것은 식민지 여성에 대한 이중적인 선입견에서 나온 것이다.

조선교육령 제15조는 여자고등 보통학교에 대하여 "부덕을 기르고 국민된 성격을 도야하며, 그 생활에 유용한 지식과 기능을 가르친다"고 서술하고 있다. 여기서 '부덕'이란 종순과 온화와 정조임을 여자 수신교과서에는 명시하고 있다.[20]

식민지 하의 사회적 위계질서는 일본인 남성, 일본인 여성, 조선인 남성, 조선인 여성의 순으로 이루어져 민족차별과 함께 성차별을 받았다. 여성의 일차적 역할은 가정 내에서 아내와 어머니 역할이라는 고정 관념이 확고했고, 전문직에 종사하는 여성상은 일과 가정 모두 완벽하게 해내는 여성상을 요구하였다.[21]

19) 이만규, 『조선교육사 2』, 거름, 1988, 216쪽 재인용.
20) 김경일, 『여성의 근대, 근대의 여성』, 푸른역사, 2004, 288쪽.
21) 김미란, 『1920년대 여성교육에 대한 비판적 고찰』, 한국교원대 교육학 석사논문, 2007, 58쪽.

4. 『여자고등 조선어독본』 분석

4.1. 남학생과 달리 편성된 단원이 가지는 의미

『여자고등 조선어독본』은 전4권으로 구성되었다. 제1권은 28과(192 6년 11월 28일), 제2권은 26과(1928년 11월 28일), 제3과는 25과(1924년 3월 28일), 제4권은 24과(1924년 3월 31일)로 되어 있다. 권두에 '서언'이 있고, 상단에는 주석이 들어 있다.

『신편고등 조선어급한문독본』은 전5권으로 단원 구성은 조선어 부분과 한문부분으로 나뉘어져 있다. 제1권은 조선어 단원이 21개, 한문 단원이 15개, 제2권과 제3권은(조선어-19, 한문-21) 같은 비중으로, 제4권(조선어-17, 한문-34), 제5권은 조선어 단원이 17개, 한문부분이 30개로 이루어져 있다.

당시 고등 보통학교와 여자고등 보통학교 조선어과 과정은 독방, 해석, 서취, 작문을 공통으로 배웠다. 여자는 회화, 남자는 암송이 따로 배정되었다. 여자의 경우 일상에서의 담화를 익히기 위해 회화 과정이 설정된 것으로 볼 수 있다. 전4권으로 구성된 『여자고등 조선어독본』에는 한문부분이 없기 때문에 고등 보통학교용 조선어독본에 비해 단원 수가 많다.

『여자고등 조선어독본』과 『신편고등 조선어급한문독본』의 단원은 상당 부분이 중복된다. 그러나 『여자고등 조선어독본』에만 새롭게 수록된 단원의 수도 상당하다. 제1권의 경우 10개 과, 제2권의 경우 11개 과, 제3권 제4권에 각각 11개 과이다. 다시 말해『여자고등 조선어독본』에만 실린 단원을 살피면 식민지 교육 당국이 중등 수준의 학습자 공통에게 의도했던 교육 내용 외에 여성에게 한정해서 의도했던 교육 내용을 알 수 있을 것이다.

제3차 교육령기에 여자고등 보통학교용 조선어과 교과서를 편찬한 까닭은 고등 보통학교와 교육의 차이를 반영하고자 했기 때문이다. 일제 강점기의 남녀 교육의 차이점은 교육령을 통해 나타난다.

* 고등 보통학교 교육령 제1차(1911년)[22]
제10조 고등 보통학교에서는 교수상 좌의 사항에 주의함이 가홈

1. **생도의 상식을 양(養)하야 충양하고 근면한 국민을 양성**함은 고등 보통학교의 주요한 목적인즉 하(何)교과목에 대하야도 상히 차에 유의하야 교수함을 요홈

2. **상(常)히 질서를 중히 녀겨 규율을 수하는 기풍을 양성**함은 교육상 중요한 사(事)인즉 하교과목에 대하야도 상히 차에 유의하야 교수함을 요홈

3. 국어는 국민정신의 숙한 바오 또 지식기능을 득케 함에 결치 못할 것인즉 학교과목에 대하야도 국어의 사용을 정확히 하고 기응용을 자재케 함을 기함이 가홈

4. 지식기능은 생활상에 적절한 사항을 선(選)하야 수(授)하고 도(徒)히 다식다능을 구하야 산만한 폐(弊)에 결치 아니함을 무(務)함이 요홈

5. 교수는 기목적급방법을 오(誤)치 아니하고 상오연결하야 보익케 함을 요홈

6. 교수는 상히 기방법에 주의하야 도(徒)히 암통, 기억에 편치 아니하고 추리, 고찰하는 능을 득케 함을 요홈

* 고등 보통학교 교육령 제3차(1922년)
제8조 고등 보통학교에서는 교수상 특히 좌의 사항에 주의함이 가홈

1. 국민된 성격을 함양하며 국어에 숙달케함은 어늬 학과목에셔던지 항

22) 허재영, 『일제강점기 교과서 정책과 조선어과 교과서』, 경진, 2009, 135~136쪽. 한자로 된 교육령을 한글로 전환하였다. 진하게 된 부분과 줄은 강조를 위해 임의로 하였다.

상 차에 심히 유의함을 요흠

2. 선량한 풍속을 존중하며 생도의 덕성을 함양하야 순량한 인격을 도치하며 진(進)하야 **사회에 봉사하는** 염을 후(厚)히 하고 동포집목하는 미풍을 양함을 기하되 어의 학과목에셔던지 항상 차에 심히 유의함을 요흠

3. 지식기능은 생도의 장래생활상 적절한 사항을 선하야 차를 교수하고 또 가성(可成)적 개인의 특성에 유의함을 요흠 (4항, 5항 생략)

* 여자고등 보통학교 교육령 제1차(1911년)
제9조 여자고등 보통학교에셔는 교수상 좌의 사항에 주의함이 가흠
1. **정숙하고 근검한 여자를 양성함은 여학교의 주요한 목적**이오니 아모 교과목에 취하야도 상히 차에 유의하야 교수함을 요흠(2, 3, 4, 5항 고등 보통학교와 동일)

* 여자고등 보통학교 교육령 제3차(1922년)
제8조 여자고등 보통학교에셔는 교수상 특히 좌의 사항에 주의함이 가흠
1. 국민된 성격을 함양하며 국어에 숙달케함은 어의 학과목에셔던지 항상 비에 심히 유의함을 요흠
2. 선량한 풍속을 존중하며 생도의 덕성을 함양하야 순량한 인격을 도치하고 **특히 정숙하야 동정에 부(富)하며 근검을 상하는 지조를 순히 하며 진하야 동포집목하는 미풍을 양함을 기하되 어느 학과 목에셔던지 항상 차에 심히 유의함을 요흠**(3, 4, 5항 고등 보통학교와 동일)

위 교육령을 통해서 알 수 있듯이 "생도의 상식을 양하야 충양하고 근면한 국민을 양성"하는 것과 "질서를 중히 녀겨 규율을 수하는 기풍을 양성"하는 것은 남학생에게만 요구하는 사항이다. 남학생에겐 질서를 중히 여기며 규율을 따르는 사람으로서, 제국에 충성하고 근면한 국민으로 교육시키고 있었다. 반면 여학생에겐 정숙하고 근검함을 교육의 목적임을 밝히고 있다. 제1차 때에는 '정숙하고 근검한 여자'를 양성함을 목적

으로 하였으나, 제3차에서는 남자에게 요구한 '사회에 봉사'와는 달리 '지조'를 추가항목으로 삽입하여 여자에게 원하는 것이 무엇인지를 보다 구체적으로 나타내었다.

4.2. 식민교육이 차지하는 비율

교과서에서 다루는 내용을 크게 세분하여 5개로 나누어 보았다. 이렇게 분류를 한 것은 교과에서 다루는 문장의 종류를 통해 교과서의 특징과 목적이 어느 정도 드러나기 때문이다.

	설명문	논설문	문학(수필, 전기, 편지글 등)	기타	식민교육
권1	6	7	11	4	10
권2	10	5	7	4	8
권3	8	5	8	4	10
권4	10	5	6	4	13
계 (비율)	34 (33%)	22 (21%)	32 (31%)	16 (16%)	41 (40%)

위의 표에서 알 수 있듯이 전체 103개 단원 가운데 가장 많은 비율을 차지하는 것은 식민교육이다. 권1에서부터 권4까지 고루 분포하고 있다. 특히 권4에선 무려 13개의 단원이 식민교육을 다루고 있다. 여기서 식민교육이란 일본이 우리나라를 자신의 충량한 국민으로 만들기 위해 행하는 모든 교육을 의미한다. 구체적인 내용은 교과서의 내용 분석에서 다루도록 하겠다. 식민교육 다음으로 많이 나타나는 것은 설명문과 논설문이다. 설명문과 논설문이 많다는 것은 근대의 문물이나 규율 등 식민지민에게 정책을 알리고 교화시키는 목적이 분명함을 말하고 있는 것이다. 문학 단원은 각 종류별로 모두 합한 것이기 때문에 차지하는 비율에 비해 사실은 높은 것은 아니다. 그러나 남학생들에게는 별로 차지하지

않는 부분인 문학 즉, 수필이나 일기·편지글이 많은 부분을 차지하고 있다. 이는 남학생들에 비해 여학생들에게 실용적인 한글의 사용에 중점을 두었음을 알 수 있다.

4.3. 교육되어지는 여성상

『여자고등 조선어독본』이라는 국어 교과서를 별도로 편찬하면서까지 재구성하고자 했던 '식민지 여성'은 어떤 여성이었을까? 식민 통치 전략에서 조선의 여성이 '특별 관리 대상'으로 인식되었다는 것을 시사한다. 이것은 조선의 여성이 값싼 노동력으로 활용될 수 있는 경제적인 가치로서 뿐만 아니라 일본인과 동화하는 조선인을 길러낼 어머니의 육성이라는 차원에서 관리하고 통제해야 할 대상으로 간주되었음을 의미한다.[23]

교과서의 내용에 주목하는 이유는 교과서가 객관적이고 중립적인 지식 체계의 모습을 표방하고 있지만 실은 매우 유동적이고 상대적인 구성체이기 때문이다. 특히 '국정'이라는 형식에 의해 근대적인 체제를 갖추고 등장한 일군의 교과서들이야말로 실은 편찬 주체의 일정한 지향과 담론으로 구성된 이데올로기적인 텍스트이다. 『여자고등 조선어독본』을 분석하는 것은 국가적 공교육 시스템이라는 명분 아래 재구성하고자 했던 '식민지 여성'의 본질을 파악하는 데 유용하기 때문이다.

1) 허영 이데올로기

『여자고등 조선어독본』제1권의 1단원에서 3단원(신입학, 박물관, 하마)까지는 남학생과 공통적으로 들어가는 단원이다. 4단원부터가 새롭게 편찬된 부분이다. 4단원과 5단원의 주제는 여자의 허영심에 관한

---

23) 김혜련, 『식민지기 중등학교 국어과 교육연구』, 동국대 국어국문학과 박사논문, 2008, 166쪽.

것이다.

> 내부에 부족한 점이 잇는 자일수록, 그 외면을 수식하야 아모조록 시체(時體)에 뒤지지 아니하랴고 노력하나, 차에 반하야, 지조가 견실한 자는 그러치 아니하야, 야비한 것을 피하고 고상한 길을 차자나가오. 허영심이 잇는 자는 사치만 조와하야, 혹은 화려한 학용품을 사용하고, 혹은 외피만 차리는 자가 만소. (중략) 가정의 문란을 닐이켜, 조선전래의 가산을 탕진한 자가 자고로 적지 아니하오. 아아, 무섭다. 사치의 해독. 아아, 두렵다, 허영심.[24]

4단원 허영심에서는 동서를 막론하여 사치는 여자의 그릇된 본성이라고 규정한다. 모든 부덕의 소치로서 여성의 사치는 '가정의 문란'과 '조선 전래의 가산을 탕진'하게 하는 사회적 불의의 주범으로 설명되고 있다. 근대적인 교육을 받은 여성이 그렇지 않은 여성들과 차별화되려면 자신의 몸과 마음에서 이 고질적 본성부터 제거해야만 한다. 결국 근대적인 지식인 여성이 갖추어야 할 가장 근본적인 조건으로 허영의 제거를 제시하고 있는 것이다.

이어지는 5단원 '귀부인과 밀가루 장사'에서는 귀부인의 목걸이를 밀가루 장사의 돌절구와 비교하여 '소용'과 '이익'에 닿지 않는 아무 짝에도 쓸모없는 것이라고 강조한다. 밀가루 장사의 돌절구는 100원이라는 초기 투자금액에 비해 매년 40원이라는 이익을 내는 매우 경제적이고 실용적인 생필품이지만, 여성의 액세서리는 아무 실익이 없는 비경제적인 물건에 불과하다는 실용주의적 관점에서 여성의 허영심을 비난하고 있다. 제4권에서는 추앙해야 할 모범적 전형을 구체적으로 제시하고 있

---

24) 조선총독부, 『여자고등 조선어독본 1·2·4』,한국국어교육연구원, 학예문화사 2003, 17쪽~18쪽. 권3은 조선총독부, 『여자고등 조선어독본』, 조선서적인쇄주식 회사, 1924. 이후로는 쪽수만 기록함.

다. 24단원 '신흠의 처 이씨'는 여학생들이 존경해야 할 인물로 소개하고 있다. 이씨는 "존귀한 처지에 재하야 근검으로 자수하더라. 매양 문회 때는 중표의 제사(娣姒)가 모다 성장을 하야, 화려함으로써 서로 자랑을 삼되, 이씨는 홀로 폐의(弊衣)를 섭(攝)하고, 좌석에 참예하야, 조곰도 외관을 식(飾)함이 업스니, 식견잇는 자가 공경하더라.(137쪽)"

4단원에 있는 허영심의 폐해를 5단원에서는 구체적인 상황을 제시하여 보여 주며, 24단원에서는 '신흠의 처 이씨'를 모범적인 인물로 보여 준다.

1920년대와 30년대를 보여주는 신문, 잡지 중 몇 부분만 훑어 보더라도 당대 사회의 담론 장에서 경성의 여성을 소비와 허영으로 연결짓는 논의는 뜨거운 테마였음을 알 수 있다.25) 1920년대 중반 조선의 신여성은 식민 지배 당국의 남성과 식민지 조선 남성이 양쪽에서 가하는 공격의 장에 서 있었던 셈이다. 서구적인 양장과 구두도 대체된 여성의 달라진 의상과 외모는 실용과 편리를 넘어서 전통사회와의 결별과 봉건적억압으로부터의 탈출을 의미하는 표식으로서 당당한 사회적 주체로서의여성을 선언하는 방법적 도구였다.26)

일부에 국한된 여성의 허영을 모든 여성의 문제로 만들어 놓고, 허영심을 여성의 본질로 규정한 것은 여성을 교육시켜야 할 대상으로 만들려는 일제의 속셈이었다.

25) 연구공간 수유+너머 근대매체연구팀,『신여성』, 한계레문화사, 2005, 30쪽
26) 김혜련,『식민지기 중등학교 국어과 교육연구』, 동국대 국어국문학과 박사논문, 2008, 170쪽.

2) 교육의 대상이 된 가사(위생, 재봉, 시간 관념)

『여자고등 조선어독본』을 구성하는 3분의 1이 '가사'에 대한 부분이다. 여성의 사회 진출이나 직업 활동을 위한 고려가 거의 없었던 식민지 교육 정책은 가사를 여자의 본성에 적합한 것으로 파악하고 여성용 국어과의 전 학년 교과서를 통해 가사과에 해당하는 내용을 집중적으로 학습시켰다. 제1권에 6단원, 제2권에 12단원, 제3권에 12단원, 제4권에 7단원이 여성으로서 배워야 하는 가사와 경제에 대한 것이다.

제1권 14과(가정)에 "여자는 가정에 잇서 가사를 다사리는 것이, 그의 본분이오. 그런즉 가정에 대하야 중대한 책임이 업다 할 수 업소(611쪽)"로 시작, 15과에서는 재봉법을 자세하게 소개하고 있다. 재봉은 여성에게 주어진 특권이며, 임무임을 강조한다. 제3권 12과 '의복과 정신'에서는 의복에 대한 개념을 먼저 정의한다. 의복이란 한서(寒暑)를 방어하고 신체를 보호하기 위하여 있는 것이다. 또한 교제상 필요 불가결한 것이다. 그러나 옷의 개수나 화려한 의상을 입는 것은 분수에 맞지 않는 것임을 말하며, "국임살 업고 청결한 면포옷을 닙는 것이 도로혀 우승하오." 그런즉 여자는 "청결하고 국임살업는 의복을 남자에게 닙게 하는 것은 실로 부인의 주밀한 심지와 능난한 재능을 발표하는 것이오." 여자가 청결하고 국임살 없는 의복을 다루는 일이 뛰어난 재주를 발휘하는 것이라고 말하고 있다. 그러면서 다음 13과에서는 '폐물 이용'을 다루면서 "무용의 물은 시무(始無)할지니라."로 마무리 하고 있다. 즉, 소용에 닿지 않는 물건은 없으니 버려지는 것이라도 다시 재활용 할 수 있는 여지가 있음을 가르친다. 20과에서는 하인에 대한 주의를 다루고, 25과 품성에서는 재산과 재능보다 인간으로서 지켜야 할 품성이 제일임을 강조하고 있다. 제4권 21과에서는 청소하는 법을 자세하게 소개하고 있다. "가사과에서 배운 세탁법을 응용하야, 여러 가지 의복을 빨아 보앗더니 어머님께 칭찬을 들었다.(제4권 6과)"는 식으로 일기문이나 기행문, 편지 글 등을 통해서 아주 빈번하게 나온다.

실제 일상 가정생활에 필요한 기능과 청소는 교과에서 아주 중요하 게 다루어지고 있다. 단순히 기존의 전통적인 가사가 아닌 '시간과 노력 과 경제'관념에 준하는 '새로운 가사'를 가르치고 배우고 있음에 자부심 을 느끼게 하고 있다. 이제 가사는 위생 관념처럼 새롭게 배워야 할 근대 적인 과목인 것이다.

3) 체육과 취미적 교육

효율적인 식민통치를 위해 요구되는 여성은 사상이나 각종 문화적 상징의 창조, 전달, 그리고 비판에 종사하는 사람[27]으로서의 지식 여성 이 아니라 부덕을 갖춘 '보통'의 여성이었다. 따라서 식민 당국은 교육 정책상 인문학적 지식보다는 정서와 부덕의 소양과 관련된 기예 교과를 장려했다. 교과별 차이는 각 교과의 교수 목적에서 명확하게 드러난다. 가령 남자 고등학생과 여자 고등학생의 동일한 교과로 편성되었던 수학 교과의 경우 여학생에게는 산술 중심으로 하되, 대수 및 기하의 경우 초보적인 지식만 가르치도록 규정을 두고 있으나, 남학생의 경우에는 산 술, 대수, 기하와 삼각법에 대한 체계적인 지식을 교수하도록 하고 있다. 반면, 음악에서 남학생의 경우에는 창가로 하여 단지 가곡을 부를 수 있게 하는 것에 그치는 반면, 여학생의 경우에는 음악에 관한 지식, 기능 과 창가는 가곡을 부를 수 있게 하는 것을 모두 교수하도록 하고 있다.

이 학교에서는 생도의 체육과 취미적 교육에 특히 유의하야, 언니가 재학하시든 시대보다는 아조 면목이 일신하야껏습니다. 그럼으로 유명한

---

27) 조미숙, 「식민지 시대 지식인 여성상 연구」, 『한국문예비평연구』제17집, 2005, 221쪽.

서화를 수집하야 전람회를 개(開)하며, 음악대가를 초청하야 음악회를 개최하며, 혹은 기회를 달아, 학덕이 겸비한 명사를 초빙하야 강화회를 개최하는 등 정서의 교양과 부덕의 함양에 필요한 견문을 넓혀 주시고, 또 매월 1회식 개최되는 소학예회에서는 어린 피아니스트도 나오고, 유아의 자칭성악가도 출하는 등 실로 자미잇는 일이 만습니다.   (제1권 6과)

금일은 토요일인 고로 저녁에는 음악회가 개최되옵나이다. 그러함으로 우리들 1년생은 창가를 합창하게 되어서, 벌서 삼사차나 연습을 하얏삽나이다.   (제1권 23과)

이 사람은 녀름동안 잔병치례에 허약하얏든 몸이 요사이는 쾌히 회복되와 몸도 튼튼하고 귀운도 씩씩합니다 학교에만 가면 테니쓰 치기에 자미를 뭇쳐서 시간가는줄을 몰으다가 요사이는 하도 치워져서 옥외의 유기는 하기 어려운고로 실내에서 빈본을 치며 놉니다.   (제2과 24과)

조양(朝陽)에 빗취는 나무 닙회물방울이 완연히 수정갓다. 학교에 가본 즉 모다 정구에 열심하고 잇다 춘기경기회가 갓가워젓슴으로, 이씨, 장씨, 제갈씨 등 선수반의 맹열한 연습은, 실로 상당한 적수라하겟다. 실로 아등여자들도, 승패는 엇더튼지 운동으로 인하야 체력을 증진하고, 체격을 훌늉하게 만드는 일은, 여하한 점으로 생각하든지 필요하다.
                                        (제4권 6과)

위 인용문은 여자 고등학생들에게 교육시키는 분야가 무엇인지를 잘 보여준다. 여동생이 유학간 언니에게 편지를 보내면서 학교에서 학생들을 위해 다양한 체험을 시켜줌을 은근히 자랑한다. 금요일과 토요일엔 음악회를 여는 데 필요한 창가 연습에 열심임을 말하고 있다. 또한 정구나 테니스가 신체의 단련을 위해 꼭 필요한 것임을 강조하고 있다.

국어 교과서를 통해 반복적으로 등장하는 창가, 조선의 여학생들이 수업 시간은 물론 가정에서도 장기 자랑하듯 가족들 앞에서 부르는 창가는 어떤 노래일까? 모두 일본 노래였다. 이는 일본 고유의 선율과 리듬을 인식시켜 민족 정신을 고조시키는 것을 핵심으로 하는 음악교육 정책을 반영한 것이었다. 식민지 교육 정책은 창가를 적극적으로 유포하고 유행시킴으로써 식민지 학습자의 음악적 미감까지 정치적으로 관리하고 통제하려 했던 것이다.[28]

4) 황국식민의 보조자(새로운 어머니상과 식민교육)

여자고등학생들에게 하는 교육의 목표는 '현명한 어머니'와 남편을 내조하는 '순종적인 아내, 그리고 제국 건설을 위해 참전 중인 남편을 대신해 가장의 역할까지 완벽하게 소화해 내는 여성을 부각시킴으로써 식민지 여성은 '완벽한 어머니상'을 만들어 내었다.

우선 현명한 어머니와 순종적인 아내의 모습은 단원 곳곳에 나타나 있다. 제2권 6과에서 '금수(禽獸)의 교육'을 다루고 7과에서 '맹모'를 배치하였다. 맹자의 어머니가 자식의 교육 환경을 위하여 세 번이나 이사를 한다. 맹자가 학업을 위하여 멀리 유학을 하러 갔다가 다 마치지 못한 상태로 돌아오자, "여자는 가업에 부지런치 아니하면, 자신을 양(養)하지 못할지오. 남자는 학업을 마지아니하면, 선인이 되지 못하리라." 하며 아들을 꾸짖는다. 12과에서는 '심신의 청결'을 다루며, 17과 '모녀간왕복서한'에서 딸이 어머니께 문안 편지를 보내자 어머니가 딸에게 여러 가지 당부의 말을 한다. 어른을 공경하는 것은 기본이며, 제사를 정성으로 받들라고 당부한다. 무슨 일이든 마음대로 혼자서 결정하지 말고 남편과 상의를 하라고 한다. "만일 가쟝을 압시하고 자의로 하다가 은정이 변하

28) 오지선,『조선총독부의 음악교육 정책에 관한 연구』, 서울대 석사논문, 2002, 53쪽.

야 일죠에 멀어지면 엇지 화락한 집안을 닐울 수 잇스리오. 부대 네 도리를 극진히 하기만 밋는다." 이어서 18과에는 '설씨녀의 정절'을 다루며 여자 된 도리와 정절을 자연스럽게 익히게 하고 있다. 21과 '기제예'에서는 앞에서 다룬 제사에 필요한 절차와 방식을 삽화를 통해 자세하게 설명하고 있다. 제사의 모든 방식을 다 설명하고 난 후, "대저제례는 칭가유무(稱家有無)라. 비록 반갱(飯羹)이라도 성심으로 청결히 하고 정숙케할지니, 차는 모다 주부된 자의 책임이오."하며 여자의 할 일임을 상기시키고 있다. 23과에서는 평강공주가 온달을 어떻게 훌륭하게 하였는지를 들려주고 있다.

　　제3권 10과에서는 '제주도의 해녀'를 다루며 해녀들의 강인한 체력과 생활력을 바탕으로 자녀 양육과 가정경제를 동시에 성공적으로 이끌어 가는 훌륭한 여성으로 불러준다. 17과 '부인과 지리'에서는 여자는 천성적으로 지리에 약하지만 아동의 질문에 답할 정도는 알아야 함을 말한다. 즉 여자가 지리는 배우는 목적은 오로지 아이를 잘 키우기 위한 목적일 뿐임을 은근히 내 비치고 있다. 24과에서는 다시 '지은의 효양'을 내세워 부모에게 효도하는 지은의 모습을 보여주고 있다.

　　제4권에서는 여태까지와는 달리 여자가 해야 할 일이 결혼임을 좀 더 직접적으로 말한다. 그것은 달리 말하면 4학년까지 배운 지식을 사회에 사용할 생각을 하지 말라는 말이 된다. 18과 '사랑하는 매제(妹弟)에게'는 졸업 후 진로에 대해서 고민이 많을 것임을 먼저 전제로 시작한다. "그러하나 잡지의 논문 일이편, 신문 이삼항에도, 심지가 동요되기 쉬운 것은, 그대들의 이만때의 경우인즉 이 형의 말을 잘 삭여" 생각하라고 한다.

더욱 연소한 여자로는 세계적 음악가가 되고 십다, 사회적 사업에 종사하고 십다, 아니 누구갓치 누구갓치하야, 그 시대 그 시대의 세인시청을 경배할 부인이 되고 십다는 희망에 떠올으기 쉬운것이다. 나는 차등 희망이 모다 그르다고는 아니한다. 차라리 일반부녀가 모다 이러한 희망과 용기를 가지기를 바란다. 그러나 생각하야 볼지어다. 일반부녀가 모다 그러케 위대한 사람이 될 수 가 잇슬가 업슬가. 자기의 천분과 경우를 현려치 아니하고, 실현치 못할 공상을 품는 것은, 실로 위험하다. (중략) 나는 그것보다도 **여자에 대하야는, 일층 더 중요한 일이 잇다고 생각한다. 그것은 무엇인가. 천(天)은 실로 여자에게 특별한 은공을 주신 것이다. 그것은 남의 어미가 되는 특권 곳 여자독점의 천분이 이것이다.**

(108~110쪽)

위 인용문에서는 어머니가 되는 것이 여자의 독점적인 특권이라고 하고 있다. 세계적인 음악가가 되고 싶은 마음도 있을 것이고, 사회적 사업에 종사하고 싶겠지만 이것은 다 어리기에 가지는 생각이라고 타이른다. 또한 이러한 생각은 실현하지 못하는 공상이요 위험한 것이라고 말한다. 고등교육까지 받고 각종 매체를 접하면서 새로운 사회를 꿈꾸는 여성들에게 새로운 직업은 '어머니'임을 내세워 여성교육이 독립적이고 자율적인 개인으로 거듭나게 하기 위한 것이 아니라는 것을 나타내고 있다.

『여자고등 조선어독본』에서 차지하는 비율이 무려 40%를 차지하는 것은 다름 아닌 식민교육이다. 이 식민교육은 설명문에서, 논설문에서, 편지글에서 또는 설화와 창가를 통해서 은근하고 노골적으로 나타난다.

제1권 12과와 13과에서는 동경에 있는 횡빈과 부사산의 뛰어난 절경을 칭송한다. 17과 '절부백수정'에서 백수정은 출가를 하였지만 남편이 일찍 병으로 죽는다. 그러나 다른 곳으로 시집가지 않고 시부모를 봉양하기 위하여 농잠을 시작한다. 익근익면(益勤益勉) 하여 자족(自足)하게 되자 가난한 친족들과 고향 사람들을 위하여 구휼을 한다. 이에 "명치 천황께옵서 은사금을 하사"하였다. 수정의 행동과 천황의 은혜가 자연스럽게 연결되도록 배치하였다. 26과 '애국부인회'에서는 여자가 궁극적으로 해야 할 일이 무엇인지를 말해주고 있다.

> 여자도 제국민이 된 이상에, 엇지 도식(徒食)에 지하리오. 현에 부인들이 계획하야, 명치 34년에 애국부인회를 조직하얏스니, 차회의 사업은 전사자 준전사자의 유족과 폐병(癈兵)을 구제함으로써 목적하야, 전시를 당하면 군대의 위문·송영·휼병품의 기증, 군인의 가족, 상병병(傷病兵)의 위문, 병사자의 제위, 유족의 위로, 군인의 가족, 유족에 대한 수산등(授産等), 부인에 적당한 각종 사업에 전력하야써, 원정하는 장졸로 하야금 내원의 우려가 무케함을 기도하니라.　　　　　(116쪽)

제2권 26과 '적십자사'에서는 일본 적십자사가 청일전쟁에서 일본 부상병은 물론 적국인 청나라 부상병도 똑같이 구호해 줌으로써 청나라 군인들에게 깊은 감명을 심어 주었다는 일화를 소개하고 있다. 이러한 적십자사의 구호활동은 제1차 세계대전과 러일전쟁에서도 적극적으로 행해졌다는 점을 강조함으로써 무의식적으로 식민지 조선의 여성들에게 일본을 자혜의 나라로 인식시키는 것은 물론 구호와 자선활동에 대한 동경의식을 이식시키는 방향으로 일본에 대한 인식을 주입시키고 있다.

조선에 대한 일본의 은혜는 제4권 7과 '오촌오백자(奧村五百子)와 광주'에서 보다 선명하게 나타난다. 열등한 조선민을 계도한 일본인 여성 오쿠무라 이요코를 아낌없이 헌신하는 이상적인 어머니상으로 소개한다. 오쿠무라는 오십이라는 적지 않은 나이에 조선에 정착한 후 농업을 개량하고, 실업학교도 설립하여 농잠에 종사하는 조선인에게 근대적인 농잠술을 보급하여 존경받는 인물로 평가되고 있다. 그런데 청일전쟁이 일어나자 학교를 부교장에게 맡기고 군인들을 위문하러 전장으로 떠난다.

오쿠무라는 제1과에 나온 '애국부인회'를 창립한 인물이다. 결국 백수정이나 온달의 처 평강공주처럼 가정과 남편을 위하여 헌신한 후, 국가를 위해 할 일을 찾아 나서는 적극적인 여성상을 보여주는 부분이다.

5. 어머니상에 감춰진 이중성

제3차 조선교육령에 의해 편찬 된『여자고등 조선어독본』을 살펴보았다.『여자고등 조선어독본』은 남학생을 위한『신편고등 조선어급한문독본』과 달리 편성함으로써 학습자의 특성을 반영하는 교육 구조로 전환하였다. 이것은 '여성의 교육'이야말로 '원활한 식민 통치의 토대'라는 사실을 인식한 권력자들의 통치 전략으로 바라보아야 한다. 교육을 수단으로 여성을 개조하려 한 일제는 만주사변, 중일전쟁을 일으키면서 군국주의화됨에 따라 여성을 '관리'하기에 이른다.[29] 조선총독부는 식민지 정책 수행의 하나로 여성교육은 2세를 생산하고 교육한다는 점에서 교화대상으로 중시하였다. 특히 중등여성교육을 중요시한 것은 중등학교를 나올 정도하면 사회에 나와 다른 여성을 선도할 수 있는 입장이라 여겼기 때문이다.

『여자고등 조선어독본』은 근대적 문식성 획득을 통한 국민성 함양이라는 점에서는 남자 고등학생들과 공통된다. 나머지 차별되는 과를 통해서는 여성교육에만 한정되는 특수성들이 의도되었음을 알 수 있다. 첫째, 남학생에 비해 교육 수준이 낮게 책정되었다. 여학생을 대상으로 한

---

29) 김순전 외,『제국의 식민지수신』, 제이앤씨, 2008, 283쪽.

조선어교육은 상대적으로 조선어 습득에 치우쳐 있다. 한문 교과를 배정하지 않은 것, 실용문과 관련한 수필 류의 비중이 높게 나와 있으며 예체능에 치우친 부분을 통해 알 수 있다. 둘째, 실업교육과 관련이 많다. 가사·의복과 관련된 지식, 근검·절약·질서, 허영심 경계 등의 덕목을 통해 식민지 경제에 도움이 되는 여성의 역할 강조하였다. 셋째, 부덕의 함양과 함께 신민화 정책의 수단으로 교육 되었다. 전체 103과 중 40%를 차지하는 식민교육을 통해 '완벽한 어머니'상과 '근로하는 여성', 전쟁이 일어나면 제국을 위해 출정하는 모습으로 그려져 있다.

『여자고등 조선어독본』을 분석 해 본 결과, 당시에 일제가 여성을 상대로 무엇을 교육시켰으며 그들이 바라는 여성상이 어떤 것인지 분명하게 알 수 있다. 교과서에서 다루는 단원의 핵심은 크게 4가지로 볼 수 있다. 먼저, 여성의 허영은 제거되어야 할 일순위로 교과서의 맨 첫머리를 장식하고 있다. 당시의 시대적인 상황을 고려해 볼 때 일반 여성이 허영을 한다는 건 일반화된 것이 아니었다. 그럼에도 불구하고 허영을 강조한 것은 외형적으로 달리한 신여성의 모습과 함께 의식의 변모를 차단하기 위한 하나의 전략이라고 봐야 한다. 다음으로 일상생활의 가사를 교육시켰는데 이것은 무엇을 의미하는 것일까. 늘 하던 가사에 새로운 기술의 도입과 함께 재봉을 가르치고, 새로운 요리법을 가르치면서 함께 강조한 것은 시간과 과학화이다. 똑같은 **빨래**를 하더라도 **빠른** 시간에 할 수 있는 방법을 찾고, 재봉으로 많은 옷을 만들 수 있는 신여성은 구여성과 다름을 강조하고 있다. 가정생활의 과학화를 통해 근대적인 문물을 받아 들이는 것과 함께 의식도 자연스럽게 일본화시킨 것이라고 볼 수 있다. 좋은 것과 뛰어난 것은 일본 것이고 그렇지 못한 것은 조선적인 것이라는 사고 방식은 자신도 모르게 식민지化가 되는 방법이었다. 체육과 함께 등장한 예술적인 취미는 심신을 단련시킨다는 명목하에 부과된 교육이었으며, 받는 여학생들도 자연스럽게 익히게 되는 창가로 인해 일본의 문화를 습득하는 좋은 구실이었다. 마지막으로 강조한 것은 '현명한 어머니'와 제국을 위해 아낌 없이 '헌신하는 어머니'를 내세웠다. 가정에서는 자식과 남편에게 헌신하며 가난한 집안을 일으키는 여성으로, 전시에는 제국을 위해 몸바치는 여성으로 교육시켰다.

이처럼 이 시기의 여자용 교과서는 식민지 피지배 민족으로서의 조선인뿐만 아니라 여성으로서의 억압 이데올로기를 정당화하는 교육 자료를 담고 있음을 확인할 수 있다. 이 시기 조선총독부의 여자 교육 정책은 '근로하는 여성'이라는 새로운 모습과 '유교적 순응주의를 당연시하는 여성'이라는 양면성을 모두 취하고 있는 셈이다.

제3부

'조선어독본'의 제재와
문학의 존재 방식

조선어독본과 국어 문화

01 '조선어과' 교과서 수록 시가의 식민 이데올로기

박선영(아주대 강사)

1. 조선어과 교과서와 '충량한 국민' 만들기의 기획

국가 차원의 제도가 교육을 관장하는 나라에서 교과서는 교육과정 체계에 따라 국가의 이데올로기를 내재화시키며 계획적으로 간행된다. 오늘날 교육과정이 단지 교육체제 만의 문제에 국한된 것은 아니듯 일제 강점기의 교육 역시 식민지 정책과 밀접한 관계 아래에서 수립되었다. 조선총독부는 식민지 정책의 일환으로 교과서 발행에 직접 영향력을 행사했으며 조선인 교육의 운영이나 교과서 간행은 총독부 교육과정을 토대로 이루어졌다. 일제는 1911년 학교설립과 운영, 교과 편성, 교과교육의 목표 등을 규정한 '조선교육령'을 공포한다. 여기서 법적으로 제시된 식민지 교육방침은 "교육은 교육에 관한 칙어에 의하여 忠良한 국민을 육성하는 것을 本義"[1]로 하는 것이었으며, "특히 국민되는 성격을 함양

---

1) 제1차 조선교육령(구교육령, 칙령 229호, 1911. 8. 23. 발포) 제2조(대통령소속 친일반민족행위진상규명위원회, 『친일반민족행위 관계사료집1-조약과 법령』, 친일반

하고, 國語를 보급"[2]할 것을 주된 목적으로 하고 있었다. 이러한 언어교육 정책은 1차(1911)에서 9차(1943)를 거쳐 전시교육령(1945)에 이르기까지 공포, 개정되었던 교육령의 실시로 계획, 추진되어 지속적으로 실행되었다.

총독부는 교육령의 중요 개정 시기에 당시 통치이념과 실제를 반영한 교과서를 발행했고, 발행된 교과서는 국가 공인 텍스트로서의 권위를 가지며 교육 정전으로서의 기능을 발휘했다. 물론 정전은 가치를 생산, 규제하는 제도나 기관의 의도에 따라 전적으로 형성되는 것만은 아니라 텍스트의 가치를 생산 또는 재생산하고 소유하는 소비자와의 관계를 통해 만들어진다.[3] 그러나 정전 형성에 있어 무엇보다 강력한 요소는 생산 주체의 목적과 텍스트를 생산, 보존하고 대상에게 전달하는 과정일 것이다. 당시 총독부는 조선이라는 피식민지 언어사회에 정치권력을 배경으로 하는 일본어를 침입시켜 주종관계를 형성한 후 조선어를 축출하려는 언어지배 구조를 꾀하고 있었다. 이는 당시 총독부가 교과서 편찬으로 사회에 투영시키려고 했던 절대 목표 즉 '忠良한 국민 육성'과 '일본어 보급' 정책에서 확인할 수 있다. 전자가 식민지 교육정책의 이념적 지향이라면 후자는 식민통치를 위한 실용적 도구였던 것이다.

당시 일제는 언어를 통해 전통 문화와 사상, 즉 민족성이 형성된다는 언어관을 견지하고 있었는데 이는 '언어사상 일체관'이나 '언어도구관'을 통해 확인할 수 있다.[4] 총독부는 빠른 시간 내에 국어를 보급하는

민족행위진상규명위원회, 2007, 316쪽.).
2) 제1차 조선교육령 제5조, 같은 곳.
3) 하루오 시라네,「창조된 고전 : 정전 형성의 패러다임과 비평적 전망」, 하루오 시라네·스즈키 토미 엮음/왕숙영 옮김, 『창조된 고전』, 소명출판사, 2002. 참조.
4) "國語는 國民精神이 깃드는 곳"(조선교육령, 고등보통학교 규칙, 제 10조 3항), "日朝人의 融合 同化上에는 最히 國語의 普及이 必要ᄒ다…元來 言語는 國民의 最히 貴重ᄒ 바 ㅣ니 卽 忠君愛國의 根本 되고 又는 一國國粹의 源泉이 되는도

한편 조선어를 일개 외국어의 지위로 격하시키고 식민지 정책에 복무하는 지방 언어로 정착시키기 위해 이에 적합한 조선어 교과서 발행을 본격화했다. 그리고 이를 위해 국어로 설정한 일본어와 그에 상대한 조선어 교과목을 설치하고 조선어과 교과서를 발간한다.[5]

당시 간행된 조선어과 교과서는 요긴한 식민 이데올로기의 주입 수단으로 활용되었을 뿐 아니라, 언어를 순차적으로 규범화하여 피지배언어를 지배하며 지배언어의 지위를 향상시키려는 정치적 목적을 담고 있었다. 조선어의 규범화 수행기관이 학무국이었다는 사실이 보여주듯 식민화 정책에 적합한 내용을 선정해 조선인 생도들을 교육시킨 것이다. 지역어로 강등되어 보조적 매체로 하강한 당시 조선어의 교육은 '단순 의사소통 수단'으로서 기능주의적 측면을 강화하고 있었다. 조선어 교과서의 제재 선정 면에서는 민족적, 문화적인 것을 배제하고 일본적인 것으로 대체하였으며 내용 구성면에서도 국어 교과서와 달리 텍스트 구조의 복합성과 내용의 질적 난이도를 고려하지 않았다. 조선어를 교육한

다"…"國家의 結合을 堅固히 ᄒ고 永久의 安康統一을 欲ᄒ면 元來 國語의 普及을 等閑에 附치 못홀 것이오…"(「국어연구의 필요」, 〈매일신보〉, 1911. 2. 23.)

5) 일제강점기 조선총독부 간행 조선어과 교과서 목록은 다음과 같다.
1910년대(조선교육령) : 보통학교용 『조선어독본』(1911, 8권), 『보통학교 학도용 한문독본』(1912, ?), 『보통학교 조선어급한문독본』(1913-19, 6권), 고등보통학교용 『고등 조선어급한문독본』(1914, 4권)
1920년대(신교육령) : 보통학교용 『보통학교 조선어독본』(1923-24, 6권), 『보통학교 고등과 조선어독본』(1925, ?), 『보통학교 한문독본』(1925, 2권)고등보통학교용 『신편고등 조선어급한문독본』(1924-26, 5권)여자고보용 『여자고등조선어독본』(1926-28, 4권), 기타 『조선어급회화 외』(1925, ?)
1930년대(일부수정) : 보통학교용 『보통학교 조선어독본』(1930-35, 6권), 고등보통학교· 여자고보용 『중등교육 조선어급한문독본』(1933-37, 6권)
1940년 이후 : 초등교육용 『초등 조선어독본(간이학교용) 편찬 취지서』(1939, 1권), 『초등 조선어독본』(1939년 이후 ?)
강진호 외, 『국어 교과서와 국가 이데올로기』, 부록 : 「시대별 '국어' 교과서 개발 현황」 참조, 글누림, 2007. 352쪽.

까닭은 식민지 정책의 공식 언어가 일본어였지만 근대 학문을 배운 극소수 지식인을 제외하고는 조선어와 한문이 식민지 언어생활의 대부분을 차지하던 현실6) 때문이었다. 조선인이 근대적 지식에 나아가는 필수 수단은 아직 여전히 조선어였다는 점에서 조선어는 존속 의의를 지니고 있었던 것이다.

결국 식민지하 조선어 교육은 일제에게 '근대성의 보급과 주도'라는 대의명분과 식민지 지배의 우위권을 점할 동기를 제공했다. 천황에 대한 충성심을 높이고 합병을 정당화하여 일본에 동화시키는 한편 조선사회 현실에 적응하는 인간을 길러내려면 조선어 교육을 수단화해야 했던 것이다. 이러한 중층적 구조 하의 공교육 장에서 '조선어 교육'과 교과서는 '근대적 문식성 획득'과 '일본적 의식 용인'이라는 잠재적 목적을 위한 일본 학습의 도구로 간주되었다.7) 당시 조선인 교육은 칙령으로 발포된 조선교육 기준을 토대로 계획, 실행되었다. 조선교육령에 의해 발간된 조선어 교재는 보통학교, 중등학교 학생을 대상으로 조선어를 학습시키는 『조선어독본』과 조선어 학습수준에 맞춰 한문을 학습시키는『조선어급한문독본』이다. 이 교재들은 실용 잡무와 일상 소통을 원활히 하는 것을 목표로 하고 "朝鮮語를 敎授하는 데 있어서 항상 일본어와 연락"8)하도록 주의 깊게 편제되어 있다.

조선어과 교과서에 포함되어 어문교육의 한 영역을 담당한 시가 장르 역시 전면적 지배와 부분적 용인이라는 두 가지 틀 아래서 논의할 수 있을 것이다. 그러나 당시 발행된 조선어과 교과서에 한글 시가 90여

---

6) 1942년 조선총독부가 '國語全解運動'을 실시할 당시에도 조선의 일본어 보급률은 그다지 높지 못했다고 한다. 김재용, 「식민주의와 언어」, 『제국주의와 민족주의를 넘어서』, 역락, 2009, 32쪽.
7) 김혜정, 「일제 강점기 '조선어 교육'의 의도와 성격」, 『어문연구』 31, 2003. 참조.
8) 보통학교 규정(1911.11.) 제11조.

과, 한문 고전시가 90여 과가 실려 있음에도 조선어과 교과서 수록 시가에 대한 연구는 현재까지 거의 이루어진 바 없다. 이는 교과서가 교과 교육론의 대상이라는 점, 최근까지 대상 텍스트의 전모가 충분히 확인되지 못했던 점 등에서 비롯한 것이다. 또한 분석 범위를 확정하더라도 한글시가의 경우 당시 일반화되어 있던 자유시형을 반영하지 않고 개화기 율문체 창가류에 머물러 있었으며 내용면에서도 단순하여 문예적 가치를 논하기 난감한 점이 있다. 마찬가지로 한문시가 역시 한두 편을 제외하고 번역문 없이 원문을 그대로 옮겨 싣고 있어 문학 텍스트로서 분석 대상이 되기에는 조심스럽다.

그럼에도 불구하고 당시 교과서에 수록된 시가는 문예물로서의 완성도 여부를 논하기 전에 현실이해와 시대인식을 형태 짓는 표상작용 및 서술의 제도성에 대한 우선적 해명이 전제되어야만 한다. 미학적 분석 이전에 당시 조선어과 교과라는 공교육 틀 안에서 선택과 배제, 편집과 구성 원리를 검토한 후 생산, 유통, 소비과정을 파헤칠 필요가 있는 것이다. 이는 당대 담론의 생산과 작동 과정에서 시가가 담당한 역할을 살피는 일이자 이를 통해 일제 식민지배 하 다양한 힘의 관계망을 확인하는 과정이기도 하다.

식민주의 이데올로기는 식민지의 역사와 문화를 부정하거나 열등한 것으로 설정함으로써 지배를 정당화하는 담론적 규칙성을 갖고 있다. 그러나 일제 하 교과서를 둘러싸고 진행되었던 여러 담론들을 단순히 정치적 억압과 그에 따른 결과로만 단순화시킬 수는 없는 측면이 있다. 다양한 문종과 텍스트가 전략적으로 배치된 편제 내에서 시가 류 역시 선택과 배제의 원칙을 기저로 하여 내용과 형식, 비중과 배치에 있어 내밀한 의도와 방향성을 갖는다. 이에 본 논문은 '제3차 조선교육령기'(1922. 2.4.)와 '제5차 조선교육령기(1933. 3.15.)'에 총독부가 발행한 조선어과 교과서 수록 시가들을 대상으로 지배 이데올로기의 반영 양상을 살피려 한다. 시가 작품의 선택과 배치의 방식이 품고 있는 의미에 대한 규명은 일제 식민지배의 암묵적인 틀을 드러내어 당대 담론과 담합하는 양상을 추적할 수 있게 할 것이다.

2. 수록 시가의 편제 : 시가 양식에 대한 인식 부재

『보통학교 조선어독본』은 제3차 조선교육령 아래인 1923-24년, 제5차 조선교육령 아래인 1033-37년에 걸쳐 총독부에서 두 번 발간하였다. 이는 과거 1차 조선교육령에 의거하여 조선어와 한문을 통합한 『보통학교 학도용 국어독본』(1908) 전 8권을 부분적으로 축소, 개조하여 만든 6권짜리 조선어와 한문의 통합교과 교재이다. 교육 내용은 의도적으로 저급한 수준으로 획일화 되었지만 교재의 외형과 단원 형식 등 구성 측면에서는 어느 정도 체계성을 부여해 교육 방침을 좀더 분명히 드러낸다. 편제는 내용을 위주로 구성하기 보다는 각각의 단원을 분리하여 순서대로 배열 제시하는 방식을 취하고 있다. 편제상의 특징을 보면 1권은 철자 및 문장학습 독본의 성격을 갖고 있으며, 2권부터는 하나의 주제를 담은 텍스트 제제를 싣는다. 서언이 없고 2권에서만 '연습'이 보이나 다른 권에는 보이지 않는다.

시가에 한정시켜 편제를 살피면 '3차 조선교육령기' 판본과 '5차 조선교육령기' 판본 모두 권별 2~3과 정도 수록되어 있어 비중이 매우 적은 편이다. 해당 책의 목적과 용도, 사용법 등을 안내한 '목록'이 없는 1권이나 '목록'이 있는 2~6권 모두 무작위로 시가를 삽입하고 있어 내용상 맥락이나 합리적 편제를 고려하지 않았음을 짐작하게 한다. 제목이

제시된 경우는 가끔 있으나 저자는 전혀 명기되지 않아 시가를 작품으로 인식하지 않았음을 보여주고 있다. 형식에 있어서는 주로 동요풍 4·4조와 7·5조 개화기 시가 형식을 답습해 2절에서 4절로 연장하는데 당시 어느 정도 안착되고 있었던 다채로운 자유시형을 반영하지 않았다. 내용은 계절이나 자연 대상물에 감정을 이입해, 보통학교 학도 수준에 어울리는 단순 가사와 율격을 가미한 것이 대부분이다. 개정판의 경우 고학년에 올라갈수록 율문 양식의 시가 외에 자유시풍의 시가들도 한두 편 수록하면서 내용도 근면, 권학 등을 첨가해 다소 발전한 모습을 보여준다.

일제 강점기는 두 개의 말(조선어, 일본어)과 세 개의 문자(한글, 일본문자, 한자)가 사회적으로 통용되었던 시기이다. 국어와 민족어는 분리되었지만 두 영역의 문해에 걸쳐 한자의 역할은 무시할 수 없는 상황이었다. 이에 총독부는 보통학교[9]와 중등학교를 대상으로 한문독본을 발간한다. 『신편고등 조선어급한문독본』(1925-26)은 보통학교 한문독본과 달리 '朝鮮語之部'와 '漢文之部'를 나누었는데 이에 따라 시가 역시 '조선어지부'에는 한글시가가, '한문지부'에는 고시조나 한시가 원문으로 수록되어 있다. '한문지부'에는 시를 '목차'에 부기하지 않아 차례만으로는 구별 불가능하다. 신편고등 한문독본 수록 시가에는 조선어 교과서 처음으로 한시를 번역한 한글문장이 등장한다. 이백의 「산중문답」외 2편을 "山에삶은어인일고,(問余何事棲碧山)/웃고잠잠아음저절로(笑而不答心自閒)/저桃花저流水(桃花流水渺然去)/人間과는달은가뵈.(別有天地非人間)" 등으로 번역한 것이다. 번역문을 실은 뒤 괄호 안에 원문을 병기하여 전체 번역문임을 드러냈는데 과 제목인 「고시의역」에 어

---

9) 『보통학교 조선어급 한문독본』은 철자와 문장 학습을 위한 교재라 할 수 있다. 이 교재는 제1차 조선교육령기에 발간된 것으로 분석 시기에 해당하지 않으므로 대상에 포함시키지 않는다.

울리게 비교적 매끄러운 한글 문투는 한시의 전체 분위기와 어울려 문체면에서 주목할 만하다. 그러나 이처럼 번역문을 병기한 작품은 소수에 불과하며 한문 산문을 수록한 다음에 주제를 요약하는 절구나 율시, 시조를 삽입하는 경우가 많다. 이런 경우 실용적 내용을 담은 산문 바로 뒤에 전아한 문체의 한시를 덧붙이고 있어 미감이나 정서면에서 조화롭지 못하다. 예를 들면 「과농(課農)」(「3-20」)에서는 절기별 농사 과업을 순서대로 기록한 딱딱한 실용산문 뒤에 이신의 「민농(憫農)」, 손필대의 「전가(田歌)」등 5언 절구 한시를 배치하는 식이다. 산문 뒤에 시를 수록한 과가 많은 까닭은 '頌讚류의 '古文文體' 방식을 교과서 편집 시 수용한 것으로 여겨진다. 이는 문체나 미감, 학습 효과의 상관성을 고려하지 않는 무원칙한 편성으로 보이나 일견 또 다른 의도를 추측할 만한 편성이라 하겠다. 내용은 춘하추동 사계절을 인생과 학문에 유비한 권학가, 권면시 등으로 논어, 소학, 대학 등에서 가려 뽑은 것과 일본 학자나 문인의 것으로 추측되는 작품이 주를 이룬다.

　　『여자고등 조선어독본』(1925) 수록 단원을 운문과 산문 계열로 분류할 때 이 교재는 대부분 산문 계열의 문종이며 운문을 독립 수록한 단원은 권4의 마지막 단원인 「관동팔경」 정도이다. 운문을 배제했다는 점은 『여자고등 조선어독본』의 단원을 개관할 때 중요한 특성으로 고려되어야 할 것이다. 특기할 만한 것은 여학생을 대상으로 하기 때문에 「조선여자의 시가 1. 2」라는 제목 하에 「공후인」과 「회소곡」, 사임당과 허난설헌의 몇 작품을 수록 설명했다는 점이다. 이 작품들은 모두 눈물, 인내, 순종 등의 주제를 담고 있어 남성시각에 좌표한 가부장제적 이데올로기의 투사를 짐작하게 한다.

　　『중등교육 조선어급한문독본』(1933)의 경우 일러두기 비슷한 '서언'이 달려 있어 조선어독본에 비해 체제상의 유목화를 꾀하고 있지만 여기에도 역시 시가에 대한 학습지침은 보이지 않는다. 다만 "언문철자법은 소화5년 2월에 제정한 언문철자법에 거"한다는 설명대로 시가 역시 띄어쓰기를 하지 않아 산문 과와 한글 체제상의 통일을 꾀하고 있다. 이 책 역시 '조선어의 부', '한문지부'로 내용을 이원화하고 시가 작품 역시 나누어 실었다. 이 중 '조선어의 부' 시가는 저자가 명기된 여타 산문 과와 달리 저자가 전혀 명기되어 있지 않아 문예물로서의 인식은 여전히 부족하다. 신편고등 한문독본이나 여자독본과 마찬가지로 산문 뒤에 시가를 부속시킨 경우가 많아 독립 장르로서의 인식은 여전히 저조했음을 증명한다. 시를 개별 과로 독립시킨 경우에도 저자 없이 제목만 명기했으며 형식 역시 4·4조, 7·5조에 머무르고 있다. '한문지부' 역시 산문 뒤에 내용상 주제가 통하는 시가 작품을 병치하는 전대의 형식을 그대로 이어받는다. 한문 교수과목의 특성상 한시 고전에서 추출한 작품들을 수록해 제목과 저자를 모두 밝히고 상단에 어려운 한자나 단어를 보충설명 했는데, '목차'에도 산문 뒤에 시가가 실려 있음을 밝히기 위해 "附"라 표시하고 제목을 명기하였다.

이를 정리하면 조선어과 교과서 수록 시가의 체제와 형식, 비중은 학년 고저에 따라 큰 변화를 보이지 않으며 몇 가지 특징을 유지한다. 우선 내용 상으로 희노애락의 기초적 감정을 자연환경에 단순 의탁하거나 근검성실 등의 근대적 가치를 농업, 실업 등 직업윤리와 관련시키고 있다. 한시의 경우 유교사상을 권학, 근면, 성실에 연결한 농경시와 전원풍경을 노래한 시가 주류를 이룬다.

이는 결국 교과서 편저자들이 시가의 미학적 특성이나 문학적 양식에 대한 관심보다는 내용을 통해 주입하려 했던 가치나 의도에 집중하고 있음을 방증한다. 무관심은 형식에 있어서도 예외가 아니어서 한글로 된 시가의 경우 2~30년대 활발히 창작되던 자유시형을 거의 반영하지 않고 쉽게 내용을 암송할 수 있는 율문체 개화기 가사류 형식을 유지하고 있다. 한시 역시 고유의 미학이나 수사 원리를 학습하는 것이 아니라, 당송 팔대가, 사서의 시문을 통해 한자를 습득하는 기능적 중간 단계 역할을 담당한다. 전통적으로 한자 문화권에 속하는 조선과 일본의 언어적 특성상 일본어 습득을 위한 기초로 한문을 독해하는 것은 언어통합을 위해 필수적인 일이었다. 조선어급 한문은 식민지 조선을 효율적으로 경영하기 위해 적극적으로 이용해야 하는 언어였고 시가 역시 이러한 목적 아래 선택되었을 것이다. 일본어 학습을 효율화할 기초 한자 습득을 위해 『사서삼경』과 『고문진보』 등의 고문류, 한국과 일본의 한문문헌에서 예문을 고른 것이다. 조선어급 한문이라는 혼용적 교과목 내에서 조선어와 한문을 분리하고 한문을 국어 습득의 중간 단계로 이용한 것은 시가 선택에 있어서도 마찬가지였다.

시가를 통해 수사와 형식 미학의 원리를 학습시키는 것이 아니라 한자와 기초교양, 지식을 축적시키려는 목적은 편집에도 그대로 반영되었다. 한 자리에 놓을 수 없는 두 가지 목적을 편의적으로 해결하려는 편집방향은 한문과 국문 시가 내용을 실업 가치 주입에 복무시켜 혼란스러운 양상을 드러낸다. 저학년의 경우 내용적 안배를 고려하지 않은 채 혼잡스러운 끼워넣기로 일관하고 고학년의 경우 조선어와 한문이 나눠지더라도 실용 목적의 산문 뒤에 주제가 비슷한 한시를 골라 병렬한 것이다. 식산흥업을 위한 식민지 경영과 교육의 궁극적 목표를 앞세우고 여기에 한자문화의 공유라는 전통을 연결하여 문화적 통합까지 덧붙이려 했기 때문일 것이다.[10]

[10) 이러한 체제상의 특징이 단순한 무작위적 편성의 결과였는지는 이후 체제 연구를 통해 보다 세심하게 고려할 문제이다.
조선어과 교과서 수록 시가 편제의 자세한 내용은 〈부록〉을 참조할 것.

3. 식민 이데올로기의 생산과 '공적 감정'의 구성

『조선어독본』, 보통, 중등 고등, 여자『조선어급한문독본』 어디에도 운문 양식의 수록과 선택에 있어 고유의 학습효과를 고려한 기술은 찾기 힘들다. 음악과 시가를 관련시켜 효과를 언급하고 있는 유일한 글 「音樂」(중등한문독본 4-3)에서는 "試驗삼아一曲의歌謠를들어보라. 그것으로부터얻는感興에두가지要素가있는것을發見하리라. 하나는그歌謠의意義의가우리의마음을움직이는것이오, 다른하나는그聲音의高低・緩急・抑揚・强弱통틀어말하자면, 그曲節이, 우리의情을刺衝하는것이다"라 하여 가락과 감정의 관계를 간단히 언급하고 있을 뿐이다. 이 단원이 음률 조성에 의한 정서 형성 설명에 치중한다는 점을 감안하면 시가의 미학적 원리나 수용 관계에 대한 관심은 그다지 없었던 것이다. 조선어가 사용된 독본의 창가 담당자는 국어(일본어) 전공자로서 가사내용만 검정했다[11]는 기록을 볼 때 시가의 형식 미학은 무시된 채 내용 위주로 선택했다는 사실은 의심의 여지가 없다.

그러나 설령 가사 중심의 선택이라 하더라도 정서와 공감 형성을 바탕으로 하는 시가 장르 본래의 특성 상 가사는 내용 전달과 동시에 수용자의 감정을 일정하게 형성, 증폭시키는 효과를 자아낸다. 그러므로 수록 시가 저변의 공적 감정은 편찬 주체가 수용자들에게 주입하고자 했던 감정의 방향성을 짐작하게 한다. 조선교육령 내용의 토대를 이루며 합방 이전 대한제국의 교육개혁 방향을 제시한 1905년 「한국교육개정안」 보

---

11) 학무국 편집과의 교과서 담당자는 주로 전공을 안배했고 외부의 위촉대항은 경성제국대학교수나 관립전문학교의 교유 등이었다. 창가의 담당자인 石橋一郎, 三田吾郎(편수서기)와 大場勇之助(경성제일고등여학교)는 국어(일본어)전공자로서 가사내용만 검정하였다(장신, 「조선총독부 학무국 편집과와 교과서 편찬」, 59-60쪽).

고서의 교육 목표 중 한 항은 "한국민에게 선량하고 평화로운 美性을 함양'시킬 것을 명시하고 있다. 여기서 이른바 "선량하고 평화로운 미성"이 통치와 명령에 비판 없이 복종하는 수동적 인간, 즉 식민지형 인간을 목표로 하는 것이라면 시가 장르는 일제가 필요로 했던 식민지인의 '공적 감정'12) 형성의 도구로 활용되기에 적합했을 것이다. 본래 작품 감상 후 형성되는 정서에 개인적 편차가 발생함은 당연하다. 그러나 주어진 상황 자극에 대해 상식적 반응을 형성하고, 일반성의 범위 안으로 개별적 격차를 녹여 공적 감정에 합치하는 반응 양식을 습득하는 것은 감정의 경우도 여타의 학습과정과 다르지 않다.13) "감정은 자아가 타인과의 관계와 집단 속의 역할을 통해 스스로를 파악하는 심리-사회적 현상"14)이기 때문이다. 일반적 감정의 습득이란 제시된 기준항에 스스로의 개별항을 비교해 기준항 범위 내로 개별성을 합치시키는 과정이다. 즉 주변의 반응을 관찰하여 적절하고 상식적이라 해석될 사회적 감정을 습득하는 과정은 감정 형성에 커다란 요소라 하겠다. 교과서를 통해 주어진 시가 내용과 화자의 감정선 사이의 상호작용은 수용자인 학생들에게 적절한 반응과 '공적 감정'을 습득하도록 한다.

---

12) 공적 감정(collective emotion)은 밀이 『자유론』에서 사회적으로 제시, 구성되는 감정을 설명하며 사용하는 용어이다. 김정래, 「자유주의 맥락에서 본 존 스튜어트 밀의 자유론과 교육론」, 『釜山敎育學硏究』19호, 2006. 참조.

13) 감정에 대한 구성주의적 접근 방식은 감정이 일반적으로 특정한 의미체계와 관련한, 즉 문화적 단서와 지침에 입각한 전략적인 평가라고 주장한다. 감정표현과 사회적 교환에서의 전략적 중요성과 특정 문화에서의 감정규칙(feeling rules), 사회적으로 중요한 감정이 사회적 행위자의 감정노동(emotion work)을 통해 변화한다는 주장은 감정에 대한 구성주의의 주요 가설이다(J.M. 바바렛 지음, 박형신·정수남 옮김, 『감정의 거시사회학-감정은 사회를 어떻게 움직이는가?』, 일신사, 2007, 49-59쪽 참조).

14) 장 메종뇌브 지음, 김용민 옮김, 『감정』, 한길사, 1999, 89쪽.

1) 체념과 슬픔의 이데올로기화

조선어과 교과서 수록 시가를 살펴보면 일정한 방향성을 갖는 몇 가지 공적 감정들이 반복적으로 눈에 띈다. 시가들은 개별 상황을 희로애락의 기초적 감정과 결합시켜 제시하는데 "선량하고 평화로운 미성 함양"이라는 위선적 목적을 하위 모방해 표현하는 애상, 체념, 슬픔 등 수동적 감정 반응15)이 주류를 이루고 있다. 체념은 원하는 것을 이루지 못했거나 이룰 가능성이 없다고 판단할 때 발생하는 부정적 자기 방어 감정일 것이다. 현재는 물론 미래에도 원하는 상황이나 대상이 획득 불가능하다는 예측의 결과로 슬픔이 발생한다. 반대로 또 다른 결과를 가져올 만한 다수항들을 비교하고 자율적으로 선택하여 원하는 상태에 도달할 때 인간은 삶의 동력을 얻게 된다. 그러나 독본 수록 시가에 제시된 상황들을 살펴보면 더 나은 비교항이나 가능성 자체가 아예 제거되어

---

15) 그런데 같은 시기 민간에서 활발하게 발간되어 어문 강습의 교재로 채택했던 민간 독본류에 수록된 시가들을 비교해보면 사뭇 다른 특징이 눈에 띈다. 진취적인 기상과 활달한 감정, 미래에 대한 기운찬 의지와 희망을 노래한 작품들이 다수 발견되는 것이다. 조선어독본과 민간독본 모두 관습적으로 권두에 싣는 풍경시를 골라 비교해 보도록 한다. 『時文讀本』(최남선 찬, 신문관, 1922) 卷之二 제 1장에 실린 「첫봄」은 "푸른수레타시고 푸른채들고/모진바람쪼츠며/그오실때에/소리잇서왼世界/흔들리노나/다 일어나거라/살라하시네"(구자황·문혜윤 편, 근대독본총서1『時文讀本』, 도서출판 경진, 2009, 54-55쪽.)로 풍경을 활기차게 표현한다. 『文藝讀本』(이윤재 편, 한성서출판주식회사, 상권 1932, 하권 1933) 역시 "목마른 가지 가지 단물이 오르도록/마음껏 뿌리소서/스미어 들으소서/말랏든 뿌리에서도 새 싹 날가 합니다"(구자황·문혜윤 편, 근대독본총서3『文藝讀本』, 도서출판 경진, 2009, 37쪽.)로 이어지는 희망찬 자유시 「봄비」(주요한)를 싣고 있다. 비오는 풍경을 "비 가 오네, 비 가 오네. 부슬부슬 비 가 오네. 하날 에서 비 가 오네. 햇님 달님 눈물 오네. 저녁비 는 달님 눈물, 아침비 는 햇님 눈물. 비 가 오네, 눈물 오네."(1-53)로 보는 조선어독본 수록 시가와 정서상 대조를 이루는 것이다. 이렇듯 조선어독본과 민간 독본 수록 시가는 정서적 대조 뿐 만 아니라, 형식과 내용의 다양성, 자유시 반영 등에서 비교 분석의 여지를 갖는다. 동시대에 발행되어 서로 다른 목적을 가지고 각각의 장에서 교육을 담당하던 총독부 발행 교과서와 민간독본류 수록 시가 연구는 각론 형식을 빌어 차후 논하기로 한다.

있다. 비교항에 대한 추구와 갈망 없이 기존 상태에 대한 유지와 수동적 만족만으로 현 상태를 이어나가거나 현재의 체념과 슬픔을 일상화하는 것이다. 비는 누군가 흘리는 눈물(소화판 1-53)이며, 무지개는 희망과 꿈의 상징이 아니라 날개가 있는 솔개나 가 닿을 수 있는 머나먼 것이다. 화자는 오로지 이를 떨어져서 바라보기만 한다(소화판 2-16)[16]. 세 마리 나비들이 함께 비를 피하려는 청을 거절당하고 탄식하거나(「동무나븨」), 길을 잃고 어머니를 찾으며 울며 기러기에게 부탁하는 내용(「연극구경왔다가」)에도 눈물과 수동적 태도가 전면적으로 깔려 있다. 아래의 시에서 백제의 옛 터는 패망한 왕조를 애상적으로 회고하는 장소로 표현되고 있다.

> 1, 따뜻한 봄날에 동모들과, 百濟의 옛서울 찾어드니,
>   無心한 구름은 오락가락, 바람은 예대로 부는구나.
> 2, 扶蘇山 얼골은 아름답고, 우는새 소리도 즐겁도다.
>   城址는 지금도 半月이란, 이름과 한가지 남아있다.
> 3, 白馬江 맑은물 흐르는곳, 落花巖 絶壁이 솟앗는데,
>   꽃처럼 떨어진 宮女들의, 길고긴 원한을 멈춧스리.
> 4, 古色이 蒼然한 平濟塔은, 외로이 섯지만 이 近傍은,
>   큰절의 옛터라 傳하도다, 높으신 스님도 계섯스리.
> 5, 반갑다 夫餘땅 山川草木, 모도다 懷舊의 감이로다.
>   -「부여」

백제의 고도 부여는 성터만 쓸쓸하게 남아 있고 화려했던 문화는 흔적으로 짐작할 뿐이다. "무심한 구름"과 "바람", 아름다운 "扶蘇山 얼골", 즐거운 새소리는 쇠락한 성터와 대조되며 쓸쓸함을 더욱 강조한다.

---

16) 이후 개별 인용 작품 출전은 〈부록〉 참조.

백제의 기억은 하필이면 낙화암에서 떨어진 궁녀들의 "원한"으로 회상된다. 백제의 화려한 문화나 유적, 선인들에 대한 존경 등은 찾아볼 수 없다. "큰절의 옛터라 전하"는 백제탑 근방 "높으신 스님도 계섯스리"라는 짐작은 세월 앞에서는 아무리 높은 경지의 인물이라도 하릴 없이 잊혀지기 마련임을 암시한다. 무심함, 원한, 외로움 등이 정적으로 버무려진 회구의 감으로 수렴되고 있다. 패망한 옛 수도를 거닐며 느끼는 쇠락의 느낌이 어쩔 수 없는 체념으로 버무려지는 것이다. 패망한 국가와 돌이킬 수 없는 역사적 운명은 부정적 감정과 자연스러운 등치 관계를 이루어가고 있다.

> 낮에나밤에나쉬임업시,
> 閒暇하게찟는물방아.
> 지,쿵더쿵.
> 十里나되는먼村에서,
> 찌러온사람,
> 해는점는데갈길이밧브다고,
> 저혼자서들지마는,
> 먼山만바라보고웃는물방아.
> 그저한타령으로지,쿵더쿵.
> ―「물방아」 부분

위의 시는 물방아에 감정을 이입하여 고된 노동을 무심하고 묵묵하게 받아들이는 체념어린 정서를 보여준다. 기초 농업 노동은 지속성, 불변성, 반복성을 바탕으로 하고 있다. 투입된 에너지가 집적되어 노동 행위 자체에 부가가치가 쌓이거나 에너지 축적이 노동의 질적 변화를 가져다주지 않는다. 방아를 찧는 일은 동일한 생산물을 위해 단순 노동력을 오랜 시간 반복해야만 하는 일이다. 에너지와 시간의 투입, 반복성은 행위자의 끈기와 체념이 없이는 힘든 일이다. "낮에나밤에나쉬임업시" "먼山만바라보고웃"으며 "그저한타령으로" 기초 노동에 종사하는 불변의 수동성은 일제가 피식민지 노동력에게 바라는 최적의 감정 상태였을 것이다. 주어진 조건을 전면 수용하는 감정은 보통학교 수록 시가의 경우 가사체 동요풍으로, 고학년이 될수록 자유시나 고시조를 통해 난이도를 조절하며 반복적으로 선택된다. 중등한문독본이나 신편고등 한문독본의 경우 역시 산수풍경의 감흥을 노래한 고시조나 가사들은 자연으로 돌아가 은둔하거나 삶을 그대로 받아들이는 수동적 자세를 암시하고 있다. 한편 고대가요「공후인」과 신사임당의 시는 보통학교 조선어독본과 여자고등 조선어독본에 중복되어 실렸는데17), 두 작품은 교과서에서 찾아보기 힘든 시론이 곁들여 있어 주목할 만하다. 「공후인」, 「대관령망친정」, 「강남곡」, 「빈녀음」은 조선여인의 정서가 그리움, 인내, 눈물 등 애상적 감정이라고 암시한다. 슬픔을 참으며 주어진 상황을 끈질기게 인내하는 것이 조선여인의 보편적 감정18)과 행동이라는 것이다. 감정이 현실화하는 행위를 추동시키는 강한 근거 중 하나라면 이러한 공통 감정은 불만족의 근거가 되는 요소들을 제거하려는 적극성을 최대한 축소시킨다. 이처럼 고통을 일상 조건으로 받아들여 체념하며 수용하는 자세를 유도하는 것

....

17) 『보통학교 조선어독본』 6권 9과는 「시화 2편」이라는 제목 하에 「공후인」과 「망친정기」를 설명한 후 해당 작품을 싣고 있다. 『여자고등조선어독본』 17과도 「조선여자의 시가1, 2」라는 제목으로 시론 성격의 설명과 함께 위의 두 작품 외 「회소곡」, 「강남곡」, 「빈녀음」을 싣고 있다.

18) 조선어과 교과서 수록 시가들이 지배이데올로기 전략의 일환으로 슬픔과 애상의 정조를 형성하려 한다는 것이 이 부분의 논지이다. 가라타니 고진은 이러한 조선의 미가 유교적 신분제 이데올로기하에서 멸시되어온 수작업에 있었다고 본 야나기 무네요시의 의견에 동의하고 있다.(가라타니 고진, 『네이션과 미학』, 도서출판 b, 171쪽 참조). 애상이 자아내는 미감은 "일본의 대표적인 미의식 중 하나인 '아와레'"(김충영 지음, 『일본 고전문학의 배경과 흐름』, 고려대학교 출판부, 2007, 77쪽.)와 상당 부분 통한다. 체념과 애상의 미학이 이데올로기의 주입만을 의도한 선택이었는지 아니면 일본적 미감을 바탕으로 한 편자 취향의 개입인지 흥미롭다.

은 피식민지인의 정서까지 전략화하려는 저의를 짐작케한다. 조선어과 교과서 수록 시가들은 희로애락이라는 기초 감정을 최대한 단순화시키고 그중 부정적 조건을 피식민지인의 수동적 자세와 결합하고 일반적 감정으로 표준화해 제시한다.

2) 전통 가치의 제고와 이데올로기화

1905년 「한국교육개정안」 보고서의 교육 목표는 "종래 한국의 형식적인 국교였던 유교를 파괴하고 새로운 신지식을 일반에 개발한다."고 하여 조선의 사회규범인 유교 원리를 근대적 가치 원리로 전환할 것이라고 선언한다. 그럼에도 불구하고 조선어과 교과서 수록 시가에는 '충의예지신'의 전통적 유교 원리가 빈번하게 강조되며 특히 한문독본의 경우 사서삼경과 당송팔대가, 시조, 한시류의 고전 시가 중 유교 덕목을 대표하는 작품들로 대부분 채워져 있다. 이는 국어 습득의 필수 단계로 한자 학습을 위한 예문 선정 시 한문 고전 외에 대안이 없었고, 한문 고전은 대부분 유교적 덕목을 토대로 하고 있으므로 부득이한 일이었을 것이다. 그러나 더 깊은 내막은 한문 고전이 설파하는 유교 덕목들이 식민지 지배를 공고히 하는데 전유되기에 충분했다는 데 있다.19) 수백 년간 계급 사회질서를 규율하는 원리로 구축 통용된 충, 효 등 유교 덕목을 제국주의 지배

---

19) 1919년 3.1운동의 여파로 조선학부는 문화정치라는 명분 아래 분열정책을 펴 대동사문회를 비롯한 각종 친일 유림단체를 건립하였고, 1911년에 설립된 경학원을 조선총독부 전속기구로 두어 이들을 총괄하였다(대통령소속 친일반민족행위진상규명위원회, 『친일반민족행위진상규명위원회 2007년도 조사보고서1』, 친일반민족행위진상규명위원회, 2007, 458쪽.). 조선총독부는 1920년대로 들어서면서 각종 친일 유림단체를 민간단체로 위장하여 조직하고 유림을 포섭하여 일본의 식민통치에 협력하도록 하였다. 대표적으로 경성에서는 대동사문회와 유도진흥회가, 지방에서는 강원의 유도천명회, 전남의 유도창명회, 평남의 유림회 등 많은 유림단체들이 조직되었다(이명화, 「조선총독부의 유교정책」, 『한국독립운동사연구 7』, 1993, 115-119쪽).

원리로 전유할 수 있기 때문이다. 1928년 임시교과서조사위원회가 채택한 교과서 개편의 일반 방침은 "동양의 도덕에서 배태된 조선의 미풍양속을 진작하는데 적절한 자료를 늘릴 것"이라고 명시한다. 여기서 "동양의 도덕"과 "조선의 미풍양속"을 '리일분수'에 입각한 계급적 세계관에 적용했을 때 유교적 가치체계는 사회적 계급과 지배원리를 수용하는 도덕 준칙으로 변용된다. 중등한문독본에 수록된 고시조 중 "우리는天性을 지켜생긴대로하리라", "남이害할지라도나는아니겨르리니,/참으면德이 오겨르면같으리라" 등은 분수를 지키고 주어진 천성을 지켜 참으면서 살라는 유교 실천덕목을 식민지 상황 하의 행동준칙으로 바꿔 주입한다.[20] 이처럼 식민지 주체인 일본은 피식민지 조선인에게 이미 내재화된 기존의 윤리적 덕목에 근대적 내용의 식민이데올로기를 덧칠해 지배에 적합한 공통이념으로 전환, 활용할 필요가 있었던 것이다. 가령 「五倫歌」가 표방하듯 부모, 임금, 부부, 형제, 벗을 중시하는 가치관은 보은의 행동 방식으로 구체화된다. 국가, 부모, 스승의 은혜에 보답하려는 마음과 태도를 갖추는 것이야말로 인간의 도리이기 때문이다.[21] 국가는 자국민을

---

20) 일례로 경학원 유림 안인식은 충청남도 유도연합회 결성식에서 "동아의 건설과 유도정신"이라는 주제 아래 다음과 같이 연설한다. "…유도는 기본적으로 충효를 바탕으로 오륜의 도를 정하고 인의를 大綱으로서 五常의 덕을 구비하여 작게는 일신일가를 다스리고 크게는 국가천하를 治平하는 것이니, 사람이 매일 닦아서 할 필수적인 大道이며 만고불의 常典이다 이 참된 정신은 교육칙어에 昭示해주신 국민도덕의 표준으로, 유도의 중요한 왕도사상은 제국고유의 황도정신을 선양하는 데 적절한 설명서로, 특히 오늘날의 동아신질서건설 사업은 孔夫子의 大統一主義와 大同太平의 이상을 현시대에 실현할 수 있는 좋은 기회라고 할 수 있다…"(대통령소속 친일반민족행위진상규명위원회, 『친일반민족행위관계사료집ⅩⅢ-일제강점기 유학계의 친일협력과 친일한시』, 친일반민족행위진상규명위원회, 2009, 242쪽.).

21) 교원심득 제1조 "충효를 바탕으로 삼아 덕성을 함양해야 한다. 충효는 인륜의 근본으로 신하의 지극한 충성에서 나온다. 이러한 근본에 기초하여 지극한 충정을 통해 비로서 百行의 궤도를 벗어나지 않을 수 있다. 忠誠孝順하는 신하의 본분을 잘 아는 자는 일생을 업으로 삼아 충실하게 재산을 경영하고 근검하게 최신하여 국운의 발전에 공헌할 수 있는 사람이어야 한다. 따라서 교육에 임하는 자는 충효를

보호하고 안전한 삶의 터전을 보장해주며 부모는 자식을 애정과 희생으로 양육한다. 특히 스승에 대한 은혜는 "철엎고어린東西不辨우리들을,/힘써가르치신우리의先生님./니즐소냐,그恩惠,/아침이나,저녁이나.", "이몸낫키는,父母님의恩惠오,/이몸닥기는,先生님의恩惠라,/이즐소냐,先生님,/父母님과一般이라."(「師의 恩」)고 여러 권에서 반복 강조된다. 스승은 미숙한 아동에게 내적 교양과 외적 지식을 전수하고 성장시키는 우월성을 상징한다. 세 대상이 베푸는 헌신적 은혜로 인해 개인은 비로소 내외적 규칙을 학습하고 사회에 적절한 일원으로 성장할 수 있다. 충효의 가치관은 강성대국을 일궈 개인을 보호하는 일본국, 신민을 자애하는 천황일가, 근대적 지식을 전수하는 스승으로 전이되어 식민지 이데올로기를 공고히 한다.

> 仙客은구름밖山니마에와서놀고,
> 神龍은골안못에깃들요늙도다.
> 눈은흰깁같고煙氣는꼭지같은데,
> 白扇이東海하날에걱구로달렷더라.
>
> 玉으로깎은芙蓉이萬二天,
> 亭히海東하날을떠바쳣도다.
> 鷲峯의빼여난빛이 塵外에뛰여나니,
> 한번보매飄然한幼骨仙일러라.
> 　　　　　　　　　－「富士山과 金剛山」

후지산과 금강산을 비교하는 산문에 삽입된 위의 시 두 편은 겉으로

바탕으로 덕성을 함양하여 제국의 신민으로서 그 본분을 다하는 사람을 가르치고 육성하는데 노력해야 한다."(대통령소속 친일반민족행위진상규명위원회, 『친일반민족행위 관계사료집1-조약과 법령』, 친일반민족행위진상규명위원회, 2007, 320쪽).

는 내지의 후지산과 조선의 금강산의 특징을 동등하게 제시하는 듯하다. 그러나 두 산은 가치에 있어 우열 관계가 분명하다. 후지산은 인간의 판단으로 범접하기 힘든 신화적 신비로움을 갖춘 곳이다. 국가 성립의 근본을 상징하는 신성함이 엄숙하게 서린 영역인 것이다. 신성함은 우주만물의 성질을 원리에 따라 조직하고 다스리는 근본 가치이다. 자연과 사회, 인간은 근본 원리에 따라 조직되었고 그 질서를 본받아 살아가야 한다. 혼돈과 무질서 상태의 기를 본성과 이치에 맞게 질서화하는 것은 만물의 원리이며 근본이다. 그 질서의 한 부분을 차지하는 인간은 인간의 영역을 넘어서는 형이상학적 원리를 지배하거나 규율할 수는 없다. 이 시에서 후지산은 삼라만상을 규율하는 최정점의 가치를 상징한다. 반면 금강산은 사계절 다채로운 아름다움을 특징으로 하며 이 가치는 현상계와 경험의 영역 중 미에 속한다. 현실적 감각 체계로 판단하고 느낄 수 있는 아름다움은 신성성의 가치와는 우열을 비교할 수 없다. 본문에서 "부사산은그산용이웅장수려함으로써,금강산은우미유수함으로써,내외인이다추상하나니"라고 하지만 "웅장수려"와 "우미유수"의 가치는 위계적이며, 후지산은 금강산에 비해 분명한 우위를 점하고 있는 것이다.

3) '근면 · 성실'의 이데올로기화

시가 장르들은 여타 산문 장르들에 비해 직업윤리나 수신의 태도를 직접 주입[22]하지는 않는다. 하지만 시적 자아가 처한 주된 상황을 농촌으로, 직업을 농업으로 설정하여 근면 성실을 실현 가치로 내면화시키려

---

22) 조선어독본의 산문 장르 역시 식민 통치의 편의를 위해 노동인력 양성을 목적으로 실업교육에 치중한 단원들로 채워져 있다. "실업과 자력갱생의 주체"로서 갖추어야 할 "修身" 덕목은 조선어독본의 주요 내용이라 할 것이다(강진호, 「조선어독본'과 일제의 문화정치」, 『상허학보』 제29집, 2010. 참조).

는 목적23)은 대동소이하다. 생산의 전초 기지 역할에 충실한 하급 근로 노동자의 정체성을 형성24)하려는 목적에 시가 장르도 여지없이 부합하는 대목이다. 생산을 극대화하려면 에너지원인 시간과 노동력은 오직 자원 생산을 위해서 투입되어야 한다. 자본주의에서 근면과 성실이란 물적 노동에 투입될 때 비로소 성립되는 가치이다. 노동 생산성이 없거나 낮은 가치에 심적 물적 에너지를 투입할 때 자본주의는 이를 낭비 또는 게으름이라고 의미화한다. 재화 생산에 위반하는 행위이기 때문이다. 특히 시간은 추상적인 한편 쉽게 사라지기 때문에 축적이 불가능해 고정 자원에 비해 낭비하기가 쉽다. 시간을 생산에 몰입하도록 훈련시키는 가치관 주입은 노동생산력 극대화를 위해 유용하다. 「金剛石」은 보통, 중등, 고등독본에 중복 수록된 일본천황후의 작품으로 시간을 자원화하기 위해 기울여야 할 끈질긴 노력과 집중을 강조한다. "時計의바늘이間斷이업시,/돌아감과갓치一分一秒의,/光陰을앗기여誠勤히하면,/무슨事業인들成功못할가"라는 대목은 시간이 재화로 등가 전환됨을 보여준다. 「기회의 신」역시 인생에서 기회는 예고 없이 찾아오고 눈 깜짝할 새에 달아나버리니 언제라도 기회를 잡을 태세를 갖추어야 하며, 그 준비 과

---

23) 교원심득 제2조, "실용을 으뜸으로 삼아 지식기능을 가르쳐야 한다. 교육의 핵심은 실용적 인재를 육성하여 국가의 수요에 충당하는데 있다, 만약 국민으로서 헛되이 空論을 펴고 세상에 필요로 하는 것과 동떨어지고 일하는 것을 꺼리며 실용을 소홀히 한다면 어떻게 입신하여 재산을 일구고 국익을 증진하여 그 본분을 다할 수 있겠는가"(대통령소속 친일반민족행위진상규명위원회, 『친일반민족행위 관계사료집1-조약과 법령』, 2007, 같은 쪽).

24) 1928년 8월 임시교과서조사위원회가 보통학교용 교과서 개편의 일반적 방침으로 명시한 "조선의 실정에 맞는 근로애호, 홍업치산, 직업존중 및 자립자영의 정신을 함양하는데 적절한 자료를 늘릴 것", "사회공동생활에 적응하는 품성의 도야에 적절한 자료를 늘릴 것", "책임을 중시하는 실천궁행을 장려하는데 적절한 자료에 유의할 것"(〈경성신문〉 1928년 8월 4일)의 대목은 시가 장르 선택에 있어서 역시 적용된다.

정에 가진 시간을 전력 투입해야 한다고 역설한다. 목적을 향해 항상 전력투구하고 어느 순간 도래할지 모를 기회에 온 신경을 집중하며 긴장을 늦추지 않는 자세가 성공한 자들의 필수 덕목이라는 것이다. 이러한 시들은 노동력, 시간을 낭비하는 태도에 대한 죄책감, 미래에 대한 불안을 심어주는 한편 지배계층을 향한 저항을 원천 차단할 기제로 작동될 수 있다. 「근검은 제가의 기초다」에 삽입된 시는 근검을 가족의 행복과 연결한다. 가정의 평안이 사회의 기초이고 개인 행복의 토대이니 무엇보다 가족을 위해 힘쓰라는 내용이다. 가족을 위해 달성할 현실적 목표 역시 가축돌보기, 새끼꼬기, 청소, 양잠, 베짜기, 방아찧기 등 농업과 실업에 속한 과업들이다. 조선인은 가족을 돌보기 위해 생산에 집중해야 하고 이 모든 성실함이 지향하는 목표는 가족의 행복으로 수렴된다. 이처럼 기층민에게 달성할 목표를 촘촘하게 제시해 줄 때 사다리를 밟고 목표를 달성하기 위해 노력을 투입하는 자들이 상위의 가치를 돌아볼 여력은 없다. 달성 목표의 단계별 제공은 이류 신민의 지위에 만족하며 작은 성취를 위해 여력을 집중하는 노동 인력만을 형성해 정치, 사회 현실에 대한 문제의식을 마비시킨다.

2
나는 소를보면, 얼골이저절로붉어지드라.
무거운짐을모다날르고,
넓으나넓은논밭을다갈것마는,
소는한번도공치사한적이업섯다.
3
나는소를보면, 머리가저절로숙어지드라.
冷情한사람은소리소리지르며,
무지한채쭉질을하것마는,

소는그저잠자코, 저할일만할뿐이였다.
4
나는소를보면, 눈이저절로젖어지드라.
살아서는단젖과건거름을주고,
죽어서도또한맛난고기와,
조은가죽을남겨준다.
5
아아, 소, 고마운소,
平和롭고, 勤勉하고, 謙遜하고, 寬大한김생,
萬物의靈長이라자랑하는人間도,
너에게배울바가하도만쿠나.
                          -「소」--①

나의하라버지도漁夫엿섯다.
나의아버지도漁夫이고,
나도또한漁夫이다.
나는漁夫임을자랑한다.

보아라끝업는저바다를.
저긔가나의일터이다.
새파란그물속,
거긔는無盡의寶庫이다.
          -「어부가」 부분--②

①에서 시적 자아가 얼굴이 붉어지고 고개가 숙여지는 이유는 "소
는한번도공치사한적이업"고 "그저잠자코, 저할일만할뿐"이기 때문이다.
투입한 노력에 비해 터무니없는 댓가에도 불평이 없다는, 바로 그 점을
인간은 본받아야 한다는 것이다. 깨어 있는 시간에는 부려지고 "살아서
는단젖과건거름을주고" "죽어서도또한맛난고기와, 조은가죽을남겨"주기

에 소는 "平和롭고, 勤勉하고, 謙遜하고, 寬大한김생"이다. 노동력, 시간, 육체와 정신, 감정에 이르는 전 에너지를 주인을 위해 자원화하는 온전한 환원성 때문에 인간보다 낫다고 보는 가치관은 섬뜩할 정도이다. 조선인에게 가장 친숙한 사역동물인 소는 오로지 생산물의 가치로만 매겨지고 소의 질적 특성들은 자원으로 측정된다.

②역시 어부였던 할아버지와 아버지를 따라 어부라는 직업에 사명감을 가지고 생을 바치겠다는 마음이 주된 감정선을 이룬다. 주어진 직업에 기꺼이 순명하는 화자의 의식에서 더 나은 직종으로의 이동이나 상승욕구 등은 찾아보기 어렵다. 근면, 성실은 보다 나은 미래를 위해 필수적인 덕목일 것이다. 하지만 주체가 달성 가능한 다수항을 비교한 후 자발적으로 목표를 선택하지 못했다면 한편으로 위선적인 가치이다. 조선어독본 수록 시가들은 주체의 자발성이나 비교와 선택의 가능성을 최대한 봉쇄한다. 원래부터 정해진 위치를 받아들이고 다른 것을 꿈꾸지 말고 무조건 묵묵히 일하는 것이 순명이라고 암시한다. 농업을 천직으로 여기고 힘들어도 그저 참으라는 내용은 "四海蒼生農夫들아, 一生辛苦 원망마라. 士農工商생긴後에 貴重할손農事로다" 등의 가사에 그대로 드러난다. 과정이 고통스럽거나 불만족스러워도 주어진 결과에 순종하는 것이 올바른 삶의 자세라는 것이다. 맞지 않는 곳에 눈을 돌리는 것을 분에 넘치는 일이라 여기며 상황을 수용하는 수동적 감정은 직업의 가치판단에 있어 강하게 드러난다.[25] 여성 역시 농사일, 나물캐기 양잠, 빨래

---

25) 조선어독본 산문에는 직업을 비교하는 글을 자주 싣고 있다. 직업에는 귀천이 없다며 농사를 짓거나 베를 짜는 사람이 반드시 필요하고 그 직업을 성실하게 수행하는 것은 다른 직업과 평등하다고 역설한다. 다만 어떤 직업이든 성실과 근면으로 행하는 것이 중요하다며 제시한 직업들은 양잠과 베짜기, 농사와 같은 실업이다. 특히 농사는 보통학교 고등학교 독본에 수십 차례 등장한다. 농업에 성실히 복무하는 것이 얼마나 중요한 것인지 수차 강조하고 실업을 통해 부를 이루는 예를 여럿 소개한다.

등 가사일과 농업에 충실하게 임하고 있다. 「촌부가」, 「빨새」에서 여성이 하루종일 냇가에서 빨래를 하고 말려 와 다듬이질하는 과정을 자세하게 묘사한다. 이처럼 수록 시가들은 농업 노동의 가치를 내면화하고 이를 성실하게 수행하는 인물들만을 모범적으로 그리고 표본적으로 제시한다. 중등독본이나 고등독본에 수록된 창가, 시조, 가사, 한시 등에도 권농가류가 큰 비중을 차지하고 있으며 이 역시 농업의 중요성과 수동적 만족을 주장하는 내용을 선택하고 있다. 특정 직업에 대한 규격화된 가치와 태도는 직업의 비교나 이동, 특히 상승 욕구를 허락하지 않고 분수를 지킬 것을 요구한다. 그러나 이때 근면과 성실성의 담론은 인간의 한 덕목으로 자리하는 것이 아니라 한낱 주권자의 이익에 봉사하는 이데올로기일 뿐이다.

4. 남은 문제들

일제강점기에 교과서는 근대지식 보급과 식민 이데올로기 주입이라는 이중 목적을 수행했다. 조선어과 교과서는 수신 교과서와 함께 도구적 근대성의 가치를 내면화시키고 그에 맞는 행동 기준과 양식을 확산시켜 피지배 사회의 규율에 기여했던 효과적인 전달체였다. 일제는 식민지 시기 내내 조선인 교육의 기준이 되었던 조선교육령 발포하고 그 이후로도 10차에 걸쳐 교육령을 개정, 보완, 적용한다. 그리고 개정된 교육령의 변별 지침에 따라 일선 교육 정책과 교과서 정책 역시 크고 작은 조정이 이루어졌다. 1922년에서 1937년 즉 일제 중기는 교육정책 변화에 있어 특별한 주목을 요하는 시기였다. 조선교육령 초기에는 학령에 도달한 조선인 중 다수가 서당 교육을 받고 있었다. 20년대 초반에 이르러 보통학교 학생의 취학률이 처음으로 서당을 앞지르게 되고 이후 그 수가 폭발적으로 증가하였다. 조선의 피교육자들이 전면적으로 근대적 제도 교육의 영향 아래 놓이게 된 것이다. 1938년에 들어 일제는 내선일체 전략을 더욱 강화하는 한편 보통학교에서 조선어 교육을 아예 없애버린다. 조선어과 교과서는 두 시기 사이인 3차 교육령기와 5차교육령기에 걸쳐 2회 발간되었다. 교과서 수용자의 비중과 정책 변화 등을 고려할 때 다른 시기와 구분하여 이 시기를 주목해야 할 이유이다.

본 논의는 조선어과 교과서 수록 시가를 살펴봄에 있어 총론을 성격을 갖고 작품 선정의 원리, 비중과 배치의 책략, 주제와 소재 등을 개관하였다. 이를 위해 내용 분석과 병행하여 우선 편제 방식과 판본 정리를 통한 형식과 배치를 확인할 필요가 있었다. 그러므로 본문에서 다룬 주제들은 이후 보다 심도 있는 하위 주제 연구들을 요구한다. 우선 당대 담론 공간에서 때로는 평행 대립하고 때로는 교차 수용되며 활용되었던 민간독본류 수록 시가와 양식, 편제, 내용 등을 비교하는 작업이 필요하다. 또한 동시대 공공교육의 장에서 동시에 학습되었던 조선총독부 발간 국어독본 수록 시가와의 비교 연구 역시 필수적이다. 수신 교과서에 수록된 이데올로기들이 조선어독본 수록 시가에 끼친 영향관계 규명 역시 간과할 수 없을 것이다. 독본 수록 시가들 속에 함유된 특정 정서의 비중과 정향, 표본적인 주제와 소재 들이 해방 후 미군정기와 교육과정기에 이르러 교과서 작품 선정에 어떤 영향을 끼쳤는지 역시 앞으로 확인해야 할 문제들이다. 이 밖에도 작품 선택 원리와 일본 미감과의 상호작용 여부 등 조선어독본 시가에는 흥미를 가질만한 구체적 주제들이 수면 아래 잠겨 있다.

조선어과 교과서에 수록된 시가들 역시 근대지식 확산과 지배이념의 내면화라는 목적에 충실히 복무하는 양상을 보여준다. 시가 장르는 감정을 통해 우회한 가치와 직설한 가치들을 목적과 비중을 고려하며 배합할 수 있었다. 그러므로 피식민 사회와 피식민인에 적합한 태도와 행위를 이끌어내는데 있어 시가 장르만의 고유한 효과를 산출할 수 있었을 것이다. 조선어독본 수록 시가는 일제가 설정했던 조선어의 대사회적 역할 중 일부를 분명히 담지하였다. 본문에서 규명하고자 한 각각의 양상들은 시가 장르가 지배 이데올로기 형성에 기여한 증거들이다.

〈표1〉『보통학교 조선어독본』(1923-24)

권	비중	제목	비고
1	1/61	56. 팽이(4·4조 동요풍)	〈목록〉 없음
2	2/29	3. 봄노래(2절, 4·4조), 21. 물방아(4·4조)	〈목록〉 제5차교육령기 26과 중복
3	2/27	4. 나븨(3절, 4·4조) 13. 달	〈목록〉 제5차교육령기 15과 중복
4	2/25	8. 驟雨의 歌(4절, 4·4조) 25. 師의 恩 (4절)	〈목록〉 본문상단에 단어설명
5	3/26	9. 夏期放學作別(3절, 7·5조) 14. 빨ㅅㅐ(4절, 7·5조) 21. 金剛石	〈목록〉 21. 제5차교육령기 5-19, 3-7 등 중복
6	3/27	2. 四節의 노래(7·5조, 4절) 10. 七夕(3·3·4조, 2절) 25. 善友(3·3·4조, 2절)	〈목록〉

〈표2〉『보통학교 조선어독본』(1933-37)

권	비중	제목	비고
1	2/54	제목 없음 48. (7·5조, 창가체) 53. (4·4조, 가사체 동요풍)	〈목록〉 없음
2	4/38	1. 봄(산문 중 삽입시, 4·4조) 16. 무지개(4·4조 변형) 26. 물방아(4·4조) 32. 싸락눈(4·4조, 2절)	〈목록〉 조사 띄어쓰기 26. 제3차교육령기 21과 중복
3	4/27	2. 山아山아(4·4조, 3절) 15. 달(4·4조) 19. 자장歌(4·4조, 3절) 25. 두더지(7·5조, 9절)	〈목록〉 15. 제3차교육령기 13과 중복
4	4/28	1. 아침바다(7·5조, 2절) 6. 소(자유시) 8. 혹뗴이야기 중 삽입시 (7·5조 변형) 13. 村婦歌(4·4조, 2절) 28. 夫餘(3·3·4조, 5절)	〈목록〉
5	3/21	1. 時調(3편, 고시조) 9. 漁夫歌(자유시 풍) 19. 金剛石	〈목록〉 19. 일본천황후의 시, 국어교과서, 수신교과서 수록

6	5/22 22	2. 時調五首 9. 詩話二篇(笒篌引, 望親庭詩) 14. 富士山과 金剛山 18. 機會의 神 22. 途上의 一家(7·5조 변형)	〈목록〉 9-1) 「공후인」의 고화 설명 후 　　작품수록 9-2) 望親庭詩 사임당이 어머니를 그리는 일화 중 작품 수록 14. 후지산과 금강산을 비교하는 산문중 후지산을 읊은 시와 금강산 을 읊은 시 각 한편

〈표3〉『신편고등 조선어급한문독본』(1925-26)

권	비중	제목	비고
1	조선어지부(1/21) 한문지부(2/50)	**조선어지부** 13. '勤儉은 齊家의 基礎라' 　　중 권두 삽입시 **한문지부** 　8. 勸學 중 詩(2수) 44. 朴淵瀑布 중 廬山瀑布	**조선어지부** 13. 제목, 저자 없음 **한문지부** 　8. 저자 있음, 출전 없음
2	조선어지부(1/19) 한문지부(0/42)	**조선어지부** 　8. 時調三首	8. 저자 있음, 단어 설명 없음
3	조선어지부(2/29) 한문지부(3/31)	**조선어지부** 13. 古歌五節 15. 石潭九曲 중 九曲歌 (1~9) **한문지부** 　8. 農謳(捲露, 迎陽, 濯足) 11. 海運臺 중 鄭誧詩 20. 課農 중 憫農, 田歌	**조선어지부** 13. 저자 있음 한문지부 산문에 시가 병기된 경우 〈목차〉에 '詩'표기 후 제목 명시 **한문지부** 　8. 고등한문독본 1-25 중복 11. 출전만 명기 20. 고등한문독본2-13에 중복
4	조선어지부(3/17) 한문지부(3/34)	**조선어지부** 　2. 漢陽遊記 중 칠언절구 　　한시 10. 樂書의 名筆 중 칠언절 　　구 한시 17. 關東八景(1~10) **한문지부** 　2. 樂羊子之妻 중 題壁 18. 蠶種 중 蠶婦 24. 雪喩 중 江雪	**한문지부** 산문에 시가 병기된 경우 〈목차〉에 '詩'로 명시 저자 있음, 출전 없음 24. 고등한문독본 2-75 중복

권	비중	제목 형식	비고

5	조선어지부(4/17) 한문지부(4/30)	**조선어지부**
		3. 동무나븨(7·5조 변형)
		7. 時調四首
		9. 비닭이편지(7·5조)
		  연극구경왓다가(7·5조)
		16. 古詩意譯 休洗紅,
		  山中問答, 村家
		한문지부
		7. 桃花源記 중 題挑園圖
		20. 岳陽樓記 중 登岳陽樓
		22. 朴埘樂學 중 吹笛
		25. 管仲 중 貧交行
			조선어지부
			3. 저자, 출전 없음
			7. 저자만 있음
			9. 저자, 출전 없음
			16. 의역(원문 부기)
			  休洗紅만 저자 없음
			한문지부
			산문에 시가 병기된 경우
			〈목차〉에 '詩'로 부기
			7. 고등한문독본 4-3 중복
			20. 고등한문독본 4-10 중복
			25. 고등한문독본 3-46 중복

〈표4〉 『여자고등 조선어독본』(1925)

권	비중	제목 형식	비고
1	0/28		
2	0/26		

4	4/24	11. 樂書의 名筆 중 한시
		  (7언 절구)
		16. 朝鮮女子의 詩歌 1 공후인
		17. 朝鮮女子의 詩歌 2
		  踰大關嶺望親庭
		  江南曲, 貧女吟
		23. 關東八景(10곡, 4·4조 가사체)
			16. 산문 중 공후인의 일화를 소개하고
			공후인 인용과 해석(회소곡 삽입 시 없이
			내용 설명)
			17. 산문〈사임당신씨〉 설명 중 삽입 시
			와 해석(〈난설헌허씨〉 형식 동일)

〈표5〉 『중등교육 조선어급한문독본』(1933)

권	비중	제목 형식	비고

1	조선어의 부
	(6/38)
	한문지부
	(2/38)
		조선어의 부
		5. 빗소리(자유시)
		15. 海運臺에서
		  (산문 중 삽입 시, 3·4조)
		18. 劍拂浪을 지나면서
		  (산문 중 삽입, 3·4조)
		23. 가을
		  (3·4조에서 자유시 이행 형태)
		28. 공부의 바다(6·5조)
		31. 물방아(자유시 이행 형태)
		한문지부
		34. 諸葛亮戒子書 중 惜陰朱熹
		38. 富士山遠望 중 奉使日本作
			조선어의 부
			저자 없음
			
			한문지부
			산문에 시가 실리는 경우 '附'로
			표기

2	조선어의 부
	(4/26)
	
	한문지부
	(3/26)
		조선어의 부
		  4. 봄비(자유시 풍)
		  9. 古時調三首
		  18. 風景(자유시)
		  22. 새해에(자유시)
		한문지부
		  8. 江村曉起
		  11. 南龍翼過琵琶湖憇眞珠觀詩
		  24. 柳玭戒子弟書 중 寄精舍學徒
			조선어의 부
			  저자 없음
			한문지부
			  저자, 출전 명기,
			  상단에 용어설명,
			  산문
			  삽입시의 경우 목록에 '附'로 표시

3	조선어의 부
	(5/23)
	
	한문지부
	(1/23)
		조선어의 부
		  3. 풀밭(자유시)
		  6. 安心寺로부터 上院庵까지
		     (산문 중 삽입 시)
		  8. 古時調六首(시조)
		  11. 望軍臺(산문 중 삽입 시)
		  13. 初秋(자유시)
		한문지부
		  8. 農詩(한시 3수)
			조선어의 부
			  6. 산문 저자가 읊은 시2편
			  (저자 없음)
			  8. 상단에 단어설명
			  저자 없음
			한문지부
			  8. 각 수에 제목,
			     저자 있음.
			     상단에 단어설명

4	조선어의 부
	(6/27)
	
	한문지부
	(4/25)
		조선어의 부
		  2. 擊壤歌(4·4조 가사체)
		  6. 五倫歌(3·4조)
		  9. 白頭山갓든길에(4·4조, 6절)
		  11. 山村暮景(자유시)
		  15. 古時調六首
		  19. 古時調四首
		  한문지부
		  5. 田家四時
		  10. 산문 중 삽입 시(濂溪愛蓮)
		  15. 산문 중 삽입 시
		  19. 산문 중 삽입 시(江雪)
			조선어의 부
			상단에 내용설명
			부기
			  저자 없음
			
			한문지부
			저자, 출전 명기

5			

02 국어(조선어) 독본 수록 서간의 존재양상과 사회적 의미

김성수 · 손광식(성대 교수 · 강사)*

1. 근대 독본과 서간 교육

이 글은 '근대적 글쓰기(écriture)로서의 서간(書簡) 양식의 복원·복권'이라는 문제의식 하에 기획 연구 중인 '인쇄된 서간[publishing letter]' 연구의 하나인 '서간과 독본(讀本, 교재)'론이다. 근대교육이 본격화되기 시작한 20세기 초 대한제국의 학부 교재부터 일제 강점기의 조선총독부 교과서에 실린 서간의 존재 양상과 그것이 교실에서 수업에 활용된 과정 및 그 사회적 의미를 살펴보고자 한다. 근대 초기 글쓰기교육의 주요한 콘텐츠로서의 편지가 교재라는 인쇄매체에 정착되는 역사적 존재 양상 및 그 교육적 기능을 '계몽의 리터러시[literacy, 문자 해득력, 文識力]'라

---

* 본고의 서간 텍스트의 서지는 손광식, 텍스트 분석은 김성수가 집필하였으며, 김성수가 교신 필자이다. 『한국근대문학연구』 22호(한국근대문학회, 2010.10)에 실린 동일 제목의 논문 내용 중 조선어독본 수록 서간 몇 편을 강진호, 허재영 편, 『조선어독본』 1~5권(제이앤씨, 2010)에 의거해 수정 보완하였다.

는 시각으로 분석하고자 한다.

　이 글은 대한제국기부터 일제 강점기까지 사용된 국어 교재인 국어독본과 조선어독본에 대한 국어교육학적 연구와 독본류에 대한 글쓰기론[작문연구]의 성과를 바탕으로 한다.1) 독본 연구의 성과 위에서 서간이 읽기와 쓰기라는 근대적 리터러시 교육에서 어떤 구실을 했는지 서간의 역사적 존재 양상과 그 사회적 의미를 계몽과 교육 기능을 중심으로 살펴보는 작업으로 이루어진다. 특히 읽기·쓰기 교재인 독본에 실린 서간문(편지글) 텍스트뿐만 아니라 서간 관련 설명문에 대한 체계적인 서지작업까지 한 후 자료를 분석할 것이다.

　근대적 글쓰기로서의 서간을 논의할 때 왜 독본이 중시되는가 하면 근대 초기 글쓰기교육사에서 그것이 지닌 교과서적 지위와 사회적 기능에 주목할 수 있기 때문이다. '독본(讀本)'은 원래 근대 일본으로부터 수입된 용어로 산문 중심의 읽기 자료를 일컫는 말이다. 우리나라의 경우

----

1) 근대 초기 공교육을 담당한 정규학교 국어 교재인 국어(조선어)독본에 대한 국어교육학적 연구는 조희정, 윤여탁, 김혜정, 허재영, 김혜련, 강진호 등의 성과가 있다: 조희정, 「1910년대 국어(조선어) 교육의 식민지적 근대성」, 『국어교육학연구』 18호, 국어교육학회, 2003.12; 윤여탁 외, 『국어교육 100년사』, 서울대출판부, 2006; 김혜정 외, 「국어과 교재의 내적 구성원리: 독본」, 민현식 외, 『미래를 여는 국어교육사·1』, 서울대출판부, 2007; 허재영, 『일제강점기 교과서정책과 조선어과 교과서』, 도서출판 경진, 2009; 김혜련, 「식민지기 중등학교 국어과 교육 연구」, 동국대 박사논문, 2008; 김혜련, 「식민지기 국어 교과서와 텍스트의 '의미 관계' 검토 - 『신편고등 조선어급한문독본』에 수록된 설명적 텍스트를 중심으로」, 『새국어교육』 81호, 한국국어교육학회, 2009; 강진호, 「조선어독본'과 일제의 문화정치-제4차 교육령기 『보통학교 조선어독본』의 경우」, 『상허학보』 29집, 상허학회, 2010.6.
비정규과정에 활용된 민간 독본에 대한 글쓰기론적 접근으로는 구자황의 일련의 논의가 대표적이다: 「독본을 통해 본 근대적 텍스트의 형성과 변화」, 『상허학보』 13, 2004; 「근대 독본의 성격과 위상(1)-최남선의 『시문독본』을 중심으로」, 『탈식민의 역학』, 소명출판, 2006; 「근대 독본의 성격과 위상(2)-이윤재의 『문예독본』을 중심으로」, 『상허학보』 20집, 2007.6; 「1920년대 독본의 양상과 근대적 글쓰기의 다층성」, 『인문학연구』74호, 충남대 인문과학연구소, 2008.8; 「근대 독본문화사 연구 서설」, 『한민족어문학』 53집, 한민족어문학회, 2008.12.

1895년 갑오개혁을 계기로 일본을 통해 도입된 서구식 근대 공교육 제도로 세워진 소학교(초등학교)의 정규 교재로 사용되기 시작하였다. 독본은 국어 교과용 교재 구실뿐만 아니라 여러 교과의 내용을 단원 제재로 묶어 놓은 강독용 자료집의 의미도 있다. 그래서 정규교육 이외에 비정규 교육용 민간 교재로도 널리 제작, 보급되었다.

이 글은 근대적 글쓰기의 관습이 정립되기 시작하는 20세기 전반기, 정규 학교를 중심으로 보급되었던 공교육용 '관찬 독본'과 '민간 독본' 두 종류의 교육용 도서에 수록된 서간문과 서간 관련 설명문의 유형과 특징, 사회적 기능을 살펴보는 작업을 수행할 것이다. 자료의 범위는 대한제국기부터 일제 강점기까지 나온 '국어(조선어)독본'류에 수록된 서간문 텍스트와 관련 설명문을 대상으로 하였다. 대한제국기 자료로는 학부 편찬 『국어독본』과 학부 검정 『초등소학』『신찬(新纂) 초등소학』, 일제 강점기 자료로는 조선총독부 편찬 『조선어독본』과 『조선어급한문독본』에 실린 서간을 논의 대상으로 하였다.2)

독본을 비롯한 국어 교재에 대한 연구에는 많은 성과가 있지만 독본에 수록된 서간 및 이와 관련된 본격 논의는 거의 없다. 기존 연구사는 대체로 국어교육학, 국어교육사 연구의 일환으로 독본의 특징과 내용 전체를 고찰하거나 언간·한문편지를 초중등교육 수업 현장에서 활용하는 방안을 다룬 것이 대부분이다.3) 독본 등의 교재에 실린 서간에 대한 본

---

2) 주로 보통학교 공교육용 교재와 민간 독본을 대상으로 했지만 초중고교 등 각급 학교에서 사용된 1~8차 교육령별 교재에 실린 서간문 텍스트를 전수 조사할 수는 없음을 밝힌다. 자료 수집을 도와준 구자황 선생님께 감사드린다.
3) 윤여탁 외, 『국어교육 100년사』, 서울대출판부, 2006; 허재영, 『일제강점기 교과서 정책과 조선어과 교과서』, 도서출판 경진, 2009; 서지원, 「한문편지를 활용한 편지 교육 방안 연구」, 성신여대교육대학원석사논문, 2005; 전용표, 「역대 편지글의 읽기, 쓰기를 통한 의사소통 활성화 방안」, 단국대교육대학원석사논문, 2007; 류승범, 「서간을 활용한 아날로그 편지쓰기 학습과 생활화 방안」, 단국대교육대학원석사논

격 논의는 이제 시작되었다고 해도 과언이 아니다.4)

2. 국어(조선어)독본의 서간 · 우편제도 설명문 분석

국어(조선어)독본에 수록된 서간(문)의 존재 양상과 특징을 살펴보기 전에 먼저 서간 관련 설명문부터 검토하도록 한다. 독본에는 실제 서간문뿐만 아니라 서간문 작성법 및 근대적 우편제도와 이의 편리한 이용법에 대한 설명도 보이기 때문이다. 이와 관련하여 1920년대 서간을 소설과 관련시킨 한 논자는 당시의 서간교본이 지닌 교육적 기능을 다음과 같이 설명한 바 있다.

> 글쓰기의 문제는 타인과의 소통을 위한 근대의 방식으로 정착되어야 했지만, 적절한 교육이 이루어지지 못했던 상황에서 사람들은 서간집이나 서간교본 등을 통해 따로 배워야 했던 것이다. 결국 미문으로 상징되는 새로운 글쓰기에 대한 욕망은 그러한 글쓰기, 편지 쓰기를 제대로 할 수 없었던 현실의 반영으로 해석된다. 요컨대 다양한 서간교본의 흥행은 곧 제대로 편지를 쓸 수 없었던 당대 공교육의 복잡한 현실을 보여주는 것이다.5)

문, 2008.
4) 이와 관련된 연구는 김성수, 「근대 초기의 서간과 글쓰기교육 - 독본 척독 서간집 텍스트를 중심으로」『한국근대문학연구』21호, 한국근대문학회, 2010.4.가 있다. 여기서는 국어독본을 '관찬 독본'과 '민간독본'으로 분류하고 거기 수록된 대표적인 서간 텍스트와 다른 매체를 비교해서 내용을 분석하고 그 사회적 기능을 살핀 바 있다. 본고는 그 연장선에서 학부 편찬 국어독본과 총독부 편찬 보통학교용 조선어 독본에 실린 서간 설명문과 서간 텍스트 전체를 논의 대상으로 분석한 것이다.
5) 양지은, 「1920년대 소설에 나타난 '서간' 연구」, 동국대 석사논문, 2006.6, 11-12쪽.

당시 공교육을 아예 받지 못한 대중이 척독, 서간집 등의 서간교본 [manual]을 서간문 작성과 우편물 발송에 참조했던 것은 사실이다. 하지만 공교육이 서간 교육을 하지 않았거나 못해서 편지를 제대로 쓸 수 없었던 것은 아니다. 이는 정규학교용 공교육 교재인 독본에 존재하는 서간과 우편제도 설명에 대한 실증적 자료 검토를 제대로 하지 않은 데서 나온 오류라고 아니할 수 없다. 왜냐하면 조선어든 일본어든 읽기·쓰기용 교재인 독본류에 편지쓰기에 대한 적잖은 설명과 예문이 나오기 때문이다. '국어'(일본어)와 조선어 수업시간에 서간 작법을 통해 근대적 글쓰기를 교육받았다는 증거도 적지 않다. 가령 1910년대 오성(五星)학교 수업 풍경을 묘사한 다음 자료를 보자.

> 좀 큰 방은 二年級 講室이니 宋憲奭君의 日本書翰文時間이다. 先生은 연방 漆板에 敎草를 쓰는대 數字를 쓰고는 括弧를 치고 本文을 쓰고는 傍訓을 달며 生徒들은 그 손 끝을 따라가면서 벗기기에 얼업다.[6)

『청춘』지 기자의 시선으로 80여 명의 학생들이 서간 작법 배우기에 질서정연하게 집중하는 모습을 전달한 기사를 보면 당시 편지 쓰기 교육현장의 열기를 생생하게 확인할 수 있다. 수업 풍경을 보면 비록 일본어 시간이긴 하지만 편지글 쓰기를 정규수업 중의 별도 단원으로 진행했음을 알 수 있다. 또한 『청춘』 14호(1918.6)에 실린 최남선 편 『시문독본』 광고 문구를 보면 당시 문식력(文識力, literacy) 교육이 관심을 가졌던 분야는 학문적 수준의 문종(文種)뿐만 아니라 '일상생활에 절실하게 요구되는 간이문'까지 광범위한 쓰기 전반을 포함하는 것인바, 이들 중 실제 쓰기 교육에서 유독 강조되었던 쓰기 장르가 곧 편지 쓰기였

---

6)「학교 방문기 -오성학교」, 『청춘』 제6호, 1915.3, 65-66쪽.

다.7) 1920년대 당시에도 글쓰기교육의 지향점이 편지 같은 실용문과 관련된다는 또 다른 자료도 있다. 즉, 이병기가 쓴 「조선어와 작문」이란 '조선어 문제' 특집 기고를 보면 글쓰기(작문)교육의 필요성을 '조선말로서 우리의 사상 감정을 자유롭게 발표'하기 위한 것임을 밝히면서 꼭 문인, 학자에 뜻을 둔 '시, 소설, 평론'까지는 아니더라도, '편지나 계약서'쯤은 쓸 수 있는 능력을 위해서라도 필수적임을 강조하고 있다.8) 이 자료 이외에도 여러 증거를 통해 서간 교육이 근대적 글쓰기 교육에서 주요한 위치를 차지했음을 알 수 있다.9)

이제 본격적으로 공교육이 담당한 독본 교재에 수록된 '편지 쓰기와 우편제'에 대한 설명문과 서간문을 분석하기로 한다. 국어독본의 서간문 작성 및 우편제도 설명문은 다음과 같다.

---

7) 조희정, 「1910년대 국어(조선어) 교육의 식민지적 근대성」, 456쪽 참조.
8) 이병기, 「조선어와 작문 - 조선어 문제」, 『학생』, 1929. 4, 16쪽.
9) 허재영, 「국어과에서의 쓰기교육 변천 연구」, 『어문론총』 42호, 한국문학언어학회, 2005.6, 134-135쪽 참조.

서간 관련 단원 제목	수록 매체(독본)	발행처, 간행연도	게재면
十九課 우편과 전신	초등소학 권8	국민교육회, 1906	26-27
十三課 葉書와 封函	보통학교 학도용 국어독본 권2	학부 편찬, 대일본 도서주식회사, 1907.	25-28
十四課 郵便局	보통학교 학도용 국어독본 권2	학부 편찬, 대일본 도서주식회사, 1907.	28-31
十三課 葉書와 封函	보통학교 학도용 조선어독본 권2	조선총독부, 1913(4판).	25-28
十四課 郵便局	보통학교 학도용 조선어독본 권2	조선총독부, 1913(4판).	28-31
十四課 書簡文의 作法	보통학교조선어급한문독본 권5	조선총독부, 1918.	39-53
十九課 학교가 잇소. 우편소가 잇소. 면사무소도 잇소.	보통학교 조선어독본 권1	조선총독부, 1930.	19
二十四課 엽서(그림)	보통학교 조선어독본 권1	조선총독부, 1930.	24
二十六課 우체통	보통학교 조선어독본 권3	조선총독부, 1932.	78-83
二課 京城 從弟에게	보통학교 조선어독본 권4	조선총독부, 1924	4-10
十八課 郵票	여자고등 조선어독본 권3	조선총독부, 1924.	90-94
十四課 郵票	신편고등 조선어급한문독본 권3, 1924	조선총독부, 1926.	60-64
十一課 簡牘	중등교육 한문독본 권4	조선총독부, 1930.	101
상편 제3장 尺牘(상) 하편 제4장 尺牘(하)	중등시문(中等時文)	조선총독부, 1937.	29-41

　　자료 중에서 우선 주목할 것은 처음 학교에 들어간 초등과정 신입생이 배우는 서간 관련 그림이다. 『보통학교 조선어독본』 권1에 보면 아직 문자를 해득하지 못한 초등학교 1학년생의 초기 수업 중에서 마을 그림을 예시하고 "학교가 잇소. 우편소가 잇소. 면사무소도 잇소."라고 설명한 제19과가 있다. 이 그림과 3줄의 설명은 성장기 소년이 처음 가족과 집을 벗어나 바깥세계를 인식하는 '세계의 창' 구실을 한다. 즉, 지역사회를 이루는 주요 기관의 그림 배치를 통해 근대세계의 일정한 형상을 각인시키는 기능을 하는 대목이다. 한 마을을 이루는 주요한 기관으로 교

육기관인 학교와 행정기관인 면사무소와 함께 통신기관인 '우편소'가 그려져 있다는 것은 그만큼 근대교육에서 의사소통교육과 우편제도 이용법 교육을 특히 중시했다는 반증이다. 마찬가지 논리로 생활에 꼭 필요한 사물을 예시하는 중에 엽서 그림이 있는 24과를 보면 의식주와 함께 '엽서'가 생필품임을 은연 중 알게 한다.

한편, 대한제국의 국어, 일제 강점기의 조선어 못지않게 실제 공교육에서 가장 큰 비중을 차지한 일본어 교재인 '국어독본'을 살펴봐도 서간문은 적지 않게 찾을 수 있다. 최근 번역된 『보통학교 국어독본』(1914)만 살펴봐도, 권5 제19과 「엽서」, 권6 제15과 「연하장」, 권7 제23과 「전보」 등 각종 서간의 작성 및 이용법이 수록되어 있다.10) 따라서 일본어든 조선어든 초등학교만 다니면 서간문 작성법을 익히고 근대적 우편제도를 이용할 수 있게 한 셈이다.

이들 근대적 공교육 교재에 수록된 서간 설명문은 크게 근대적 우편제도의 이용법을 소개한 글과 서간문 작성법을 서술한 글로 나눠볼 수 있다. 먼저 근대적 우편제도의 이용에 대한 내용부터 보도록 한다. 대한제국의 학부 편찬 관찬 교과서인 국어독본에는 엽서와 봉함의 작성법 및 우표, 우체통 등 근대적 우편제도의 이용방법을 소개하고 있다. 가령 '우편국' 설명문을 보면 근대적 우편제도의 편리함이 그림과 함께 상세하게 설명되어 있다. 이는 인편 전달이 대부분이었던 중세와는 비교가 되지 않을 만큼 편리한 근대 우편제도의 우위를 내세움으로써 식민지 근대

---

10) 『보통학교 국어독본』(권1~8), 조선총독부, 1914; 김순전 외 역, 『조선총독부 제1기 초등학교 일본어 독본』(1~4), 제이앤씨, 2009. 참조. 또한 서간문 예로는 권6 제8과 '고구마를 보내는 편지'; 권7 '제10과 '출발날짜를 문의하는 편지'; 제16과 '병 문안 편지'; 권8 제12과 '책을 빌리는 편지'; 제23과 '옛 스승께 보내는 편지' 등이 실려 있다. 민병찬, 「1912년 간행 『보통학교 국어독본(普通學校國語讀本)』의 편찬 배경에 대하여」, 『日本語教育』, Vol.43, 한국일본어교육학회, 2008, 3-15쪽 참조.

의 합리화를 암암리에 시도하고 있기도 하다.

일제 강점기에 널리 보급된『보통학교조선어급한문독본』권5에는 서간문의 외적 형식에 대한 상세한 설명이 체계적으로 소개되어 있다. "1. 봉서: 용지, 여백, 出書日, 署名, 受書人名, 文例, 2. 엽서: 주소 성명, 엽서글 서술법, 출서일 본문 말미, 3. 일반 주의: 用筆, 서체, 受信人 경어, 受信人及 發信人 호칭"11)까지 서간문 작성법이 자세히 나와 있다. 게다가 교재 부록의 발/수신인 호칭 표를 참조하면 척독, 서간집 등 민간의 서간 교본(敎本, 敎範, manual)이나 독본을 따로 참조하지 않아도 편지를 쓸 수 있는 수준의 설명과 예문이 간명하게 서술되어 있다.

또한『중등시문(中等時文)』의「척독」단원을 보면 서간문의 하위 유형으로 축하 편지, 청첩 편지, 계약문, 명함 등에 대한 설명과 '보통 서간, 전보, 삽화 첨부 서간' 등의 작성법과 용례가 우편제 설명과 함께 수록되어 있다. 이는 공교육에서도 서간 격식 및 엽서, 봉함편지, 전보에 이르는 각종 서간에 대한 체계적 교육을 실시한 근거라 할 수 있다.12)

더욱이 교과서에서 위와 같이 무미건조한 서간 규칙만 딱딱하게 설명한 것이 아니다.『보통학교 조선어독본 권3』의「우체통」같은 글을 보면 "여긔저긔서 모여든 편지들이 제각금 자기의 신상 이야기를 시작하얏다."13)라는 도입부에서 알 수 있듯이, '의인화된 대화' 형식으로 서술되어 학습자의 호기심과 흥미를 유발하는 교육적 장치도 시도하고 있다. 편지들이 서로 자기 이야기를 인간처럼 발화하는 일종의 현대판 가전 형

---

11)『보통학교 조선어급한문독본』권5, 조선총독부, 1918.3, 39-51쪽.
12)『중등시문(中等時文)』(조선총독부, 1937.5.18), 29-41쪽. 또한『중등교육 한문독본』 권4 (조선총독부, 1930.4.20 번각) 후편 제11과 '간독(簡牘)'을 보면, 멀리 있는 사람에게 글을 보낼 때 간독(편지)만 한 것이 없으니 사용 언어에 신중을 기하라는 내용도 있다.
13)「우체통」,『보통학교 조선어독본 권3』, 78쪽.

태를 띤 우화서사 양식을 통해, 학습자가 우체통에 모인 편지 3통과 엽서 1통의 편지 사연을 읽고 근대적 우편제도를 자연스레 습득하도록 되어 있는 셈이다.

하지만 공교육용 교재라고 해서 서간 작성법과 근대 우편제도를 적확하게 설명한 것만은 아니었다. 가령 남녀 고등학교용 독본에 동시에 소개된 '우표 유래'에 관한 설명문 「우표」를 보자. 70년 전 영국 시인 '콜렛지'의 에피소드를 통해 우표 제도가 시작되었다는 내용이 남학생용 여학생용 교재에 동일하게 실려 있다.[14] 그런데 우편 역사에 따르면 우표의 창시자 또는 우표제도 제안자는 시인 코울리지가 아니라 R. 힐로 알려져 있다. 1840년 5월 영국에서 우편의 아버지라 불리는 R. 힐의 제안에 의해 전국 균일의 우편요금을 전납(前納)하는 세계 최초의 우표제도가 실시되었다는 것이 정설이다.[15] 따라서 우표의 유래를 설명한 글은 출처를 밝히긴 했지만 오류라고 생각된다.

한편, 독본의 서간 작성법과 관련하여 더욱 중요한 문제점은 글쓰기 교육과 관련해서 근대적 편지글 쓰기가 갖춰야 할 개인적 정감의 표현이라는 필수적 덕목을 거의 강조하지 않았다는 사실이다. 앞에서 살펴본 독본의 서간 관련 설명문은 대부분 편지의 외적 형식에 대한 규칙만 제시하고 있을 뿐이다. 근대적 우편 제도의 실시와 함께 편지는 특정한 격

---

14) 『여자고등 조선어독본 권3』(조선총독부, 1924); 『신편고등 조선어급한문독본』 권3 (조선총독부, 1924.4.5 번각 발행)에 동일 내용의 「우표」가 실려 있다. 단, 두 교재의 논거 출전이 달리 표기되었는데, 남학생용에는 '金子文臣의 文에 據함'(64쪽), 여학생용에는 '『實科女學讀本』에 據함'(94쪽)으로 되어 있다.

15) 로랜드 힐(Sir Rowland Hill, 1795년 12월 3일 - 1879년 8월 27일)은 영국의 교육자·우편 제도의 개혁자로서 그의 제안을 의회가 받아들임으로써 그 전까지 거리에 따라 우편요금이 다르고 수신인이 우편요금을 부담하는 등의 불편이 없어졌다. 진홍기, 『구한국시대의 우표와 우정』, 경문각, 1964, 11쪽; 이종탁, 『우체국 이야기: 편지와 우체국의 역사에서 세계우편의 현주소까지』, 황소자리출판사, 2008. 참조.

식을 제도적으로 요청하게 되었고 형식적 규격에 대한 강조야말로 근대적 편지 쓰기의 핵심이 되었음을 확인할 수 있다. 그러나 편지의 내용으로 무엇을 어떻게 쓸 것인가의 문제는 독본 자료의 제시로 대체되어 있다. 몇 단원에 걸쳐 교신 상황에 따른 다양한 편지를 제시하고 있는데, 이는 편지가 소통되는 상황이 달라지면 편지의 격식과 내용이 달라질 수밖에 없음을 전제하였기 때문이다.

그런데 교과서에 제시된 편지 쓰기 단원의 연습 문제를 보면 당시의 글쓰기 교육방식이 압축적으로 노정된다. 즉 각종 편지글을 제시한 후 "본과를 모방하야 ~ 편지와 그 답장을 지어라"라는 식의 연습문제를 단원 말미에 달아놓음으로써, 일제 강점기 서간의 교육방식이 중세적 방식과 동일한 '반복적 모방' 교육 방식임을 확인할 수 있다.[16]

일제 강점기 독본의 수업방식이 모범문 모방이라는 중세적 방식인 것만 문제는 아니다. 그것은 언어교육 전반의 문제이지 서간문만의 문제가 아니기 때문이다. 독본의 서간문 자체가 지닌 결정적 문제점은 서간문 규식과 문장 표기의 이중성이라고 할 수 있다. 중세적 문어체를 그대로 온존시킨 한문투 서간과 근대적 구어체 지향의 외적 형식이 혼용되고 있는 점이 당대 교육 현장의 서간 교육의 실체라고 하겠다. 독본의 서간문 격식 설명이나 모범 예문들은 하나같이 중세적 잔재가 적지 않게 남아있는 낡은 한문식 상투어투를 온존시키고 있다. 표기법에서도 한주국종체(漢主國從體) 국한혼용문이나 한문투를 답습하고 있다.[17]

이를 통해 볼 때 대한제국 시대든 일제 강점기든 공교육용 교재에

---

16) 조희정, 「1910년대 국어(조선어) 교육의 식민지적 근대성」, 457쪽 참조.
17) 즉, '부친전상서(父親前上書)니 상백시(上白是)니, 기체후일향만강(氣體候一向萬康)하옵시고~' 등 중세적 한문투 투식어를 폐지하고 '아버님 안녕하세요?' 라는 식으로 구어체 일상어를 편지글에 사용해야만 진정한 근대 서간문의 양식적 특징을 구현하는 것일 터이다.

실린 서간문 작성법은, '언문일치를 향한 근대인의 내적 논리'에 충실한 근대적 글쓰기로서의 서간의 내적, 외적 형식[18]을 별반 중시하지 않았음을 알 수 있다. 공교육이 지향하는 우편제도는 근대적인 데 반해 서간 작법에서 내세우는 모범적 편지 규식과 문체 및 내용은 개인의 정감을 표현하는 언문일치 지향의 근대적 국문 문장과 일정한 거리를 두었던 셈이다. 이는 민간 독본이나 서간교본에서 이태준, 이광수 등이 주창했던 근대적 글쓰기로서의 서간양식의 본질―구어체 언문일치 한글 표기 문장으로 된 편지글[19]―과 동떨어진 것이라 아니할 수 없다. 낡은 한문투를 답습하고 언문일치 문장을 적극 교육하지 않은 것은 중세적 잔재를 일부 온존시킨 '식민지 근대'[20]라는 일제 강점기의 시대적 성격을 일정하게 반영한 것인지도 모른다.

3. 국어(조선어)독본 수록 서간문의 유형과 특징

3.1. 학부 편찬 국어독본 수록 서간의 유형

지금까지 정리한 독본 자료를 보면 구한말 대한제국기 교과서부터 일제 강점기 전 시기에 걸쳐 초중고등 교재에 근대적 우편제도와 서간 작성법에 대한 설명이 매우 다양하고 자세하게 나와 있음을 알 수 있다. 엽서, 전보를 비롯한 봉함편지를 쓰고 봉투 작성 후 우표를 붙여 우체통

---

18) 김성수, 「근대적 글쓰기로서의 서간(書簡) 양식 연구(1) -근대 서간의 형성과 양식적 특징」, 78-81쪽 참조.
19) 위와 같은 글, 64-70쪽.
20) 일제 강점기의 본질이 반(半)봉건적 자본제와 관련된 '식민지 근대'이며 이것이 서구식 근대보다 더 커다란 지구적 보편성을 띠었다는 주장은 윤해동, 『식민지의 회색지대』(역사비평사, 2003) 참조.

에 넣는 방법과 서간문의 규식 및 실제 용례가 적잖이 실려 있다. 이로써 근대적 글쓰기를 통한 리터러시 교육에서 서간이 차지한 비중이 적지 않았다는 것을 공교육 교재에서도 확인할 수 있다. 더욱이 독본의 기능이 읽기에만 한정되지 않은 것처럼 편지 쓰기 자체가 주요한 교육 콘텐츠였음도 재확인할 수 있다.

실제 편지 용례도 학교 및 일상생활의 온갖 경우에 활용할 수 있도록 대부분의 읽기·쓰기 교재인 국어(조선어) 독본에 1편 이상씩 실려 현장 교육에 사용되었다. 즉, 『보통학교학도용 국어독본』 권3(학부, 1907) 「제23과 홍수 한훤(寒喧)」에서 수동이라는 발신자가 홍수 재해를 당한 옥동이라는 수신자가 무사한지 안부를 묻는 편지부터, 『초등조선어독본』 권2(조선총독부, 1939) 「18과 군인 지원을 한 오빠에게 국어(일본어)로 편지 쓰기」까지 실려 있음을 확인할 수 있다. 이를 보다 구체적으로 살펴보도록 한다.

주지하다시피 우리나라의 근대적 문물제도 개혁은 1894년 갑오개혁에서 비롯되었다. 1895년 소학교령이 제정돼 "아동 신체의 발달에 따라 국민교육의 기초와 생활상 필요한 보통지식과 기능을 가르치는 것"을 목적으로 근대적 의미의 초등교육이 본격화됐다. 이 시기에 처음으로 소학교령 제15조와 중학교령(1900.9.3) 제2조에 학부 편찬 교과용 도서에 대한 규정을 둠으로써 교과서 편찬 작업이 본격적으로 이루어질 수 있는 기반을 마련하였다. 1905년 일제 통감부가 설치된 후 1906년 8월 보통학교령이 공포되었고, 이전의 소학교가 보통학교로 개명되고 교재도 체계적으로 제작, 보급되었다. 1908년 '교과용 도서 검인정제'가 도입되어 학부 편찬 국어독본의 보급이 본격화되었다.[21]

----

21) 20세기 전반기 국어교육사와 교과서 변천과 관련된 서술은 기존 연구 성과를 참조, 요약하였다. 박붕배, 『국어교육전사』(상), 대한교과서주식회사, 1987; 윤여탁 외,

대한제국기 학부에서 편찬, 검정한 보통학교 학도용 국어독본에 수록된 서간의 서지는 다음과 같다.

발신자/수신자	서간문 제목	게재 매체(독본)	게재면
壽童/玉童 玉童/壽童	第二十三課 洪水寒喧	보통학교 학도용 국어독본 권3, 1907	73-75
壽童/叔主	第六課 運動會에 請邀	보통학교 학도용 국어독본 권4, 1907	15-18
母親/子 俊明	第十課 母親에게 寫眞을 送呈흠	보통학교 학도용 국어독본 권5, 1908	23-24
俊明/母親	第十一課 回答書 俊明回見	보통학교 학도용 국어독본 권5, 1908	24-25
閔博義/李嘉永 李嘉永/閔博義	第十八課 林檎을 贈與ᄒᄂ 書札, 第十九課 回答書	보통학교 학도용 국어독본 권6, 1908	48-50
家兄/竹姬	第五課 與妹弟書	보통학교 학도용 국어독본 권8, 1908	14-15
張永基/權明德 權明德/張永基	第十五課 友人의 慈親喪을 弔慰흠, 第十六課 同答狀	보통학교 학도용 국어독본 권8, 1908	41-43
仁榮/和榮 和榮/仁榮	第三十五課 兄弟書信	新纂초등소학 권3, 1909	63-65
尹生/친구	第十課 書冊을 借書ᄒᄂ 書札	新纂초등소학 권4, 1909	21-22
張振/李鴻 李鴻/張振	第三十五課 朋友書信	新纂초등소학 권6, 1909	84-86

이들 학부 편찬 독본은 훗날 일제 강점기 조선총독부 편찬 독본의 원형을 이루기 때문에 이를 유형별로 분류하면 20세기 전반기 독본에 실린 서간문의 동향을 파악할 수 있다. 이에 이들 텍스트를 유형화하고 대표 텍스트를 분석한 후, 각 유형이 추후 총독부 독본에 끼친 영향을 살펴보도록 한다. 위의 서간문은 대략 가족 친지 간 안부 편지, 재해 안부 편지, 조문 편지, 초청 권유 편지, 증여 편지 등으로 유형화할 수 있다.

첫째, 가족 친지 간 안부 편지는 「여매제서(與妹弟書)」가 대표적 텍스트라 하겠다. 객지에 유학 중인 오빠가 집에 있는 누이동생에게 보

『국어교육 100년사』, 서울대출판부, 2006; 허재영, 『일제강점기 교과서정책과 조선어과 교과서』, 도서출판 경진, 2009.

내는 이 편지글은 서간문 격식에 딱 맞는 외적 형식22)을 잘 갖추고 있다. 즉, '누이동생 죽희에게'(수신인) - '봄기운 점점'(날씨 안부) - '양친 기력 건강'(부모님 건강 등 가족들의 안부) - '형은 객지에서 잘 지낸다'(자기 안부) - '부쳐준 옷 받고 기쁘다'(용건)- '방학인 2주 후 귀가 예고(결구) - 연월일(발신일) - '오빠 평서'(발신인, 서명) 등으로 되어 있어, 짧은 분량 속에 서간문의 어떤 요소도 빠지지 않고 전후맥락이 잘 구비되어 서간문 구조의 모범이 될 만하다. 그래서인지 이 텍스트는 1912년의 자구 수정본23), 1918년의 1차 교육령24)기 독본, 1924년의 3차 교육령기 보통학교와 여고보 독본, 심지어는 해방 후까지 수많은 관찬 교과서와 독본에 반복적으로 수록되어 교육용으로 활용되었다. 따라서 서간을 통한 근대적 계몽의 한 모델로 평가할 수 있다.

이렇듯 가족 간 문안 편지가 중요해서인지 누이에게 보내는 오빠의 편지 말고도 모자지간의 정감이 교차되는 사연이 담긴 「모친에게 사진을

22) 원래 서간의 외적 형식은 계절에 맞는 머리말과 상대방에 대한 문안 인사, 사연과 요약, 맺음말, 편지 보내는 날짜와 보내는 사람의 이름까지 순서가 정해져 있다. 서간의 격식이 어느 정도 규범화되어 있다는 뜻이다.
23) 1912년에 발행된 조선총독부의 독본은 '字句 수정본'이라서 대한제국 시대 학부 편찬 독본에 실린 서간과 일부 글자만 수정한 정도의 동일한 텍스트라 할 수 있다. 1912년 총독부 독본은 아직 식민지 교육체제가 완성되지 못한 탓에 대한제국기 학부 편찬 국어독본의 내용을 거의 그대로 답습하였기에, 국어교육학자들 간에 '자구 수정본'으로 불린다. 허재영, 『일제강점기 교과서정책과 조선어과 교과서』 참조.
24) 일제 강점기에는 정규 교육과정을 지배한 공교육에서 조선총독부의 국정교과서만 통용되었는데, 국어교육학자에 따라 독본 편찬 시기를 크게 네 시기나 다섯 시기로 구분하고 있다. 박붕배는 이를 제1차 교육령기(1915~1918), 제3차 교육령기(1923~1924), 제4차 교육령기(1930~1935), 제7차 교육령기(1939)의 4시기를 나눈 바 있다. 박붕배, 『국어교육전사』(상), 대한교과서주식회사, 1987, 335쪽 참조. 하지만 실제로는 초등교육용 조선어과 교과서 편찬이 다섯 차례 이루어졌다. 김혜련은 이를 제1기(1911.10~1922.3), 제2기(1922.4~1928.3), 제3기(1928.4~1938.3), 제4기(1938.4~1941.3), 제5기(1941.4~1945.8)로 나눈 바 있다. 김혜련, 「식민지기 중등학교 국어과 교육 연구」, 동국대 박사논문, 2008, 103쪽 참조. 본고에서는 5기 독본 실물을 구할 수 없어 일단 박붕배의 용어와 시기 구분을 따른다.

송정(送呈)함, 답서」도 있다. 객지의 아들이 어머님께 사진을 동봉하면서 식구들 안부를 묻고 그를 받아본 모친이 반가움과 함께 몸 상치 않게 조심하란 당부를 담은 답장을 보낸 것이다. 또한 1909년 학부 검정 교과서『신찬 초등소학』25)에 실린 「형제서신」에는 타지에 유학 간 동생과 집에 있는 형 사이의 안부가, 「붕우서신」에는 서울의 같은 학교에 다니는 두 친구 사이의 경성 도착 소식이 교환되고 있다.

둘째, 재해 안부 편지에 속하는 「홍수 한훤(寒喧)」은 홍수 등 재해가 닥쳐 무사한지 친지에게 안부를 묻는 편지이다. 이러한 재해 문안은 1924년 독본의 「수해중(水害中) 문후」 등에도 보이는데, 재해 등 당시 시대상을 적절하게 반영한 것으로 판단된다.

셋째, 조문 편지는 「우인(友人)의 자친상(慈親喪)을 조위(弔慰)함, 동 답장」이 대표적인데, 친구 모친상을 조문하는 편지와 문상 편지에 감사하단 답장이 소개되어 있다. 경조사용 편지라 1912, 1918, 1924년판 독본에도 비슷한 글이 반복해 실려 있다. 의례용 편지라 그런지 안부나 사교 편지에 비해 중세적 격식에 따른 상투어구와 의례적인 한문 투식어가 훨씬 많다. 따라서 개인적 정감을 표현할 공간은 거의 없다고 해도 과언이 아니다.

넷째, 초청장 등 권유 편지로는 「운동회에 청요(請邀)」라는 글이 있다. 이는 수동이가 아저씨[叔主]께 학교 운동회에 참관해달란 초청장이다. 관찰사와 군수 등의 귀빈도 참석하는 학교 연합 운동회이니만큼 복동이와 동행해서 구경하란 초청 편지이다. 동일한 방식의 초청장이나 권유 편지로는 1912년 독본에 실린 교외 산보 권유, 1924년 독본 권5에

---

25) 저작 겸 발행자 玄采의 『新纂초등소학』(일한인쇄주식회사, 1907.9.23) 표지에 '융희 3년 8월 28일 학부 검정 사립학교 鮮語科 초등학교 학도용'이라 고무인 인쇄가 되어 있어 공교육 교재임을 알 수 있다.

실린 화유(花遊, 꽃놀이) 권유, 그리고 1924년 독본 권6에 실린 강화회 (講話會, 강연회) 초청 편지 등이 있다.

다섯째, 증여 및 청탁 편지로는 「임금(林檎)을 증여하는 서찰, 동답서」 「서책을 차서(借書)ᄒᆞᆫ는 서찰」이 있는데, 내용인즉 친구에게 외국종 사과를 한 상자 보내니 시식해보라는 사연과 친구에게 산학서 3권을 빌려달라는 청탁 편지이다. 비슷한 증여 편지 예로는 일본어독본에 실린 「고구마를 보내는 편지」도 있다.[26]

3.2. 조선총독부 편 조선어독본 수록 서간의 역사적 변천

이상에서 알 수 있듯이 대한제국 시대 학부 편찬 독본의 서간텍스트는 일제 강점기 조선총독부 편찬 독본에 실린 서간의 원형으로 자리매김할 수 있다. 이는 대한제국의 교육이념 및 교재 편찬의식이 이미 통감부 시절 일제에 의해 일정 정도 조정된 저간의 사정을 반영하는 것으로 판단해도 무리가 없을 것이다.[27] 앞으로 살펴볼 조선총독부 편찬 독본에는 가족 친지뿐만 아니라 사제지간의 문안이나 초청과 권유, 증여 및 청탁, 물건 주문장, 그리고 기행 서간 등의 유형도 실려 있다.

'한일 강제병합' 후 1911년 8월 조선교육령이 공포되면서 일제 당국은 기존의 6년 소학교 과정을 4년제 보통학교로 개편하고 새 교과서를 제작, 보급하였다. 일제 강점기의 교과서 편찬은 1~7차에 걸친 조선교육령의 역사적 변천에 따라 내용상 변화를 보였다. 공교육 교재의 편찬, 보급은 전적으로 조선총독부의 소관 사항이었기에 교과서 검인정 제도

---

26) 「제8과 고구마를 보내는 편지」, 『보통학교 국어독본』 권6 (조선총독부, 1914). 김순전 외 역, 『조선총독부 제1기 초등학교 일본어 독본』 3 (제이앤씨, 2009), 233-234쪽.
27) 박붕배, 「대한제국 말기의 국어교육과 일제 시대의 조선어 교육」, 『교육한글』 No.15, 한글학회, 2002, 7-38쪽 참조.

를 통해 교재 내용뿐만 아니라 보급과 수업방식까지도 식민 정책에 맞게 전일적으로 통제, 관리하였다.

이러한 전제 아래 조선총독부의 조선어독본에 실린 서간이 어떤 변화를 보이는지 파악해보자. 먼저 합병 직후에 나온 『보통학교 학도용 조선어독본』에 실린 서간 목록부터 보도록 한다.

발신자/수신자	서간문 제목	게재 매체(독본)	게재면
壽童/玉童 玉童/壽童	第三課 洪水寒暄	보통학교 학도용 조선어독본 권4, 1913(4판)	8-10
壽童/叔主	第六課 運動會에 請邀	보통학교 학도용 조선어독본 권4, 1913(4판)	15-18
子 俊明/母親	第八課 母親에게 寫眞을 送呈홈	보통학교 학도용 조선어독본 권5, 1913	18-19
母/俊明	第九課 同答書	보통학교 학도용 조선어독본 권5, 1913	19-20
李嘉永/閔博義	第十四課 林檎을 贈與ㅎ는 書札	보통학교 학도용 조선어독본 권6, 1913	34-35
閔博義/李嘉永	第十五課 同答書	보통학교 학도용 조선어독본 권6, 1913	35-36
魚景龍/張陳良	第十課 書籍을 請借홈	보통학교 학도용 조선어독본 권7, 1913(7판)	26-27
張陳良/魚景龍	第十一課 同答書	보통학교 학도용 조선어독본 권7, 1913(7판)	27-29
家兄/妹弟 竹姬	第四課 與妹弟書	보통학교 학도용 조선어독본 권8, 1912	12-13
張永基/權明德 權明德/張永基	第十二課 友人의 慈親喪을 弔慰홈, 第十三課 同答狀	보통학교 학도용 조선어독본 권8, 1912	32-34
李全應/金德明 金德明/李全應	第十七課 郊外散步를 勸誘홈 第十八課 回答書	보통학교 학도용 조선어독본 권8, 1912	42-44

위 조선어독본 수록 서간은 제목만으로도 확인할 수 있다시피 대한제국 학부에서 편찬한 『보통학교 학도용 국어독본』 서간과 거의 동일하다. 이는 총독부에서 합병 후 바로 새 교재를 만들어 교육 현장에 보급할 수 없었기에 학부 편찬 독본의 자구만 정정하여 교육현장에 보급한 결과이다. 이 교재의 다른 단원 중에는 식민정책과 어긋나는 일부 내용이 남

아 있었기 때문에 식민지배 직후 그에 해당하는 부분을 시급히 정정하고
자 하였다. 그 결과 나온 것이 제1차 교육령기(1915~1918)의『보통학교
조선어급한문독본』이다. 거기 실린 서간을 보자.

발신자/수신자	서간문 제목	게재 매체(독본)	게재면
孫正煥/吳寅泳 吳寅泳/孫正煥	第九課 花遊에 請邀 同回答	보통학교조선어급한문독본 권2, 1915	22-25
韓永洙/姜載鎬 姜載鎬/韓永洙	第二十二課 病者慰問 問病回謝	보통학교조선어급한문독본 권2, 1915	52-54
李嘉永/閔博義 閔博義/李嘉永	第二十二課 梨를 贈與하는 書札 同答書	보통학교조선어급한문독본 권3, 1917	64-67
張永基/權明德 權明德/張永基	第七課 友人의 慈親喪을 弔慰함 同答狀	보통학교조선어급한문독본 권4, 1918	18-21
家兄/妹弟 竹姬	第十八課 與妹弟書	보통학교조선어급한문독본 권4, 1918	50-52
魚景龍/張陳良 張陳良/魚景龍	第五十一課 書籍을 請借함 回答書	보통학교조선어급한문독본 권4, 1918	160-163

『보통학교 조선어급한문독본』수록 서간을 보면 학부 편찬 국어독
본이나 조선총독부 편찬 조선어독본과 거의 동일한 것을 알 수 있다. 가
령 친구 모친상 조문 편지나 누이동생에게 보내는 편지는 세 판본의 서
간 텍스트가 거의 동일하다. 다만 책 빌리는 청탁 편지의 경우「서적을
청차(請借)함」(1918)에서는 수험서를, 대한제국기 학부 검정 교과서의
「서책을 차서(借書)ᄒᆞᄂᆞᆫ 서찰」(1909)에서는 산학서를, 일제 강점 초기
국어(일본어)독본의「책을 빌리는 편지」(1914)에서는 농업서를 부탁하
는 정도로 약간씩 차이가 날 뿐이다.

이렇게 교재 수록용 서간 텍스트가 동일하거나 비슷비슷한 이유는
기실 조선에 보급된 글쓰기 교재용 콘텐츠의 상당 부분이 일본 본토의
『국정독본』의 내용물을 원용한 결과라 할 수 있다. 즉 일본 본토에서
사용되는『국정독본』의 콘텐츠 일부가 조선의『국어(일본어)독본』에 실
리고 다시 그것이 변형되어『조선어독본』에 실리기도 했던 것이다. 때문

에 식민지 교재는 기본적으로 식민 교육이 지향하는 동화정책의 수단이라 아니할 수 없다.28) 다만, 대한제국기 학부 검정 교과서의 선례와 관련시켜 굳이 의미를 부여하자면 대한제국기의 연속성과 식민 지배적 의미가 중첩된 것으로 해석할 수 있다.

주지하다시피 일제 강점기의 조선어과 교육 자체는 일본어과의 종속 과목의 하나로 간주되었다. 이는 1911년 발포된 조선교육령과 이에 따른 각급 학교 규정에서도 잘 나타난다. 조선교육령의 취지는 '국민 교육의 기초'를 마련하고, '국민된 성격을 도야하도록 하는 데 있었다. 이때의 국민은 '충량한 신민'으로 표현되었으며, 이는 궁극적으로 제국 신민이 되는 것을 의미했다.29) 이 점에서 식민 당국의 언어정책이 '종속주의'와 '동화주의'를 지향하고 일본어를 적극 보급하는 정책을 편 것은 당연했다. 식민 초기의 일본어 보급 정책은 '새로운 신민된 자의 의무'이자 '선진 문물을 배우기 위한 방편'으로 강조되었다. 이러한 관점에서 조선어과 교육은 일본어과의 종속 개념으로 작용할 수밖에 없었다. 따라서 1차 교육령기 교재가 지향하는 바 역시 '식민 교육', '동화 교육', '실업 교육' 등의 이데올로기와 관련을 맺고 있다고 할 수 있다.30)

제3차 교육령기(1923~1924) 조선어과 교과서 편찬은 6년제 보통학

---

28) 일본 본토의『국정독본』이 조선의『국어(일본어)독본』에 영향을 준 과정은, 上田崇仁, 「『國定讀本』과『朝鮮讀本』의 共通性 - 言語와 植民支配 特輯」, 『植民地教育史研究年報』, 皓星社, 2000, 51-64쪽 참조. 조선의『국어(일본어)독본』내용이『조선어독본』에 번역, 수정, 개작되어 실리는 과정과 그 '동화주의'적 성격은, 김순전 박제홍, 「일제 강점 초기 교과서의 동화주의 교육의 전개양상」, 『한국일본어문학회 발표논문집』, 2008, 354-359쪽; 김순전 외 역, 「서문」, 『조선총독부 제1기 초등학교 일본어 독본』1, 제이앤씨, 2009, 19-45쪽 참조.
29) 학교 교육, 특히 근대 국가의 의무 교육으로 대표되는 국어 교육의 목표 중 하나는 개인이나 지방의 특수성을 지우고 한 국가 내에서 획일적으로 통하는 언어 능력을 키우는 것에 있다. 그것은 국민국가를 유지하기 위한 전제이다. 川田順造, 이은미 역, 『소리와 의미의 에크리튀르』, 논형, 2006, 295-296쪽.
30) 허재영, 『일제강점기 교과서정책과 조선어과 교과서』, 101-118쪽 참조.

교를 기준으로 이루어졌다.

　제3차 교육령기의 교과서는 보통학교 규칙 제7조에서 '조선어급한문'을 '조선어'로 개정하였으므로, 이에 맞게 '조선어'만으로 구성하였다. 거기 실린 서간을 보자.

발신자/수신자	서간문 제목	게재 매체(독본)	게재면
李春山/金一善 金一善/李春山	十. 편지 답장	보통학교 조선어독본 권3, 1923	29-31
朴春植/白南九 白南九/朴春植	二十一. 問病 回答	보통학교 조선어독본 권3, 1923	64-67
從兄 鍾大/從弟 鍾學	第二. 京城 從弟에게	보통학교 조선어독본 권4, 1924	4-10
門下生 安元中/朴先生님	第九. 先生님께	보통학교 조선어독본 권4, 1924	26-29
金周漢/安盛根	第十一. 新義州에서	보통학교 조선어독본 권4, 1924	33-41
金仁常/朴有陽	第十五. 注文書	보통학교 조선어독본 권4, 1924	53-54
미상	第二十二. 友人의 親喪에 弔狀, 同答狀	보통학교 조선어독본 권4, 1924	83-85
孫正煥/魚泳善 魚泳善/孫正煥	第二. 花遊의 請邀 同 回答	보통학교 조선어독본 권5, 1924	4-7
家兄/竹姬	第八. 妹弟에게	보통학교 조선어독본 권5, 1924	33-35
子/父	第十九. 子在家上父書	보통학교 조선어독본 권5, 1924	71-72
從子 寅承/ 叔父	第九. 水害中問候	보통학교 조선어독본 권6, 1924	35-37
金台鎭/李源一	第十七. 平壤에서	보통학교 조선어독본 권6, 1924	63-72
미상	第二十二. 講話會의 請邀文	보통학교 조선어독본 권6, 1924	90-92

　1924년 독본에 실린 서간을 검토하면 비로소 총독부 교재 내용이 체계적으로 자리 잡았음을 알 수 있다. 이들 교재에는 종래의 가족뿐만 아니라 친구, 사제 간의 문안 편지가 추가되었고, 단순한 초청이나 권유 외에 공식적인 물건 주문장과 기행 서간 유형도 보인다. 특히 '신의주,

평양 등에서 보낸 기행 서간을 보면 도시의 경개와 생활이 자세히 소개되어 지리지적 특징을 보이는 기행문을 서간 양식과 결합시킨 양식적 특징을 읽을 수 있다. 즉 식민지화 이후 변모하는 지방 도시의 '발전'상을 인문지리적으로 설명만 하면 평이하다 못해 딱딱하고 지루할 수 있기에 친구에게 보내는 편지 형식에 그 내용을 담음으로써 독자 내지 피교육자들이 친근하게 배울 수 있게 만든 교육적 장치라 할 것이다.

다음으로 제4차 교육령기(1930~1935)의 보통학교용 『조선어독본』에 실린 서간을 보도록 하자.

발신자/수신자	서간문 제목	게재 매체(독본)	게재면
형/아우	五十一. 엽서	보통학교 조선어독본 권1, 1930	71-73
貞子/貞順 언니	二十三. 편지	보통학교 조선어독본 권2, 1931	58-62
東春/아주머님	二十. 편지	보통학교 조선어독본 권3, 1932	62-63
아우 春植/ 형님	二十七. 편지	보통학교 조선어독본 권4, 1933	96-101
門下生 朴甲天/田 先生님	十一. 先生님께	4년제 보통학교 조선어독본 권4, 1934	43-45
아우 春植/형님	二十五. 편지	4년제 보통학교 조선어독본 권4	99-103
白命用/崔斗信	第八課 間島에서	보통학교 조선어독본 권5, 1934	36-45
女息 연학/어머님	第十五課 어머님께	보통학교 조선어독본 권6	78-82

이 시기 보통학교용 『조선어독본』은 '좀더 조선적인 것'을 지향함으로써 조선인의 참여 폭이 넓어졌고, 학습자의 부담을 줄이기 위하여 한자를 제한하였으며, 문예의 비중을 높인 교과서였다. 이것은 교과서 편찬 과정에 조선인의 참여 비중이 높아졌으며, 학습자의 성정과 취미를 고려하겠다는 취지를 반영하였기 때문이라고 볼 수 있다.[31] 이러한 편찬

방침의 변화 덕에 종래 독본 수록 서간에서 볼 수 없었던 새로운 특징이 몇몇 서간문에서 발견된다. 가령 다음 텍스트를 보자.

> (전략) 추석 이튿날 정자는, 정순 언니에게 편지를 써부첫습니다.
> 언니, 언니를 작별한 지가 벌서 반년이나 지낫습니다. 어제는 추석이엿는데, 저녁 후에 집안 식구가 뜰에 나가서, 달 구경을 하얏습니다. 밝은 달은 작년과 다름이 업스나, 언니가 계시지 안어서 섭섭하얏습니다.
> 올 봄에 언니와 함께 심거노은 고스모스는, 벌서 아름답게 피엿습니다. 붉은 것도 잇고, 흰 것도 잇고, 연분홍도 잇습니다. 나는 그것을 볼 때마다 언니가 계섯드면, 얼마나 깃버하실가 하는 생각이 납니다.
> 치위가 차차 닥처오오니, 몸조심하시고, 종종 편지하야 주십시오.
>
> 9월 20일   아우 정자 올림
> 언니께[32]

이는 『보통학교 조선어독본』 권2에 실린, 여학생의 안부 편지이다. 추석을 맞이하여 시집간 언니 정숙이에게 안부를 묻되, 이전까지 공교육 교재 서간문에서는 좀처럼 볼 수 없었던 여학생 정자의 개인적 정감을 표현한 대목이 특징적이다. 추석의 보름달 구경과 코스모스 감상을 통해 그리움의 심정을 경치에 의탁한 문예적 표현은 정규 교육용 조선어독본에선 희귀한 사례이기에 주목된다고 할 수 있다. 이러한 개인 정서의 문예적 표현이 가능한 것은 아무래도 제4차 교육령기 교과서가 '학습자의 성정과 취미에 적합한 것', '좀더 조선적인 것'을 지향한다는 취지 아래 편찬된 덕이라 생각된다.

---

31) 조선어독본 편수와 심의 과정에 조선인의 참여가 많아졌다는 논증은 허재영, 앞의 책; 강진호, 앞의 글, 121-127쪽 참조.
32) 「편지」, 『보통학교 조선어독본』 권2, 조선총독부, 1931, 59-62쪽.

하지만 중세적 부녀상을 퇴행적으로 강조한 편지글 「어머님께」와 만주국 건국 전후 사정을 교묘하게 합리화한 지리지적 서간문인 「간도에서」에서 알 수 있듯이, 중세적 잔재는 온존시키되 식민 지배를 합리화할 수 있는 근대화 이데올로기가 지속적으로 관철되는 점을 간과할 수 없다. 이 교과서 전반의 내용 역시 궁극적으로는 '식민 통치 이데올로기'를 전제로 하였으며, 교과서의 편제 방식도 지속적인 '동화 정책'을 반영하고 있다고 보는 것이 타당할 것이다.33)

3.3. 일제 강점기 '민간 독본' 수록 서간의 대항담론

지금까지 정규교육용 독본의 서간을 살펴보았다. 하지만 학교 내 국어과 교재로서의 독본 이외에도 근대적 문장 보급을 위해 편찬된 교양과 교육을 목적으로 한 학교 밖의 민간용 독본이 존재한다. 학교 교재라기보다는 '교양 독서물'로서의 기능을 담당했던 후자의 독본은 대항담론의 장으로서의 사회적 기능을 수행하였다.

한편, 대한제국기부터 일제 강점기까지 공교육만으로 근대 계몽의 사회적 요구가 충분히 수행될 수 없었던 것은 주지의 사실이다. 이에 공교육의 이념적 제도적 한계를 극복하기 위한 민족적·민중적 요구에 따른 각종 사학 교육 및 야학 운동이 활발하게 이루어졌다. 따라서 이들

---

33) 허재영에 의하면 제4차 교육령기의 조선어과 교과서는 1930년대 병참기지화 정책의 추진 과정과 밀접한 관련을 맺고 있다. 특히 '만주 침략 전쟁'(만주사변)과 '중국 침략 전쟁'(지나사변)을 준비해 가던 식민 정부에서는 '선인동화', '병참기지화'를 내세우면서 조선인의 완전한 동화를 목표로 식민 정책을 펼쳐 나갔다. 이 교과서는 식민 통치 이데올로기가 변화하는 과정에서, 조선어 학습 기회를 줄이면서도 표면적으로는 '좀 더 조선적인 것'을 내세우면서 편찬된 교과서라는 점이 특징이다. 이점에서 이 교과서는 복합적인 이데올로기를 함의하고 있는데, 그 가운데 하나는 '식민 통치'의 이데올로기이며 다른 하나는 '조선적'이라는 이데올로기이다. 허재영, 『일제강점기 교과서정책과 조선어과 교과서』, 116-118쪽 참조.

민간 교육 현장에서는 관찬 교재와는 구별되는 민간 독본이 다양하게 집필·출간·유포·교육되었으며, 각종 문종이 소개되어 작성법과 예문이 실린 문장독본류 내용 중 서간문은 반드시 다루어졌다.

가령 강매·조한문교원회(朝漢文教員會) 편, 『중등 조선어작문』(1931)에는 서간문 작성법이 일상생활에서 중요한 문종(文種)의 하나라고 설명문 형식으로 실려 있고, 안부 편지, 병문안 편지, 서적 주문 편지 등 각종 사례에 활용되는 예문이 수십 편 수록되어 있다.[34] 또한 교본(manual)적 성격이 결여된 문장선집(文章選集, anthology) 형태의 독본에도 다양한 서간문이 게재되었다. 즉, 최남선 편찬, 『시문독본(時文讀本)』(1916)의 「어버이께(편지투)」「일본에서 제(弟)에게」(이언진)부터 『어린이독본』(1928)의 「병든 꽃의 우름 - 눈물의 저진 편지」(최병화)와 이윤재 편, 『문예독본』(1933)에 실린 「고향에 돌아와서」(김억)까지 다양한 편지글이 민간 독본에 지속적으로 실려 있다. 심지어 이광수의 『문장독본』(1937) 같은 명문장 모음에도 「상해서」 같은 '서간체 기행'이 실릴 정도였다.[35] 따라서 공교육의 혜택을 누리지 못하는 대다수 식민지 대중들도 민간 독본이나 척독·서간집을 통해 근대적 우편제 활용과 서간문 작성법을 충분히 교육받을 수 있었다.

그럼에도 불구하고 1910년대 민간 독본에 수록된 서간(론) 텍스트는 근대 초기의 계몽용 교본의 성격을 크게 벗어나지 않았다. 1920년대 또한 민간 독본 소재 서간은 계몽적 성격이 강했으며, 연서(戀書)와 연

---

34) 강매·조한문교원회 편, 『중등조선어작문』(박문출판사, 1931) 제1권 제17과 「글쓰는 법 11 - 편지 쓰는 법」, 29쪽 참조.
35) 이들 민간 독본에 수록된 서간 텍스트에 대한 분석은 김성수, 「근대적 글쓰기로서의 서간(書簡) 양식 연구(2) - 근대 서간텍스트의 역사적 변천과 문학사적 위상」, 『현대소설연구』 42호, 한국현대소설학회, 2009.12, 144-147쪽; 「근대 초기의 서간과 글쓰기교육 - 독본·척독·서간집 텍스트를 중심으로」 『한국근대문학연구』 21호, 한국근대문학회, 2010.4, 170-172쪽 참조.

애서간집 등 당시의 유행과도 무관했다. 연애 열기 같은 시대적 특성이 곧바로 독본 수록 서간에 반영될 수 없는 것은, 그것이 공교육용 관찬 독본이든 비정규 교육용 민간 독본이든 상관없이 '교육용' 도서인 교재 특성상 당연한 것이리라. 오히려 민간 독본의 대항담론적 특성과 관련된 비판적 현실인식이 일부 반영된 것이 특기할 만하다. 가령 이윤재의 『문예독본』(1931)에 실린 김억의 「고향에 돌아와서」는 산업화로 황폐해진 어촌 풍경의 묘사와 그 불편한 심경을 편지에 담아내서 식민지적 근대화를 우회적으로 비판하고 있다.36)

그런데, 글쓰기교육 관련 서간문의 대항담론을 거론할 때 흥미로운 사례가 있어 분석을 요한다. 공교육 교재인 관찬 독본에 수록된 서간문에 대한 직접적 반론을 담은 편지를 한 편 찾았는데, 그 지배담론적 지향과 대항담론적 특성이 극적으로 대비되기 때문이다. 먼저 『여자고등조선어독본』 권4에 실린 편지글 「사랑하는 매제(妹弟)에게」를 보자.37)

> 妹弟여, 其間 無恙하냐. 光陰이 電邁하야 그대의 졸업기도 於焉間 迫到하얏고나. 아마 졸업 후 생활에 대한 상상으로 얼마나 생각이 깁허서 정신이 산란하야졋스랴. 그대가 밟아나갈 바 前途에 대하야는 어머니께서도 周到하신 思量이 게실 터이고, 또 諸先生의 高明하신 意見도 듯자와 定하야 할지나, 나도 亦是 여러 가지로 思念하야 日夕 靡懈하는 터이다.38)

이는 여고 졸업을 앞둔 여동생의 졸업 후 행로에 대한 오빠의 조언을 담은 편지 첫 대목이다. 편지 사연을 보면, 여고 졸업반 학생들은 자

---

36) 민간 독본에 수록된 서간의 대항담론적 성격 분석은 위의 글, 같은 곳 참조.
37) 「18과 사랑하는 매제에게」, 『여자고등 조선어독본』 권4, 조선총독부, 1925.3, 102-112쪽.
38) 위의 글 102-103쪽.

기 천분을 지키고 국가 사회에 공헌하되 그 추구 과정에서 가족과 친척에게 괴로움을 끼치지 않아야 한다는 세 가지 유의점을 전제한 후, 일반 여성이 자기 천분을 지키는 것은 결국 '남의 어미가 되는 특권, 곳 여자독점의 천분'이라고 충고하고 있다. 발신자는 일반 부녀, 일반 여자와 위대한 사람을 대비시킨 후 세계적 음악가나 사회적 사업 종사 같은 실현불가능한 '공상'보다는 하늘이 여자에게 준 특별한 은총인 어머니의 길을 희망하라고 권한다.

이 편지는 교과서적 의미의 가부장적 봉건 윤리를 고스란히 담고 있다. 그런데 졸업반 여학생을 대상으로 한 글이지만 신입생을 대상으로 한 다른 교재 서간과 내용상 충돌하는 지점이 있다. 여고 신입생용 독본권1에 수록된 편지글 「유학 가신 언니에게」39)에서는 여성의 사회적 진출과 외국 유학을 권장하면서, 정작 졸업반 독본에 실린 서간문에서는 여성의 진로를 가정의 현모양처로 머무는 데 한정하는 봉건 이념을 은근히 강요하니 둘 사이에 괴리가 보이는 것이다.

게다가 이 편지글은 같은 시기에 나온 졸업반 남학생용 독본의 편지글 「종제(從弟)에게」와도 논지가 상충된다.40) 실은 이 여학생용 편지글은 남학생용 「종제에게」와 거의 동일한 글 구조를 변용한 일종의 개작, 수정본에 가깝다. 그런데 비슷한 유형 구조의 편지글 구성에서 결정적인 대목의 내용만 교묘하게 변형시켰으니 문제라 할 수 있다. 두 서간 텍스트 모두 졸업 후 자기 천분에 맞는 장래 희망을 개척하라고 하되, 남학생에게는 위대한 인물을 지향하라고 하면서 여학생에게는 쓸데없이 위대한 인물이 되려는 공상을 하지 말고 '남의 어미,' 곧 어머니가 되라고 하

---

39) 「6과 유학 가신 언니에게」『여자고등 조선어독본』권1, 조선총독부, 1923, 22-28쪽.
40) 「15과 從弟에게」, 『신편고등 조선어급한문독본』권5, 조선총독부, 1926.3, 朝鮮語之部 81-86쪽 참조.

는 것이다. 이는 남녀차별을 당연시한 중세적 이념을 온존시킨 식민지 근대의 성격이 독본 속 편지에까지 은연 중 노정된 예라 아니할 수 없다

「사랑하는 매제에게」란 편지가 지닌 이런 여러 가지 문제점은 당시에도 논란의 대상이 되었던 듯싶다. 월간지『중앙』에 이화여고 학생이 기고한 편지글「오라버니전상사리 - 여자고등조선어독본 권4 제18과 「사랑하는 매제에게」의 답서(答書)」는 자못 흥미롭다.

> (교재의 편지글은 - 인용자) 저이들 나 어린 여생도에게는 아무런 흥미도 줄 수 업사오며 큰 깨우침도 주시지 못하였다는 것을 고백하지 않을 수 없습니다. 그리고 이것도 역시 그만하여도 10여 년이나 연장하옵신 오빠와 저이와는 벌서 시대의 인식을 달리한 소이가 아닌가하고 외람히 생각하였습니다. (중략) 오빠가 옛날의 대망이 허사라고 하시지만 최선을 다하신 결과가 아니라는 것을 잘 알고 계시지요. (중략) "여자의 천분이 훌륭한 어머니 되는 데 있다. 다른 것은 생각도 마라."하는 것은 너무도 통속적인 말슴입니다. 오빠의 그 노인의 말슴같이 조용한 훈화에는 가깝하고 조름이 옵니다. 조선사회는 그런 얌전하고 기력 없는 분들이 많기 때문에 늘 답보만 하고 있지 않을가요? (중략) 몇 십 년 전 여자가 학교가 다 무엇이냐, 공부가 무에고 사회가 다 무엇이냐고 도섭스러운 것처럼 여기던 때와 비교해서 지금도 좀더 멀리 앞을 내다보아주십시요.[41]

잡지에 실린 심호랑(沈好娘) 학생의 글은 우선 '경애하는 오빠에게' 하는 식의 구어체 국문체라 읽기 편하다. 반면 학교 교실에서 통용되는 서간문용 문체는 "누이여, 그간 잘 있었느냐. 시간이 빨리 흘러~" 하면 될 것을 굳이 "妹弟여, 其間 無恙하냐. 光陰이 電邁하야~" 같은 한주국 종체(漢主國從體) 국한혼용문 표기를 함으로써 피교육자를 소외시키고

41) 심호랑(沈好娘),「오라버니전상사리―여자고등조선어독본」권4 제18과 「사랑하는 妹弟에게」의 답서」,『중앙』1936.3, 166-168쪽.

있다. 교과서의 편지 문체는 언문일치를 향한 근대적 글쓰기라는 서간양식의 내적 형식에 맞지 않는 중세적 잔재의 근거일 뿐이다. 반면 일상어투 한글로 쓰인 잡지의 편지글은, 위대한 사람이 되려는 노력이 모자라지 않았냐며 교과서 편지의 발신자를 비판하고 조선의 현실을 바꾸기 위해서는 오빠가 강조하는 여자의 자기 천분 순응보다는 젊은이의 '끓는 피와 부단의 노력이 더 중요'하다는 식으로 논지를 편다. 누구나 읽기 쉬운 문장으로 대부분이 납득할만한 반론을 이치에 맞게 차분하게 전개함으로써 독자의 공감대를 얻을 만큼 설득력이 있다.

이는 공교육 교재에 수록된 서간 텍스트들끼리도 이념적으로 착종되는 부분을 간파하면서 동시에 남녀차별적 봉건이념을 온존시키는 '식민지근대' 교육 전반에 대한 경종이기도 하다.[42] 공교육 교재에 실린 편지 내용이 암묵적으로 유도한 중세적 가부장제를 비판하고 적극적인 자기 계발을 지향하는 현실주의적 태도를 취함으로써 진정한 근대성의 일단을 드러내고 있다고 할 수 있다.

---

42) 공교육 교재에서 여고 졸업생을 가정에 머물도록 공공연하게 권장한 이유 중에는 당시의 취업난을 이런 식으로 완화시키려는 의도가 은연중 반영되었을지도 모른다. 가령 『학생』 1929년 4월호에 실린 김팔봉, 「교문을 나서는 이에게 - 제일 먼저 할 한가지 일」이나 『신동아』 1933년 6월호의 「현하 조선에 잇서서 취직난 타개책」 특집, 같은 잡지 1936년 4월호 극웅(최승만), 「취직난 문제 -권두언에 대함」 등을 보면, 식민지 조선 출신 졸업생들의 실업 문제가 채만식 풍자소설 「레디메이드 인생」(『신동아』 1934.5-7 연재)에서 상징적으로 보여지듯이 극심했음을 알 수 있다.

4. 독본 수록 서간의 리터러시

지금까지 1900~1930년대 국어 및 조선어독본(讀本)에 수록된 서간 텍스트의 존재양상을 정리하고 그 교육적 기능과 사회적 의미를 고찰하였다. 먼저 독본에 수록된 서간문 작성법과 우편제도 설명문을 분석한 결과, 편지가 근대적 글쓰기를 통한 문식력(文識力, literacy) 교육에서 큰 비중을 가졌음을 확인하였다.

근대 초기에는 언문일치라는 시대적 대의를 실현하기 위해서는 국문 강독식 수업이 필요성을 넘어 당연한 것으로 받아들여졌고 이러한 시대적 요구만으로도 충분히 교육적 역할을 담당할 수 있었다. 독본에 실린 서간을 통한 교육적 효과는 문맹 타파를 위한 가장 친근한 접근 수단이 되었다. 피교육자가 별다른 거부감 없이 편지를 읽고 쓰며 주고 받는 행위를 통해 의사소통을 함으로써 자연스럽게 한글과 국한문 혼용 문장을 해독, 작문할 수 있게 되는 것이다.

이때 서간의 리터러시(문해력)가 지닌 대중적 파급력은 매우 크다. 동서고금을 막론하고 문자 해득을 통한 근대 지식의 민주적 대중적 확산이란 근대성의 중요한 지표로 작용할 것이 자명하다.[43] 이전까지 소수의 권력자들만이 소유하고 있던 한문이나 국한혼용문 문해의 능력이 다수 대중들에게로 확산되면서 권력의 분배 역시 새로운 양상으로 드러나게 된 것이다. 그러나 우편제도에 대한 설명이 근대적 합리성을 보인 데 반해 중세시대 편지와 비슷한 엄격한 격식, 한문식 상투어구, 문어체로 된 과도한 국한문혼용체 문장을 고답적으로 교육하는 것은 문제점으로 생각된다. 이는 중세를 온존시킨 식민지 근대성의 또 다른 증거일 수 있기

---

43) 필립 아리에스 책임 편집 · Roger Chartier 편, 이영림 역, 『사생활의 역사 3 - 르네 상스부터 계몽주의까지』, 새물결, 2002, 155-221쪽 참조.

때문이다.

　종래의 한문이 지닌 언어적 계급 장벽이 국한혼용문이라는 일종의 일본어식 표기의 변형을 거쳐 아예 일본어 가나 표기로 대체되었다[44]는 식민지적 현실을 냉철하게 비판해야만 할 터이다. 이는 이광수, 이태준이 서간교본[45]에서 재삼 강조했듯이 민간 독본의 편지글이 언문일치를 향한 구어체 한글 문장으로 표기됨으로써 근대적 지향을 보인 것과 뚜렷하게 대비되는 대목이다. 어쩌면 서간문이 실린 공교육 교재인 조선어독본 자체가 식민정책과 밀접하게 관련되었기에 민간 독본 등 다른 한글매체에 수록된 서간문만큼의 언어적 발전상을 제대로 반영하지 못했을 수도 있다.

　물론 공교육용 독본의 실제 편지글도 일상생활의 여러 경우에 활용할 수 있도록 다양한 콘텐츠가 수록되어 있다. 서간 수업을 통해 문맹타파와 의사소통을 위한 친근한 접근 수단으로서의 근대적 리터러시 교육 효과를 거두는 긍정적 기여를 하였다. 다만 근대 계몽을 위한 실용적 내용이 대부분을 차지하다보니 근대 서간이라면 흔히 찾아볼 수 있는 개인적 정감이나 자아와 세계의 발견, 나아가 연애나 사회의식 등은 별반 찾아볼 수 없으니 문제라는 것이다. 어차피 식민정책을 반영할 수밖에 없는 공교육 교재에 실린 것이라서 일반인들끼리 가족 친지 간에 편지를 주고받는 상황을 전제로 한 서간교본의 용례와는 차이가 있으리라 짐작된다. 여기서 가족, 사제(師弟), 관민 등 종적 관계의 편지에서 연인

---

44) 당시 우리 사회에서 문해력의 확산은 일제 강점기에 시행된 교육을 통해 본격화되었다. 그런데 그 당시 사회에서 요구되었던 문해력은 한글 문해력뿐만 아니라 일본 문자에 대한 문해력을 포함한다. 아니 오히려 사회적 권력 획득에 긴요하게 요구되었던 문해력은 일본 문자 쪽이 더 절박했다. 조희정, 「1910년대 국어(조선어)교육의 식민지적 근대성」, 『국어교육학연구』 18호, 2003.12, 451-452쪽 참조.
45) 이광수, 『춘원서간문범』, 삼중당서점, 1939 ; 이태준, 『문장강화』, 문장사, 1940 ; 이태준, 『서간문강화』, 박문서관, 1943. 참조.

처럼 횡적 관계의 편지로 옮겨가는 것—연서는 부치지 않을 수도 있는 편지
—에서 비로소 근대적 글쓰기(écriture)로서의 서간이 형성되는 것은 아닐
까 하는 착안이 가능하다. 근대 서간이 새롭게 개척한 그 영역이 바로 문학
의 영역인데 관찬 독본이 그것을 제대로 반영하지 못했다는 것이다.[46]

　　다른 한편 조선어독본 수록 서간 중에는 영농법 소개, 귀농 권장,
전시체제 동원 등 식민지 정책 관철을 위한 지배담론의 형성이라는 정치
적 기능을 노골적으로 드러낸 것도 없지 않다. 이는 독본 편찬자인 조선
총독부의 의도에 따라 식민지 근대에 상응하는 지배이념을 전파하는 사
회적 정치적 기능을 수행한 결과이다. 독본은 원래 단순 강독을 위한 선
집 형태로 이뤄져 있지만 편찬자의 의도에 따라 교육적 의미와 지배이념
의 전파라는 사회적 기능을 수행하기 때문에 이는 당연지사일 것이다.

　　그럼에도 불구하고 민간 독본의 예에서 보듯이 식민지 근대라는 조
선의 사회적 본질에 육박하는 편지 내용을 별반 찾을 수 없으니 아쉽다.
물론 민간 독본의 서간이 지닌 대항담론적 특성을 꼭 공교육 교과서에
대한 직접적 비판이나 식민지 체제 비판에서만 찾을 필요는 없다. 공교
육 교재인 관찬 독본에 흔히 실리는 식민 지배를 합리화하는 내용을 철
저히 배제하는 등의 소극적 대항도 있을 것이고 구어체 한글을 통해 언
문일치를 지향하고 개인의 정감을 문예적으로 표현하는 것도 우회적 대
항의 방법이 될 것이다. 이를 찾는 것이 앞으로의 과제라 하겠다.

---

46) 조선어의 발전상을 식민지 언어정책이 반영하지 못한 점과 서간 전체가 아닌 근대
　　적 서간의 에크리튀르가 지닌 특성을 조언해준 익명의 심사위원께 감사한다.

03 『조선어독본』에 수록된 단형 서사물의 변화 양상과 특징

장정희(서울 예술대학 강사)

1. 머리말

교과서는 교육 사회의 개발을 위해 필요로 하는 관습적인 교수·학습용 도서이며, 제도적 교육 수단으로서 대표적인 유형[1])으로 인식되고 있다. 교수와 학습을 매개하는 일차적 수단으로 교육 현장과 연계된다는 점에서, 교과서는 주로 교육적인 관점에 의해 연구되어 왔으며 어떤 측면에서 문학은 그 외곽에 머문 듯한 느낌도 없잖아 있다. 그러나 그 시대에 공통된 문화적 양상을 반영하고 있는 검정이라는 국정 교과서의 위상은 교육 이외에 문학, 문화, 정치, 사회 등 복합적이고 다면적인 층위를 보여주고 있다.

최근 식민주의를 극복하고자 하는 탈식민주의 담론의 일환으로 일제 강점기 교과서는 중요한 텍스트로 거론되고 있을 뿐만 아니라 학문의 통섭적 측면에서 문학 연구의 새로운 방법으로 주목되고 있다. 그 동안

----

1) 이종국, 「검정 교과서 제도의 흐름과 발전적 모색」, 『한국의 교과서상』, 일진사, 2005, p.47.

이루어져 온 일제 강점기 교과서 및 교육 정책에 대한 연구사를 간략히 검토해 보면, 1960년대 오천석, 1980~90년대 박붕배·이종국, 2000년 이후의 강진호·허재영의 연구를 대표적으로 들 수 있다. 오천석[2]은 식민치하 교육정책과 교과서의 선행 연구를 열었다고 할 수 있으며, 박붕배·이종국[3]의 연구에서는 일제의 교육 정책과 교과서 발간의 서지 내용을 상당 부분 정리하고 제1차, 3차, 4차 교육령기의 교과서 자료집을 내는 연구 성과를 보여 주었다. 강진호·허재영[4]에 의한 최근 연구에서는 조선어과 교과서의 총체적 발굴·정리 및 실증적 자료로 보다 진전된 성과를 보여 주었다. 강진호는 일제 식민주의, 식민과 탈식민 등 이데올로기의 관점으로 조선어과 교과서 내용 연구의 중요성을 환기하였으며, 허재영은 약 62종의 교과서(서지 54종 발굴)가 개발된 출판 실태를 조사하고, 조선어과 교과서의 편찬에 적용된 일제 식민주의 교육 정책의 본질을 구명하였다.

본고는 일제 강점기 조선어 교과서『보통학교 조선어독본』(이하『조선어독본』)에 수록되어 있는 아동을 대상으로 하는 서사물이 각 교육령기에 따라 어떻게 달라지는지 그 변화 과정과 특성에 대해 살펴보고자 하는 연구이다. 살펴본 바와 같이 지금까지의 연구를 통해 일제 강점기 교과서의 전체상 및 교육 정책의 본질적인 측면에 대해서는 어느 정도 규명되었다고 볼 수 있으나 그 내부에 산재하는 세부의 서사 텍스트 분석에 대한 연구에서는 미흡했다고 할 수 있다.『조선어독본』에 수록되어

---

2) 오천석,『한국신교육사 상·하』, 광명출판사, 1964.
3) 박붕배,『한국국어교육전사』, 대한교과서 주식회사, 1997.
　　이종국,『한국의 교과서 출판 변천 연구』, 일지사, 2001.
　　＿＿＿,『한국의 교과서』, 대한교과서주식회사, 1991.
4) 강진호 외,『국어 교과서와 국가 이데올로기』, 글누림, 2007.
　　허재영,『일제 강점기 교과서 정책과 조선어과 교과서』, 경진, 2009.

있는 서사물은 교육 대상이 아동이었다는 특성으로 대부분 단형의 성격을 띠게 되는데, 이 논문을 전개함에 있어 근대 소설의 이행 과정의 한 변곡점으로 논의된 바 있는 '단형 서사' 개념을 원용하고자 한다.

'단형 서사'는 문학으로 정의하기는 어렵지만 중심 서사가 성립되어 있다는 점에서 또한 문학 자장 내에서 배제할 수 없는 특이한 지점에 놓여 있는 서사 유형을 뜻한다.5) 앞서 언급한 바와 같이, 교과서 자체가 아동을 대상으로 함으로써 자연스럽게 '단형'을 띠게 되는 일차적 이유 외에도, 우화(寓話), 민담(民譚), 아동 생활, 신화와 전설 류를 다룬 내용이 많기 때문에 이것이 단형을 띠면서도 아동을 주 독자로 하는 장형의 아동문학 형태로의 발전 가능성을 내포하고 있기 때문이라고 할 수 있다.

일제 강점기에 편찬된 『조선어독본』 교과서는 1차·3차·4차·7차 조선교육령기에 이루어졌는데, 그 발행 내용은 책 뒤의 〈붙임1의 『조선어독본』 간행 연표〉와 같다.

이상의 자료는 27종의 보통학교 조선어과 교과서로, 미발굴된 자료를 제외하면 사실상 보통학교 조선어독본의 전체에 해당한다. 본고가 보통학교 조선어과 교과서의 전체상을 살피고자 하는 주된 이유는 특정 시기의 텍스트에 한정하기보다 단형 서사물의 이입과 변화 과정을 추적함으로써 그와 상동하여 작동되는 일제의 식민 지배 이데올로기 전략을 구체적인 근거로 확인해 보기 위함에 있다.

---

5) 문학사적으로 신소설을 근대문학의 효시로 둘 경우 발생하는 구소설과의 단절을 극복하기 위해 그 단절된 간격을 합리적으로 연결할 수 있는 이행의 양식으로 그 가능성이 주목 받은 바 있다. 이에 대한 대표적 연구자로 김영민은 근대계몽기 단형 서사자료를 크게 보아 '논설'류와 '소설'류로 나누고 있다. 김영민은 개화기 단형 서사문학의 문학사적 의의를 "소설사적 공백기 혹은 단절기로 보아온 것에 대한 구체적 반론의 증거"로 보고 있다.
연세대 근대한국학 연구소, 『근대 계몽기 단형 서사문학 연구』, 소명출판, 2005. 13~34쪽.

2. 본론

2.1. 식민 초기 『보통학교 학도용 조선어독본』

1) 구한국 정체성 말소의 첫 교과서 출현

식민 초기에 이루어진 자구정정본 『조선어독본』은 구한국 정체성 말소의 첫 교과서이다. 일제는 1910년 8월 조선을 병탄한 직후 대한제국기에 편찬된 교과서 가운데 식민 상황에 맞지 않는 내용을 삭제하거나 자구를 정정하여 임시용 교과서로 시급히 배포했다. 이와 함께 구한국 학부에서 편찬한 『국어독본』은 일개의 지방어 교과서와 같은 『보통학교 학도용 조선어독본』으로 개명되었다. 이런 점에서 볼 때, 『보통학교 학도용 조선어독본』이 대한제국기의 『국어독본』을 근간으로 하고 있다는 점을 들어 교과서 편찬의 연속성을 거론할 수 있겠으나, 그 내용과 자구 수정을 통해 완전히 식민지 교과서로 재편시킴으로써 구한국 정체성을 말소시켰다는 점에서 엄격하게는 교육의 목표를 달리하는 전혀 이질적인 교과서라는 사실을 분명히 할 필요가 있겠다.

대한제국기에 편찬된 우리나라 최초의 관찬 교과서인 『국민소학독본』6)의 일부 단원 내용을 보자.

> 우리 大朝鮮은 亞細亞州 중의 一王國이라.…世界各國 중에 독립

---

6) 『국민소학독본』은 1895년 3월 25일 전반적인 교육 행정을 관장하기 위해 학부 관제가 공포된 지 약 5개월 만에 발행되었다. 소학교를 설치할 목적으로 공포된 소학교령(1895. 7. 19.)이후 약 1개월 뒤에 나온 교과서이다. 모두 41과로 되어 있고 국한문 혼용 체재의 전통적인 구판본 양식이다. 특히 근대 교과용 도서 중 '국민(國民)'이라는 말을 처음 사용하고 있으며, 책 이름에도 일국의 통치 대상으로서 '국민' 개념이 간취되고 있음

국이 허다하니 우리 大朝鮮國도 그 중의 일국이다. …吾等(우리는) 여차한 나라에 生하여 금일에 와서 세계 만국과 수호 통상하여 부강을 다투는 때에 當하였으니…

근대적 독립 국가 체제를 견고히 하고 세계와의 통상을 통해 근대화 의지가 드러난다. 국가의 정체성을 확고히 하려는 이 같은 내용은 "주권 교육 수단으로서의 국민적 자존심을 널리 내보이고자 한 진보적인 개혁 이념 제시와 시대적 극복을 위한 새로운 교육 매체"[7]라는 평가를 설득력 있게 뒷받침한다. 그러나 일제가 이 시기 교과서에서 실시한 자구 정정 내용을 보면, 예컨대, 권1 31과 내용에 대해 '우리나라 국기는 태극과 팔괘를 그렸더라'를 삭제하고 '우리나라 국기는 해를 그렸더라'로 정정하는가 하면, 「개국기원절」(권3 제21과)에서는 기원절을 일본의 최초 천황인 '신무천황의 어즉위(御卽位) 기념의 축일'이라고 규정하여 단군에 의한 조선 개국을 전면 부정하고 있다. 즉, 일제는 병탄 직후부터 교과서 편찬을 통해 식민 지배 상황을 명시화하고 구한국의 정체성을 소멸시키기 위해 정교한 자구 정정을 시작했음을 알 수 있다.

2) '욕심 많은 개' 서사 유입의 의미

이에 따라, 구한국의 민족 정체성을 담은 서사물이 완전 배제되는 것이 이 시기 『조선어독본』의 중요한 특징으로 분석된다. 인물이 직접 등장하는 서사로는 종두법을 발명한 영국의 제너를 다룬 「제너」와 옥희라는 여자 아이가 신문의 기사를 보고 그 주인공에게 자선한다는 「옥희의 자선」 2편에 불과하다. 이 가운데 영국 인물을 다룬 「제너」는 이후 교과서에서 사라지고, 옥희의 자선을 다룬 서사는 제1차 교육령기의 교

---

7) 이종국, 『한국의 교과서 출판 변천 연구』, 일진사, 2001, 88쪽.

과서로 지속된다. 민담의 성격으로 유일하게 다루어지고 있는 「엽부(獵夫)와 원숭이」(2권 26)는 원숭이 새끼와 그 어미의 육친적인 정을 다루고 있다. 추이 과정을 살펴보면 제3차 교육령기의 교과서까지 수록되는데, 원숭이 사냥이라든지 원숭이 생태를 세밀히 다루고 있다는 점에서 일본 민담이 아닐까 추정된다.

『조선어독본』은 전반적으로 아동을 대상으로 하는 교과서의 특성상 우화 양식을 빌어 교육 내용을 전달하는 서사물이 주종을 이룬다. 총8권으로 구성되어 있는 이 시기의 『보통학교 학도용 조선어독본』에는 얕은 꾀를 경계하는 「말(馬)」(2권 12), 욕심 많은 개가 물고 있던 고기를 떨어뜨리는 내용의 「욕심이 만흔 개(犬)」(2권 21), 황새와 조개의 싸움에 어부가 이익을 취하는 「방휼지쟁(蚌鷸之爭)」(3권 17과), 우물 안의 개구리를 다룬 「정와(井蛙)의 소견(所見)」(5권 19과) 등이 실려 있다. 우화 계열의 단형 서사는 대체로 인간의 보편적인 윤리 덕목을 강조하고 있는 편이다.

이 가운데 '욕심 많은 개'의 서사는 7차 교육령기까지 나타나고 있다는 점에서 일제가 특별히 '욕심 많은 개' 서사를 지속시켰음을 유의해 살필 필요가 있겠다. 먼저, '욕심 많은 개' 서사가 교과서에 수록된 연원을 추적해 보면 흥미로운 점이 발견된다. 우선 갑오개혁 이후 최초로 편찬된 대한제국기의 『국민소학독본』(1985)에서는 이 서사가 등장하지 않는다. 1896년 학부에서 편찬한 『심상소학독본』에서 「탐심 잇는 개라」(1권 제20과)로 처음 수록된다. '욕심 많은 개' 서사는 1906년 편찬 『초등소학』(국민교육회)에는 「개의 그림자」로, 1908년 편찬 『최신초등소학』(정인호 발행)에도 「탐심 만흔 개」로 실려 있는 것을 볼 수 있는데, 욕심 경계의 서사가 구한말 아동을 대상으로 하는 교육서에 등장하는 일반적 훈계 내용이었다는 점을 확인할 수 있다. 이는 유교적 전통 속에서 내면

화된 금욕의 경계가 일제의 식민지 지배 논리와 습합되어 교과서에 반영
된 것으로 볼 수 있다.

2.2. 제1차 교육령기의 『보통학교 조선어급한문독본』

1) 문장 기술의 변화 : 담화와 대화체 서사

이 시기에 편찬된 『보통학교 조선어 급 한문 독본』은 편집 체계상
자구 정정본 조선어과 교과서와 달리, 한문과 통합되어 구성되어 있는
것이 특징적이다. 조선어와 한문이 병렬적 구성으로 배치되어 있는데,
이 같은 배치는 우선적으로 조선어와 한문을 차별화시키고, 조선어로 구
성된 텍스트의 내용을 보다 쉽게 풀어쓸 수 있도록 유도하는 기능적 장
치가 되고 있다. 국한문 혼용체라는 점에서는 이전 교과서와 동일하지만
문장 기술 방법에서는 현격히 달라진 면모를 보여 준다.

> 某時에 床上에 잇는 小刀- 굴으디.
> 나도 根本砂鐵이더니 最初에 生鐵이 되엿다가 打擊과 鍛鍊과 浸冷等
> 의 百般辛苦룰 備嘗흔 後에 此身이 되엿노라. 我等은 鋼鐵이라 稱ᄒ야 諸
> 鐵中에 ᄀ장 堅剛흔 者인 故로 自昔으로…(띄어쓰기 표기 : 인용자)
> ―「철의 담화」, 자구 정정본 『조선어독본』 6권 11과

> 해가 더듸고 더듸여, 기동우에 걸닌 時計가 겨우 子正을 치고, 집안
> 이 적막한대, 어듸서 말하는소리가 낫소.
> 「오날은 多幸히 집안이 고요하니, 彼此來歷을 이약이하는 것이 엇
> 더하냐.」한즉,
> 「그것 참 조흔 말이다.」
> 하는 對答소리가 四面에서 나더니, 조곰 잇다가,
> 「내가 몬저 말하겟다.」

하고, 나오는 것을 본즉 솟이오. 솟이 말하기를,

「나는 本來岩石 속에서 석겨서 數千年前부터 엇던 鑛山에 잇다가, 十餘年前에 엇던 사람에게 파낸 바이되여, 製鐵所로 가서, 岩石과 서로 갈닌 후에, 鑄鐵이 되엿더니 밍렬한 불긔운에 녹고…」(띄어쓰기 표기 : 인용자)

—「철의 담화」, 제1차 교육령기
『보통학교 조선어급한문독본』3권 19과

우선 두 텍스트를 보면 아직 띄어쓰기가 이루어지지 않고 있다. '아래아(·)' 용례는 거의 사라지고 나타나지 않지만 겹모음의 경우에서는 유지되고 있음도 확인된다. 그러나 전 시기의 교과서와 비교해 볼 때, 동일한 과목을 다루고 있음에도 서사를 전개하는 구성 방법에 있어서는 상당히 다른 측면을 보여 주고 있다. 위 텍스트에서는 "긔시(基時)에 상상(床上)에 잇는 소도(小刀)-굴ㅇ디." 하고 서사의 배경 묘사가 생략되어 있지만, 아래 텍스트에서는 "해가 더듸고 더듸여, 기동 우에 걸닌 시계(時計)가 겨우 자정(子正)을 치고, 집안이 적막한대, 어듸서 말하는 소리가 낫소." 라고 서술하며 상황의 구체적 설정을 통해 서사의 긴장감을 더하고 있음을 볼 수 있다. '굴ㅇ디'와 같은 문어적 어투도 '말하기를'과 같이 보다 구어적인 태도로 바뀌고 있다.

교과서 전체로 본다면 여전히 본문 내용에서 한자의 비율이 높은 편이긴 하지만, 서사물 내에서 구체적인 장소 설정, 인물 묘사, 대화체 도입 등의 입체성이 서서히 부각되기 시작한다. 대화체를 살린 서사물로는 「철의 담화」, 「노수(老樹)의 담화」가 수록되어 있다. 이후 제3·4차 교육령기에 편찬된 교과서에서도 「노인의 이약이」, 「유아의 소견」, 「시화(詩話) 2편」 등에서 대화체가 주로 사용되는데, 공통적으로 '담화', '소화(小話)', '이약이', '소견' 등과 같이 대화의 특징을 제목으로 노출시켜 양식화하는 경향을 보여준다.

「철의 담화」와 같이, 자구 정정본에 수록되었던 단형 서사물이 이 시기 교과서에 계속 나타나고 있는데, 전체 단형 서사 18편 가운데 지속된 서사가 7편으로 30% 이상으로 조사되었다. 신출된 단형 서사는 11편 정도로 조사되었다. 「혹 잇는 노인」(2권 24), 「흥부전」(3권 48과), 「중강등수(中江藤樹)」(2권 61과), 「신정백석(新井白石)」(3권 5과), 「과생암(瓜生岩)」(3권 37과), 「나이진쎄-루」(5권 20과), 「타인의 명예」(5권 39과), 「방휼지쟁(蚌鷸之爭)」(2권 41과)과 「백토(白兎)」(6권 6·7과) 등이다. 거론한 신출 단형 서사물 가운데 「혹 잇는 노인」과 「흥부전」은 한국 설화에 바탕을 둔 것이지만, 「중강등수」, 「신정백석」, 「과생암」에서는 일본의 인물이나 역사적 소재가 등장하고 있다. 우화 계열의 「백토」에서는 '대국주명(大國主命)'이라는 일본의 풍요의 신이자 토지신의 일원인 '오오쿠니누스'가 등장한다. 이렇듯이 전반적으로 한·일 서사를 혼합 구성하는 방식으로 교과서가 편찬된 것을 볼 수 있다.

2) 일제의 식민지 동화 정책과 '혹부리 영감' 서사

일제는 1910년 '조선 병합에 관한 조약'의 체결 이후 '일시동인(一視同仁)'이라는 미명 하에 식민지 조선을 일본화하기 위한 동화정책을 실시해 나가게 된다. 이 같은 한·일 동화를 꾀하는 식민지 동화 정책을 잘 반영시키고 있는 대표적 서사물이 '혹부리 영감'이다.

'혹부리 영감'은 일제 강점기 때 고등학교 학감의 신분으로 있던 일본인 다까하시 도오루(高橋亨)의 『조선물어집(朝鮮物語集)』(1910)에 처음 수록되었다. 이후 그가 교과서 편찬에 참여하여 제1차 조선교육령기의 『보통학교 조선어급한문본』(1913~20)에 실린 뒤, 이후 제3·4차 교육령기의 『보통학교 조선어독본』(1923~1939)에 지속되었으며 일제 강점 25여 년 동안 국민 교육 제도를 통해 유포되기 시작했다.[8] 당시 일본의 민담 연구자들은 '혹부리 영감' 서사가 조선에도 존재하고 있다는 사실을 매우 특별하게 받아들이고 있었다. 『조선물어집』 외에도 일본인이 편찬한 민담 자료집에는 공통적으로 '혹부리 영감' 서사가 실려 있는 점에 그 반증이다.

> 모국에 혹부리 영감(瘤取) 이야기라는 민담이 전해지고 있다. 宇治拾遺物語에 「이것도 이제는 옛날 이야기이지만 얼굴 오른쪽에 커다란 혹이 달린 노인이 있었다 (…) 그런데 조선에도 혹부리 영감이 전해지고 있다.[9]

과연 '혹부리 영감' 설화가 조선의 것인가, 그 진위의 여부에 대해서는 좀 더 논의가 필요하다. 다만, '혹부리 영감' 서사가 어떤 경위로 『조선어독본』에 유입되고 강점 기간 동안 지속될 수 있었는지, 여기에 어떠한 이데올로기가 배면의 논리로 작동하였는지 중요한 검토 대상이 된다. 먼저, '혹부리 영감' 서사는 대한제국기 학부에서 편찬한 『국민소학독본』(1895), 『신정 심상소학』(1896), 『국어독본』(1906) 등 일체의 교과서에 수록된 바가 없다. 살펴본 바에 의하면, 민간에서 편찬된 『초등소학』(1906), 『최신 초등소학』(1908)에서도 확인할 수 없다.

흥미로운 것은 '혹부리 영감'이 일제가 조선교육령을 반포하면서 기

---

8) '혹부리 영감'이 처음 실리는 수록 과정을 정리하면 다음과 같다.
　① 1차 교육령기 『보통학교 조선어급한문독본』(1913~20) : 「혹 잇는 老人」(2권 24, 25)
　② 3차 교육령기 『보통학교 조선어독본』 : 「혹 뗀 이약이」(2권 16, 17)
　③ 4차 교육령기 『보통학교 조선어독본』 : 「혹 뗀 이약이」(4권 제8)
9) 산기일성(山崎日城)의 『朝鮮奇談と傳說』, 1920. p.210. 김용의, 「민담의 이데올로기적 성격」, 『일본연구』 14호, 1999. p.315. 재인용.

확하고 부각시킨 대표적인 서사라는 점이다. 이 시기 교과서에 실린 소위 조선 설화에 모태를 둔 서사물은 「혹 잇는 노인」(2권 24, 25)과 「흥부전」(3권 48, 49) 2편으로 나타난다. 이 가운데 '흥부와 놀부' 서사는 1차 교육령기를 끝으로 교과서에서 사라졌지만 '혹부리 영감' 서사는 4차 교육령기(1933~1935)까지 계속 수록되고 있음이 확인된다. 일제가 '혹부리 영감' 서사를 지속시킨 것은, 이 설화가 한·일 간의 뿌리 깊은 깊은 유대감을 확인시켜 줄 구체적인 모습이 될 수 있었기 때문이라고 볼 수 있다.

2.3. 제3·4차 교육령기의 『보통학교 조선어독본』

1) 아래아(·)의 소멸과 띄어쓰기 등장

제3차 교육령기의 『조선어독본』부터는 띄어쓰기가 적용되기 시작한다. "오날 배운 것 을 복습하겟소", "국어 와 산술 과 톄조 시간이 잇소" 등과 같이 조사는 띄어 쓰고 어미는 붙여 쓰는 방식을 취하고 있다는 점인데, 3권까지 적용되고 있는 점이 이색적이다. 띄어쓰기 규정이 확립된 것은 1933년 '한글맞춤법통일안'에 이르러서인데, 조사를 띄어 쓰는 실험적 선례가 추진된 점이 특이하다. 허재영은 이 교과서의 편찬 과정이 1920년 9월 설치된 '교과서조사위원회' 및 '언문철자법조사회'의 활동과 깊은 관련을 맺고 있었을 것이라고 추정하고 있다.[10]

이 시기 『조선어독본』부터는 '아래아(·)' 용례가 보이지 않게 된다. 한글 고문자체가 소멸된 점은 이 시기 교과서 표기체계의 면에서 특기할 만한 사항으로 언급할 수 있다. 첫째 병서, 둘째 종성 통용, 셋째 표음식

---

10) 허재영, 『일제 강점기 교과서 정책과 조선어과 교과서』, 경진, p.94. 조선총독부, 『조선총독부시정연보 대정15년도(大正十二年度)』, 조선인쇄주식회사, 1925, pp.153~154.

등 세 가지의 중요한 개정이 이루어지는데, 이는 조선어학회에서 발표한 '한글 맞춤법 통일안'(1933. 10. 29)의 결과가 반영된 것이다.[11] 이로써 종래의 'ㅅㅏ, ㅅㅏ, ㅈㅏ, ㅉㅏ'와 같이 합용 병서로 조합된 글자들은 'ㄲ, ㅃ, ㄸ, ㅉ'과 같은 표기로 바뀐다. 특히, 학습자의 부담을 줄이기 위해 한자를 제한하고 한글 토를 달아 읽기 쉽도록 편찬되고 있다.

가령, 제3차 교육령기의 「수(水)의 여행(旅行)」과 제4차 교육령기의 「우리는 물이올시다」의 서사를 비교해 보면 그 변화가 뚜렷이 감지된다. 제목에서부터 '우리는 물이올시다'로 순한글로 순화되고 있을 뿐만 아니라, 물방울이 바다에 이르게 되는 지식적인 내용을 아동의 흥미와 발달 단계를 고려해서 의인화 기법을 활용하고 전달하고 있음을 알 수 있다. 순국문(조선어)을 취했을 경우 서사의 양상이 어떻게 달라지게 되는지 살펴보자.

> 나는 水의 一適이오. 처음에는 地中에 깁히 隱居하얏섯스나, 오래 동안 世上求景을 못함애, 하도 鬱寂하기로, 出世하고 십흔 生覺을 禁치 못하야, 同伴들과 相議하고, 이 地上으로 나왔소.
> 　最初에 우리는 사람에게 泉이라 하는 名稱을 엇는 同時에 山中行人의 손에 움킨배 되어, 그의 口渴을 풀어주어, 汲水功德에 盡力하다가⋯(띄어쓰기 표기 : 인용자)
>
> 　　　　　　　　　　　　　　　－「水의 旅行」, 6권 5과, 3차 교육령기

> 우리는 물이올시다. 우리들이 모여서 흘러가면, 사람들은 江이라고 합니다. 높은 데서 떨어지면, 폭포라고 합니다. 방울이 저서 空中에 떨어지면, 비라고 합니다.
> 　훨씬 잘고 가벼워서 空中으로 떠오르면, 구름이라고 합니다. 해는 그

---

11) 한글학회 30돌 기념사업회 엮음, 『한글학회 50년사』, 한글학회, 1971, pp.170~171.

구 름을, 붉은빛과 보랏빛으로 물들여 놋습니다.(띄어쓰기 표기 : 인용자)
　　　　　　　　　─「우리는 물이올시다」, 3권 8, 4차 교육령기

　「수(水)의 여행(旅行)」이 잦은 한자의 노출과 개념적 어휘 사용으로 인해 관념적 진술에 머물고 있다. 그러나 「우리는 물이올시다」에서는 "훨씬 잘고 가벼워서", "붉은빛과 보랏빛으로 물들여" 등과 같이 물의 성질 변화가 감각적으로 묘사되고 있음을 볼 수 있다. 또, '-습니다' 체의 진술에 의해 다감하고 정서적인 분위기를 발산시킨다. 특히 개정의 취지[12]에 따라 아동의 적합한 심리를 고려한 점, 분리된 계층으로서 독자적인 아동을 인식한 점은 이 시기 교과서의 긍정적인 면으로 평가할 수 있는 부분이다.

　내용적인 면을 살펴보면 민담으로 분류할 수 있는 대표적인 서사는 '혹부리 영감' 류, [13], 「말하는 남생이」, 「삼년고개」, 「의좋은 형제」, '나무꾼과 원숭이'류[14], 「귀신의 눈물」 등이다. 「혹 쏀 노인」, 「말하는 남생이」는 장형의 서사로 2~3회 분재되어 있다. 일반적으로 민담은 대개 민담의 유형에서는 선과 악의 대립과 이원적 반복 구도에 의해 서사가 완결되는데, 「말하는 남생이」, 「의좋은 형제」와 같이 형제 서사가 강조되는 것 또한 특징적이다.

----

12) "종래의 교과서들은 아동심리에 적합하다고 할 수 업는, 너머 건조무미한 감이 업지 안헛고 또 그 중에서도 수신교과서 가튼 것들은 전문학생이나 대학생 등에 잇서서 적당하다고 할 만한 것도 잇섯슴으로 이번에는 교재 일체를 개정하야 만든 것이다." 『매일신보』, 1930.2.5.
13) 여기서 '류'라고 표현함은 같은 내용을 다루되 제목의 변화가 있는 것을 일컫기 위한 것이다. 「혹 잇는 노인」(1차)→「혹 쏀 이약이」(3차, 4차). 이것은 해방 뒤 군정청학무국에서 발행한 조선어학회의 『초등국어교본 중』에 「혹 달린 노인」으로 재수록 된다.
14) 식민 초기 자구 정정본 『조선어독본』에서 「엽부와 원숭이」로 실렸던 같은 내용의 서사는 제1차·3차 교육령기 『조선어독본』에서는 「애친」으로 실린다.

한편, 일본인이 등장하는 서사물로는 참혹한 지옥변 병풍을 그린 일본의 불화가로 유명한 요시히데 이야기를 다룬 「화공량수(畵工良秀)」(4권 16, 3차)이 처음 수록되는데, 개인의 예술혼과 고뇌를 다루고 있다. 일본 양명학의 시조로 일컬어지는 나카에 토오슈를 다룬 「중강등수」는 1차 교육령기 교과서(1913~20)에 수록되었다가 제4차 교육령기 교과서에 다시 나타나는데, 제목만 같을 뿐 서사를 구성하는 방식은 전혀 다르다.15) 1차 교육령기 『조선어독본』에서는 한문 학습 단원으로 구성되었으나 4차 교육령기 교과서 4권 26과에서는 "山을 넘고, 바다를 건너, 천신만고하야, 여러 날만에, 그립든 고향에 당도한 때는, 날이 환하게 밝은 일은 아침이엿다."와 같이 한문투를 완전히 탈피한 순국문체를 구사하고 있다.

우화 계열 서사에서 중요하게 거론될 수 있는 서사물은 제3차 교육령기에 처음 실리는 「매암이와 개미」이다. 4차 교육령기의 교과서에는 「개미와 벳장이」로 제목이 바뀌어 수록되는데,16) '개미와 베짱이' 서사는 일제의 식민 통치 말기까지 교과서에 지속된다. 이밖에, 까마귀를 속여 여우가 먹이를 뺏는 「여호와 가마귀」, 보은의 주제를 담은 「사자와 산쥐(山鼠)」, 「분수를 모르는 토끼」, 「쥐의 의논」 등의 서사가 새로 실리

---

15) 1차 교육령기 교과서 3권 60과에서 다루는 중강등수 이야기는 한문 단원으로, "中江藤樹는 近江人也 | 學識德行이 爲一世師表하야 有近江聖人之稱이라 鄕黨이 皆薰其德하야…"와 같이 한문을 숙독하기 위한 내용으로 이루어져 있다. 연습문제의 질문에서도 "웨 中江藤樹를 近江聖人이라 하느냐" 하고 제시되어, 위인 中江藤樹가 남긴 업적을 습득하도록 하는 데 학습 목표가 맞춰져 있음을 알 수 있다. 반면, 4차 교육령기 교과서 4권 26과에서 다루는 中江藤樹의 서사 양상은 달라진 각도를 보여준다. "山을넘고,바다를건너,천신만고하야,여러날만에,그립든故鄕에당도한때는,날이환하게밝은일은아침이엿다."와 같은 문장 기술 형태라든가 인물의 심리 묘사, 대화체의 활용 등 아동의 수용적 입장을 한층 고려하였다는 것을 알 수 있다.

16) 원래 이솝 우화의 내용인 '매미와 개미'의 제목이 '개미와 베짱이'로 바뀌게 된 데는 조선시대 임금의 관모인 익선관(翼蟬冠)이 매미의 날개 형상을 하고 있다는 점이 고려되어 조선 왕족의 예우 차원에서 이루어진 것으로 보인다.

고 있다.

2) '조선적인 것'의 서사 지향과 왜곡

제3·4차 교육령기의 『조선어독본』에서 가장 특기할 만한 특징은 '조선적인 것'을 지향하는 단원이 증가한 점이다. 신라 시조 박혁거세와 4대왕 석탈해왕을 다룬 「박혁거세」, 「입에 붙은 표주박」 등 한국의 신화가 처음 수록되어 나타나며 신라 지향성을 보여 준다. 이밖에, 김정호·솔거·한석봉·안향·서경덕·윤회·황희 등 조선 인물을 다룬 서사들이 대폭 늘어나게 되는데, 이는 일제가 1919년 3·1독립 운동 이후 조선인의 반일 감정을 완화하기 위한 문화 통치가 교과서 편찬에 반영된 것이다. 먼저, '조선적인 것'을 지향하고 있는 제3·4차 교육령기의 단형 서사물을 살펴보면 다음과 같다.

〈표〉 제3·4차 교육령기 『조선어독본』 수록 '조선적인 것' 지향 서사물

서사 유형	교과서 수록 내용
민담	흑 쎈 이약이(3차, 2권 16·17/ 4차, 4권 8), 말하는 남생이(3차, 3권 18·19·20), 삼년고개(4차, 4권 10), 의좋은 형제(4차, 5권 14)
판소리계	심청(3차, 4권 19·20·21/ 4차, 5권 21))
사화	솔거(3차, 3권 6) 영재와 도적(3차, 4권 5), 한석봉(3차, 5권 6) 안향의 금무(禁巫)(3차, 5권 20), 서경덕(3차, 6권 3)윤회(4차, 3권 14), 김정호(4차, 5권 4), 공후인(4차 6권 9), 망친정시(望親庭詩)(4차, 6권 9), 황희의 일화(4차, 6권 12)
신화	박혁거세(4차, 3권 17/ 4차, 3권 5), 입에 붙은 표주박(4차, 2권 15)
전설	의구(義狗)(3차, 4권 18), 명관(名官)(4차, 4권 23), 지혜겨름(4차, 5권 17)

이들 '조선적인 것'을 지향하는 서사물들은 대체로 역사적 기록이나 사실에 근거를 두고 있거나 민중의 토착적 구전설화에 모태를 두고 있다. 이들 서사 유형은 일제 강점기 교과서 내에서 제한적이나마 '조선적인

것을 표현할 수 있는 민족 서사를 표방하고 있다. 그러나 그 실상은 보다 근본적으로 민족적 저항을 봉쇄하기 위해 서사물을 왜곡하여 '조선적인 것'의 의미를 유린하기 위한 교묘한 책략에 지나지 않는 것이었다. 더욱 교묘한 방법으로 통제되고 식민지 지배 논리에 부합되도록 의미 왜곡되고 있는 것을 볼 수 있다.

「삼년고개」[17]는 민담의 의미 변질을 보여 주는 사례에 해당한다.

> 「이 굴르는 수효대로만 살게 하야 주십시오.」
> 하고 빌엇드니, 어듸선지
> 「걱정할것 업다. 東方朔이도 이 고개에서 六萬번이나굴럿다.」
> 하는 소리가 들립니다. 이것은, 勿論 그 少年이, 附近에 숨어서 한 말이나, 老人은 그런 줄도 모르고,
> 「네, 네, 그 東方朔이가, 三千甲子東方朔이가.」
> 하고, 깃버 못견듸여 하며, 그저 작구 굴르다가 집으로 돌아왓는데, 그 後 三年이 무엇입닛가, 매우 오래도록 살앗다고 합니다.
> 여러분은 이런 이야기를 들을 때에, 이 世上에서 예로부터 傳하야

---

17) 「삼년고개」는 일제 강점기 『조선어독본』에 처음 수록된 이후, 해방 이후 군정청 『국어독본』, 현대 초등학교 『읽기』 교과서에 이르기까지 줄기차게 실리고 있는 유일한 민담 서사이다. 그런데, 「삼년고개」가 우리나라의 설화가 아니고 일제가 일본의 전설을 고쳐서 소개한 것이라는 주장이 최근에 제기되고 있다. 우리나라와 연변에서 세 편의 이본밖에 채록되지 않은 사실과 그 채록 연도가 1980년대 이후라는 점, 교토의 청수사라는 절에 '삼년언덕'이란 계단이 있고, 도쿄에도 넘어가면 삼 년밖에 못 사는 언덕이 있다는 증황을 들고 있는데, 설득력이 없지 않다. 「삼년고개」는 본디 일본에서 유입된 설화인데, 거꾸로 일본으로 역수입되어 우리 옛이야기로 소개되고 있는데, 일본 소학교에서는 1989년부터 「삼년고개」가 우리 민담으로 알려지고 있다고 한다. 이에 대한 논의는 향후 더 전개되어야 할 것이며, 이 논문에서는 서사 주제의 왜곡을 다루고 있기 때문에 한일 원류에 대한 검토는 차후의 논문에서 다루고자 한다.
심은정, 「삼년고개」와 '산넨도게(三年とうげ' 비교 연구」, 『일본학보』 55권 2호, 2003,
천혜숙, 「韓日 '삼년고개' 설화의 비교로 본 설화 원류의 문제」, 『비교민속학』 33집, 2007.

나려오는 말中에는, 믿지 못할 것이 만은 줄 알겟지오. 믿을 수 엇는 것을 믿는 것이 迷信이올시다. 鬼神이나 독가비가 世上에 잇다고 생각하는 것도 迷信입니다.

　　鬼神이나 독가비는, 사람들이 지여낸 이야기 가운데에 잇슬지라도, 實地로는 업는 것이올시다. 도통 迷信에 빠지는 것은 文明人으로서는 더할 수업는 수치올시다.(띄어쓰기 표기 : 인용자)

―「三年고개」, 4권 10, 4차 교육령기

「삼년고개」은 한 노인이 장에 갓다 오면서 한번 넘어지면 3년밖에 못 산다는 삼년 고개에서 그만 넘어져 곧 죽을 생각에 시름시름 앓다가 이웃에 사는 한 소년이 꾀를 내어 몇 번씩 구르면 동방삭처럼 오래 살게 된다고 하여 그렇게 한 뒤 오래오래 살게 되었다는 내용을 담고 있다.[18] 이 내용의 주제는 노인의 병을 고치게 한 '소년의 지혜', 또는 생각을 바꾸면 절망을 이길 수 있다는 '긍정적 삶의 자세' 등 다양하게 도출될 수 있다. 그러나 일제는 「삼년고개」의 말미에 서술자의 직접 진술을 통해 노인의 존재를 미신에나 빠져 있는 타파 대상으로 부각시키고 있다. 그리하여 '미신 타파'라는 통치 이데올로기를 무리하게 교과서 텍스트에 적용하여 서사의 참된 의미를 왜곡시키고 있음을 볼 수 있다. 또, "문명인으로서는 더할 수업는 수치"라고 표현하면서 '미신=비문명인'으로 도식화 하여 미신 풍습을 믿는 조선인을 열등하게 취급하려는 저의를 드러

---

18) 오늘날 제7차 교육과정에 의한 『읽기 4-1』에도 '삼년고개' 서사가 실려 있는데, "할아버지, 한 번 넘어지면 삼 년은 사시니까, 두 번 넘어지면 육 년, 세 번 넘어지면 구 년은 사실 게 아니에요?" 하고 위로하는 것으로 끝나버린다. 일제 강점기 교과서에서는 소년이 숨어서 신령 흉내를 내는 장면이 추가되어 있다. 현대 교과서에서는 윤리적 측면에서 소년의 행동을 삭제함으로써 징계했다고 할 수 있다. 할아버지가 고개에서 마구 구르는 설정은 인습과 고정관념에 얽매여 있는 할아버지의 무지를 해학적으로 드러냄으로써 서사의 결말을 전복시키는 중요한 역할을 한다고 할 수 있다.

낸다.

『조선어독본』이 수록하고 있는 우리 신화의 경우에는 신이한 행적이나 건국 업적에 대해 다루지 않고 신화 주인공을 희화화시키거나 단편적 일화의 소개로 그쳐버린다. 「박혁거세」에서는 "박 갓혼 알에서 나왓다 하야, 성을 박이라 하고, 일홈을 혁거세라 하얏소"라고 하여 성씨의 유래에 대한 언급으로 종결짓고 있다. 석탈해 신화를 다룬 「입에 붙은 표주박」에서는 신화 주인공의 건국 서사는 배제되고, 표주박이 입에 붙어버리는 사건만을 부각시켜 희화시키고 있다. 내용인즉슨, 석탈해가 토함산에서 아랫사람에게 물을 떠오라 시켰는데 젊은 사람이 어른보다 먼저 입에 물을 대자 표주막이 입에 붙었다가 사죄를 하자 표주박이 떨어졌다는 이야기이다.[19] 이와 같은 서사는 흥미 본위의 재미성에만 치중하여 신화의 존엄성을 격추시킬 뿐만 아니라, 윗사람과 아랫사람 사이에는 엄연히 구별된 질서가 있다는 상명하복의 이데올로기를 은연중에 주입시킨다.

제4차 교육령기의 『조선어독본』에 실린 「김정호」(5권 제4과)는 조선 지도를 만든 김정호의 한국사적 위업을 보다 철저하게 훼손한 경우에 해당한다.

아아, 悲痛한지고, 때 맛나지 못한 正嗥⋯⋯, 그 辛苦와 功勞의 큼에 反하야, 生前의 報酬가 그같치도 慘酷할 것인가.
비록 그러타하나, 玉이 엇지 永永 진흙에 무쳐 버리고 말 것이랴.

---

19) 한편,『삼국유사』의 기록에 따르면, BC 1자9년(박혁거세 39)에 신라 아진포(阿珍浦 : 迎日)의 노파가 물에 표류해서 떠오는 상자를 건져 보니 옥동자가 있어서 데려다 길렀다. 아이는 날로 지용(智勇)이 뛰어났는데, 궤짝을 건질 때 까치가 울었다 하여 까치 작(鵲)의 한 쪽 변을 떼어 석(昔)으로 성을 삼고, 알에서 나왔다 하여 탈해라고 이름지었다. 남해왕(南解王)의 사위가 되었는데, 뒤에 선왕(先王)인 남해왕의 유언에 따라 신라의 임금이 되었으며, 곧 석씨 왕조(昔氏王朝)의 시조이다.

明治三十七八年, 日露戰爭이 시작되자, 大東興地圖는, 우리 軍士에게 至大한 貢獻이 되엿슬뿐 아니라, 그 後 總督府에서, 土地調査事業에 着手할 때에도, 無二의 好資料로, 그 詳細하고도 正確함은, 보는 사람 으로하야금 敬歎케 하얏다한다. 아, 正峠의 艱苦는, 비로소 이에, 赫赫 한 빛을 나타내엿다 하리로다.(띄어쓰기 표기 : 인용자)

일제는 지도 제작에 혼신을 바친 김정호의 생애를 매우 자세하게 기술하고 있다. 그러면서 그 결론에 가서는 20여 년에 걸친 김정호의 지도 작업이 조선의 왕으로부터는 배척되고 오히려 일제의 노일전쟁과 총독부 토지조사사업에 "지대한 공헌"을 했다고 찬양하고 있다. 이러한 굴욕적인 묘사는 강진호가 지적한 것처럼, 조선인으로서 조선어를 학습 하고 있음에도 불구하고 자기 문화에 대한 어떤 자긍심과 특성도 배우지 못하는 현실을 초래하여 일본 문화에 대한 선망의식마저 내면화하게 되 는 결과에 이르게 된다.[20] 이처럼 일제는 교과서라는 수단을 통해 '조선 적인 것'을 표방하면서도, 철저하게 식민지 이데올로기를 침투시켜 오히 려 '조선적인 것'에 대한 유린과 포기를 유도하고 있음을 실증적 자료로 써 확인할 수 있다.[21]

---

20) 강진호, 「근대 교육의 정착과 피식민지 주체」, 『상허학보』 16호, 2006, p.20.
21) 이는 단형 서사물 이외의 「조선의지리」, 「백두산」, 「개성」, 「조선의 행정관청」, 「조 선지방명」, 「조선에서 제일 가는것」 등 '조선'을 표면화시키는 일반 단원에서는 더 욱 노골적으로 드러난다. 그 내용의 단편적 일부를 보면, 일제의 간계한 속셈을 보다 분명하게 간파할 수 있다.
"조선은 대일본제국의 일부니, 조선총독이 천황의 명을 봉하야 차(此)를 통치하나 니라."(「조선의 행정관청」, 6권 11, 3차) "조선에서 산이라하면 누구든지 강원도 금 강산을 이르리니, 금강산은, 참으로 조선에서 제일가는 명산이니라.…내지의 후지 산(富士山)과 같치, 세계에 그 이름이 높으니라.…그 중에도 조선서 제일이라 할 것은, 경성에 잇는 조선총독부이니…" (「조선 제일의 것」, 4권 21, 4차) 등과 같이 일제는 조선의 위상을 일제의 일부라고 천명함으로써 국가적 정체성을 말살하고 있을 뿐만 아니라, 금강산을 조선 제일이라고 언급하면서도 최종적으로 조선 제일 의 것이 조선총독부라는 궤변적 논리를 펼치고 있다.

3) '김재호' 식민지 모델의 허구와 조선의 현실

제4차 교육령기의 『조선어독본』에 실린 「更生」(6권 15)은 '김재호'라는 식민지 모델을 주조하기 위해 배치한 미담 계열의 서사이다. 이 「更生」 단원은 "교과서 전체의 결론이자 모범적 인물이 구체적 사례"[22]로 제시되어 있으며, 일제 강점기 『조선어독본』이 지향하는 식민지 교육 정책의 본질을 드러내고 있다. 이 단원은 김재호라는 인물을 "실로 우리들의 모범적 인물"로 극찬하고 있다. 부친의 사업 실패 이후 무너진 가사를 일으켜 세우고 재기에 성공하여 단 한 번의 실패도 겪지 않는 승승장구의 일로만을 보여 준다.

김재호가 재기에 성공할 수 있었던 중요 원인에 대해서는 오직 "재호의 열성과 노력의 결정"이라고 서술하고 있는데, "당대 사회의 문제를 게으름과 자립심의 부족으로 치부하는 일제의 통치 이데올로기"[23]가 배면에 놓여 있음을 간파하지 않으면 안 된다. 특히 6학년 졸업 무렵에 배우게 되는 이 단원은 곧 사회 활동을 하게 될 학생들의 미래 모델이 되어 주고 있다는 점에서 '김재호' 모델이 내포한 허구성을 보다 면밀하게 검토할 필요가 있다. 김재호가 어떤 과정을 거쳐 '갱생'에 성공하게 되는지 그 과정을 살펴보자.

---

22) 강진호, 「조선어독본'과 일제의 문화정치」, 『상허학보』 제29호, 2010. 6. p.132.
23) 강진호, 위의 책, p.133.

① 나무도 하고 짚신도 삼고 새끼도 꼰다. 남의 논밭도 갈아주고, 삯일도 다닌다.
② 졸업하던 해 가을, 헌 가마니틀로 짠 가마니를 8킬로 밖의 장에 내다 판다.
③ 같은 해 11월까지 85닢을 짜서, 15원이란 돈을 벌게 된다.
④ 다음 해 5월 3칸 집 한 채를 산다.
⑤ 소화 6년(1931)에는 풍속이 해이한 빈촌이 김재호로 인해 지도부락으로 지정된다.
⑥ 모교의 추천으로 지도생이 되어 204아루24)를 小作하게 된다.
⑦ 이듬 해, 소작지 66 아루를 더 얻게 되고, 돼지 2마리와 닭 20마리를 치게 된다.
⑧ 소화 8년(1932) 정월에는 20아루의 논을 사다.
⑨ 같은 해 4월에 집 2칸을 증축, 5월에 60원짜리 소 한필을 산다.
⑩ 같은 해, 감자 2,400킬로그램, 보리 974릿톨, 벼 2,890리톨, 조 722릿톨, 가마니는 600닢을 수확하다.

김재호가 갱생에 성공하게 된 계기는 ②에서 교장의 조언으로 이웃의 헌 가마니를 구하면서이다. 기술한 대로라면, 졸업하던 해부터 가마니를 짜서 이듬 해 5월까지, 열심히 일하면 채 1년도 안 된 기간에 집을 마련할 수 있다는 논리가 된다. 그러나 가마니를 8킬로 밖에 있는 장에 내다팔았다고 되어 있을 뿐, 많은 분량의 가마니를 어떻게 운송했는지에 대해서는 언급이 되지 않는다. ⑤에서 느닷없이 연호가 나타나는 것 또한 의아스럽다. 왜냐하면 김재호가 보통학교를 졸업한 시기가 밝혀져 있지 않기 때문에 김재호의 나이는 종적을 감추게 된다. 이 해에, 김재호는 모교의 추천으로 땅을 얻어 소작을 부치게 되는데, 김재호를 왜 1년도 채 되지 않아 집 한 채 구입할 수 있었던 가마니를 그만두고 '소작농'을

---

24) 100 아르(are)는 1헥타르, 1만㎡에 해당하는 면적 단위이다. 이 용어의 어원은 라틴어로 아레아(area)인데, 백(百)이라는 뜻의 그리스어 불규칙 단축형인 헥트(hect-)와 합성되어 헥타르가 되며, 아르가 미터법의 토지측량 기본단위이지만 실제로는 ha가 보다 일반적으로 사용된다. 100아르는 약 3,025평에 해당하며, 204아르라면 약 6,000평 남짓한 땅 넓이이다.

택하는지 의문이다.

이는 일제가 1920~30년대 실시한 산미증산계획과 관련지어 분석해
볼 수 있다. 즉, 일제의 쌀 증산 및 수출 증대를 위해, 장차 졸업할 학생들
에게 소작농에 대한 긍정적 인식과 그를 통해 부를 축적할 수 있다는
전형적인 모델을 창조해서 보여줄 필요가 있었던 것이다. 그러나 일제의
산미증산계획은 식민지 지주제를 더욱 강화시켜 줌으로써 실제의 조선
농민의 수탈은 갈수록 심해졌을 따름이었다. 「갱생」에서는 김재호의 부
단한 노력에 의한 생산 수확량만 강조하고 있을 뿐 일제에 바쳐야 할
조세에 대해서는 전혀 언급되지 않고 있다.[25] 기실, 식민지 상황에서 순
수 소작농으로서 갱생에 성공할 수 있었던 조선의 '김재호'는 현실적으로
전무했다고 볼 수 있다.

2.4. 제7차 교육령기의 『초등 조선어독본』

1) 군국주의 이데올리기의 교육 매체

이 시기의 제7차 조선교육령은 일제의 병참기지화 정책이 본격화되
던 시기의 교육령으로 일제는 내선일체에 따른 황국신민화가 소학교 교
육의 목표임을 분명히 하였다. 1938년 개정 교육령에 의한 소학교 규정
(1938. 3. 15) 제1조에는 "소학교는 아동 신체의 건전한 발달에 유의하여
국민 도덕을 함양하고, 국민 생활에 필수적인 보통의 지식·기능을 획득
함으로써 충량한 황국 신민을 육성하는 데 힘쓰도록 한다."고 명시하였
다. 그리고 제16조의 내용 곳곳에 "직원 및 아동은 천황 폐하, 황후 폐하
의 어영(御影)을 모시고 최경계를 한다" 등과 같은 구체적 조항을 배치

---

25) 이 당시 일반적인 소작비가 5:5 비율로 되어 있었지만, 일본인 지주는 8:2로 조선
   농민을 착취하는 일이 빈번했다.

하고 있다.26)

이 시기의 『초등조선어독본』은 "황국 신민의 도를 강조한 군국주의 이데올로기의 교육 매체"27)로서의 교과서 성격을 더욱 적나라하게 드러내게 된다. 또, 이 시기에 조선어과는 필수과목에서 수의과목으로 전락해 버리고 만다. 이에 따라 교과서 역시 매우 간결한 형태로 편찬되었는데 초등용 권1·2의 단 2권에 지나지 않을 뿐이다.28) 수의과목으로 전락한 조선어과 수업 시수는 감소하고 실제 4학년 이상에서의 조선어과 교수는 전혀 이루어지지 않는 형편이었다.

이전 시기에 편찬된 교과서의 구성 방식과 비교해 볼 때, 한글의 자모 구성과 글자를 익히기 위한 저학년 중심의 교과서처럼 글씨도 큼직하고 문장도 아주 쉽게 구사되고 있다. 1권으로 된 『간이학교용 초등 조선어독본』(全)은 전 학년이 공통적으로 사용할 수 있는 교과서로 편찬되었던 것이며, 『초등 조선어독본』(권1·2) 역시 저학년의 한글 학습과 초보적 문장 훈련에 집중되어 있어서, 이를 통해 지식 전달이나 심신의 발달을 돕는 학습은 사실상 이루어졌다고 보기 어렵다.

2) 황국 신민화와 서사의 파탄

교과의 내용 역시 아동의 심리 교양 따위는 일체 고려되지 않은 군국주의 일색으로 구성된다. 1권, 2권 모두 단원명은 나타나지 않는다. 그리고 일제의 황국 신민화의 삽화들이 노골화된다. 『초등조선어독본』

---

26) 한국교육개발원, 『한국 근대학교교육 100년사 연구』, 1994. pp.153~154.
27) 허재영, 위의 책, pp.118~122.
28) 마치 교과서를 만들다가 중단된 것이 아닌가, 의문이 들 만큼 체계적이지 못하다. 권1은 60쪽에 32과, 권2는 75쪽에 19과, 간이학교용 교과서는 79쪽에 28단원으로 구성되어 있다. 오늘날 소논문 별책본 정도의 두께밖에 되지 않는 그야말로 소략한 교과서였다.

의 2권 1과에서는 첫 장면부터 높이 게양된 일장기 삽화가 나타나고, 이어지는 2과에서는 동경의 천황 앞으로 궁성요배(宮城遙拜)하는 삽화와 서사로 긴밀하게 배치된다. 8과에서는 천황의 은혜에 감사하는 내용을, 9과에서는 애국일을 맞아 황국신민의 서사를 소리 높여 읽는 장면을 연출한다. 일제는 1937년에는 '황국신민서사'29)를 제정하여 각 학교에서는 조·종례와 수업 시작 전에 반드시 낭송하도록 했는데, 이것을 즉각 교과서에 반영시킨 것이다. 14과에서는 명치절을 맞아 신사에 가서 참배하고 명치천황에 대해 소개하는 내용을 담고 있다. 이 시기 교과서의 최종 단원은 중일 전쟁을 반영한 서사와 지원병의 참여를 권장하는 서사로 마무리된다.

> 나는, 훌륭한 軍人이 되어서, 나라를 위하야, 몸을 바치기로, 굳게 굳게 결심하얏다. 이것이 天皇陛下의 은혜를 갚고, 父母의 마음을 편안케 하고, 동네 사람들의 은혜를 갚는 것이라고, 생각한다.…너도 커서, 훌륭한 軍人이 되어야 한다. 戰爭에 나가서 몸을 잊어버리고, 싸우고 잇는 우리 軍人들을 생각하면, 네 兄도 빨리 戰爭에 나가서, 그들과 함께, 싸우기를 바란다.
>
> ─『초등조선어독본』 2권 19과, 7차교육령기

> 「지나 비행기는, 우리나라 비행기를 , 도저히 당할 수가 업다지오.」
> 「그럿습니다. 우리나라 비행기가, 십배나 되는 지나 비행기와 싸워서, 다 떨어트린 일이, 자조 잇섯습니다. 우리나라에서 만든 비행기는, 기계가 썩 훌륭할 뿐아니라, 기계를 쓰는 사람의 재조가 퍽 발달되여서, 어느 나라와 전쟁을 하든지, 조곰도 걱정이 업다고 합니다.…」
> …저 비행기들 중에는, 우리들이 바친 돈으로, 만든 것도 잇스리라

---

29) 초등학생용 황국신민의 서사 내용은 1. 나는 대일본제국의 신민입니다. 1. 나는 마음을 합해 천황 폐하게 충의를 다합니다. 1. 나는 인고 단련하여 훌륭하고 강한 국민이 됩니다.

고 생각하니, 끝업시 반갑습니다. 나는 마음 속으로, 그 비행기들이, 맡은 일을 잘 마쳐, 큰 공을 세우기를, 정성것 빌엇습니다.

—간이학교용 『초등조선어독본』全 28과, 7차교육령기

위 내용에서 살펴보듯, 천황을 위해 전쟁터에 나가 몸을 잊어버리고 싸우는 "훌륭한 군인"의 형상화라든가, 어느 나라와 전쟁을 하든지 끄덕도 없다는 "비행기"의 묘사를 통해 일제 군국주의를 교과서에 내면화시키고 있음을 볼 수 있다. 또, 지금까지의 교과서에 수록되었던 일체의 '조선적인 것'의 서사가 배제되고, 우화 계열의 단형 서사 2편 정도가 수록되어 있음을 볼 수 있다. 특기할 만한 사실은 식민 초기의 『보통학교 학도용 조선어독본』에 실린 '욕심 많은 개' 서사와 제3차 교육령기의 『조선어독본』에 실린 '개미와 베짱이' 서사가 일제 강점기 최후의 조선어과 교과서에 수록되었다는 점이다. 일제가 이 두 서사 유형을 각별하게 챙긴 데에는 일제의 식민지 통치 전략과 유효하게 맞닿아 있는 지점이 있기 때문이다. 즉, 이 두 유형의 서사는 욕심을 부리면 오히려 손해를 본다는 철저한 금욕적 인간형, 쉬지 않고 부지런히 일하는 개미 인간형을 집요하게 표상화시켰던 것이다.

이상으로 살펴본 바와 같이 일제 말기에 해당하는 이 시기의 『초등조선어독본』을 보면, 노골화된 일제의 황국 신민화의 정책에 따라 이에 수록된 교과서의 서사물 역시 파탄 지경에 이르렀음을 다시 확인할 수 있다.

3. 맺음말

　　이상으로 본고는 일제 강점기 조선어과 교과서『조선어독본』에 수록된 단형 서사물의 양상과 특징에 대해 살펴보았다. 교과서가 편찬되는 제1·3·4·7차 교육령기를 중심으로 일제의 식민지 교육 정책에 따라 교과서 내 서사물의 이입, 수록, 배제되어 가는 과정을 추적함으로써 일제 강점기 식민지 교육의 본질을 밝히고자 했다. 연구 대상으로 삼은 일제 강점 기간에 편찬된 보통학교 조선어과 교과서는 총 26권이었으며, 이를 통해 본고가 분석한 단형 서사물의 변화 양상과 그 특징을 요약하면 다음과 같다.

　　먼저 식민초기의『보통학교 학도용 조선어독본』에서는, '조선적인 것'의 서사물이 배제되고 있는 특징과 더불어, '욕심 없는 개' 서사가 유입되어 유교적 전통 속에서 내면화된 금욕의 경계가 일제의 식민지 지배 논리와 습합되어 교과서에 반영되었다고 보았다. 제1차 조선교육령기의『보통학교 조선어급한문독본』에서는, 전반적으로 한·일 서사물이 혼합된 형태로 단원을 구성하는 있는 특징을 보이는데, '혹부리 영감' 서사는 한·일 간의 뿌리 깊은 깊은 유대감을 확인시키고 내선일체로 나아가기 위한 일제의 기획된 서사물로서 그 중요성을 언급하였다.

　　제3·4차 조선교육령기의『보통학교 조선어독본』에서는 편찬 방향이 순국문(조선어)을 지향함으로써 단형 서사물의 내용에 큰 변화를 가져 오는데, 수록 서사물의 내용적 특징으로는 '조선적인 것'의 지향성을 뚜렷이 보이는 점을 단형 서사물을 통해서 확인할 수 있었다. 그러나 식민지 지배 논리에 부합되도록 '조선적인 것'의 서사는 철저하게 왜곡되고 훼절되었는데,「삼년고개」,「입에 붙은 표주박」,「김정호」의 예를 통해 구체적으로 밝혔다. 또, 일제 강점기 조선어과 교과서의 최종적인 결말에 해당하는 「갱생」이 내포한 서사의 모순된 이면을 분석함으로써 일제가 식민지 모델로서 창조한 '김재호' 모델의 허구성을 비판하였다.

마지막으로 본고는 제7차 조선교육령기의 『초등조선어독본』에 수록된 단형 서사물에 대해서는 '황국 신민화와 서사의 파탄'으로 규정하였다. 수록된 2편의 우화적 서사물인 '욕심 없는 개'와 '개미와 베짱이'는 식민초기부터 일제가 지속시켜 온 것으로, 식민지 전 교육 과정에 걸쳐 양산하고자 한 인간형의 표상화라고 보았다. 그리고 일제의 병참기지화 정책이 본격화되던 1930년대 중반 이후 황국 신민의 도를 강조한 군국주의 이데올로기가 조선어과 교과서에 어떻게 점철되어 나타나는지 예증하였다.

이 논문은 일제 강점기 『조선어독본』의 단형 서사물의 그 전반적인 변화 양상과 특징을 분석한 것이지만, 향후 미시적 접근에 의한 『조선어독본』의 서사 연구로 발전되어야 할 것으로 본다. 가령, 학교 제도의 발생과 함께 『조선어독본』이 근대 아동의 문예적 독물과 어떠한 상관성이 있는지 사료적으로 검토될 필요가 있으며, 한·일 설화의 기원에 대해 논쟁이 되고 있는 『조선어독본』 수록 '혹부리 영감' 설화와 아동문학의 영향 관계에 대해서도 연구될 필요가 있다. 관련된 일례로, 우리나라 근대 아동문학의 창시자인 소파 방정환은 1923년 『어린이』지의 창간호 '혹부리 영감'을 극화하여 「노래 주머니」라는 동화극을 발표한다. 이 때 방정환의 「노래 주머니」와 『조선어독본』의 '혹부리 영감' 사이에 어떤 영향 관계는 없었는지 보다 면밀하게 밝힐 필요도 있다. 이에 대한 논의는 차후의 논문에서 구체적으로 전개해 나갈 수 있을 것으로 기대한다.

제1차 조선교육령기 『보통학교 조선어급한문독본』 수록 제재 연구

「흥부전」을 중심으로

김혜련(성신여대 교수)

1. 조선어과 교과서와 「흥부전」

1910년 8월 29일 "제1조, 한국 황제 폐하는 한국 정부에 관한 일체의 통치권을 완전하고도 영구히 일본국 황제 폐하에게 잉여함(制一條 韓國皇帝陛下는 韓國 全部에 關한 一切 統治權을 完全且永久히 日本國皇帝陛下에게 讓與함)"으로 시작하는 총 8개조의 '한일병합조약'이 발효됨으로써 시작된 일제 강점은 사실 그렇게 갑작스러운 통보로 닥친 것은 아니었다.[1] 교육에서도 사정은 비슷했다. 이미 대한제국 학부 시기부터 제도나 정책 등의 거시적인 영역에서 각급 학교 체제나 교과의 편성 및 시간표, 방과 후 학교 활동이나 학교 규율 등 미시적인 영역에 이르기까지 조선의 교육체제 전반에 대한 성형시술을 실행해왔으며 강제 병

---

1) 권보드래(2008)는 1910년 8월 일본의 한국 강점은 1905년의 외교권 박탈이나 1907년의 고종 강제 퇴위 당시 일었던 전면적이고 대대적인 저항은 없었다고 한다. 이미 언론과 경찰을 비롯한 제반 제도가 일제에 완전히 장악된 상황에서 1910년 일제의 강점의 오히려 '정적(靜的)'이기까지 했다는 것이다.

합 이후에는 식민지 정부인 조선총독부가 통감부의 대한(大韓) 교육정책
을 능동적으로 승계하면서 조선 교육의 전반을 식민지 체제로 재편했던
것이다. 일례로 대한제국 학부 시기부터 한국 교육에 관여하고 간섭했던
구마모토의 초안과 일본 제국교육회의 건의안을 토대로 만들어진 '조선교
육령'(칙령 229호, 1911년 8월 23일)의 경우만 보더라도 일제 강점기와
대한제국기 통감 통치 하의 교육 지배의 거리가 그다지 멀지 않다는 점을
보여준다.[2] 1910년 8월 29일은 명분으로만 잔존해 있던 대한제국의 교
육 주권이 완전히 소멸된 연대기점 시점에 불과했던 것이다.

그러나 강제 병합 이후 '조선교육령'을 근간으로 실행한 식민교육
통치는 대한제국기 통감부가 두 차례에 걸쳐 공포한 학교령과 그에 따른
교육 간섭에 비하면 목적이나 내용면에서 보다 치밀하고 구체적이었다.
"새로 생긴 同胞에 대한 施政 중에서 敎育만큼 그 社會民心의 本質에
깊이 作用하는 것이 없다. 따라서 新領土 統治 成敗의 根本이 첫째로

....

2) 주지하는 바와 같이 1905년 11월 9일 이토오 히로부미의 지휘로 11월 17일 대한제
   국의 외부대신 박제순과 일보의 특명 전권 공사 하야시 사이에 제2차 한일협약,
   즉 을사조약이 체결되었다. 일본의 위협과 강요로 체결된 을사조약으로 1906년 2월
   1일 서울에 '통감부'(統監府)가 설치되었다. 칙령 제267호 「統監府及理事廳官制」
   제2조에 의하면 '통감'은 친임관(親任官)으로서 일본 천황(天皇)에 직예(直隷)한다
   고 하여 실제로는 일본 국왕권의 대행자로 그 지위와 권한을 부여하였다. 이러한
   통감의 지휘 아래 통감부는 대한제국 국정 전반을 장악하여 1909년 10월에는 통감
   부 훈령 제10호로 통감부 관방 내에 문서과, 인사과, 회계과와 외무부, 지방부에는
   생산, 금융, 종교, 교육, 사법, 경찰 등에 관한 사무를 담당하게 하는 부서를 설치했
   다. 1909년 12월 현재 통감부의 일본인 관리만 하더라도 고등관 466명, 판임관
   1,614명, 순사 1,548명에 이르렀다. 대한제국의 법령, 칙령, 각령, 부령 등을 행사하
   기 위해서는 통감의 승인을 받아야 하는 등 대한제국의 황제권은 완전히 해체되었
   고 통감이 실질적인 최고통치권자가 되었다. 1910년 강제 병합 직후 설치한 총독부
   및 부속 관서를 보면 1905년 이후의 통감부를 연장하여 강화한 것에 지나지 않았다.
   이를 보면 이후 총독부와 총독은 통감부와 통감을 개칭한 것에 지나지 않았다. 통감
   부에 관한 자세한 논의는 서영희(2000:199~219), 박경용(2002:79~110) 등 참조.
   아울러 대한제국 통감부 시기 한국 교육의 식민화 과정에 관해서는 김혜련
   (2008:24~25) 참조.

그에 달려 있다고 해도 過言이 아닐 것이다"(大野謙一, 1936:2~3)라는 총독부 학무국장의 강변을 굳이 상기하지 않더라도 '교육'은 일본의 식민 통치의 성패를 결정짓는 절대적인 변수로 인식되었다. '조선교육령'은 교육 일반의 목적이나 이념과는 관계없이 식민지 조선인을 일본의 충량한 신민으로 체계적으로 훈육하기 위해 조선의 교육을 전면적으로 포획하기 위한 정치적 기획안이었을 뿐이다. 조선총독부 산하 조직 33개 부서 중에서 11개를 교육 관련 조직으로 편성했던 것이나 교육 관련 담당 조직을 독립적인 행정 부서가 아닌 총독부의 내무부 산하 조직으로 설치했던 사실 역시 조선의 교육을 정치적으로 접근한 사례들이다. 식민지 조선의 교육은 일본의 '신영토 통치'를 위한 수단에 불과했다.

정치를 위한 교육의 수단화는 교육 일반 이념은 물론 개별 교과교육학에도 일관되었다. 조선어 교과는 민족어문교과로서의 자격을 찬탈당한 채 외국어 교과 정도로 그 지위가 변경되었을 뿐만 아니라 결국에는 교과교육의 역사에서 거세되는 운명으로 전락되었던 것이다. 조선어과 교육을 대상으로 한 식민 정부의 가학적 조처들은 교육 일반의 내적 논리나 요구와는 무관하게 실행된 식민통치의 산물이었을 뿐이다. 이와 같은 사실은 일제 강점기에 편찬된 조선어과 교과서의 일부만 일독해보더라도 어렵지 않게 확인할 수 있다. 조선어과 교과서는 '조선어급한문(朝鮮語及漢文)'이라는 교과명에서 비롯하여 교과서 체제나 내용 구성 등에 이르기까지 조선의 식민화 프로젝트를 성공적으로 실행하기 위한 식민 정부의 정치적 기획물이었다.

이와 같은 관점을 배경으로 본 연구는『보통학교 조선어급한문독본』(1915~1918)에 수록된「흥부전」을 대상으로 삼는다.3) 제1차 조선교육

----

3) 강제 병합 이후 조선총독부는 보통학교용 교재로 1907년 학부에서 편찬한『보통학교 학도용 국어독본』(총8권)에 '교수상의 주의 및 자구 정정표'를 만들고 임시로 자

령에 근거하여 편찬된『보통학교 조선어급한문독본』은 총 308단원으로 구성되어 있으며 이를 문종으로 구분해보면 설명문(52과)과 논설문(33과) 등과 함께 설화(5과)와 시(6과) 등의 문학적인 교재도 함께 수록되어 있다(허재영, 2009). 그 중 설화 교재로서「혹잇는노인」,「방휼지쟁」과 함께「흥부전」이 수록되어 있다.4) 적어도 현재로서는 제1차 조선교육령에 따른『보통학교 조선어급한문독본』권3(1917)에 수록된「흥부전」(제48과「흥부전」(1), 제49과「흥부전」(2))이 국어 교과서의 교재(教材)의 신분으로 수록된 최초에 해당한다.5) 이후「흥부전」은 일제시대 보통학교 교과서에서 해방 이후 교수요목기, 그리고 제1차 교육과정기 교과서에서부터 제7차 교육과정에 따른 초등학교 교과서에 이르기까지 꾸준히 수록되어6) 이른바 '교육정전'으로서의 위상을 확보해왔다. 사실 이것만

<hr />

구 수정을 반영한 형태로 1911년『조선어독본』을 출판했다. 시기적으로는 이 교과서가 식민 초기 최초의 교과서에 해당하지만 실제로는 통감부 체제 하에서 만들어진 교과서에 자구 정정만 한 것이어서 식민 통치하의 교과서라고 간주하기는 다소 미흡하다. 따라서 조선을 식민지화하고 조선의 교육을 식민 교육체제로 전면 선언한 조선교육령(1911)에 근거하여 조선총독부 학무국이 주체가 되어 편찬한『보통학교 조선어급한문독본』(1915~1918)을 일반적으로 일제 강점기하의 최초의 조선어 교과서로 간주한다. 이에 대한 상세한 논의는 허재영(2009)을 참조.

4) 한편『조선어급한문독본』권2 제24과와 제25과에는「혹잇는老人」이 실려 있다. 특히「혹부리영감」은 비슷한 시기 일본의「소학독본」에도 실려 있다. 이에 주목하여 한국과 일본의 교과서에 수록된「혹부리영감」에 천착한 김용의(1999)와「혹부리영감談」의 형성 과정에 관한 김종대(2006)는 의미 있는 연구들이다.

5)『보통학교 조선어급한문독본』(1915~1918) 교과서는 조선총독부에서 '제1차 조선교육령'(1911)을 공포하여 그 이전의 '조선어'와 '한문' 과목을 통합하여 편찬한 교과서이다. 이 교과서 편찬 작업에는 오쿠라 신뻬(小倉進平)가 편수관으로, 역사학자인 오다 쇼우고(小田省吾)가 편수과장으로 관여하였다.

6) 해방 이후「흥부전」의 수록 양상은 다음과 같다. 건국기 초등 국어4-1/1차 국어 4-1/1차 국어 4-2/2차 국어 4-1/3차 국어 4-1/4차 국어 4-1/5차 초등학교 국어 쓰기 4-1/ 6차 국어 읽기 4-1/ 6차 국어 말하기·듣기 3-1/7차 국어 읽기 1-2/7차 국어 쓰기2-2/7차 국어 말하기 듣기 3-1/7차 국어 읽기 4-1/7차 국어 읽기5-1 등. 이에 관한 자세한 논의는 조희정(2006) 참조.

으로도 해방 이후 국어교육사와 「흥부전」이 맺어온 관계에 대한 정밀한 추적이 요구되지만 본 연구는 우선 일제 강점기 특히 1910년대 식민 정부가 선정한 「흥부전」에 주목하고자 한다. 식민 정부가 조선어과 교과서에 「흥부전」을 호명한 까닭은 무엇일까? 교과서의 편찬 주체였던 조선총독부 학무국 편수관들은 「흥부전」을 교육적 보편성과 조선의 언어문화적 특질과 관계 깊은 교과적 특수성을 동시에 충족시킬 수 있는 제재로 인식한 것일까? 적어도 일제 강점기 내내 규율이나 위생 등 학교 일상의 내밀한 영역에서부터 교육과정과 교과서 등의 교과 제도 영역에 이르기까지 조선의 교육 체제 전반을 식민주의 문법에 적합한 형식으로 재구성했던 식민교육체제의 관점에서 볼 때 다른 제재와 마찬가지로[7] 「흥부전」의 교재화 의도 역시 교육 외부에 존재하는 것으로 보인다.[8]

　　본 연구는 근대 국어교육사에서 일제시대 조선어과 교과서에 수록된 「흥부전」을 논의 대상으로 삼아 그 수록 의도를 파악하고자 한다. 이를 위해 조선어과 교과서에 수록된 「흥부전」을 저본(底本)에 해당하는 경판본 「흥부전」과 비교하여 그 개작 양상을 검토하고(2절) 이어 조선어과 교과서 이전에 「흥부전」을 수록한 바 있는 『朝鮮の物語集附俚諺』(1910)을 논의 범주로 끌어와 『朝鮮の物語集附俚諺』에 수록된 「흥부전」과 『보통학교 조선어급한문독본』에 수록된 「흥부전」을 비교할 것이다(3절). 이 과정에서 「흥부전」에 관한 식민 정부의 정치적인 해석과 1910년대 식민통치 기획의 일단을 확인할 수 있을 것이다(4절).

----

7) 김혜련(2008)은 일제강점기 중등학교 조선어과 교과서를 대상으로 제재 선정의 의도를 제재의 형식과 내용으로 검토한 바 있다.
8) 이와 관련하여 김용의(1999)는 조선총독부가 "內鮮一體라는 이데올로기를 강화할 목적으로" 「혹부리 영감」과 「세 개의 병」, 「흥부전」 등을 정치적으로 활용했다는 흥미로운 주장을 제기한 바 있다.

2. 독본본 「흥부전」의 중심 내용

『보통학교 조선어급한문독본』에 수록된 「흥부전」(이하 '독본본(讀本本)')을 고찰할 때 우선적으로 검토할 문제는 이 제재가 저본으로 삼은 텍스트가 무엇인가 하는 점이다. 일반적으로 「흥부전」은 필사본 29종, 경판본 2종, 활자본 7종, 판소리 창본 17종[9]을 비롯하여 모두 50여 종의 이본이 전한다고 알려져 있다(조희웅(1999:890~892); 김창진(1991ㄱ). 이 중에서 '독본본' 「흥부전」은 등장인물이나 서사 구조 및 전개 등을 고려할 경우 경판 25장본을 원본으로 삼은 것으로 보인다.[10]

독본본 「흥부전」은 형제담(兄弟談)이나 선악담(善惡談), 동물보은담(動物報恩談) 같은 핵심 서사와 핵심 서사를 추동하는 소화소(小話素) 등에서 경판본 「흥부전」의 구조와 내용이 크게 다르지 않다. 그러나 독본본 「흥부전」의 내부로 들어가면 화소의 생략이나 변이, 진술의 축소 현상 등을 서사 곳곳에서 목도할 수 있다. 25장본이라는 적지 않은 경판본 분량이 여섯 면 정도로 축약되어 수록된 독본본을 검토할 때 주목해야 하는 것은 축약의 방식과 내용이다. 독본본 「흥부전」의 수록 의도는 경판본 「흥부전」을 교재로 축약하는 과정에서 유지한 화소와 생략한 화소 그리고 새롭게 부각하거나 변개한 화소는 무엇인가에 대한 분석에서 그 일각이 드러날 것으로 보인다.

먼저 독본본 「흥부전」의 교재화 양상을 분석하기 위해 경판본 「흥부전」을 중심 화소별로 정리하기로 한다. 지금까지 「흥부전」을 중심 화

---

9) 경판본, 활자본, 판소리 창본의 숫자는 김창진(1991) 참조.
10) 일제시대 일본어로 번역된 고전 소설은 대개 경판 25장본을 저본으로 삼은 것으로 알려져 있다. 「흥부전」만 하더라도 인물들의 이름, 화소의 구성이나 서사의 전개 등이 경판본을 저본으로 삼았다.

소에 따라 88장면에서 적게는 4장면에 이르기까지 다양하게 분류하고 있지만 본고에서는 김창진(1991)을 따라 다음과 같이 15개 장면으로 나누어 보고자 한다.[11]

제1단락　초앞
제2단락　놀부가 흥부를 내쫓다
제3단락　흥부가 가난에 시달리다
제4단락　흥부가 놀부를 찾아가다
제5단락　흥부가 살기 위해 애쓰다
제6단락　도승이 집터를 잡아주다
제7단락　흥부가 제비를 구해주다
제8단락　제비가 박씨를 갖다주다
제9단락　흥부가 박을 타서 부자 되다
제10단락　놀부가 흥부를 찾아오다
제11단락　놀부가 제비를 해치다
제12단락　제비가 박씨를 갖다주다
제13단락　놀부가 박을 타서 망하다
제14단락　마무리
제15단락　뒷풀이

제1단락 '초앞'은 판소리에서 첫머리 부분을 가리키는 말로서 본이 야기가 시작되기 전에 작가 등의 작품 외적 존재가 하는 말이고 제15단락 '뒷풀이'는 작품 외적 존재가 소리를 끝맺는 부분으로 본이야기 뒤에 덧붙이는 이야기이다. 따라서 작품 외적 상황에 해당하는 제1단락과 제

---

11) 예를 들면 김태준(1966)은 48장면으로 구분하고, 강용권(1976)은 88장면, 권영호(1984)는 55장면, 황숙(1980)의 경우는 4장면으로 그 내용을 구분한 바 있다. 장면을 너무 세분하면 서사의 큰 줄기를 파악하기 어렵고, 지나치게 대략화할 경우에는 정밀한 분석이 되지 못할 우려가 있다.

15단락은 이본에 따라 존재하지 않는 경우가 많다. 위 15개 장면에 따라 독본본 「흥부전」의 내용을 경판본 「흥부전」과 제시하면 다음과 같다.

〈표 1〉 경판본 「흥부전」과 『보통학교 조선어급한문독본』 「흥부전」의 내용 비교

		김창진(1991)	京板 25장본	『朝鮮語及漢文讀本』 권3(1917)
제1단락	초앞		○	×
제2단락	놀부가 흥부를 내쫓다		○	△(간략 제시)
제3단락	흥부가 가난에 시달리다		○	×
제4단락	흥부가 놀부를 찾아가다		○	×
제5단락	흥부가 살기 위해 애쓰다		○	×
제6단락	도승이 집터를 잡아주다		×12)	×
제7단락	흥부가 제비를 구해주다		○	○
제8단락	제비가 박씨를 갖다주다		○	○
제9단락	흥부 박을 타서 부자되다		○	○
제10단락	놀부가 흥부를 찾아오다		○	○
제11단락	놀부가 제비를 해치다		○	○
제12단락	놀부가 제비를 갖다주다		○	○
제13단락	놀부가 박을 타서 망하다		○	○
제14단락	마무리		○13)	○
제15단락	뒷풀이		×	×

경판본과 비교할 경우 독본본 교재화는 주로 제7단락에서 제14단락 까지에 해당하는 '제비의 박' 화소를 중심으로 이루어졌다는 사실을 알

----

12) 제6단락 '도승이 집터를 잡아주다'는 경성본을 비롯하여 구활자본이나 박문서관본 과 필사본 하버드대본 등 4종에는 들어 있지 않다. 김창진(1991:123∼124) 참조.
13) 경판본은 이 제14단락에서 '놀부가 흥부를 찾아가는 것'을 끝으로 마무리된다. 물론 15단락 '뒷풀이'도 없다. 다시 말해 놀부가 흥부를 찾아간 뒤 두 형제가 살림을 반분 한다든가 형제가 우애 있게 잘 살았다는 그 뒤의 이야기는 존재하지 않는다. 이는 『조선어급한문독본』 역시 마찬가지이다. 이 점 역시 『조선어급한문독본』이 경판본 을 개작의 저본으로 사용했다는 근거이기도 하다.

수 있다. 다시 말해 독본본은 제비가 흥부의 은혜를 갚는다는 보은담(報恩談)과 제비가 놀부의 악행을 벌한다는 보수담(報讐談)을 핵심 서사로 삼아 구성되었다. '제비의 박' 화소의 진입로에 배치되어 있는 놀부의 심술 타령, 흥부 처의 가난 타령, 흥부 자식들의 음식 타령이나 흥부 부부의 품팔이와 매품팔이 대목 등 등장인물과 그들의 삶을 형상화하는 풍요로운 서사들이(제3단락~제6단락) 독본본에서는 거의 대부분 삭제된 것이다. 그 결과 조선어과 교과서에 교재화된 「흥부전」은 놀부와 흥부를 비롯한 등장인물에 대한 풍부한 서사적 정보와 그들의 대립 관계를 형상화하는 다채로운 미학적 장치들은 대부분 거세되고 단지 '제비의 박' 화소를 중심으로 하는 보은·보수의 대립적인 모방담(模倣談)으로 '다시 쓰여진' 것이다. 그렇다면 독본본의 개작은 방대한 저본(底本) 텍스트를 교재화하기 위한 단순한 축약의 결과인 것일까?

3. 독본본 「흥부전」의 교재화와 축약 양상

3.1. 해학과 풍자의 거세

독본본 「흥부전」은 서사의 입구부터 경판본과 다른 모습으로 펼쳐진다. 이를테면 독본본에서는 「흥부전」의 일반적인 미학적 특질로 거론되는 해학이나 풍자를 경험하기가 쉽지 않다. 놀부의 못된 심사를 소개하는 서두만 보더라도 경판본의 경우는 해학적인 관용 표현이나 과장, 열거 등을 통해 놀부를 희극적으로 형상화한다.

놀부 심스롤 볼작시면 초상난 듸 춤츄기 불붓는 듸 부침질ᄒ기 희산 흔 듸 긔닭 잡기 장의가면 억믹 흥졍ᄒ기 집의셔 못쓸 노릇ᄒ기 우는 ᄋ

히 볼기치기 갓난 ㅇ희 똥먹이기 무죄훈 놈 쌤치기 빗갑시 계집 쎅기 늙은 영감 덜믜 잡기 ㅇ해 빈 계집 비츳기 우물 밋틔 똥누기 오려논의 물터 놋키 잣친밥의돌퍼붓기 픠는 곡식 삭즈르기 논두렁의 구멍 뚤기 호박의 말쑥 박기 곱장이 업허놋코 발꿈치로 탕탕 치기 심스가 모과나모의 ㅇ들이라 이 놈의 심슐은 이러ㅎ되 집은 부즈라.

— 경판 25장본 1-앞

兄 놀부는 욕심이 만코, 못된 짓을 만히 하야, 이웃까지 不安케 하얏소

— 독본본, 163쪽

이러한 내용을 독본본에서는 "兄 놀부는 욕심이 만코, 못된 짓을 만히 하야, 이웃까지 不安케 하얏소"라는 짧은 문장으로 요약하고 있다. '욕심 많고 못된 짓을 많이 하는 나쁜 인물' 정도로 인물에 대한 간략하고 핵심적인 정보만 제시하고 있을 뿐이다. 인물의 대강화(大綱化)는 흥부에 대해서도 마찬가지다.

흥부는 집도 업시 집을 지으려고 집지목을 너려가량이면 만첩청산 드러가서 소부동 디부동을 와드렁 퉁탕 버혀다가 안방 디쳥 힝낭 몸쳬 너의분합 물님퇴의 살미살창 가로다지 입구즈로 지은 거시 아니라 이놈은 집지목을 너려ㅎ고 슈슈밧 틈으로 드러가셔 슈슈디 흔 뭇슬 뷔여다가 안방 디쳥 힝낭 몸쳬 두루지퍼 말집을 쫙 짓고 도라보니 슈슈디 반 뭇시 그져 남앗고나 방 안이 널던지 마던지 양쥐 드리누어 기지게 켜면 발은 마당으로 가고 디골이는 뒷곁트로 밍즈 ㅇ리 디문ㅎ고 엉덩이는 울타리 밧그로 나가니 동니 스롬이 출입ㅎ다가 이 엉덩이 불너드리소 ㅎ는 소리 흥뷔 듯고 쌈작 놀ㄴ 디셩통곡 우는 소리

— 경판 25장본 1-뒤(진한 글자 인용자)

아우 興夫는, 형 놀부와 判異하야, 마음이 極히 正直하고, 山밋 數
間斗屋 속에서, 여러 子息을 다리고 家勢가 赤貧한 살님을 하얏소
- 독본본, 163쪽

　　경판본의 경우 너무나 가난해서 의식(衣食)은 물론이고 주(住)까지
해결하지 못하는 흥부네 형상을 표현하고 있는 위 대목에서 독자들은
흥부에 대한 연민과 함께 해학을, 슬픔과 함께 웃음을 동시에 맛보는
미학적 경험을 하게 된다. 그러나 이를 개작한 독본본은 "아우 興夫는,
형 놀부와 判異하야, 마음이 極히 正直하고, 山밋 數間斗屋 속에서, 여
러 子息을 다리고 家勢가 赤貧한 살님을 하얏소" 정도로서 간략하게
사실 정보만 제시한다. 특히 경판본 위 장면은 흥부가 형 놀부로부터 쫓
겨난 뒤 변변찮은 재료로 집을 짓는 과정과 그 집이 집 구실도 못해 기괴
한 모습이 되었다는 것을 알려준다. 물론 이때 흥부는 비루하고 처절하
기까지 한 인물로 형상화된다.
　　그러나 여기서 눈여겨 읽어야 할 대목은 흥부에 대한 창자(혹은 독
자)의 시선이다. 진한 글자로 처리한 '이놈은'은 집을 짓는 흥부의 모습을
통해 흥부의 삶의 방식이나 인간됨에 대한 창자-독자의 조소적, 비판적
태도를 담아내고 있기 때문이다. 인간답게 살아보려고 하는 흥부의 선한
욕망과 그 욕망을 실현하는 과정에서 노출된 비합리적인 삶의 방식에
대하여 창자(독자)는 동정적인 시선과 조소적인 시선을 동시에 보내고
있는 것이다. 따라서 흥부가 손수 지은 집의 기괴한 모습에서 발산되는
'웃음'이라는 코드는 흥부의 가난과 비루함을 향한 독자의 연민을 차단하
는 것은 물론 오히려 전체 서사를 긴장시키는 동력으로 기능한다. 「흥부
전」을 서사 내적으로 결속시키는 '웃음'이라는 장치는 쌀을 얻기 위해
형을 찾아가면서도 의관정제(衣冠整齊)를 갖추고 가는 대목에서도 이내
발견된다. 등장인물을 향한 동정과 조소라는 두 상반된 시선은 팽팽하게

길항 관계를 형성하면서 「흥부전」을 해학과 풍자가 풍부하게 공존하는 미적 텍스트로 구조화한다. 그러나 독본본 「흥부전」은 열거와 과장, 장면의 극대화를 통한 해학과 풍자, 그로 인한 웃음을 제거하여 보통학교 학습독자들이 체감할 수 있는 「흥부전」의 미학적인 경험을 차단해버린 셈이다.

3.2. 흥부와 놀부, 인물 서사의 약화

〈표 1〉을 통해서도 확인했듯이 독본본 「흥부전」은 '제비의 박'을 중심으로 하는 보은·보수담이 핵심 서사이다. 두 과로 구성되어 있는 「흥부전」은 전체 지면이 8면 65줄 정도의 분량에 걸쳐 있으며 그 중 제7단락부터 제14단락에 해당하는 제비의 보은·보수담이 7면 59줄 정도의 분량을 차지한다. 물론 경판본 「흥부전」 역시 제비의 보은·보수담이 중심 서사를 형성하고 있다. 그러나 '제비의 박'을 중심으로 전개되는 보은·보수담이 「흥부전」 전체에서 핵심 화소이자 절정 서사로 기능할 수 있는 것은 선행하는 소화소들의 인과적인 파급력에 힘입은 바 크다. 이를테면 「흥부전」의 초입에 배치된 흥부 선심선행(善心善行) 사설들은 흥부에 대한 제비의 보은 박씨담에 개연성을 부여하고, 놀부가 제비의 보수(報讎) 박씨로 인해 망하는 결말 역시 선행하는 놀부의 심술타령과 악행 관련 사설들이 서사적 계기로 기능하기 때문이다. 결국 「흥부전」의 미학은 놀부와 흥부라는 인물 그리고 그들의 삶, 나아가 서사의 곳곳에서 드러나는 창자(독자)의 시선 등이 '제비의 박' 이야기라는 핵심 서사를 탄탄하게 보좌하는 데서 형성되는 것이다. 다음은 경판본 서두에 제시되고 있는, 형 놀부가 동생 흥부를 내쫓는 장면이다.

놀부 심ᄉ 무거ᄒ여 부모성젼 분지젼답을 홀노 ᄎ지ᄒ고 홍부갓튼
어진 동ᄉᆼ을 구박ᄒ여 건넌산 언덕밋히 닉쩌리고 나가며 조롱ᄒ고 드러
가며 비양ᄒ니 엇지 아니 무지ᄒ리.

- 경판 25장본 1-앞

놀부는 부모의 유산을 독차지한 후 동생을 집에서 내쫓을 뿐만 아니
라 그것도 부족해서 동생을 '조롱'하고 '비양하기까지 하는 악한 인물로
그려진다. 즉 놀부라는 인물을 동생을 구박하고 천대할 뿐만 아니라 부모
의 유산까지 독차지하는 '나쁜 형'으로 형상화하여 창자(독자)로 하여금
서두에서부터 이미 동생 홍부에게는 연민을, 놀부에게는 적대감을 갖게
한다. 놀부에 대한 창자(독자)의 반감은 바로 뒤에 이어지는 놀부 심술사
설에서, 홍부에 대한 연민은 다시 그 뒤에 이어지는 '건넌산 언덧맛'으로
쫓겨난 홍부가 수숫대로 집을 짓는 장면에서 보다 깊어진다. 특히 형에게
내쫓긴 후 형에 대한 어떤 불평도 없이 주어진 처지에서 나름대로 가족과
함께 살아갈 집을 만들어가는 홍부의 모습은 형의 악행을 묵묵히 받아들
이는 '착한 동생'의 전형으로 서서히 창조된다.[14] 비록 수숫대로 집을 짓
는 모습이나 지어놓은 집이 "드러누어 기지게 켜면 발은 마당으로 가고
더골이는 뒷곗트로 밍즈 ᄋ리 더문ᄒ고 엉덩이는 울트리 밧그로 나가"는
형국일만큼 어수룩한 인물로 그려내고는 있지만 기본적으로 창자가 홍부
를 바라보는 시선을 따뜻한 연민으로 유도하고 있는 것이다.

홍부에 대한 창자(독자)의 정서적 호의는 홍부와 홍부 아내가 갖가지
품팔이를 하면서 삶을 연명해나가는 모습에서 더욱 절실해진다. 예컨대

---

[14] 신재효본에서 보이는 홍부의 태도는 경판본과는 다소 다르다. 이를테면 신재효 본
의 경우는 쫓겨난 이후 홍부 가족들이 객사(客舍)나 사정(射亭)에서 묵기도 하는
등 유랑민으로 전락하는 삶을 살다가 겨우 복덕촌의 한 빈 집에 정착하는 것으로
그려진다. 그러나 이와 같은 장면의 삽입 역시 경판본과 마찬가지로 홍부와 놀부의
인물됨을 형상화하는 요소들이라는 점에서는 크게 다르지 않다.

홍부 아내가 "용정방아 키질하기, 매주가에 술 거르기, 초상집에 제복 짓기, 제사집에 그릇 닦기, 제사(祭祀)집에 떡 만들기, 언손 불고 오좀 치기, 해빙하면 나물 뜯기, 춘모 갈아 보리 좋기, 온갖으로 품을 팔고 홍부는 정이월에 가래질하기, 이삼월에 붙임하기, 일등전답 못논 갈기, 입하 전에 면화 갈기, 이집 저집 이엉 엮기, 더운 날에 보리 치기, 비 오는 날멍석 걷기, 원산근산 시초(柴草) 베기, 무곡주인(貿穀主人) 역인 지기, 각읍(各邑)주인 삿길 가기, 술만 먹고 말짐 싣기, 오푼 받고 마철 박기, 두푼 받고 똥 재치기, 한푼 받고 비 매기, 식전애 마당 쓸기, 저녁에 아해 만들기, 온가지" 일을 다 해보지만 홍부네 삶의 질은 결코 향상되지 않는다. 그래서 "가지 마오. 부모 혈육을 가지고 매삯이란 말이 우엔 말이요"라는 아내의 만류에도 불구하고 홍부는 매품팔이까지 시도한다. 그러나 그 일마저 뜻대로 되지 않는다. 다음은 그들이 서로 나누는 대화 장면이다.

홍부 안히 흐는 말이 우지마오. 졔발 덕분 우지 마오 봉졔스 즈손되여 느서 금화금벌 뉘라 흐며 가뫼 되여느셔 낭군을 못 살니 녀즈 힝실 참혹흐고 유즈유녀 못 출니 어미 도리 업는지라 이롤 엇지흐고 이고이고 설운지고 피눈물이 반듁 되던 아황녀영의 셜움이오 조작가 지어넌던 우마시의 셜움이요 반야산 브회틈의 슉낭즈의 셜움을 격즈 흔들 어너 칙의 다 격으며 만경창파 구곡슈롤 말말이 두량흐량이면 어너 말노 다 되며 구만니 쟝텬을 즈즈이 지이란들 어너 즈로 다 즈힐고 이런 셜움 져런 셜움 다 후리쳐 브려두고 이졔 나만 듁고지고 흐며 두 듀머괴롤 불근 뒤여 가슴을 쾅쾅 두드리니 홍뷔 역시 비감흐여 이른 말이 우지 말소 안연갓튼 셩인도 안빈낙도흐엿고 부암의 담 싼턴 부열이도 무졍을 맛느 지상이 되엿고 산야의 밧 가던 이윤이도 은탕을 맛느 귀히 되엿고 한신갓튼 영웅도 초년궁곤흐다가 한느라 원융이 되여스니 엇지 아니 거록흐뇨 우리도 무음만 올케 먹고 되는 씨롤 기드려봅시

— 경판 25장본 6-앞, 6-뒤

이 장면은 생계를 위해 온갖 일을 시도해도 개선되지 않는 삶에 대한 서러움과 회한이 흥부 아내를 통해 표출되고 있는 전반부와 온갖 고난들이 닥쳐도 '마음만 옳게 먹고' 살아가다 보면 '때'가 올 것이라고 흥부가 아내를 위로하고 격려하는 후반부로 구성된다. 여전히 현실을 직시하지 못하는 흥부를 질타할 수도 있겠지만 형에게 내쫓긴 후 온갖 품팔이로도 최소한의 생계조차 해결되지 않아 매품팔이까지 시도했던 자신들의 삶에 대하여 흥부 아내가 내지르는 절규와 그를 위로하는 흥부의 말은 처연하리만큼 안타깝게 들린다. 보은담(報恩談) 서사가 위 대목 이후에야 제시되는 것은 '제비의 보은을 통한 흥부의 복(福)'이라는 전체 서사의 결말을 극적으로 조명하기 위한 서사적 배치인 셈이다. 이러한 방식은 놀부의 징치(懲治)라는 결말에 이르기 위해 놀부의 악행 사설들을 경판본 서두에 꼼꼼하게 심어놓은 데서도 동일하다. 결국 '제비의 박' 화소가 「흥부전」의 극적인 핵심 서사로 옹립되는 것은 풍부하게 제시되어 있는 소화소들이 핵심 화소의 서사적 계기로 작용하고 있기 때문인 것이다. 그러나 독본본 「흥부전」은 이 모든 서사들을 다음과 같이 간략하게 요약하고 있을 뿐이다.

옛날, 어느 곳에, 놀부와 興夫라 하는 사람 兄弟가 잇섯소. 兄 놀부는 慾心이 만코, 못된짓을 만히하야, 이웃까지 不安케 하얏소. 아우 興夫는, 형 놀부와 判異하야, 마음이 極히 正直하고, 山밋 數間斗屋속에서, 여러 子息을 다리고 家勢가 赤貧한 살님을 하얏소.
                                                      - 독본본, 163쪽

이 부분에서는 '놀부와 흥부라는 형제', '욕심 많고 못된 짓 많이 하는 놀부', '정직하고 가세 적빈한 흥부'라는 인물 요소만을 만날 수 있을 뿐 그 이상의 서사적 정보는 체득하기 어렵다. '놀부는 나쁘고, 흥부는

착하며, 그들은 형제이다' 정도 이상의 그 어떤 정보도 존재하지 않는다. 이것만으로는 이들 형제가 서사의 중심이 될 만큼 특별한 내적 관계를 형성하는 것으로 보이지 않는다. 지극히 단순하고 서로 무관하기까지 해 보이는 이러한 인물 소개 방식은 독본본 「흥부전」의 대부분을 차지하는 '제비의 박' 이야기조차 '흥부의 보은담'과 '놀부의 보수담'이라는 두 개의 작은 서사를 병렬적으로 나열하는 방식으로 전이되기도 한다. 독본본 「흥부전」은 「흥부전」의 등장인물들이 서로 얽히고 설키면서 살아온 삶의 맥락들을 대부분 제거하고 단지 동물의 보은·보수담과 모방담이라는 기본 골격만 살려낸 셈이다.

3.3. '조선'의 삭제

김창진(1991)의 구분에 따르면 제2단락 '놀부가 흥부를 내쫓다'는 구체적으로 (1) 사는 곳 (2) 사는 사람 (3) 놀부 소개 (4) 흥부 소개 (5) 놀부가 흥부를 내쫓음(① 재산 독차지 ② 내쫓음 ③ 기타) 등의 다섯 화소로 세분된다.

	단락 내 소화소(小話素)[15]	경판 25장본	독본(讀本)본
제2 단락	(1) 사는 곳	○(경상 전라 양도지경)	옛날, 어느 곳
	(2) 사는 사람	○	○
	(3) 놀부 ① 오장칠부	×	×
	② 심술타령	○	△(간략 제시)
	③ 부자	○	×
	(4) 흥부 ① 집 모습	○	×
	② 음식타령	○	×
	③ 처(妻)의 권유	○	×
	(5) 내쫓음 ① 재산 독차지	○	×
	② 내쫓음	○	×
	③ 기타	○(건넌산 언덕밑)	×

15) 김창진(1991)의 구분을 필자가 재구성한 것임.

제2단락-(1)을 비교해보면, 경판본은 홍부전의 공간적 배경을 '경상 전라 양도지경'으로 제시하여 홍부전이 조선의 이야기라는 점을 명백히 밝히고 있다. 그러나 독본본은 구체적인 지명을 '어느 곳'이라는 불특정 배경으로 바꾸었다. 「홍부전」을 교재로 수록하기 위해 실행한 또 하나의 기획은 '조선 지우기'였다. 조선의 삭제 작업은 위의 제2단락 외에도 서사의 곳곳에서 실행했으며 교재화 과정에서 가장 많은 분량이 살아난 보은·보수담에서도 마찬가지다. 이를테면 놀부의 세 번째 박에서 나온 상제는 놀부의 애통을 위한 제물로 놀부에게 오천 냥을 내놓으라고 호통을 친다. 이 장면에서 놀부의 애통을 '강릉 삼척 꿀통'을 빗대어 표현하고 있으며 네 번째 박에서 나온 무당은 강신(降神)을 위한 내림굿에서 "안 광당 국수당 마누라, 개성부 덕물산 최영 장군 마누라, 왕십리 아가씨당 마누라, 고개고개 두좌하옵신 성황당 마누라" 등을 부른다. 이러한 조선을 대유하는 이러한 기표들이 독본본에 와서 모두 삭제된 것은 두말할 필요도 없다.

사실 학교의 공식적인 수업 매체인 교과서 안에서 '조선'을 함축하는 표현들을 모두 삭제하는 것은 강제 병합 이후 조선총독부 학무국이 가장 긴급하게 실행한 작업이다. 조선을 식민지 교육 체제로 재편하면서 제국 국민의 품성 함양과 일본어 보급이라는 국가적 과제를 효율적으로 수행하기 위해서 총독부가 가장 역점을 둔 부분은 교육 내용에 대한 전면적인 정비와 관리 즉 교과서 문제였다.16)

식민 당국이 교과서 편찬을 얼마나 중시했었는지는 본격적인 식민 통치 이전 식민 교육 체제의 모델을 구상한 바 있는 시데하라가 해임된 이유에서도 확인된다. 통감부 초대 통감으로 부임한 이토는 대한제국 학

---

16) 식민지 조선의 교육과 교과서의 관계에 대해서는 김혜련(2008) 참조.

부의 학정 참여관으로 고빙되어 일제의 식민지 교육 체계를 정초한 인물로 알려진 시데하라를 교과서 편찬 작업에서의 부진을 이유로 들어 전격 해임했다(백광렬, 2005:72). 시데하라를 해임한 후 교과서 편찬 업무만을 집중적으로 담당할 실무자로 이토는 미츠지를 임명했고[17] 1908년 미츠지가 중의원 선거 출마를 위해 일본으로 귀국하자 교과서 편찬직 후임으로 일본에서 사범학교 교수 및 중학교 교장 등으로 재직하고 있던 오다 쇼우괴[小田省吾]를 데려왔다. 그러나 식민 통치 체제에 적합한 새로운 교과서 편찬 작업이 완료되기 전까지는 당분간은 학부 때 발간된 교과서(1907)를 사용할 수밖에 없었다. 한시적으로 구학부 발간 교과서를 사용하되 급한 대로 식민 체제에 부적합하다고 판단된 내용을 수정하는 작업부터 우선 시행했다.

그리하여 드디어 병합이 되고 보니, 구한국정부 학부에서 재작했던 교과서도 부적당하게 되었습니다. 예를 들면, 수신서와 같은 것에는 한국의 축제일 등이 기재되어 있었는데, 병합 후에는 일본의 축제일을 가르쳐야 했던 것입니다. 기타 많은 것이 종래 그대로는 시세에 적합하지 않게 되었습니다. 그래서 종래 인가해 왔던 다수의 교과서를 철야로 매우 급하게 다시 내용을 조사하여 틀린 부분을 정정하고, 일본제국이 되었기 때문에 이러이러하게 교육해야 된다는 주의서를 각 사항마다 써서 그것을 인쇄하여 각 학교에 배포했던 것입니다.

(『今昔三十年座談會速記錄』, 1938:31)

---

17) 이토는 통감부 교육 정책을 수행하기 위하여 각급 학교의 교육과정을 개편하고 교과서를 편찬하는 등 향후 식민지 교육 체제의 순조로운 착근을 위한 시스템을 구축하는 데 주력하였다. 그 중 이토가 가장 중시한 분야는 교과서 편찬 사업이었다. 이토는 교과서 편찬 업무를 주관하던 시데하라의 성과가 부진하다고 파악하여 그를 해임한 후 다와라 마고이치와 미츠지 츄조에게 교과서 편찬 전담 업무를 할당했다. 통감부 서기관 다와라에게는 교육 제도의 개편 및 일본어교육의 보급업무를, 동경사범 출신의 미츠지에게는 교과서 편찬 업무를 각각 분담시킴으로써 보다 체계적이고 조직적으로 한국 교육의 식민화 프로젝트를 추진해 나갔다(弓削幸太郞,, 1923:71).

오다는 병합 이전에 사용했던 교과서가 식민 통치 이념에 비추어 '부적당하'고 '시세에 적합하지 않은 내용이 많아 새로운 교과서를 편찬해야 했으나 현실적으로 당장 실현할 수는 없었으므로 우선 기존의 교과서를 수정하는 작업부터 시작해야 했다고 술회하고 있다. 자구의 수정 작업을 '철야'를 하면서까지 진행했다는 것은 그만큼 조선의 식민 통치에서 교과서가 중요한 통치 대상으로 인식되었다는 것을 의미한다. 오다는 우선 조선의 국가적 지위의 변동에 따른 부적합한 교재(敎材)나 자구(字句)를 정정하고 교수상 주의해야 사항을 철야 작업을 통해 완성하여 「舊學部編纂普通学校用教科書竝ニ舊学部検定及認可ノ敎科用圖書ニ關スル敎授上ノ注意竝ニ字句訂正表」라는 책자를 만들어 인쇄 배포하였다. 이 책자는 조선의 전국 백여 개의 관공립학교와 이천 수백 여 개의 사립학교에 배포되어 1911년 첫 학기부터 적용하도록 강제되었다 (小田省吾, 1917:2, 이명화, 2006:152 재인용). 이 문서는 실질적으로 총독부가 식민체제에 적합한 교과서 편찬 작업과 관련하여 가장 먼저 발포한 문서에 해당한다. 이 문서의 '例言'에는 총독부가 실행하는 교과서 정정 및 개정 작업의 기준을 '내용'으로 제시하고 있다. 즉 총독부는 "조선에 있어서의 청년 및 아동의 학수할 교과서로서, 그 내용이 매우 부적당한 것이 있"어서 교과서를 정정 출판한다고 분명하게 밝히고 있으며 예컨대 한국 병합의 사실, 축제일에 관한 건, 신제도의 대요 등은 새롭게 교수해야 하는 '대단히 중요'한 교수 내용으로 간주했던 것이다.[18] 이에 따라 조선총독부는 보통학교용 교과서를 재출간하였으며 이 교과서의 주된 의도는 '식민 상황 주지' 및 '황민화'를 목표로 하는 것이었다 (허재영, 2009:78~83).

---

18) 朝鮮總督府 內務部 學務局, 『舊學部編纂普通學校用敎科書竝ニ舊學部檢定及認可ノ敎科用圖書ニ關スル敎授上ノ注意竝ニ字句訂正表』, 1910.

그러나 '조선교육령'의 공포 이후 식민지 조선의 교육은 일본 교육 칙어의 정신을 조선 교육의 기조로 하여 일본의 교육 이념이 식민지 조선 교육의 이념적 바탕이 되어야 함을 천명했으며(제2조) '시세와 민도에 적합한 교육'(제3조)으로 식민지 조선의 교육을 전면적으로 재편할 필요가 있었다. '조선교육령'의 최고 행정권자였던 당시 조선 총독 데라우치(寺內正毅)는 일본과는 달리 조선에만 해당되는 '시세와 민도에 적합한' 교육의 지향과 내용에 대해 다음 '유고(諭告)'를 통해 밝히고 있다.

> 생각건대 조선은 아직도 내지(內地)와 그 사정이 같지 않은 바 있다. 따라서 그 교육은 특히 역점을 덕성(德性)의 함양(涵養)과 국어(國語)의 보급에 둠으로써 제국신민(帝國臣民)다운 자질과 품성을 갖추게 해야 한다. 가령 공리(空理)를 논하고 실행(實行)을 멀리하며, 근로(勤勞)를 싫어하고 안일(安逸)에 흘러, 실질(實質), 돈후(敦厚)의 미속(美俗)을 버리고 경조부박(輕佻浮薄)의 악풍에 빠지는 것과 같은 일이 있다면, 그것은 교육의 본지에 위배될 뿐만 아니라, 마침내는 일신(一身)을 그르치고 국가(國家)에 누를 끼치게 될 것이다. 따라서 이를 실행함에 있어 모름지기 시세(時勢)와 민도(民度)에 적응시켜 양선(良善)한 효과(效果)를 거두도록 힘써야 할 것이다.[19]

이 유고의 내용은 크게 세 가지로 정리할 수 있다. 첫째, 조선과 일본의 관계를 위계화하고 있다는 점이다. 조선이 '내지(內地)와 그 사정이 같지 않은 바' 즉 조선과 일본 사이에는 차이가 존재하기 때문에 일본의 교육 이념을 그대로 적용할 수는 없다는 것이다. 이는 식민지 조선의 교육이 시세와 민도에 적합한 '특수한' 교육으로 재편되어야 한다는 식민주의 교육의 방향을 제시한 것이다. 이러한 논리는 식민지 조선에서 별

---

19) 大野謙一, 『朝鮮敎育問題管見』, 京城:朝鮮敎育會, 1936(『植民地朝鮮敎育政策資料集成』 28권, 大學書院, 1990), 52쪽.

도로 수행되어야 할 교육 내용의 선정에 타당성을 부여한다. '덕성의 함양'과 '국어의 보급'이 그것이다.

　그렇다면 시데하라가 제시한 바 있는 '선량'의 식민주의적 변용어에 해당하는 '덕성'을 구성하는 구체적인 내용은 무엇일까? 데라우치의 문맥을 좀 더 따라가보자. 그는 조선의 교육이 전통적으로 '공리(空理)'와 '안일(安逸)' 그리고 '경조부박(輕佻浮薄)'의 악풍에 젖어 있었다고 비판한다. 그리고 일신(一身)과 국가(國家)의 양선(良善)을 위해서 조선인이 함양해야 하는 정신적, 윤리적 세목으로서 '실행(實行)'과 '근로(勤勞)', '실질(實質)', '돈후(敦厚)' 등의 '미속(美俗)'적 가치를 제안한다. 이들 세목은 식민지기 내내 조선인들이 함양해야 하는 수행적 태도이자 식민지 교육의 이념태인 '덕성'을 구성하는 항목들로 강조되었다. 데라우치가 강조한 '덕성'이 '조선교육령' 제2조를 통해 식민주의 교육이 형성하고자 하는 '충량한 국민'의 내면을 구성하는 핵심적 자질임은 물론이다.

　조선인을 제국 일본의 '충량한 국민'으로 재편하기 위한 교육적 프로젝트이자 식민 교육 체제의 최초의 선언[20]에 해당하는 '조선교육령'에 의한 조선어과 교과서는 조선인을 '충량한 국민'으로 새롭게 구성해내기 위해 편찬한 기획 상품이었던 셈이다. 그 구체적이고도 실제적인 작업의 시초가 이미 1910년 병합 직후 완성하여 배포한 「舊学部編纂普通学校用敎科書竝ニ舊学部検定及認可ノ敎科用圖書ニ関スル敎授上ノ注意竝ニ字句訂正表」였으며 이후 편찬하는 교과서를 통해서는 조선(조선인)이라는 국가(민)적 정체성을 드러내는 기호들은 모두 일본(일본인)으로 정정하여 제시되거나 아예 삭제되었다. 그런데 교과서 안의 '조선

---

20) 조선교육령은 대한제국 학부 시기부터 조선 교육에 간섭해 온 구마모토의 초안과 일본 제국교육회의 건의안을 바탕으로 성립되었다. 이에 관한 자세한 논의는 백광렬(2005:73~79) 참조.

지우기'가 「흥부전」의 경우 보다 문제적인 것은 그 출전이 문부성 편찬의 다른 교과서에서 추출한 텍스트나 혹은 조선의 식민 상황에 적합하도록 교과서 편수관들이 새롭게 쓴 텍스트와는 그 사정이 다르기 때문이다. 「흥부전」은 조선의 전통적인 구비 전승 텍스트이며 조선인의 역사적, 사회적, 문화적 맥락과 자질들을 풍부하고 다채롭게 함축하는 텍스트이다.21) 조선인이라면 누구나 공감할 수 있는 웃음과 눈물이 어우러진 조선의 언어문화 텍스트를 식민통치를 위한 교육 기획 자료인 조선어과 교과서에 수록하면서 원본이 가지고 있는 역사적, 사회적인 맥락을 제거한 것이다. 독본본 「흥부전」에서 '조선'은 사라지고 말았다.22)

4. '일선동조론'과 「흥부전」의 이념적 호명

독본본이 경판 25장본에서 거의 그대로 가져온 부분은 제비의 보은·보수담이다. 다시 말해 흥부 집에 둥지를 짓고 살았던 제비가 강남에

---

21) 사실 「흥부전」의 핵심 서사에 해당하는 동물의 보은(보수)담이나 모방담 등은 동양에서는 매우 보편적인 민담의 구조이기도 하다. 「흥부전」의 근원 설화로 알려져 있는 '박타는 처녀 설화'만 하더라도 몽고의 설화로 알려져 있다. 따라서 조선총독부가 조선의 이야기로서 「흥부전」을 수록했다기보다는 일본에도 있고, 몽고에도 있고, 또 동아시아는 물론 그 어딘가에도 무수히 존재하는 보편적인 이야기로 간주했을 가능성 또한 부정하기 어렵다.

22) 실증적 자료에 근거하여 이 교과서를 꼼꼼하게 분석한 바 있는 허재영(2009)은 이 교과서의 내용을 '교훈적인 내용', '황민화나 식민 정책을 직접적으로 반영하는 내용', '실업 교육과 위생 담론' 등으로 구분한 바 있다. 또한 이전의 보통학교 조선어과 교과서와는 달리 이 교과서의 경우 설화나 시 등도 수록하고 있어 체계상 언어교과의 정서 교육을 고려하고 있다는 평가도 내리고 있다. 그가 언급하는 '언어교과의 정서교육'이 함축하는 의미가 무엇인지에 대해서는 더 이상의 설명이 없어 확인하기는 어렵지만 설화나 시 등의 정서적 교재가 교과용 도서에 왜 수록되었는가에 대한 치밀한 분석이 아울러 요구된다. 이를 규명하기 위해서는 무엇보다 수록 교재의 내용 분석이 선행될 필요가 있다. 이 연구 또한 그러한 맥락에서 실행된 것이다.

가서 제비황제에게 자신을 구해준 흥부에 대해서 고한다. 그러자 제비황제는 흥부의 '친절함'을 고맙게 여기고 '보은(報恩)박'을 주어 흥부의 은혜에 보답하며 그를 부자로 만들어준다. 하지만 제비에게 해악을 가했던 놀부에게는 '보수(報讎)박'을 주어 놀부를 징벌하고 그의 전 재산을 빼앗아버린다는 서사의 기본 골격은 거의 그대로 살아남았다. 제시하고 있는 박의 순서만 다를 뿐 박 안의 내용물도 거의 유사하다. 흥부 박의 경우 경판본에는 네 개의 박이 나오며 그 내용물은 청의동자, 선약(첫 번째 박), 온갖 세간(두 번째 박), 집, 곡, 돈, 비단, 남녀 종(세 번째 박), 양귀비(네 번째 박) 등이다. 독본본 역시 네 번째 박에서 나온, 흥부의 첩이 되는 양귀비가 삭제되었을 뿐 나머지는 순서와 내용물이 거의 비슷하다. 놀부 박은 경판본이 열 두 개로 제시된 데 비해서 독본본의 놀부 박은 모두 열 개다. '가야금 타는 놈', '늙은 중', '喪人', '팔도 무녀', '큰샹ᄌ를 진 놈', '초란이탈 쓴 놈', 'ᄉ당거사', '왈쟈', '八道쇼경', '똥' 등은 모두 동일하되 경판본에 있는 '양반'과 '장비' 등 두 가지 내용물이 독본본에서는 삭제되었다.[23] 독본본 「흥부전」은 '흥부와 놀부라는 형제 소개-흥부의 제비 이야기-놀부의 제비 이야기' 등 세 부분으로 원작을 개작한 것이다.

그러나 여전히 풀리지 않는 것은 풍부한 해학적, 골계적 요소와 반복과 열거, 과장을 통해 형상화하는 등장인물에 대한 서사적 정보는 물론 서사의 배경을 형성하는 역사적, 사회적인 맥락까지 삭제하여 원본 서사의 미학적 특질을 대폭 축소하거나 변개하면서까지 「흥부전」을 수록한 의도에 관한 것이다. 이를 위해 보통학교 조선어과 교과서 이전에 「흥부전」을 수록한 바 있는 『朝鮮の物語集附俚諺』(1910)을 살펴보기

---

23) 이후 『조선동화집』에서는 1915년 독본본에서 삭제되었던 '양반'과 '장비'가 각각 일곱 번째 박과 열한 번째 박의 내용물로 다시 등장한다. 그 이유에 대해서는 별도의 고찰이 필요하다.

로 한다.

주지하듯이 『朝鮮の物語集附俚諺』은 다카하시 도오루24)가 조선의 민속적이며 언어문화적인 특질을 보여주는 자료들을 수집한 것으로 강제 병합 직후인 1910년 9월 5일 경성의 일한서방(日韓書房)에서 간행했다. 여기에는 조선의 구비설화 24편과 고전소설 4편을 비롯하여 모두 28편의 서사 작품과 547개의 속담이 일본어로 기록되어 있다. 『朝鮮の物語集附俚諺』은 「선녀와 나무꾼(仙女の羽衣)」, 「혹부리영감(瘤取)」, 「말하는 남생이(解語龜)」, 「도깨비방망이(鬼失金銀棒)」, 「거울을 처음 본 사람들(韓樣松山鏡)」, 「사람과 호랑이의 다툼(人と虎との爭ひ)」과 같은 구전 설화를 활자화한 문헌이라는 점에서 일단 사료적인 가치가 인정되며 「흥부전」과 함께 「장화홍련전」, 「재생연」, 「춘향전」 등이 축약된 형식이긴 하지만 거의 최초로 일본어로 번역되었다는 점에서도 연구의 가치가 있다.25)

『朝鮮の物語集附俚諺』에서 먼저 주목해야 할 것은 1910년 9월 5일이라는 간행 시기이다. 강제 병합의 공식적인 기점이 1910년 8월 29일이라는 사실만 보더라도 자료를 채록하고 수집한 일련의 작업은 이미 강제 병합 이전부터 실행되었던 것이다. 다카하시는 조선의 구전 설화와 속담을 무엇 때문에 수집한 것일까? 아래 인용문은 역사학자이자 일본문학자인 하기노 요시유키(萩野由之)가 쓴 『朝鮮の物語集附俚諺』에 쓴

---

24) 다카하시 도오루(1878~1967)는 1903년에 조선에 건너와서 우리나라 최초의 관립 한성중학교에서 교사생활을 시작한 이래 대구고등보통학교 교장, 경성제대 교수, 혜화전문학교 교장 등을 역임하며 조선의 문학, 종교, 철학, 문화, 역사 등을 적극적으로 연구한 일인 학자이다. 아울러 『朝鮮の物語集附俚諺』에 관한 자세한 논의는 권혁래(2008)을 참조하였다.

25) 권혁래(2007ㄴ)에 의하면 이에 앞서 1882년 나카라이 도스이(半井桃水)가 「춘향전」을 '鷄林情話 春香傳'이라는 제목으로 아사히신문에 번역 소개한 바 있다. 이에 대한 연구 논저는 권혁래(2007ㄴ:365, 각주4) 참조.

서문의 일부이다.

　　한국과 일본은 같은 나라이기 때문에 옛 전설에는 동일한 형태(同型)가 많다. 하지만 정교(政敎)가 분리되고, 시간이 흐름에 따라 각각 변화하게 되면서 각각의 국민성을 나타내게 되었다. 지금 이 책에 관해 한 두가지 예를 든다면, 도깨비에게 혹을 떼어주는 이야기는 『宇治拾遺物語』의 전설에 동일하게 있으며, 「하고로모덴세츠」는 한국과 일본의 국민성의 차이를 보여준다. 즉 우리는 이것을 바닷가를 배경으로 하고 있고, 그들은 선녀의 승천을 추적하여 구름에까지 들어가려고 하지만 우리는 집착하지 않고 담백한 부분에서 그 국민성을 엿볼 수 있다.

　하기노는 먼저 위 인용문의 앞에서 "한국의 현상을 조사해서 우리 中古史의 半面과 비교"하기 위해서 『朝鮮の物語集附俚諺』을 편찬한 것이라고 밝힌 후 다카하시의 연구 과정을 상세하게 기술하고 있다. 그렇다면 이들은 무엇 때문에 '한국의 현상'을 '일본의 中古史의 半面'과 비교하고자 했던 것일까? 그것은 '한국과 일본은 같은 나라'라는 점을 강조하기 위해서이다. 양국이 현재로서는 정교(政敎)가 분리된 모습이지만 원래는 한국과 일본이 '같은 나라'라는 단정적 기술은 그들이 식민통치의 핵심으로 삼았던 동화정책과 '동화'의 근거 논리로 활용한 '일선동조론(日鮮同祖論)'과 상당부분 겹친다. 이렇게 보자면 『朝鮮の物語集附俚諺』은 '일선동조론'을 이론화하여 식민통치를 정당화하고 미화하기 위하여 조선의 언어문화 자료들을 채록하여 재구성한 자료집에 해당하는 셈이다. 나아가 "읽는 사람들이 민정(民情)을 쉽게 파악하여 나라의 풍속을 구별할 수 있는 방법적 수단"으로 활용하기 위해서 조선의 설화를 수집하고 비교한다는 서문 마지막의 진술은 『朝鮮の物語集附俚諺』이 원활한 식민 통치를 위한 기초 조사의 성격으로 간행한 것이라는 점을 보여준다.

『朝鮮の物語集附俚諺』의 편찬 의도는 그 안에 수록된 「홍부전」에도 그대로 적용된다. 문제는 「홍부전」이 어떤 모습으로 수록되었는가 하는 점이다. 『朝鮮の物語集附俚諺』의 성격과 문학사적 의의를 정밀하게 고구한 바 있는 권혁래(2008)는 『朝鮮の物語集附俚諺』에 수록된 「홍부전」을 두고 "짧은 분량이지만, 5개의 홍부 박, 11개의 놀부 박 화소를 포함하여 경판 25장본에 있는 화소들이 모두 포함되어 있다"고 언급하고 있다. 『朝鮮の物語集附俚諺』본 「홍부전」을 저본으로 삼은 경판본 「홍부전」, 그리고 독본본 「홍부전」과 비교해보기로 한다.

소화소(小話素)26)		京板 25장본	『朝鮮の物語集附俚諺』(1910)	『朝鮮語及漢文讀本』권3(1917)
제2단락	(1) 사는 곳	○(경상 전라 양도지경)	×(옛날)	×(옛날, 어느 곳)
	(2) 사는 사람	○	○	○
	(3) 놀부 ① 재산 독차지 ② 내쫓음 ③ 조롱·비양	○ ○ ○	○ × ×	× × ×
	(4) 놀부 ① 오장칠부 ② 심술타령 ③ 부자	× ○ ○	× × ×	× △(간략 제시)
제3단락	(1) 홍부 ① 집	○	○	○
	② 신세 한탄	○	○	×
	③ 자식	○	×	×
	④ 굶주림	○	×	×
제4단락	홍부 (1) 놀부를 찾아감	○	○	×
	(2) 맞고 쫓겨나옴	○	○	×
	(3) 홍부 아내 기다림	○	×	×
	(4) 홍부가 형 변호	○	×	×
제5단락	(1) 장자집 찾아감	○	×	×
	(2) 품팔기	○	×	×

단락	항목			
제6 단락	(3) 매품팔기 및 실패	○	○27)	×
	도승 화소	×	×	×
제7 단락	(1) 제비가 찾아옴	○	○	○
	(2) 제비가 다치다	○	○	○
	(3) 흥부가 제비를 치료	○	○	○
	(4) 제비 날아감	○	○	○
제8 단락	(1) 제비왕이 보은 박씨 하사	○	○	○
	(2) 제비가 박씨 가져옴	○	○	○
	(3) 흥부 박씨 심음	○	○	○
	(4) 박 네 통 열림	○	○	세 통
제9 단락	(1) 박 타기 전	○	○	×
	(2) 선약쌀궤돈궤 비단미인	○	○	○(미인×)
제10 단락	놀부 (1) 놀부가 소문 들음	○	○	×
	(2) 흥부 찾아와 사연 들음	○	○	○
	(3) 흥부집에서 양귀비, 화초장	○	×	×
제11 단락	(1) 놀부 제비 몰러 감	○	○	×
	(2) 제비 찾아옴	○	○	○
	(3) 제비 다리 부러뜨림	○	○	○
	(4) 제비가 살아남	○	○	○
제12 단락	(1) 제비왕 분노 보수 박씨	○(황제)	○(국왕)	○(왕)
	(2) 제비가 박씨 가져옴	○	○	○
	(3) 놀부 박씨 심음	○	○	○
	(4) 박 십여 통 열림	○	○(11통)	○(10통)
제13 단락	(1) 박 타기 전	○	○	×
	(2) 가얏고쟁이 등.	○	○	
제14 단락	(1) 놀부 잘못 깨닫고 뉘우침	×	×	○
	(2) 놀부가 흥부 찾아감	○	○	○
	(3) 흥부가 집을 지어줌	×	○	×

26) 김창진(1991)의 구분을 연구자가 재구성한 것임.
27) 『朝鮮の物語集附俚諺』에는 매품팔이 화소 이후에 흥부가 놀부를 찾아갔다 쫓겨 나오는 화소가 나와 경판본 화소의 순서와 다르다.

제1단락 초앞과 제15단락 뒷풀이를 제외하고『朝鮮の物語集附俚諺』의 개작 양상을 경판본과 비교하여 정리하면 다음과 같다. 우선『朝鮮の物語集附俚諺』본「흥부전」은 제7단락에서 제13단락까지에 해당하는 제비의 보은·보수담이 중심이다. 그리고 흥부와 놀부 즉 등장인물에 관한 서사적 형상화도 대폭 축소되어 있다. 예를 들면 놀부의 심술타령이나 놀부가 동생 흥부를 내쫓고 박대하는 모습 등(제2단락)이나 흥부와 흥부 처, 흥부 자식들의 가난과 품팔이와 매품팔이에 관한 화소들(제3단락)을 모두 생략하여 놀부라는 인물에 대한 정보를 대강화하였다. 또한 '조선'을 표상하는 구체적인 배경 정보 역시 수록 과정에서 삭제한 것도 확인된다. 결과적으로『朝鮮の物語集附俚諺』수록「흥부전」의 모습은 독본본「흥부전」과 유사하다. 1917년『보통학교 조선어급한문독본』「흥부전」의 기본적인 틀은 1910년『朝鮮の物語集附俚諺』「흥부전」과 유사한 관점에서 재구성된 것으로 볼 수 있다는 얘기다. 두 이본의 화소를 정리하면 다음과 같다.

① 옛날, 어느 곳
② 놀부와 흥부라는 형제
③ 제비 박씨를 중심으로 하는 보은·보수담

이 두 사례에서 알 수 있듯이「흥부전」의 식민주의적 호명은 조선의 역사, 문화 등 조선의 전통으로 인식되어온 설화나 민담, 풍속 등이 실은 일본의 전통과 '동형(同型) 관계'를 형성하는 실증적인 근거로 활용된 셈이다. 이와 관련하여 1912년 다카기 토시오(高木敏雄)가 발표한「日韓共通の民間說話」는「흥부전」의 동형성과 관련하여 흥미로운 단서를 제공한다. 다카기는『東亞之光』에 2회에 걸쳐 연재한「日韓共通の民間說

話」에서 일본의 '腰切雀 혹은 舌切雀'과 「흥부전」이 같은 유형의 설화라고 주장한 바 있다(高木敏雄, 1912.11:62~69; 1912.12:41~52; 조희웅, 2005:11 재인용). 또한 1919년 미와 다마키(三輪 環) 역시 『傳說の朝鮮』을 편찬하면서 그 안에 「흥부전」을 수록했다. 이때 「흥부전」의 제목을 일본의 「혀 잘린 참새」와 동일한 구형(句型)인 「다리 부러진 제비」로 변형하여 수록했다. 일본 설화의 관점에서 「흥부전」을 읽은 셈이다.

여기서 「흥부전」과 동형의 이야기로 간주되는 일본의 이야기 중에서 「혀 잘린 참새(舌切雀)」를 잠깐 살펴보기로 하자. 「혀 잘린 참새」는 「복숭아 도령」, 「원숭이와 게의 싸움」, 「꽃 피우는 할아버지」, 「딱딱 산」과 함께 일본의 5대 동화로 손꼽히는 이야기로서 「흥부전」과 마찬가지로 구전 과정에서 다양한 이본을 탄생시키면서 전승되어온 적층 문학으로 알려져 있다. 중심 화소를 기준으로 두 이야기를 비교해보면 다음과 같다.

흥부전	혀 잘린 참새
① 옛날, 어느 곳에 놀부와 흥부라는 형제가 살았다.	① 옛날에 할아버지가 참새를 귀여워하며 키웠다
② 형 놀부는 욕심이 많고 못된 심성을 가졌다.	② 할머니가 세탁을 하는데 참새가 풀을 먹어 버렸다.
③ 아우 흥부는 가난하지만 정직하다.	③ 화가 난 할머니는 참새의 혀를 잘라 버린다.
④ 어느 해 봄 흥부네 둥지를 틀었던 제비 한 마리가 다쳐 정성껏 치료해 준다.	④ 혀 잘린 참새는 울면서 산으로 간다. 할아버지가 그 사정을 알고 실망한 후 다음 날 산에서 참새를 만난다.
⑤ 제비 날아가 보은박씨 물고 온다.	⑤ 할아버지는 참새에게 환대를 받고 참새에게 상자 두 개를 받는다.
⑥ 심은 박씨에서 금은보화가 나와 부자가 된다.	⑥ 할아버지는 그 중 작은 상자를 안고 돌아 왔는데 집에 와서 열어보니 금은보화가 가득했다.

⑦ 소식을 들은 놀부가 제비의 다리를 일부러 부러뜨리고 치료해 준다.	⑦ 할아버지에게 정황을 들은 할머니도 산으로 간다.
⑧ 제비 날아가 보수 박씨 물고 온다.	⑧ 할머니에게도 참새가 상자 두 개를 내밀었는데 할머니는 그 중 큰 상자를 갖고 온다.
⑨ 심은 박씨에서 온갖 몹쓸 것들이 나와 집안이 망한다.	⑨ 할머니가 집에 와서 큰 상자를 열어보니 뱀, 지네 등이 가득했다.

일견하더라도 두 이야기는 한국과 일본에서 오랫동안 전승되어왔다는 점 외에도 내용 면에서도 유사한 부분이 많다. 가령 두 이야기 모두 동물에 대한 인간의 태도를 통해서 보은보수(報恩報讎)나 권선징악(勸善懲惡)을 강조한다. 「혀 잘린 참새」는 참새가, 「흥부전」에서는 제비가 보은보수를 관장하는 존재로 등장한다. 그리고 두 이야기에 등장하는 인물들의 관계가 대립 관계로 설정되어 있다는 점도 공통적이다. 「혀 잘린 참새」에서는 할아버지와 할머니라는 부부가 대립관계로, 「흥부전」에서는 흥부와 놀부라는 형제가 대립관계로 그려져 있다. 그 대립 양상이 매우 분명한 선악 관계로 제시되어 있다는 점 역시 공통적이다. 그리고 이들 대립적인 인물들 즉 인간의 선악을 판단하는 존재가 「혀 잘린 참새」에서는 참새이고, 「흥부전」에서는 제비라는 점 역시 유사하다. 이를 다시 중심 화소로 정리하면 다음과 같다.

흥부전	혀 잘린 참새
① 옛날, 어느 곳	① 옛날
② 놀부와 흥부라는 형제	② 할머니와 할아버지라는 부부
③ 제비 박씨를 중심으로 하는 보은·보수담	③ 참새의 상자를 중심으로 하는 보은·보수담

독본본 「흥부전」은 경판 25장본 「흥부전」에서 해학이나 풍자적 요소와 '조선'을 상징하는 화소들을 걷어내고 단지 선악 대립이 분명한 인

물 관계와 동물의 보은·보수라는 요소를 추출하여 일본의 「혀 잘린 참새」와 유사한 구조로 재구성되었다. 앞서도 언급한 바 있지만 일본 설화를 준거로 한 「홍부전」의 개작은 일본과 조선이 지리적으로 근접하고 있으며 인종적으로도 역사나 문화적으로도 유사하다는 동화정책을 정당화하기 위한 근거 확보의 일환으로 추진된 것이다. 특히 일본을 준거로 설정하여 전체 서사 중 일부를 생략하거나 변개하는 일련의 개작 행위는 단군이 기기신화에 나오는 스사노오 노미고토(素戔嗚尊)의 아들과 동일인이라고 하는 식으로 일본을 우위에 두는 일선동조론적 역사 기술과도 동일한 맥락에서 나온 것이다.[28] 이렇게 본다면 독본본 「홍부전」은 일선동조론을 구축하기 위해 일본 민담을 준거로 삼아 재구성한 식민 교육용 이본인 셈이다.

---

28) 주지하듯이 일선동조론은 1890년 시게노 야스쓰구(重野安繹), 구메 쿠니다케(久米邦武), 호시노 히사시(星野恒) 등 3명의 도쿄제국대학 국사과 교수들이 『古史記』와 『日本書記』를 분석하여 편찬한 『國史眼』에서 스사노오미노미고토가 조선의 지배자가 되고 신화에서 1대 신무천황(神武天皇)의 형으로 전해지는 이나히노미고토(稻永命)가 신라의 왕이 되며 그의 아들이 일본에 귀복하고 신공황후가 삼한을 항복시켜 신종(臣從)시켰다고 기술하면서 본격적으로 이론화되었다.

05 『조선어독본』의 '혹부리 영감'
설화와 근대 아동문학

장정희(서울 예술대학 강사)

1. 문제 제기

'혹부리 영감' 설화 유형1)은 우리에게 익히 알려진 '혹 떼기/혹 붙이기'의 대표적 모방담(模倣譚)이다. 혹이 달린 한 노인이 산속에서 노래를 부르다가 도깨비에게 혹을 떼이고, 이를 흉내 낸 이웃의 혹 달린 노인은 망신만 당하고 혹 하나를 더 붙이고 돌아온다는 것이 그 주된 내용을 이룬다.

우리나라에서 이 '혹부리 영감' 설화는 다까하시 도오루(高橋亨)의 『조선어독본』(1910)에 의해 처음 기록되었다. 그는 일제 강점기에 고등학교 학감의 신분으로 있으면서 이후 교과서 편찬에도 참여했다.2) 일본

---

1) 유형(類型, type)은 '독립적으로 존재하는 전승적인 이야기'를 말한다. 이야기가 아무리 복잡하거나 단순하더라도 다른 이야기에 의존하지 않는 독립적인 이야기라면 하나의 설화 유형이 될 수 있다. '혹부리 영감'의 성격에 대해 '민담' 또는 '이야기'(譚)으로 규정되기도 하나 본고에서는 보다 포괄적인 '설화' 개념으로 수용하여 논의하고자 한다.
최운식, 『한국 서사의 전통과 설화문학』, 민속원, 2002, p.19.

인에 의해 처음 채록된 이 설화는 제1차 조선교육령기의 『보통학교 조선
어급한문독본』(1913~20)에 처음 수록된 이후 20년 이상 보통학교 조선
어과 교과서에 수록되어 국민 교육을 통해 널리 유포되었다.[3] 또, 이
설화는 해방 후 발행된 『초등국어교본』(1946)에 「혹 달린 노인」으로 실
리면서 우리 설화로서의 정당성을 부여받으며 교육 현장으로 들어왔다.

　기록사적인 측면에서만 보더라도 1910년 『조선어독본』에 처음 실
린 이후 100년이라는 시간을 지나온 셈이다. 그러나 그만큼 오랜 시간
민간에 유포되어 왔음에도 불구하고 이 '혹부리 영감' 설화는 우리의 설
화가 아닌 일본으로부터 유입된 '일본 설화'라는 설이 심심찮게 제기되었
다. 무엇보다 근본적인 이의 제기는 이 설화가 일제 강점기라는 특수한
시대에 일본인에 의해 처음 채취되었다는 점인데, 식민지 이데올로기와
관련된 모종의 의도가 깔려 있지 않은가 하는 여기에 대한 의심은 당연
히 지적될 만한 것이었다. 또, 동계(同系) 설화가 한·일 간에 공존한다
는 점은 이 문제를 더욱 복잡하게 둘러싸고 있다.

　본고가 '혹부리 영감'에 주목하는 이유는 이 설화가 우리 근대 아동
문학의 정체성을 묻는 매우 중요한 위치에 놓여 있기 때문이다. 우리나
라 근대 아동문학의 창시자인 소파 방정환이 1923년 『어린이』지 창간호
에 발표한 동화극 「노래 주머니」가 바로 이 '혹부리 영감'을 모티프로
한 것이다. 방정환이 이 '혹부리 영감' 설화에 대해 어떻게 인식하고 있었
는지, 어떤 배경으로 이 설화를 소재로 하여 극화시킨 것인지, 나아가

---

2) 『조선어독본』의 저자인 高橋亨는 1932년 『朝鮮』에 「朝鮮の民謠」(201호)라는 글
　을 발표하고, 1910년 데라우치(寺内) 총독에게 조선의 문헌을 수집할 것을 진언했
　으며, 1940년에 조선총독부로부터 '조선문화공로장'을 받은 인물이다. 『조선어독본
　』에 '혹부리 영감' 설화가 수록된 것에 대해서는 高橋亨이 교과서 편찬에 관여한
　점이 다소간 작용했을 것으로 판단된다.
3) 일제 강점기 보통학교 조선어과 교과서 발행 내용은 뒤의 부록 참조.

방정환의 「노래 주머니」가 일본인에 의해 소개된 '혹부리 영감'과 변별되는 지점은 없는지 보다 구체적인 분석이 요구된다.

특히, 제4차 조선교육령기 『조선어독본』에 실린 '혹부리 영감'은 이전 교과서에서 전혀 서술방법을 달리하는 대폭적 개작을 보여 주는데, 방정환의 「노래 주머니」와 여러 점에서 그 유사성이 포착된다. 노래 가사의 삽입이라는 형식적 요소 외에도, 노래가 혹에서 나온다고 설명이 도깨비의 자의적 판단으로 이루어진다는 내용적 요소가 그 대표적 양상이다. 이전의 교과서에서는 노인의 거짓말에 도깨비가 속아 넘어가는 기만 모티프가 주를 이루었다. 그렇기 때문에 '혹부리 영감' 설화에 대한 아동문학 차원의 해명이 이루어질 필요가 있다. 이는 근대 아동문학은 물론이요 미래 아동문학의 정체성을 담보하는 중요한 과제가 될 것이다.

그 동안 '혹부리 영감' 관련 설화에 대한 논의는 한·일 영향의 수수(授受) 관계에 치중된 측면이 많았다. 김환희의 최근 논의[4]를 제외하면 이 설화에 대한 아동문학 차원의 연구는 극히 희박한 정도이며, 『조선어독본』과 「노래 주머니」의 영향 관계는 물론이거니와 '혹부리 영감' 설화의 근대 아동문학의 수용 양상에 대한 연구는 이루어지지 못했다. 본고는 이러한 문제의식을 바탕으로 긍정과 부정의 시각을 넘어 '혹부리 영감' 설화를 객관적으로 검토함으로써 근대 아동문학의 중요한 한 지점에 접근해 보고자 한다.

먼저, '혹부리 영감' 설화를 둘러싼 한·일 기원의 문제를 검토해 보는 것으로 하여 이 설화의 성격을 해명해 보고자 한다. 그런 뒤 『조선어독본』에 수록된 '혹부리 영감' 설화와 방정환의 동화극 「노래 주머니」 사이에 놓인 영향을 텍스트 분석을 통해 살펴볼 것이다. 그리고 이후 '혹부리

---

4) 김환희, 「혹부리 영감'의 일그러진 얼굴」, 『열린어린이』 52호, 2007.

영감'의 설화적 모티프가 우리나라 근대 아동문학에 어떤 양상으로 수용되었는지 추적·비교해 봄으로써 우리 혹부리 설화의 전승 계보를 확인해 보고자 한다.

2. '혹부리 영감' 설화의 기원과 한·일 모티프 비교

1) '혹부리 영감' 설화의 일본 유입설 재론

'혹부리 영감' 설화가 근대 아동문학 형성의 정체성에 깊이 연관되는 만큼, 우선 이 설화를 둘러싼 한·일 기원설에 대해 검토가 선행되어야 한다. '혹부리 영감'의 대표적 선행 연구자인 김용의와 일본 설화 유입설을 제기한 김종대의 견해를 견주어 봄으로써 타당한 지점을 이끌어내는 한편, 두 논의에서 미진했던 논점을 부가하는 방법으로 본고의 논의를 전개하고자 한다.

김용의5)는 '혹부리 영감'이라는 개별 민담의 한·일 비교 연구를 하였으며, 일제 식민지 시대 교과서에 수록된 민담의 이데올로기의 성격을 밝혔다. 그리고 그는 '혹부리 영감' 설화가 종국적으로는 일제가 식민지

---

5) 김용의, 「한·일 요괴설화 비교 연구의 과제」, 『일본어문학』 2집, 한국일본어문학회, 1996.
_____, 「일본 '혹부리 영감' 담의 유형과 분포」, 『일본어문학』 5집, 한국일본어문학회, 1998.
_____, 「민담의 이데올로기적 성격」, 『일본 연구』 14호, 중앙대학교 일본연구소, 1999.
_____, 「한국과 일본의 '혹부리 영감'담-교과서 수록과정에서 행해진 개정을 중심으로」, 『일본어문학』 6집, 한국일본어문학회, 1999.
_____, 「일제시대 한국 민담의 개작과 수용 양상」, 『남도민속연구』, 남도민속학회, 2000.
_____, 『혹부리 영감과 내선일체』, 전남대학교 출판부, 2010.

조선을 통치하기 위해 고안한 '내선일체'라는 이데올로기와의 관련성을 밝히고자 하는 결론으로 나아간다. 그는 이 방면에서 가장 지속적이며 독보적인 성과를 보여 준 연구자이다. 그의 일관된 논의는 高橋亨의 『조선어독본』에 처음 실린 '혹부리 영감'이 우리 설화라는 전제 위에서 이루어진다. 그러나 김종대[6]는 한국 도깨비 연구의 포괄적 연구를 통해 '혹부리 영감'이 우리나라 '도깨비 방망이 얻기'와 유사하지만 본질적으로는 다른 이야기라는 점, 한국에 널리 알려진 '혹부리 영감'이 일제 시대 때 일본에서 유입되어 인위적으로 교육된 것이라는 문제를 제기했다.

두 연구자는 공통적으로 '혹부리 영감' 설화가 결과적으로는 일제의 식민지 통치 차원으로 활용되었다는 크게 다르지 않은 의견을 공유하고 있다. 다만, '혹부리 영감' 설화가 일본으로부터 유입되었다고 보는 김종대는 '문화적 침략'이라는 용어를 사용하고 있다. 특히 그는 '혹부리 영감'이 최초로 기록되었다고 하는 『조선어독본』에 「瘤取」가 제일 앞에 실려 있는 점을 지적하며 기록성 자체를 순수한 목적에 의한 수집이 아닌 식민지 상황과 결부된 의도적 편성으로 바라보고 있다.

김종대의 지적은 지금까지 의문시 되지 않았던 '혹부리 영감' 설화의 많은 문제를 환기시켜 주었다는 점에서 의의를 발견할 수 있다. 그러나 그의 주장을 따라가다 보면 『조선어독본』의 채록 이전 한국에서는 '혹부리 영감' 설화가 전승되지 않았다는 논리가 성립된다. 무엇보다 '혹부리 영감' 설화의 우리 설화로서의 가능성이 부정되고 있기 때문에, 그의 논점은 때에 따라 매우 민감하게 받아들여질 수 있다. 그는 몇 가지 근거 가운데, 『조선어독본』의 '혹부리 영감' 삽화가 일본의 소학 교과서 『尋常小學讀本』[7]에서 그대로 베껴온 것이라는 사실을 지적하고 있다.

---

6) 김종대, 『한국 도깨비 연구』, 국학 자료원, 1994.
7) 『尋常小學讀本』이라는 제목을 가진 일본어 교과서는 총 3종류가 있다. 첫 번째는

사실 외형적 형태로 보아서는 같은 그림틀이라는 것을 한눈에 확인할 수 있다. 그러나 텍스트의 내부를 들여다보면, 한·일 '혹부리 영감'의 본질적 차이로 파악되는 점들이 발견되고 있다.

2) 한·일 '혹부리 영감'의 모티프 비교

가. 춤(日) : 노래(韓)

일본 메이지 시대부터 편찬되기 시작한 『심상소학독본』에는 '혹부리 영감'이 모두 세 차례 실렸다.[8] 이 가운데 『심상소학독본』(1909) 권1에 실린 삽화 내용이 '혹부리 영감'이 처음 수록된 『보통학교 조선어급한문독본』(1913~20)의 「혹 잇는 老人」(2권 제24, 25)에 그대로 유입되었다.

혹을 잡고 있는 노인의 자세, 혹이 달린 모양, 삽화의 구성 등 모든 면에서 그림의 일치를 보여 준다. 일본 교과서에 실린 삽화를 그대로 가져와서 갓, 바지저고리, 짚신, 수염 등을 재구성했음이 명백하다. 그러나 삽화를 그대로 가져와도 문제가 되지 않았던 이유는 무엇이었을까? 그것은 이 두 설화의 내용이 동일해서가 아니라, '혹 떼기/혹 붙이기'라는 이원적 대립 구조가 동일했기 때문이었던 것이다.

그러면 양국의 교과서의 내용에서 발견되는 중요한 차이를 짚어보기로 하자.

1887년 5월에 발간된 총 7권으로 구성된 검정 교과서인 『尋常小學讀本』, 두 번째 서는 최초의 국정 교과서로 전8권으로 구성된 국정1기 교과서 『尋常小學讀本』, 세 번째는 전12권으로 구성된 국정2기 교과서 『尋常小學讀本』이다.
김혜림, 「『日語讀本』에 대한 연구; 일본의 국정1기 교과서 『尋常小學讀本』과의 비교를 중심으로」, 고려대학교 교육대학원, 2009, p.19~20.

8) '혹부리 영감'이 실려 있는 일본 교과서는 ①『심상소학독본』(1887) 권4 제7,8과 「こぶ取」(1,2) ②『심상소학독본』(1909) 권1(과의 구분 없음) ③『심상소학독본』(1933) 권2 제12과 「ユブトリ」이다. 이 논문에 소개하는 『심상소학독본』의 삽화는 김용의 논문 「한국과 일본의 '혹부리 영감'(瘤取り爺)譚」(『일본어문학』 6집, 한국일본어문학회, 1999, p.376)에서 재인용.

일본 소학 교과서에 '혹부리 영감'이 처음 실린 것은 『심상소학독본』
(1887) 권4의 제7, 8과 「ぶこ取」(혹떼기)이다. 이 내용을 보면, 혹이 달린 나무꾼이 날이 저물어 삼나무 속에서 밤을 새우게 된다. 나무 앞에 몰려와서 술잔치를 벌이는 요괴들의 춤을 보던 나무꾼은 참지 못하여 뛰쳐 나가 자기도 모르게 춤을 추게 된다. 나무꾼의 춤에 반한 요괴들은 다음에도 꼭 오라는 약속의 증표로 혹을 떼 내어 사라져 버린다. 이웃에 사는 혹 달린 노인도 이를 흉내 내려다가 오히려 혹 하나를 더 붙이게 된다.

『심상 소학록본』

『보통학교 조선어급학문록본』

그러나 高橋亨의 『조선어독본』에 바탕을 두고 있으며 『조선어급한문독본』에 처음 수록된 '혹부리 영감'과는 이와는 매우 내용이 다르다. 옛날 어느 산촌에 혹 달린 노인이 산에 나무를 하러 갔다가 늦어져 빈집에 들어가게 된다. 밤이 깊어져 노래를 부르자 도깨비들이 몰려온다. 노인의 노래에 감동되어 고요하게 듣고 있던 도깨비들은 노인의 좋은 음성이 어디서 나오는가 묻는다. 노인이 혹 속에서 나온다고 대답하자 보물을 주고 혹을 떼어 간다. 같은 동리에 사는 마찬가지로 혹 있는 노인이 이를 흉내 내려다가 혹 하나를 더 붙여 돌아온다.

전자의 일본 '혹부리 영감'에서는 노인이 요괴의 춤 연희에 가담하여 '춤'을 추는 것으로 나타나지만, 우리의 설화에서는 노인이 무서움을 이기기 위해 '노래'를 부르는 행위로 나타난다. 혹을 떼이는 이유도 '춤'을 잘 추어서가 아니라 '노래'를 잘 불러서라는 결정적 차이를 보여 준다. 매우 미세한 듯하지만 이 차이는 한·일 양국의 뚜렷한 원형을 상징적으로 보여준다고 할 수 있다. 일본의 경우, 나무꾼이 추는 '춤의 행위'는 '혹'의 존재와 그다지 상관성이 없다. '혹'은 단지 신체의 일부일 뿐이며 '춤의 행위'와 분리된 공간에 있다. 그러나 우리의 경우, 도깨비를 탄복시킨 노인의 '노래'는 그 근원이 '혹'으로 오인될 만큼 매우 밀접하게 그려진다. '노래'가 '혹'과 분리되어 있지 않으므로 '혹' 자체에 신비성이 부여된다.

따라서 한국의 도깨비들은 노인의 '노래'에 감동하는 한편 노인의 '혹' 자체에도 깊은 관심을 보이게 된다. 또 '혹'만 있으면 언제든지 '노래'를 들을 수 있기 때문에 굳이 노인과의 재회를 약속할 필요가 없다. 그러나 일본의 경우, 노인이 다시 와서 춤을 추도록 하려면 훗날의 재회를 보증할 수 있는 약속의 담보물이 필요하게 된다. 이렇듯, 한·일 간의 '혹부리 영감' 설화는 '혹 떼기/혹 붙이기'라는 큰 범주의 유사성을 공유하고 있지만 '노래'(韓)와 '춤'(日)이라는 매우 변별적인 핵심 화소(話素)를 양국의 고유한 원형으로 발전시켜 온 것을 확인할 수 있다.

일본 '혹부리 영감' 류의 이야기는 대부분 일본 중세의 설화집 『宇治拾遺物語』에 뿌리 깊은 연원을 두고 있다. 이 기록에서도 역시 '춤' 모티프가 전반을 지배하고 있다.

> … 동자 오니(鬼)가 한 바탕 춤을 추고는 물러나니, 차례대로 하나하나 춤을 춘다. 서툴게 추는 녀석도 있고 조금 잘 추는 녀석도 있다. 영감님이 시답잖게 생각하며 보고 있으니, 정면에 앉아 있는 우두머리가 입을 열어,

"오늘밤의 놀이는 여느 때보다도 훌륭했다. 다만 아주 진기한 춤을 보고 싶구나."

　　하고 말하니, 영감님은 귀신에라도 홀린 듯, 아니면 신불(神佛)이 그리 시키신 것인가, 무턱대고 달려나가 춤을 추고 싶어졌다. 처음에는 겨우 참았으나, 아무리 참으려 해도 어쩐지, 오니가 치는 박자(拍子) 소리를 듣자,

　　'그래 좋아, 그냥 달려 나가 춤을 추자, 죽으면 죽지.'

　　하는 결심이 서서, 나무통 안에서 두건을 코끝에 건 채, 허리춤에 도끼를 끼어 차고 우두머리 오니 앞으로 뛰어나오고 말았다.[9]

　　'귀신에라도 홀린 듯', '신불(神佛)이 그리 시킨 것인 듯' 무턱대고 달려 나가 춤을 추고 싶어하는 노인의 모습은 우리 혹부리 영감과 매우 대조적이다. 노인의 춤이 강하게 드러나는 고대 중세 일본 '혹부리 영감'의 특징은 일본 아동문학의 선구자 이와야 사자나미(巖谷小波)에게로 이어지게 된다. 그가 1927년에 낸 『日本お伽噺集』에는 「瘤取り」라는 작품이 실려 있다. 이 작품을 해석한 화가의 삽화는 한·일 '혹부리 영감'의 차이를 한눈에 집약시켜 보여준다. 여기서 보면, 연희자(노인) 대 오니(도깨비)의 관계가 매우 대조적으로 설정되어 있음을 보게 된다.

---

9) 전대석은 원문의 '鬼'를 '도깨비'로 번역하였으나, 본고에서 인용할 때 '오니'로 수정하였다.
　　田大錫 역주, 『한반도 관련 日本說話選』, 경서원, 2000, 264~265.

『조선어독본』4권

『日本お伽噺集』

　　두 삽화의 비교에서 드러나듯, 일본 '혹부리 영감'에서는 혹 달린 노인이 오니들의 잔치에 가담하여 그 일부가 되어, '오니⊃노인'의 포함 관계를 보여 준다. 반면, 『조선어독본』에 표현된 우리 '혹부리 영감'에서는, 도깨비들이 혹부리 노인의 노래에 이끌려 흥을 돋우고 있다. '도깨비⊂노인'의 포함 관계를 보여 준다. 노인의 태도에 있어서도 『日本お伽噺集』에서는 춤에 대한 노인의 과시 의욕이 오니들의 춤을 위축시키고 있지만, 『조선어독본』의 노인은 도깨비들의 춤과 분리된 공간에서 자신의 노랫가락에 자족할 뿐이다.

　　나. 한·일 '혹부리 영감'의 도깨비 성격 비교
　　'춤(日) : 노래(韓)' 모티프 이상으로 중요한 변별점은 한·일 '혹부리 영감' 설화에 나타나는 도깨비의 성격이다. 한·일본 고문헌 『宇治拾遺物語』(日)와 『조선어독본』(韓)에 실려 있는 '혹부리 영감'의 내용 비교를 통해 검토해 보기로 한다.

(1) 일본 '혹부리 영감' ; 『宇治拾遺物語』

　　안쪽 세 번째 자리에 앉아 있던 오니가 "이 노인이 말은 그렇게 하지 만 오지 않을지도 모릅니다. 무언가 증표로 저당을 잡아두어야 하지 않겠 습니까?"라고 말했다. 상좌의 오니가 "당연하지. 당연하지." 하면서, "무엇 을 맡아두면 좋을까?" 하고 의논을 하게 했다. 상좌의 오니는 "그 노인 얼굴에 달린 혹을 맡아두는 것이 좋지 않을까? 혹은 복 있는 물건이니까. 아마 그 혹을 아깝게 생각할 것이다."라고 말했다. … 오니들이 노인에게 다가와서 "그럼 혹을 떼겠다."하고서 혹을 비틀어 당겼다. 전혀 아프지가 않았다. 그런 후에 오니가 "다음 번에도 꼭 오도록 하여라."라고 말했다. 이윽고 새벽이 되어 닭이 울자 오니들이 사라졌다."(한국어 번역; 김용 의)10)

(2) 한국 '혹부리 영감' ; 『조선어독본』(1910)

　　그 노랫소리를 듣고서 요괴(도깨비)들이 모여들었다. 요괴들은 조용 히 노인의 노래를 듣고 있었다. 돌아갈 무렵이 되자, 두목으로 보이는 요 괴가 "그 아름다운 노래는 어디서 나오는가?" 하고 물었다. 노인은 "이 혹 속에 노래가 들어 있다."고 대답했다. 요괴는 "그 혹을 나한테 팔아라!" 하고서 여러 가지 보물을 건네주고 혹을 떼어 갔다. 노인은 장작도 내던 지고 기뻐하며 집으로 돌아갔다.(한국어 번역; 김용의)11)

　　위의 두 텍스트를 비교해 볼 때, 인간에게 보이는 태도 면에서 일본 의 오니와 한국의 도깨비는 매우 큰 차이를 보인다.

　　먼저, 일본의 오니가 인간에게 '속지 않으려는' 의심의 태도를 보여 준다면, 한국의 도깨비는 인간에게 '속아 넘어가는' 모습을 보여 준다. 일본의 오니는 혹시 속게 될 가능성을 예측하며, 혹을 증표로 저당을 삼기로 한다. 일종의 부동산 '담보' 개념을 끌어들여 계약을 성사시키고

10) 김용의, 『혹부리 영감과 내선일체』, 전남대학교출판부, 2010. p.229.
11) 高亮亨, 『조선어독본』(1910), 김용의, 『혹부리 영감과 내선일체』, 전남대학교출판 부, 2010, p.74.

있는 일본 오니의 행동은 동양적 사고만으로는 설명이 불충분하다. 섬지역의 특성상 일찍부터 해외 문명을 보다 개방적으로 받아들일 수 있었던 일본은 근대적 사고에 의해 그들 나름대로 '혹부리 영감'을 해석하고 발전시켜 나갔다.

한국의 도깨비는 혹 속에서 노래가 나온다는 인간의 거짓말을 의심 없이 믿어버린다. 어떤 경우에는 인간 쪽에서 그 사실을 부인하더라도 오히려 억측을 부리면서 믿으려는 태도를 보인다. 어떤 측면에서 볼 때, 계산이 서투르고 의심할 줄 모르는 한국형 '혹부리 영감'의 도깨비는 보다 원형적인 도깨비상을 보여 준다. 이들 도깨비는 인간과는 매우 다른 이해 타산의 세계관을 갖고 있다. 따라서 그들은 혹과 보물을 쉽사리 바꿔버리는 매우 해학적인 모습을 보여 주게 된다. 대상의 본질을 인식하는 두 개의 서로 다른 시선이야말로 아이러니에는 필수적이다. 우리의 '혹부리 영감'은 일본과 달리 '해학과 아이러니'를 강화하는 방향으로 설화를 발전시켜 온 것이다.

또, 일본의 오니는 혹만 떼어낼 뿐이지만, 한국 '혹부리 영감'의 도깨비는 예외 없이 혹부리 노인에게 보물을 주는 것으로 나타난다. 이러한 미세한 지점의 차이는 우리 '혹부리 영감'의 가능성을 새롭게 제기하는 측면이기 때문에 주목되어야 할 것으로 본다. 도깨비 덕에 부자가 되는 이야기 유형은 '금방망이 은방망이', '방이설화' 등에서도 찾아볼 수 있는 우리나라 도깨비담의 대표적 형태이기 때문이다.

본고는 한·일 '혹부리 영감' 설화의 비교 검토를 통해 우리 설화로서의 가능성을 보다 강화하는 방향으로 나아가고자 한다. '혹부리 영감' 설화를 채록하거나 이를 연구한 많은 일본인은 흥미롭게도 '혹부리 영감'의 뿌리가 조선에 있거나 조선을 거쳐 대륙에서 건너온 것이라는 관점을 보여 주었다.

(1) 타카키 카즈오(高木敏雄)[12]

　　「혹부리 영감」(瘤取) 설화는 韓日說話이다. 그 직접적인 本源地는 조선반도이다. 자신은 오랫동안 이 가설만으로 만족할 수밖에 없었으나, 露日전쟁의 덕택에 일본제국의 세력이 가담하여, 동아시아 대륙의 문헌학적 연구에 있어 큰 편의를 얻기에 이른 결과로, 조선의 민간설화에서 두 가지의 혹부리 영감 설화를 발견할 수 있었다. 그 하나는 조금 완전한 형태로, 요괴(鬼)의 酒宴과 노인의 춤이 빠져, 단지 평소 정직한 노인이 산중에서 어두운 밤에 요괴에서 혹을 떼어받고, 이웃집 노인이 나중에 그 혹을 붙이게 되는 내용에 불과하다. 두 번째의 예는 미세한 점까지 완전히『宇治拾遺物語』의 이야기와 일치하고 있다.(한국어 역 : 김용의)[13]

(2) 마쯔무라 타케오(松村武雄)[14]

　　조선동화의「瘤取(혹부리 영감)」은 墨齋의『笑府』가 가르키듯이 支那의 이야기이며,『宇治拾遺物語』가 가리키듯이 일본의 이야기이다. … 조선은 또한 자국의 동화를 일본에 제공함으로써, 우리나라의 동화계를 다채롭고 풍부하게 하는 역할을 했다.『慵齋叢話』에 실렸던『物眞似騷ぎ(흉내내기 소동)」,「赤豆物語(콩쥐팥쥐)」나 민간에 유포된「片目と曲鼻(외눈박이와 비뚤어진 코)」,「足折燕(다리 부러진 제비)」등의 조선동화가 각각 일본의「お芋ころころ」,「和尙ちがひ」,「住吉明神と白樂天」,「腰折雀」의 원형이다.(한국어 역 : 大竹聖美)[15]

---

12) 高木敏雄은 1904년에『比較神話學』을 펴내고 1912년에「日韓共通の民間說話 1」(『東亞之光 7-11』, 東亞協會, 1912)라는 논문을 東京에서 발표한 바 있다. 그리고 이 논문은 1943년에 펴낸 그의 저서『日本神話伝説の硏究』(荻原星文館, 1943)에 포함되었다.

13) 高木敏雄,『日本神話伝説の硏究』, 荻原星文館, 1943, p.417~418. 김용의,「민담의 이데올로기적 성격」,『일본연구』14집, 중앙대학교 일본연구소, 314~315에서 재인용.

14) 松村武雄은 동화와 교육에 관한 일본 최초의 연구서인『童話及び兒童の硏究』(東京, 培風館, 1922. 8)을 냈는데, 500쪽에 걸친 방대한 연구서로, 방정환 역시 이 책을 구해서 읽었을 것으로 판단된다.

15) 松村武雄 역,『世界童話体系』제16권 일본편,『日本童話集』(일본, 조선, 아이누). 세계동화체계간행회, 1924. 大竹聖美,『한·일 근대 아동문화와 문학 관계사 1895~1945』, 청운, 2005. p.90~91.

高木敏雄은 '혹부리 영감' 설화를 '한·일설화'로 규정하며, "그 직접적인 본원지는 조선반도"라고 밝히고 있다. 또, 松村武雄은 "자국의 동화를 일본에 제공함으로써, 우리나라의 동화계를 다채롭고 풍부하게 하는 역할을 했다"며 일본 설화에 미친 조선의 영향을 명백하게 시인하고 있다. 매우 의아하지만 솔직하게 인정하는 松村武雄의 서술 관점을 보면, '혹부리 영감' 설화에 대해 "무엇인가 조작된 것이 아닌가 하는 의문"[16)의 태도와는 다소 멀게 느껴진다. 왜냐하면 그의 서술이 '혹부리 영감'을 비롯하여 다수의 일본 설화를 두루 거론하고 있기 때문이다. 특히, 高木敏雄이 설화를 조사하는 과정에서 "요괴(鬼)의 주연(酒宴)과 노인의 춤이 빠져" 있는 한국 '혹부리 영감'의 내용에 대해 언급해 놓은 것은 중요한 단서가 된다.

松村武雄이 강조하고 있는 것은 설화 전파의 매개자로서 한국의 위치이다. 그는 "조선동화의 「瘤取(혹부리 영감)」은 墨齋의 『笑府』가 가리키듯이 支那의 이야기이며, 『宇治拾遺物語』가 가리키듯이 일본의 이야기"라고 쓰고 있다. 일본의 신화학자인 시부사와 세이카(澁澤靑花) 역시 그의 『朝鮮民話集』[17)에서 일본의 「瘤取り」(혹부리 영감)이 조선에도 있고, 티벳에도 있으며, 일본의 「海月と猿」(토끼의 간)이 조선에서는 '토끼와 거북이'로 되어 있으나 실상은 완전히 동일한 줄거리라는 지적을 하며 일본의 이야기가 옛날 조선에서 전래된 것이라고 쓴 바 있다.[18)

----

16) 김종대, 「혹부리영감譚의 형성과정에 대한 試考」, 『우리문학연구』 20호, 우리문학연구회, 2006, p.31.
17) 이 책은 1980년 발행이지만, 실은 1927년 5월에 완성된 원고로 1920년대 중반에 『東洋童話叢書』시리즈로 출판될 예정으로 쓰여진 것이지만 출판사의 도산으로 출판되지 못했다고 한다.
澁澤靑花, 『朝鮮民話集』, 東京, 社會思想社, 1980. p.9.
大竹聖美, 『근대 한·일 아동문화와 문학 관계사 1895~1945』, 청운, 2005. p.95.

이상의 논의를 통해 본고는 오늘날 국내에 널리 유포되어 있는 '혹부리 영감' 설화가 일본으로부터 유입되어 전파된 것이 아니라는 점을 분명히 해 두고자 한다. 이 설화는 오히려 이미 세계 각처에 유포되어 있는 '광포설화'의 성격에 근접한 것으로 보는 것이 더 타당하다. 비록 일본인에 의해 처음 채록되었다는 한계를 지녔지만, 그러한 이유로 우리 설화로서의 가능성이 제거될 수는 없는 것이다. 이 설화는 우리 민족의 원형을 담으며 민간에 오랫동안 전승되어 온 대표 설화 가운데 하나라고 볼 수밖에 없다. 보다 원형에 가까운 대륙의 '혹부리 영감'을 받아들이면서 일본은 그들 나름의 해석을 거쳐 그들만의 독자적 '혹부리 영감'을 발전시켜 나갔을 것으로 추정된다.

3. 『조선어독본』의 '혹부리 영감'과 방정환의 '노래 주머니'

1) 혹 팔기 ; '혹쟁이 이야기'의 숨겨진 서사 하나

논의의 연장선상에서, 우리나라 근대 아동문학의 창시자인 방정환도 「새로 開拓되는 童話에 관하야」라는 평문에서 이 '혹부리 영감'을 언급한 것은 매우 이채롭고 흥미로운 일이 아닐 수 없다.

> 日本童話라고 歐羅巴 各國에 翻譯되어 잇는 「猿의 生膽」이라는 有名한 童話는 其實 日本 固有한 것이 아니고 朝鮮童話로서 翻譯된 것인데 朝鮮 鼈主簿의 톡기를 원숭이로 고첫슬뿐이다.(東國通史에 보면 朝鮮 固有의 것 가트나 或時 印度에서 온 것이 아닌가 생각도 되는바 아즉 分明히는 알 수 업다) 그밧게 「혹쟁이」(혹쟁이가 독갑이에게 혹을

---

18) 大竹聖美, 『근대 한·일 아동문화와 문학 관계사 1895~1945』, 청운, 2005. p.97.

팔앗는데 翌日에 짠 혹쟁이가 쏘 팔라갓다가 혹 두 個를 부쳐가지고
오는 이약이)도 朝鮮서 日本으로 간 것이다. 그런데 이 혹쟁이 이약이는
獨逸, 伊太利, 佛蘭西 等 여러 나라에 잇다 하는데, 西洋의 이 혹쟁이
이약이는 그 혹이 顔面에 잇지안코 등(背)에 잇다하니 쏩추의 이약이로
變한 것도 興味잇는 일이다. 이 外에 日本古書(宇治拾遺物語)라는 冊
에 잇는 「허리 부러진 새」라는 童話도 朝鮮의 「흥부놀부」의 譯이 分明
하다.(띄어쓰기; 인용자)19)

　　방정환은 '혹부리' 대신 '혹쟁이'라는 표현을 사용하고 있다. 당시 방
정환은 이 설화가 "조선서 일본으로 간 것"이라는 인식을 갖고 있었다.
그는 독일·이탈리아·프랑스 등지에서도 있다는 서양의 혹쟁이 이야기
에 대해서도 퍽 관심을 보인다. 위의 내용을 보건대, 많은 일본인 연구자
들이 언급했던 『宇治拾遺物語』를 방정환 역시 알고 있었던 것으로 확
인된다. 그는 "「허리 부러진 새」라는 동화도 조선의 「흥부놀부」의 역이
분명"하다는 견해를 피력하고 있다. 이는 高木敏雄이 『宇治拾遺物語』
에 수록된 「雀恩を報ゆること」(은혜 갚은 참새)의 기원이 한국의 「흥
부전」에 있다고 지적한 내용과 일치하는 것이다.20)
　　그런데 이 글에서 매우 흥미를 끄는 지점은 '혹쟁이 이야기'에 대해
방정환이 알고 있는 이야기의 줄거리를 괄호 속에 간단히 소개한 대목
이다.

　　　　「혹쟁이」(혹쟁이가 독갑이에게 혹을 팔앗는데 翌日에 짠 혹쟁이가
　　쏘 팔라갓다가 혹 두 個를 부쳐가지고 오는 이약이)

---

19) 소파, 「새로 開拓되는 童話에 關하야 - 특히 소년 이외의 일반 큰이에게」, 『개벽』
　　31호, 1923. 1, p.25.
20) 高木敏雄, 앞의 글, pp.420~421.

한국에서 '혹부리 영감'을 처음 접한 일본인들은 혹 자체의 '떼기/붙이기'의 구조에 초점을 맞추고 이 설화를 채록했다. 그래서 이 설화를 기록하는 일본인의 방식은 「혹 뗀 이야기」 등속의 제목으로 나타났던 것이다. 방정환의 '혹쟁이 이야기' 역시 '혹 떼기/혹 붙이기'의 구조에는 변함이 없다. 그러나 그가 알고 있는 이야기에는 이러한 대립적 결과가 가능하게 된 계기로서 '혹 팔기'라는 숨겨진 서사구조가 포함되어 있다는 점이다.

· 高亮亨, 『조선어독본』(1910)
　　두목으로 보이는 요괴가 "그 아름다운 노래는 어디서 나오는가?" 하고 물었다. 노인은 "이 혹속에 노래가 들어있다"고 대답했다. 요괴는 "그 혹을 나한테 팔아라!" 하고서 여러 가지 보물을 건네 주고 혹을 떼어갔다.
· 山崎日城, 『朝鮮の奇談と傳說』(1920)
　　노인은 적당히 "내 얼굴에 붙은 커다란 혹에서 아름다운 소리가 나온다."라고 둘러댔다. 요괴는 "그렇다면 제발 그 혹을 팔아 주었으면 좋겠다."라고 말하고 많은 보물을 꺼내주고 노인의 얼굴에서 억지로 혹을 떼어갔다.
· 『조선어급한문독본』(1913~20), 「혹 잇는 노인」
　　노인의 대답이 "이 목에 달려 있는 혹 속에서 나온다"하였소. 괴슈 도깨비는 이 말을 듣고 "그러면 그 혹을 나를 주시오."하면서 여러 가지 實貝를 내여 주고 그 혹을 떼여 갔소.
· 『조선어독본』(1923~25), 「혹 뗀 이야기」
　　노인이 천연스럽게 내 목에 달린 혹에서 나온다고 답하였소. 독갑이가 그러면 그 혹을 내게 팔으시오 하며, 보패를 만이 주고, 그 혹은 그만 감쪽같이 떼어갔소.

일일이 열거할 수 없어 비교적 시기가 이른 자료를 중심으로 소개해 본 것이다. 방정환이 '혹쟁이 이야기'로 소개하고 있는 '혹 팔기' 서사가 동일하게 나타나고 있는 점을 주목할 필요가 있다. 우리의 '혹부리 영감'에서 해학적 골계미가 두드러지는 구조적 요인은 이 '혹 팔기' 서사가 개입되어 있기 때문이다. 더욱이 이 '혹 팔기' 서사는 일본 '혹부리 영감'에는 나타나지 않고 있는 설화소이기 때문에, 우리 설화의 고유성을 회복시킬 수 있는 중요한 열쇠가 될 것으로 판단된다.

2) '혹부리 영감'과 '노래 주머니'의 내용적 차이

그런데 일제 강점기 교과서 『조선어독본』에 '혹부리 영감'이 실린 사실과 비슷한 시기에 방정환이 우리나라에 전래되어 오던 '혹쟁이 이야기'를 각색한 동화극 「노래 주머니」를 발표한 것은 우연의 일치에 지나지 않는 것일까?

방정환은 1923년 『어린이』지 창간호에 '혹부리 영감' 설화를 소재로 한 동화극 「노래 주머니」를 발표했다. 이것은 우리나라 동화극 장르의 시초를 열어 준 작품으로, "한국 근대 동화극의 초석"[21]으로 고평되고 있다. 이에, 『조선어독본』에 실린 '혹부리 영감'과 방정환의 「노래 주머니」의 상호 비교를 통해 그 영향 관계를 살펴 보고자 한다. 특히 형식과 내용면에서 크게 개작이 이루어지는 제4차 조선교육령기 『조선어독본』 (1923~35)에 실려 있는 「혹 떼인 이야기」의 경우, 여러 정황에서 「노래 주머니」의 영향이 포착되고 있어서 이에 대한 구체적인 검토도 필요하다.

먼저, 여러 설화 가운데서도 특히 방정환이 '혹쟁이 이야기'를 첫 동화극으로 각색했던 의도를 고려해 보아야 한다. 염희경은 「혹떼기(瘤取り)」가 실려 있는 일본의 『兒童劇 脚本』(1922. 3.)을 방정환이 일본

---

21) 염희경, 「한국 근대 동화극의 초석:방정환의 동화극 두 편」, 『어린이문학』34호, 한국어린이문학협의회, 2002. 8.

에서 유학 당시 보았을 가능성이 크다고 보며, 이 책을 참고하여 동화극 「노래 주머니」를 꾸몄을 것으로 추정하고 있다.[22) 그러나 '혹쟁이'가 한국에서 일본으로 건너간 것이라는 인식을 갖고 있던 방정환이 굳이 일본의 아동극본집을 참고해서 「노래 주머니」를 썼을 가능성은 희박하다. 게다가 일본 아동극 「혹떼기(瘤取り)」의 내용은 혹부리 할아버지가 춤을 추며 도깨비들의 연희에 가담하는 일본『宇治拾遺物語』에 뿌리를 두고 있으며, 등장하는 장치들―여우, 메뚜기, 머루잎, 방울―역시 방정환의 「노래 주머니」와 무관한 것들로 이루어져 있다.

그보다는 이 당시 학교 현장에서 사용하던 교과서였던『보통학교 조선어급한문독본』에 이 설화가 실려 있어 학생들이 배우고 있었던 사실과 관련 있을 가능성이 크다. 왜냐하면 방정환이 첫 동화극 「노래 주머니」를 발표하면서 그 서두에 "學校 少年會 아모나 하기 쉬운 동화극"이라고 소개하고 있기 때문이다. 즉, 학교에서 이루어지는 학예회 발표나 전국 각지의 소년회 활동을 염두에 두고 썼다는 얘기다.[23) 학교에서 쉽게 연극할 수 있으려면 교과서에 수록되어 익히 숙지된 내용이면 훨씬 효과를 발휘하게 된다. 더욱이 '조선동화극'을 표방함으로써 초기 동화극 운동을 끌어내고자 한 방정환의 기획과도 맞아떨어졌다고 할 수 있다.

---

22) 염희경, 앞의 글.
23) 1921년 〈독립신문〉 기사를 보면, 이 당시 인성학교(仁成學校)에서 제2회 학예회를 개최한 사실이 확인된다. "…萬象이 方暢한 今四月九日 下午七時에 三一里 三一堂에서는 仁成學校의 第二回學藝會가 滿場의 歡喜 속에서 열리엿다./ 희맑숙한 場內에 燦爛히 꿈여잇는 萬國旗는 電光에 飄颻하며 壁上에 높히 걸닌 太極旗는 산들산들 숨여 드러오는 져녁 봄바람에 날니여 깃븜의 춤을 출 때 一同은 起立하야 愛國歌를 和唱하엿다.…"(〈독립신문〉, 1921. 4. 21)
1923년 〈매일신보〉에 실린『어린이』창간 광고에도 보면 "「노래주머니」(조선동화극) 조선동화로 유명한 이야기를 아무나 하기 쉽게 연극 극본으로 꾸며놓은 것입니다. 학교, 소년회, 동창회 등에서 하기 쉬운 것입니다."라고 쓰고 있다.(〈매일신보〉, 1923. 3. 25)

그런데 그 내용을 비교해 보면 방정환의 동화극 「노래 주머니」는 당시 학교에서 가르치던 『조선어독본』과는 약간 차이가 있다. 크게 대비되는 내용적 차이는 도깨비에 대한 혹부리 노인의 거짓말 여부이다.

모두 세 차례 수록된 것 가운데 제1차, 3차 조선교육령기 『조선어독본』에서는 "어디서 그런 좋은 음성이 나오는가?" 하는 도깨비의 물음에, 노인은 "목에 달려 있는 혹에서 나온다."고 거짓을 말하고 있다. 그러나 방정환의 「노래 주머니」에서 노인은 "소리는 목구멍에서 나오는 것"이라고 정직하게 대답해 준다. 거꾸로 노인의 혹을 '노래 주머니'라고 생각하는 것은 도깨비 쪽이다. 아무리 노인이 그렇지 않다고 몇 번이고 사실을 말해 주어도 도깨비들은 도리어 노인이 자신들을 속이고 있다고 생각하며 보물은 얼마든지 줄 것이니 바꾸자로 한다. 이 과정에서 발생하는 상황적 아이러니로 인해 방정환의 「노래 주머니」는 골계미가 강한 우리 설화의 특징을 유감없이 발휘하게 된다.

우직스럽도록 정직하기만 한 노인의 모습은 잇속만 챙기기 위해 도깨비를 속이는 이웃의 혹 달린 노인과 뚜렷하게 대조된다. 이 때 설화의 고전적 특징인 권선징악의 문제에서 보상과 징벌의 문제가 보다 명쾌하게 해결되게 된다. 『조선어독본』의 경우, 결과적으로 노인이 거짓말을 해서 보물을 얻게 되기 때문에, 똑 같은 수법으로 혹을 떼고 보물까지 얻고자 한 이웃 노인에 대한 징벌은 그만큼 타당성을 얻기 어렵게 되기 때문이다.

앞 절에서 본고는 방정환이 이해하고 있던 '혹쟁이 이야기'에 '혹 팔기' 서사 구조가 숨어 있음을 지적한 바 있다. 방정환은 그의 「노래 주머니」에서 이 점을 매우 부각시켜, "어서 속히 저 노래 주머니와 보물을 바꾸게 하여라", "그러지 말고 얼른 내어 놓게. 보물은 얼마든지 줄 것이니" 하고 도깨비들이 노인의 '혹'을 얻기 위해 흥정하는 장면을 매우 생동감 있게 극화시키고 있다. 「노래 주머니」와 비교해 볼 때, 『조선어독본』
에 수록된 '혹부리 영감'에서는 '혹 팔기' 서사가 언급되는 정도의 미약한
수준에 그치고 있다.

3) 『조선어독본』개작에 미친 방정환의 「노래 주머니」

　　모두 세 차례 수록된 『조선어독본』의 '혹부리 영감' 가운데 제4차
조선교육령기에 편찬된 『조선어독본』(1933~1935)은 전혀 새로운 개작
양상을 보여준다. 크게 보아 이야기의 후반부가 생략된 점, 아름다운 목
소리가 혹에서 나온다는 것을 노인이 말하지 않고 도깨비가 말하게 한
점, 노인이 부른 노래로 시조 및 동요가 삽입된 세 가지의 점이다.24) 김
용의는 이야기의 후반부가 생략된 체제상의 개작이 일본의 소학교과서
『小學國語讀本』(1933) 편찬 때 후반부가 생략된 것의 영향을 받은 것
이라는 연구를 내놓았다.25) 그러나 그 나머지 두 가지 면에 대해서는
조선총독부가 편찬취의로 밝히고 있는 "교육적 견지"26)의 범위 내에서
주로 해명되고 있을 뿐이다.

　　그렇다면 노래 가사와 동요의 삽입 같은 형식적 변화와 아름다운

----

24) "본 과는 조선의 전래동화에서 채택한 것이다. 단 교육적 견지에서 고려하여 전래동
　　화에 약간의 개작을 가하였다. 예를 들면 이야기의 후반부를 생략한 점, 아름다운
　　목소리가 혹에서 나온다는 것을 노인이 말하지 않고 오바케(お化け)가 말하게 한
　　점, 노인이 부른 노래로 시조 및 동요를 집어넣은 점 등이 그것이다."
　　조선총독부 편, 『普通學校 朝鮮語讀本卷四編纂趣意書』, 1933. pp.6~7.
25) 김용의, 「한국과 일본의 '혹부리 영감(瘤取り爺)'譚」, 『일본어문학』6집, 한국일본
　　어문학회, 1999, pp.383~387.
26) "본 과는 조선의 전래동화에서 채택한 것이다. 단 교육적 견지에서 고려하여 전래동
　　화에 약간의 개작을 가하였다. 예를 들면 이야기의 후반부를 생략한 점, 아름다운
　　목소리가 혹에서 나온다는 것을 노인이 말하지 않고 오바케(お化け)가 말하게 한
　　점, 노인이 부른 노래로 시조 및 동요를 집어넣은 점 등이 그것이다."
　　조선총독부 편, 『普通學校 朝鮮語讀本卷四編纂趣意書』, 1933.

음성이 혹에서 나온다는 것을 노인이 아닌 도깨비가 말하도록 한 내용의 변화는 어디서 온 것일까? 일본 『소학국어독본』과는 후반부가 생략된 점에서는 영향을 인정할 수 있지만, 개작 내용에 있어서는 두 교과서 사이에 아무런 친연성을 발견할 수 없다. 한·일 '혹부리 영감'의 주요 변별 요소인 '춤(日) : 노래(韓)' 모티프가 두 교과서에 마찬가지로 반영되어 있기 때문이다.

그런데 『조선어독본』의 개작 요소가 방정환의 동화극 「노래 주머니」에 공통적으로 나타나고 있어 살펴보고자 한다.

> (1) 『조선어독본』(1933～35) 권4 「혹 떼인 이야기」
> 옛날 어느 곳에, 목에 커다란 혹이 달린 老人이 잇섯습니다. 하로는 깊은 山中으로 나무를 하러 갓다가, 어느덧 날이 저물엇습니다. 四方은 점점 어두어가고, 山길은 험하야, 方向을 잡을 수가 업서서, 이리저리 헤매는 中, 마침 외딴 빈 집을 맛낫습니다.(…)
> 「아, 달도 밝다. 노래나 한 마듸 불러볼가.」
> 老人은, 이러케 혼자 중얼거리며, 뒤편 기둥에 기대여서, 가만이 눈을 감고, 노래를 부르기 시작하얏습니다. 그 소리는, 마치 류리반에 玉을 굴리는 듯하야, 老人의 목청이라고 할 수 업슬만치, 청청하얏습니다.
> <u>말 없는 靑山이오, 태업는 流水로다.</u>
> <u>값 업는 淸風이오, 임자업는 明月이라.</u>
> <u>이 中에 病 업는 몸이, 분별업시 늙으리라.</u>
> 마침 그 때엿습니다. 별안간, 뚜벅뚜벅 발자국 소리가 나며, 無數한 독가비들이 몰려 왓습니다. 老人은 깜짝 놀라, 달아나랴 한즉, 괴수되는 독가비가 老人의 소매를 잡으며, 말하얏습니다.
> 「령감, 놀랄 것 업습니다. 우리들은 령감의 노래를 들으러 왓스니, 노래 한 마듸 더 들려 주십시오.」
> 이 말을 들은 老人은, 그제야 安心하고, 다시 자리에 앉어서, 노래를 불럿습니다.(…)

「령감, 고맙습니다. 참 자미 잇습니다. 이와 갓치, 마음이 爽快하야 본 적은 업섯습니다. 대체 그런 고은 소리가 어듸서 나옵닛가.」

하고 물엇습니다.

「목에서 나오는 것일세.」

하고 老人이 對答한 즉,

「령감, 거짓말슴 마시오, 普通 소리 갓흐면, 목에서 나온다고 하겟지마는, 그런 조은 소리는, 決코 목에서 나오지 안을 것이오. 령감의 그 커다란 혹에서 나오는 것이 아닙닛가.」

「이 혹에서·········· 그럴가.」

「네, 꼭 그러타고 생각합니다. 령감, 어렵습니다만, 그 혹을 우리들에게 주지 안으시랍닛가. 주신다면, 저이들도, 禮物을 만이 드리겟습니다.」

「이 혹을··········.」

「네.」

「글세, 나도 항상 귀치 안케 여기는 것이닛가, 주어도 相關업지만, 아퍼서 엇더케 떼여 주나.」

「아니올시다. 그것은 조곰도 걱정 마십시오. 우리들이 뗄 것 갓흐면, 조곰도 아프지 안습니다.」

「정말 그러켓나.」

「그러코 말고요.」

하며, 독가비들은, 老人의 혹을 감쪽갓치 떼여 가지고, 어듸론지 몰려가 버렷습니다.

(2) 방정환의 「노래 주머니」(『어린이』 창간호, 1923. 3)

괴수「자아 어서 하나 불러라」

노인「네 네」하고 굽실굽실하면서 일어나서 二三步 나서서

독창 박아지가 흘러간다

금박아지 은박아지

은박아지 금박아지

둥둥쩌서 흘러간다

금박아지 잡아내서

<u>구슬샘을 길어내고</u>
<u>은박아지 잡아내고</u>
<u>은하수를 길어놉시다.</u>

하면서 춤을 덩실덩실 춘다. 독갑이 一同은 손벽을 치며 조하한다.
(…)

독三「좋은 수가 잇습니다.」

괴수「조흔 수랏케 무슨 수가 잇단 말이냐」

독三「<u>이 늙은이의 노래는 이 쌤에 달린 노래주머니에서 나오는 것</u>
<u>이랍니다. 그러니 그 노래주머니를 보물을 주고 쌔어서 두면 그 주머니에</u>
<u>서 무슨 노래든지 자꾸 나올 것입니다.」</u>

老人은 두눈을 크게 쓰고 두 손으로 혹을 가린다.

괴수「허허- 그것 생각 잘 하엿다 그럼 어서 속히 저 노래주머니와
보물을 밧구게 하여라.」

一同「어-이」하고 우-달겨든다.

老人「아니올시다. 이것은 노래주머니가 아니라 혹이올시다. 소리
는 목구멍으로 나오는 것입니다.」

독三「허허, 내가 쩐히 아는데, 아니라고 속이면 될 말인가.」

老人「아니올시다, 정말 혹이란 것이올시다.」

독三「앗다 그러케 속힐 것 무엇잇나 그까진 노래는 자네는 다 외이
는 것이니 그 주머니야 못 밧굴것이 무엇잇나, 그러지 말고 얼른 내어노
케 보물은 얼마던지 줄 것이니.」

독二「실타면 될 말인가 큰일 나려구 그러지.」

한놈은 벌서 무거운 보물 궤ㅅ작을 갓다가 老人의 압헤 놋는다.

老人「여러분이 그러케짜지 하시면 내가 밧군다고 하더래도 이것은
쩨여 내지를 못하는 것입니다. 억지로 쩨랴도 안 됩니다.」

독二「<u>그것은 넘려말게, 압흐지도 안코 자죽도 업시 우리가 감쪽가</u>
<u>티 쩨어낼 터이니」</u>

하고 와락와락 달려들어 쌩 둘러싸고 덤비더니 혹을 쩨어 내었다.

老人은 보물궤ㅅ작 우에 쓸어져 잠이 들고 닭이 쏘 한 번 운다.

(1)의 개작된 『조선어독본』을 보면 이야기 후반부가 완전히 생략되고 있다. 전반적으로 개작 전에 비해서 구체적인 상황 설정과 묘사가 배려되고 있다. 노래가사나 동요는 개작 전에는 전무한 상황이다가 시조 3수와 동요 1편이 삽입되었다. 계몽적이며 교훈성을 띤 교과서의 특징으로 시조 장르를 택하고 있는 것이 특징이다. (2)방정환의 「노래 주머니」에서는 노인의 독창으로 4·4조 운율의 창작적 동요가 삽입되는데, 노랫말이 삽입되는 점에서는 일치한다고 할 수 있지만 그 노랫말의 성격 면에서는 매우 대조적이라 할 수 있다. 이 같은 노랫말의 삽입은 독자의 흥미를 유발시키고 교과 내용을 생동감 있게 살려 주는 효과가 있기 때문에 교과서 개작에 긍정적으로 반영시킨 하나의 요소가 되었을 것으로 보인다.

이제 '아름다운 목소리가 혹에서 나온다는 것을 노인이 말하지 않고 도깨비가 말하게 한' 개작의 측면을 보기로 하자. (1)『조선어독본』 개작 후와 (2)「노래 주머니」를 비교해 보면, ①노인의 노래가 혹에서 나올 것이라고 도깨비 쪽에서 자의적으로 판단하는 점, ②노인이 도깨비를 속이지 않는 점, ③노래가 혹이 아니라 목구멍에서 나오는 것이라고 노인이 말하는 점, ④혹을 어떻게 떼어줄까 노인이 걱정하는 점, ⑤조금도 아프지 않게 혹을 떼어낼 수 있다며 도깨비들이 위로하는 점 등, 매우 미세한 부분까지 두 텍스트가 일치되고 있음을 볼 수 있다. 그 구체적 정황은 아래와 같다.

- 「목에서 나오는 것일세.」(조선어독본) / 老人 「아니올시다. 이것은 노래주머니가 아니라 혹이올시다. 소리는 목구멍으로 나오는 것입니다.」 「노래 주머니」
- 「목에서 나오는 것일세.」하고 老人이 對答한 즉,「령감, 거짓말슴 마시오, 普通 소리 같으면, 목에서 나온다고 하겟지마는, 그런 조은 소리는,

決코 목에서 나오지 안을 것이오. 령감의 그 커다란 혹에서 나오는 것이 아닙닛가.」『조선어독본』/ 독 三「허허, 내가 뻔히 아는데, 아니라고 속이면 될 말인가.」老人「아니올시다, 정말 혹이란 것이올시다.」「노래 주머니」

・「아니올시다. 그것은 조곰도 걱정 마십시오. 우리들이 뗄 것 같으면, 조곰도 아프지 안습니다.」『조선어독본』/「그것은 념려말것, 압흐지도 안코 자죽도 업시 우리가 감쪽가티 쩨어별 터이니」「노래 주머니」

물론, 조선총독부가『조선어독본』의 개작 때 방정환의「노래 주머니」를 직접 가져와 참조했다고 보기는 어렵다. 더구나 방정환은 일경의 요시찰 대상이었다. 그러나 당시 일반인에게 이와 유사한 형태의 '혹부리 영감'이 서로 회자되고 있었을 가능성은 충분히 제고해 볼 수 있다. 당시 신문지상에 보통학교의 아동극 준비와 공연 성황을 알리는 보도 내용을 심심찮게 확인할 수 있다.[27]

「노래 주머니」는 그 대표적인 공연물 가운데 하나였다.『어린이』1권 8호(1923. 9.)를 보면, 9월 22일 경운동 천도교당에서 소년 18명이 출연하여 상연된 기록이 있다. 방정환의「노래 주머니」가 발표 직후부터 곧 상연의 대본으로 활용되었음을 잘 보여 주는 대목이기도 하다. 그밖에 1923년 8월에는 〈진주 제2학회〉가 개최한 〈소년가극대회〉에서「노래 주머니」를 상연했다.[28] 1924년 8월에는 개성의 〈샛별사〉에서 수해 구제를 목적으로 〈동화극과 무도대회〉를 개최하였는데, 이때「노래주머니」가 상연된 기록도 나타난다. 샛별사는 이 공연의 인기를 몰아 21일 경성으로 옮겨 이틀에 걸쳐 재연하기도 했다.[29]

---

27) 수원공립보통학교 학예회 동극, 〈동아일보〉, 1929. 2. 20.
     광주사립보통학교 아동극 개최 준비, 〈동아일보〉, 1925. 1. 7.
28) 〈조선일보〉, 1923. 8. 9.
29) 〈동아일보〉, 1924. 8. 17.

'학교 소년회에서 아무나 하기 쉬운 동화극'으로 발표했던 방정환의 「노래 주머니」는 발표 직후부터 곧 상연의 대본으로 활용되어 '혹부리 영감'에 대한 일반인의 인식 변화에 큰 역할을 했을 것으로 판단된다. 방정환의 「노래 주머니」가 발표되기 이전에 편찬된 제1차, 3차 조선교육 령기의 교과서에서는 위의 개작 요소가 발견되지 않는다는 다는 점도 판단의 한 근거가 되고 있다.

4. '혹부리 영감' 설화의 근대 아동문학 수용 양상

1) '혹부리 영감/노래 주머니'의 전승 양상

이 시점에서 우리가 간과할 수 없는 것은, 『조선어독본』의 '혹부리 영감'과 방정환의 「노래 주머니」가 이후 근대 아동문학에 어떻게 수용되 어 왔는지 그 양상을 살피는 일이 될 것이다.

미군정청 학무국 발행의 『초등국어교본』(1946)에는 「혹 달린 노인」 이 실려 있다. 해방 후 첫 국어교과서였다는 점에서, 이 텍스트는 이후에 편찬되는 초등 국어교과서와 일반 아동 출판물에 적잖은 영향을 끼치게 된다. 그 내용을 살펴보면, 서두의 배경 설정과 인물 묘사에서는 1926년 심의린의 『조선동화대집』을 전거로 삼고 있는 것을 볼 수 있다. 그러나 노인이 혹에서 노래가 나온다고 도깨비를 속이는 내용은 『조선동화대집』 의 것을 취하지 않고 있다. 노인의 혹에서 노래가 나온다는 말을 노인이 아닌 도깨비가 하고 있다.

이 같은 개정 내용은 현대 초등학교 국어 교과서로 그대로 이어져 오고 있다. 매우 짧은 형태이긴 하지만, 제7차 교육과정 『2-1 말하기 듣 기』에 수록된 '혹부리 영감' 이야기에서도 그 내용을 확인할 수 있다.

그러나 시중에 유통 되고 있는 아동용 전래동 화집을 조사해 보면, 그 텍 스트가 매우 혼종적인 양 상으로 드러나고 있어서 문제가 간단치 않다. 한· 일 '혹부리 영감' 설화의 구분이 어렵게 된 동화도

(1) [ ]이 깊었습니다. 착한 혹부리 영감은 길을 잃고 헤매다가 [ ] 허름한 빈집을 찾았습니다.

(2) 혹부리 영감과 밤새도록 놀던 도 깨비들은 혹에서 노래가 나온다고 생각하였습니다. [ ] 혹을 떼어 냈습니다. [ ]이 되자, 혹부리 영감은 덩실덩실 춤을 추며 마을로 내려갔습니다.

제7차 교육과정『2-1 말하기 듣기』

있으며, 출처의 구분도 없고, 전대의 내용이 무비판적으로 재생산되고 있음이 확인되었다.

지금까지 출판된 많은 아동용 전래동화집을 시대별로 표본 추출하 여 중심 화소를 중심으로 도표화해 보면 다음과 같다.

'혹부리 영감/노래 주머니'와 아동문학의 수용 양상

제목(작가)	발행 사항	노랫말 삽입	대립구조	노인거짓말	노래주머니표현자	노인성격서술	마을과의관계
노래주머니 (방정환)	1923 『어린이』	바가지가 흘러간다…	○	×	도깨비	×	놀림대상 (혹고민×)
혹 있는 노인	1913~15 『조선어독본』	×	○	○	×	×	×
혹 떼인 이야기	1915~23 『조선어독본』	×	○	○	×	×	×
혹 떼인 이야기	1933~35 『조선어독본』	태산이 높다하되	×	×	×	×	×
혹 달린 노옹 (심의린)	1926 한성도서	×	○	○	×	○	×
조선전래동화집 (박영만)	1940 학운사	태산이 높다하되	×	×	×	×	×
노래주머니 (이원수)	1963 현대사	달이 돋네 달이 돋네…	○	○	노인	×	놀림대상 (혹고민)
혹부리영감님 〈노래주머니〉 (김문서)	1968 문예서림	×	○	○	노인	×	놀림대상 (혹고민)
혹부리 영감 (조대현)	1979 한영출판	하늘엔 별도 많고 동산위엔 달이뜨네	○	○	노인	○	원만 (혹고민×)
노래주머니 (이원수,손동인)	1980 창작과비평	달이 돋네 달이 돋네…	○	○	노인	×	놀림대상 (혹고민)
세계민화선집-한국 혹부리 영감 (석용원)	1981 보이스사	바가지가 흘러간다…	○	×	도깨비	×	× (혹고민×)
노래주머니 (박홍근)	1984 금성출판	×	○	○	노인	×	놀림대상 (혹고민)
노래주머니 (박경용)	1986 지경사	세상에서 제일 좋은 친구는…	○	○	도깨비	○	원만 (혹고민)
혹부리 영감 (어효선)	1987 교학사	×	○	○	×	×	× (혹고민)
혹부리 영감 (박화목)	1992 삼성미디어	푸른산 위에 보름달이 떴네…	○	○	노인	×	원만 (혹고민)
혹부리 영감과 노래주머니 (초당글방)	2005 꼬네상스	달달달 달이 뜨네 앞산위에 달이 드네	○	○	도깨비	×	놀림대상 (혹고민)
혹부리 할아버지 (이효성)	2007 지경사	×	○	○	도깨비	○	원만 (혹고민×)

이 도표는 『조선어독본』의 '혹부리 영감'과 방정환의 「노래 주머니」
가 근대 아동문학에 어떻게 수용되고 변용되어 왔는지 그 추이 과정을
잘 보여 준다. 가장 먼저, 제목의 측면에서 보면, '혹부리 영감'이 우세하
지만, '노래 주머니' 역시 간헐적으로 명명되어 온 것이 확인된다. 1940년
박영만의 『전래동화집』을 제외하면 대부분 '혹 떼기/혹 붙이기'의 이원
대립적 구조를 취하고 있다. 박영만의 것이 유독 단일 구조를 띤 것은
후반부가 생략된 『조선어독본』의 내용을 거의 전재하다시피 수록하고
있기 때문이다. "태산이 높다 하되…", "까마귀 싸우는 곳에…" 등 『조선
어독본』과 동일한 시조 역시 두 편이 포함되었다.

방정환 이후 '노래 주머니'를 제목에 처음 사용한 이는 이원수이다.
그는 『이원수 쓴 전래동화집』(1963)에서 "도깨비 이야기 중에서 가장 대
표적인 것"30)이라고 소개하고 있는데, 특기할 점은 이 책이 이후 우리나
라 아동문학의 전래동화 수용에 절대적인 영향을 미치고 있다는 사실이
다. 도표에서 확인할 수 있듯이, 이원수가 노인의 노랫말로 삽입한 "달이
돋네 달이 돋네…"가 이후의 전래동화집에 그대로 또는 변용된 형태로
지속되고 있다. 이원수는 노인이 짐짓 도깨비를 속이는 것으로 묘사하며
'노래 주머니'라는 말도 노인이 하도록 하고 있다. 다시 말하면, 『조선어
독본』과 방정환의 「노래 주머니」가 혼합된 형태를 보여 주고 있다.

1960년대 이후 우리나라 아동용 전래동화집에 실린 '혹부리 영감'의
대부분은 방정환이 아닌, 이원수의 영향 아래 놓여 있다고 할 수 있다.
이러한 사실은 방정환의 「노래 주머니」가 전래동화가 아닌 동화극 양식
으로 발표된 데에도 하나의 원인이 있을 것이다. 방정환의 「노래 주머니」
에서 사용된 주요 모티프들은 1981년 석용원의 『세계민화선집-한국편』

---

30) 이원수, 『이원수 쓴 전래동화집』, 현대사, 1963. p.480.

에서 대부분 재편되어 수록된다. "바가지가 흘러간다…"의 노랫말 삽입이라든가, 노인이 거짓말로 도깨비를 속이지 않고, '노래 주머니'의 표현자도 도깨비로 나타나는 점은 방정환의 「노래 주머니」와 정확하게 일치한다. 그러나 결정적으로 석용원의 「혹부리 영감」에는 일본 '혹부리 영감'의 특징적 요소가 있다. 일본 설화집 『宇治拾遺物語』에서처럼 노인이 참을 수 없어 도깨비들이 춤 잔치에 끼어들어 함께 어울리는 장면이 매우 구체적으로 묘사되고 있는 것이다.[31] 결국 우리나라 근대 아동문학의 '혹부리 영감' 수용 과정에서 일본 '혹부리 영감'이 침투되어 왔음을 확인할 수 있는 것이다.

일제는 식민지 말기의 『조선어독본』(1933~35, 제4차 교육령기)을 마지막으로 제7차 교육령기 조선어과 교과서에는 더 이상 '혹부리 영감'을 수록하지 않고, 그 대신 『초등국어(일본어)독본』(1939~1941) 2권 11에는 「コブトリ」(혹떼기)라는 제목의 일본형 '혹부리 영감'을 수록하게된다. 이전 교과서에서는 한 번도 일본형 '혹부리 영감'이 실리지 않았기 때문에 거개의 조선 학생들은 이를 우리 설화로서 받아들였을 가능성이 적지 않다. 『초등국어(일본어)독본』(1939~1941) 2권 11에 「コブトリ」(혹떼기)는 이른 바 일본형 '혹부리 영감'으로 1933년 편찬된 일본의 소학교과서 『소학 국어독본』(1933년) 권2 12과 「コブトリ」와 동일한 것이다. 일본 '혹부리 영감'의 전형적 특징인 '춤' 모티프가 전체 서사를 장악하는 점, 노인이 도깨비들의 춤 잔치에 뛰어들어 함께 어울리는 점,

---

31) "…혹부리 영감님은 도깨비들이 신나게 노는 것을 보니까 자기도 어느새 어깨가 으쓱으쓱해지더니 흥에 겨워 견딜 수가 없었습니다. 참다 못한 영감님은 그만 방에서 뛰어 나와 춤추는 도깨비들과 함께 어울렸습니다. 혹부리 영감도 도깨비들과 함께 춤을 추면서 한 곡조 뽑았습니다. (…) 혹부리 영감님의 노래가 끝나자 도깨비들은 아름다운 노래를 들려주어 고맙다고 하면서 혹부리 영감에게 술을 부어 주고 고기를 떼어 주고 바치고 했습니다.…" 석용원, 『세계민화집-한국편』, 1981, 보이스사, pp.232~240.

후반부가 생략된 점 등 여러 면에서 일치한다.[32] 1938년 일제의 파멸적 교육령이 시행되면서 각급 학교의 조선어과 폐지, 이어 조선어 사용 금지, 일본어 상용을 강요하고 1940년에는 굴욕적인 창씨 개명까지 요구하였으니, 노골적인 황국 신민화 교육을 통해 일제는 아예 한국형 '혹부리 영감'마저 삭제하고 조선 식민지의 완전한 일본화를 위해 일본판 '혹부리 영감'을 주입시키기 시작했던 것이다. 석용원의 '혹부리 영감'은 아동용 전래동화집에서는 이례적인 성격으로, 책의 보급상의 문제였는지 확산되지 않고 제한된 사례로 남아 있다.

2) 제언 ; 우리 고유의 설화소 회복

지금까지 살펴본 '혹부리 영감/노래 주머니'의 아동문학 수용 양상은 곧 우리 고유의 설화소를 찾고 회복하는 하나의 도정이 될 수 있다. 일본판 '혹부리 영감'이 침투한 설화소는 지양되어야 할 것이고, 방정환을 위시한 개화기의 '혹부리 영감' 설화 자료를 발굴하여 비교 검토함으

---

32) '혹부리 영감'의 한국판과 일본판의 분석은 박영기의 도표 내용을 활용한 것이다.(박영기, 『한국 근대 아동문학 교육사』, 2009, 한국문화사, p.120.)

	「혹 잇는 노인」	「コブトリ」(혹떼기)
1	혹이 있는 한 노인이 산에 나무를 하러 갔다 날이 저물어 빈집에 머물렀다.	오른쪽에 혹이 있는 한 노인이 나무를 하다가 비를 피해 나무구멍에 머물렀다.
2	잠이 오지 않아 노래를 부르자 도깨비들이 몰려와서 노래가 어디서 나오는지 물었다.	신나게 춤을 추다가 도깨비를 보았지만, 춤이 추고 싶어서 무서움도 잊고 도깨비 앞에서 춤을 추었다.
3	노인이 혹 속에서 나온다고 하자 과연 혹 속에서 노래가 나오는 줄 안 도깨비는 보물을 주고 혹을 떼어갔다.	도깨비들은 다음에 올 때까지 혹을 맡아 가지고 있겠다고 하고는 혹을 떼어갔다.
4	같은 동리에 사는 노인이 보물을 탐내서 같은 집에 머물며 노래를 불렀다.	날이 밝자 할아버지는 꿈을 꾸는 듯 자신의 얼굴을 만져 보았지만 오른쪽 왼쪽 어디에도 혹은 없었다.
5	도깨비들은 전 노인에게 속았다고 하면서 혹하나를 더 붙여 주고 웃으면서 가 버렸다.	〈후반부 생략〉

『초등국어독본』에 수록된 「コブトリ」(혹떼기)는 이야기의 후반부가 생략되어 있는데, 이는 일본 소학교과서 『심상소학독본』의 개작 때 후반부가 생략된 것의 영향이다.

로써 우리 설화의 고유성을 회복시키는 노력 또한 병행되어야 할 것이다.

먼저, 제기되어야 할 문제는 관습적으로 편의적으로 '혹부리 영감'으로 불러온 것에 대한 반성이다. 우리나라는 '혹=노래'라는 밀접한 관련성에 의해 '혹'의 존재가 담보물로서가 아닌 '노래 주머니'라는 독특한 미적인 장치로 형상화되었다는 점에서 매우 이채를 띤다. 이 설화가 일본인의 채록에 의해 '혹 떼기' '혹 뗀 이야기' 등속으로 명명되면서 '혹부리 영감'으로 널리 전파된 점을 지적하지 않을 수 없다. 이미 100년 이상 '혹부리 영감'으로 고착되어 왔기 때문에 이것을 억지로 '노래 주머니'로 돌려야 한다는 주장은 매우 부자연스럽다. 그러나 아동의 정서를 보다 미적으로 고양시키는 '노래 주머니'의 선취 노력은 적극적으로 이루어져야 한다.

또, 앞서 언급한 바와 같이 방정환이 '혹쟁이 이야기'에서 언급한 '혹 팔기' 모티프는 일본판 '혹부리 영감'에는 없는 우리 설화 고유의 특징이다. 이 설화소를 충분히 살릴 수 있을 때 '혹=노래 주머니'의 의미는 해학적 아이러니의 구조는 한층 배가될 수 있다. 이 '혹 팔기' 모티프는 단순히 '혹떼기/혹붙이기'로 재편되어 온 우리 '혹부리 영감' 설화를 보다 풍성하게 가꾸어 줄 하나의 요소가 될 수 있다고 본다.

5. 맺음말

이상으로 본고는 『조선어독본』에 수록된 '혹부리 영감' 설화와 우리 근대 아동문학의 영향 관계를 고찰하였다. '혹부리 영감' 설화가 일본으로부터 들어와 국내에 전파되었다는 일본 유입설이 설득력을 얻는 와중에, 본고는 이 설화가 근대 아동문학의 정체성 문제에 심대한 영향을 미치고 있음을 확인하고 여기에 대한 고찰을 시도했다.

본고는 크게 세 방향으로 연구를 진행시켜 나갔는데, 그 주요한 내용을 요약하면 다음과 같다.

먼저, 본고는 '혹부리 영감' 설화의 일본 유입설을 부정하고, 한·일 간의 '혹부리 영감' 설화 분석을 통해 이 설화가 지닌 우리 설화로서의 독자적 성격을 밝히고자 했다. 한·일 '혹부리 영감'의 모티프를 비교해 보면 '혹 떼기/혹 붙이기'라는 깊은 유사성 지니는 한편, '춤(日):노래(韓)'라는 매우 변별적인 설화소를 발전시키며 고유한 설화로 전승되어 왔다. 그리고 일본의 오니는 인간에게 속지 않으려고 담보 거래를 고안해 내지만, 한국의 도깨비는 인간의 거짓말에 그대로 속아 넘어갈 뿐 아니라 혹을 떼는 대신으로 보물을 준다. 이 과정에서 발생하는 상황적 아이러니 위에 우리 '혹부리 영감'이 지닌 해학적 골계미가 유감없이 발휘된다고 보았다.

다음으로 『조선어독본』에 수록된 '혹부리 영감'과 방정환의 동화극 「노래 주머니」의 영향 관계를 논의했다. 방정환이 첫 동화극의 소재를 '혹부리 영감'에서 취한 것은 당시 학교 교과서였던 『조선어독본』에 이 설화가 대표적 조선 설화로 수록되었다는 사실과의 관련성을 언급했다. 나아가 방정환의 「노래 주머니」가 제4차 조선교육령기 『조선어독본』(1933~35)의 '혹부리 영감' 개작에 미친 영향에 대해 논의했다. 두 텍스트를 비교 분석한 결과, '아름다운 목소리가 혹에서 나온다는 것을 노인이 말하지 않고 도깨비가 말하게 한 점', '노인이 부르는 노랫가사'가 삽입되는 등, 매우 미세한 부분에까지 유사한 일치가 나타남을 발견할 수 있었다.

마지막으로 본고는 1920년대부터 2000년대까지 나온 대표적 전래동화집을 표본으로 하여 '혹부리 영감/노래 주머니' 설화가 우리 아동문학에 어떻게 수용되고 전승되어 왔는지 그 추이 과정을 살폈다. 방정환 이후 '노래 주머니'라는 제목을 사용한 이는 이원수이며, 그는 1960년대 이후 아동문학의 '혹부리 영감'의 전승에 절대적 영향을 끼쳤다. 의외로 방정환의 「노래 주머니」는 우리 근대 아동문학에 거의 수용되지 못했음을 확인할 수 있었다.

일제 강점기라는 특수성을 바탕으로 하는 『조선어독본』은 무엇보다 아동을 대상으로 했던 교과서였다는 점에서 아동문학과의 친연성을 거부할 수 없다. 『조선어독본』에는 본고가 고찰 대상으로 삼은 '혹부리 영감' 류 외에도 「남생이」, 「심청」, 「흥부전」, 「삼년 고개」 등, 여러 설화 · 민담이 실려 있다. 아동문학의 한 영역이 되는 우화도 상당수이다. 이와 같은 텍스트가 근대 아동문학의 형성 과정에 어떤 의미가 될 수 있는지, 여기에 대해서는 향후의 연구에 기대를 걸어 본다.

제4부 부록

조선어독본과 국어 문화

■ 붙임 1 : 『조선어독본』 간행 연표

학교급	교육령	책명	권수	연대
보통학교	자구 정정본(訂定本)	보통학교 학도용 한문독본	1	1911
		보통학교 학도용 한문독본	2	1911
		보통학교 학도용 한문독본	3	1911
		보통학교 학도용 한문독본	4	1911
		보통학교 학도용 조선어독본	1	1911
		보통학교 학도용 조선어독본	2	1911
		보통학교 학도용 조선어독본	3	1911
		보통학교 학도용 조선어독본	4	1911
		보통학교 학도용 조선어독본	5	1911
		보통학교 학도용 조선어독본	6	1911
		보통학교 학도용 조선어독본	7	1911
		보통학교 학도용 조선어독본	8	1911
	제1차	보통학교 조선어급한문독본	1	1913
		보통학교 조선어급한문독본	2	1913
		보통학교 조선어급한문독본	3	1913
		보통학교 조선어급한문독본	4	1913
		보통학교 조선어급한문독본	5	1922
		보통학교 조선어급한문독본	6	1922
	제3차	보통학교 한문독본	제5학년용	1923
		보통학교 한문독본	제6학년용	1923
		보통학교 조선어독본	1	1922
		보통학교 조선어독본	2	1922
		보통학교 조선어독본	3	1922
		보통학교 조선어독본	4	1922
		보통학교 조선어독본	5	1922
		보통학교 조선어독본	6	1922
		보통학교 고등과 조선어독본	1	1925
		보통학교 고등과 조선어독본	2	1925
	제4차	보통학교 조선어독본	1	1933
		보통학교 조선어독본	2	1933
		보통학교 조선어독본	3	1933

		보통학교 조선어독본	4	1933
		보통학교 조선어독본	5	1933
		보통학교 조선어독본	6	1933
		사년제 보통학교 조선어독본	1	1933
		사년제 보통학교 조선어독본	2	1933
		사년제 보통학교 조선어독본	3	1933
		사년제 보통학교 조선어독본	4	1933
	제7차	초등 조선어독본	1	1939
		초등 조선어독본	2	1939
		초등 조선어독본 교사용	1	1939
		초등 조선어독본 교사용	2	1939
간이학교	제3차	간이학교용 조선어독본	미상	1933
	제7차	초등 조선어독본 전(全)	全	1939
고등보통학교	제1차	고등 조선어급한문독본	1	1913
		고등 조선어급한문독본	2	1913
		고등 조선어급한문독본	3	1913
		고등 조선어급한문독본	4	1913
	제3차	신편고등 조선어급한문독본	1	1925
		신편고등 조선어급한문독본	2	1925
		신편고등 조선어급한문독본	3	1925
		신편고등 조선어급한문독본	4	1925
		신편고등 조선어급한문독본	5	1925
	제4차	중등교육 조선어급한문독본	1	1935
		중등교육 조선어급한문독본	2	1935
		중등교육 조선어급한문독본	3	1935
		중등교육 조선어급한문독본	4	1935
		중등교육 조선어급한문독본	5	1935
여자고등 보통학교	제3차	여자고등 조선어독본	1	1925
		여자고등 조선어독본	2	1925
		여자고등 조선어독본	3	1925
		여자고등 조선어독본	4	1925

■ 붙임 2 : 『조선어독본』 관련 참고 문헌

■ 국어 교과서 및 국어교육, 교육정책, 교육과정 관련 문헌

강명숙, 「일제시대 제1차 조선교육령 제정 과정 연구」, 『한국교육사학』 29, 2007.

강진호 외, 『국어 교과서와 국가이데올로기』, 글누림, 2007.

강진호, 「근대 교육의 정착과 피식민지 주체—일제하 초등교육과 『조선어독본』을 중심으로」, 『상허학보』 16, 2006.2.

강진호 · 허재영, 『조선어독본』, 제이앤씨, 2010.

구자황, 「'독본(讀本)'을 통해 본 근대적 텍스트의 형성과 변화」, 『상허학보』 제13집, 2004.8

구자황, 「근대 독본류의 성격과 위상(1)—『시문독본』을 중심으로」, 『탈식민의 역학』, 소명출판, 2006.

구자황, 「근대 독본의 성격과 위상(2)—이윤재의 『문예독본』을 중심으로」, 『상허학보』 20, 2007.6.

김경미, 「황민화 교육정책과 학교교육」, 『동방학지』 124, 2004.

김경자 외, 「일제강점기 초등교육의 본질」, 『초등교육연구』 17, 2004.

김규창, 「조선어과 시말과 일어교육의 역사적 배경(1-10)」, 『論文集』 10, 서울대학교 교육대학원, 1968~1977.

김기정, 「일제통감부의 대한식민지 교육정책」, 『論文集』 13, 청주대학교, 1980.

김두정, 「광복 후의 학교 교육과정」, 『교육발전논총』 21, 충남대학교, 2000.

김두정, 「일제 식민지기 학교 교육과정의 전개」, 교육과정연구 18, 2000.

윤치부, 「국민소학독본의 국어 교과서적 구성 양상과 의미」, 『새국어교육』 64, 한국국어교육학회, 2002.

윤치부, 『국어교육 논저목록』 1·2, 박이정, 2004.

이길상·오만석 공편, 『한국교육사료집성-미군정편』I·Ⅱ·Ⅲ, 한국정신문화연구원, 1997.

이병담, 「조선총독부 초등학교 수신교과서에 나타난 실업교육과 이데올로기」, 『일본문화연구』 17, 2006.

이병담·문철수, 「일제강점기의 『보통학교수신서』 연구」, 『일어일문학』 24, 2004.

이상태, 『국어교육의 기본 개념』, 한신문화사, 1978.

이숙자, 「日本の對韓植民主義教育政策」, 『論文集』 13, 경희대학교, 1984.

이승일, 『조선총독부 법제 정책-일제의 식민통치와 조선민사령』, 역사비평사, 2008.

이용덕, 「『국어독본』의 특징 및 천황, 천황제」, 『일본학보』 27, 한국일본학회, 1991.

이종국, 『한국의 교과서 출판 변천 연구』, 일진사, 2001.

이종국, 『한국의 교과서-근대교과용도서의 성립과 발전』, 대한교과서주식회사, 1991.

이호성, 「보통학교 조선어독본 어휘조사(完)」, 『한글』, 1937.

이해명, 『개화기 교육개혁 연구』, 을유문화사, 1991.

전용호, 「근대 지식 개념의 형성과 『국민소학독본』」, 『우리어문연구』 25, 2005.

정만수, 「일본의 대한식민지 교육정책에 관한 연구」, 『교육논총』, 건국대학교 교육대학원, 1981.

정재철, 「일제의 학부참여관 및 통감부의 대한국식민지주의 교육부식정책」, 『한국교육문제연구소논문집』, 1984.

정준섭, 『국어과 교육과정의 변천』, 대한교과서주식회사, 1995.

정태준, 「植民地朝鮮における「教育勅語」の普及論理」, 『日語教育』 17, 2000.

정태준, 「일제강점기하 수신교과의 정책연구」, 『日語教育』, 2004.

정혜정·배영희, 「일제강점기 보통학교 교육정책연구」, 『교육사학연구』 14, 2004.

조연순·정혜영·김정순·김형숙, 「개화후기(1906~1910) 초등교육의 성격 탐구」, 『초등교육연구』 16, 2003.

차석기, 『한국 민족주의 교육의 생성과 전개』, 태학사, 1999.

최현섭, 「미군정기 검인정교과서 소설 제재 연구」, 『논문집』 24, 인천대학교 교육대학원, 1990.

한국정신문화연구원 편, 『일제의 교과서 정책에 관한 연구』, 1993.

한규원, 「일제말기의 사립학교 교육정책」, 『논문집』 6, 우석대학교, 1984.

한중선, 「일제 식민지 시기 교과서 비교 연구」, 『일어일문학연구』 36, 2000.

한중선, 「일제식민지시대 일본어교과서 어휘연구」, 『日本語文學』 8, 2000.

허 강, 『한국의 검인정 교과서 변천에 관한 연구』, 한국교과서연구재단, 2002.12.

허재영, 『일제강점기 교과서 정책과 조선어과 교과서』, 경진, 2009.

허재영, 『통감시대 어문 교육과 교과서 침탈의 역사』, 경진, 2010.

허 형, 「한국개화기초의 교과서(국민소학독본)에 나타난 주제 분석(1)」, 『교육과정연구』 12, 한국교육과정학회, 1993.

홍웅선, 「한글첫걸음 시대, 교과서, 교육과정」, 『국어교육』(현대교육학총서1), 현대교육학총서출판사, 1963.

홍호선, 「대한제국말기 고등소학독본의 사용금지 요인 분석」, 『한국교육사학』, 2002.

岡本好次, 「總督府編纂初等學校用 國語讀本假名遣の變遷 1~4」, 『朝鮮の敎育硏究』, 1939.

藤村作, 「朝鮮の國語敎育改善の要點」, 『朝鮮及滿洲』, 1925.

木河竹次 外, 『尋一合科敎育の敎育』, 1939.

森田梧郎, 「國民科國語と讀本使用者の心構へ」, 『朝鮮の敎育硏究』, 1941.

森田梧郎, 「普通學校國語讀本の修正について」, 『文敎の朝鮮』 146, 1937.

森田梧郎, 「新國語讀本をみて」, 『文敎の朝鮮』 91, 1933.

植田夏彦, 「普通學校國語讀本に現れたる俗子, 略字に對する一硏究」,

『文敎の朝鮮』, 1934.

沈宜麟, 「新朝鮮語讀本について」, 『朝鮮の敎育硏究』, 1930.

阿部辰之助, 『現代朝鮮之硏究』, 朝鮮印刷株式會社, 1922.

熊田滿, 「全國訓導(國語)協議會と初等國語讀本」, 『文敎の朝鮮』, 1939.

乙竹岩造, 『日本敎育學敎授法摘要』, 培風館, 1938.

李源圭, 「朝鮮語讀本敎材について」, 『文敎の朝鮮』 12, 1925.

帝國地方行政學會, 『綜合敎育學敎科書』, 朝鮮印刷株式會社, 1923.

朝鮮總督府, 『敎科用圖書一覽表』, 『한국학』 제5집, 1975.봄, 1915.

朝鮮總督府, 『朝鮮事情』, 朝鮮總督府 印刷局, 1937.

學部編輯局, 『普通敎育學』, 學部, 1910.

■ 어문교육, 어문운동, 어문정책 관련 문헌

강명관, 「한문폐지론과 애국계몽기의 국·한문논쟁」, 『한국한문학연구』 8, 한국한문학회, 1985.

고영근, 「개화기의 한국어문운동」, 『한국의 언어연구』, 역락, 2001.

고영근, 『한국어문운동과 근대화』, 탑출판사, 1998.

권영민, 「개화 계몽 시대의 국문체」, 『문학한글』 9, 한글학회, 1995.

김규창, 『조선어과 시말과 일어교육의 역사적 배경』, 김규창교수논문간행위원회, 1985.

김동식, 「한국의 근대적 문학 개념 형성과정 연구」, 서울대학교 박사논문, 1999.8.

김미형, 「한국어 문체의 현대화 과정 연구」, 『어문학연구』 7, 상명대 어문학연구소, 1998.

김미형, 「한국어 언문일치의 정체는 무엇인가?」, 『한글』 265, 한글학회, 2004.9.

김승열, 「근대전환기의 국어 문체」, 『근대전환기의 언어와 문학』, 고려대 민족문화연구소, 1991.

김완진, 「한국어 문체의 발달」, 『한국어문의 제문제』, 일지사, 1983.

김윤경, 『조선문자급어학사』, 조선기념도서출판관, 1938.

문혜윤, 「문예독본류와 한글 문체의 형성」, 『어문논집』 54, 민족어문학회, 2006.10.

미쓰이 다카시, 「식민지하 조선에서의 언어지배」, 『한일민족문제연구』 4, 한일민족문제학회, 2003.6.

미우라 노부타가·가스야 게이스케 공편, 이연숙 역, 『언어 제국주의란 무엇인가』, 돌베개, 2005.

박광현, 「언어적 민족주의 형성에 관한 재고」, 『한국문학연구』 23, 동국대 한국문학연구소, 2000.

박병채, 「일제하의 국어운동 연구」, 『일제하의 문화운동사』, 현음사, 1982.

박성의, 「일제하의 언어 문자 정책」, 『일제의 문화침투사』, 민중서관, 1970.

박정우, 「일제하 언어민족주의」, 서울대학교 석사논문, 2001.8.

심재기, 『국어 문체 변천사』, 집문당, 1999.

유미진, 「일본 근대 번역한자어의 생성과 수용연구―『국민소학독본』에 수록된 '자연물 및 자연현상'을 나타내는 한자어를 중심으로」, 『일어일문학연구』 51, 한국일어일문학회, 2004.

유미진, 「『국민소학독본』에 수록된 일본 근대 번역한자어의 생성과 수용연구―'인간 활동 정신 및 행위'를 나타내는 한자어를 중심으로」, 『일본연구』 26호, 한국외국어대학교 일본연구소, 2005.12.

유미진, 「『국민소학독본』에 수록된 일본 근대 번역한자어의 생성과 수용연구―'인간 활동의 주체'를 나타내는 한자어를 중심으로」, 『일본어문학』 제27권, 일본어문학회, 2004.11

이극로, 「한글통일운동의 사회적 의의」, 『신동아』, 1936.11.

이근수, 『조선조 어문정책 연구』, 홍익대학교출판부, 1978.

이기문, 『개화기의 국문 연구』, 일조각, 1984.

이병근 외, 『한국 근대 초기의 언어와 문학』, 서울대학교 출판부, 2005.12.

이병혁, 「일제하의 언어생활」, 『일제의 식민지 지배와 생활상』, 한국정신문화연구원, 1990.

이성연, 『열강의 식민지 언어정책에 관한 연구』, 전남대학교 박사학위논문, 1988.

이연숙, 「근대일본의 '국어' 개념의 성립」, 『일본학보』 19, 한국일본학회, 1987.

이연숙, 「일본에서의 언문일치」, 『역사비평』, 역사문제연구소, 2005.봄.

이연숙, 『국어라는 사상-근대 일본의 언어 인식』, 고영진 · 임경화 역, 소명출판, 2006.

이응호, 『개화기의 한글 운동사』, 성청사, 1975.

이준식, 「외솔과 조선어학회의 한글 운동」, 『현상과인식』, 1994.가을.

이준식, 「일제침략기 한글운동 연구」, 『사회변동과성·민족·계급』, 문학과지성사, 1996.

이혜령, 「한글운동과 근대 미디어」, 『대동문화연구』 47, 2004.9.

이혜령, 「한글운동과 근대어 이데올로기」, 『역사비평』, 역사문제연구소, 2005.여름.

이희승, 「국어란 무엇인가」, 『신천지』 1-3호, 서울타임스, 1946.

이희승, 「언어와 민족」, 『신천지』 창간호, 서울타임스, 1946.

조성윤, 「외솔과 언어 민족주의: 한문의 세계에서 한글의 세계로」, 『현상과 인식』, 1994.가을.

조윤정, 「독본의 독자와 근대의 글쓰기」, 『반교어문학』 29집, 반교어문학회, 2010, 8.

조태린, 「일제시대의 언어정책과 언어운동에 관한 연구」, 연세대학교 석사논문, 1998.2.

최경봉, 『우리말의 탄생』, 책과 함께, 2005.

카와사키 아키라, 「식민지 말기 일본어 보급 정책」, 『일제 식민지 새로 읽기』, 혜안, 2007.

하동호 편, 『국문론 논설 집성』, 탑출판사, 1977.

허재영, 「근대계몽기의 어문 정책」, 『국어교육연구』 10, 서울대 국어교육연구소, 2002.

허재영, 「근대계몽기 어문문제와 어문운동의 흐름」, 『국어교육연구』 11, 서울대 국어교육연구소, 2003.

허재영, 「일제강점기 일본인을 대상으로 한 조선어(한국어)교육」, 『조선문 조선어 강의록 上』, 역락, 2004.

허재영, 「일제강점기 조선인을 대상으로 한 일본어 보급정책 연구」, 『일제강점기 일본어 보급 정책 자료』, 역락, 2004.

황호덕, 「한국 근대 형성기의 문장 배치와 국문 담론」, 성균관대학교 박사논문, 2003.2.

姜東鎭, 『日本の朝鮮支配政策史』, 東京大學出版部, 1979.

山田寬人, 『植民地朝鮮における 朝鮮語奬勵政策』, 不二出版, 2004.

三ツ井崇, 『植民地下 朝鮮における 言語支配の構造 -朝鮮語規範化問題を中心に-』, 關西學院大學出版會, 2004.

萩原彦三, 『日本統治下の朝鮮における朝鮮語教育』, 友邦協會, 1966.

桜井惠子, 「韓國の日本語學習の談話展開の分析」, 『日語日文學硏究』 제35집, 1999.

■ 문학교육, 문학 형성 과정의 이데올로기 관련 문헌

강진호, 「해방기 '국어' 교과서와 탈식민주의-〈초등 국어교본〉을 중심으로」, 『문학교육학』, 한국문학교육학회, 2009.12.

고형진, 「고등학교 '국어' 교과서의 '학습활동'에 대한 비판적 검토-시와 소설 단원을 중심으로」, 『문학교육학』 16호, 2005.

김동환, 「비평 능력 신장을 위한 문학 독서교육」, 『독서연구』 제20호, 한국독서학회, 2008.12

김미영, 『문학교육과 현대소설』, 깊은샘, 2005.

김종철, 「전공교육으로서의 국어국문학」, 『국어국문학』 127, 국어국문학회,

2000.12.

김진균, 『근대주체와 식민지 규율권력』, 문화과학사, 1997.

우한용, 「문학교육에서의 문학관 적용방향」, 『교육개발』, 통권52호, 1988.2.

유성호, 「제도로서의 문학교육-대학에서의 문학교육을 중심으로」, 한국어교육
　　　학회, 『국어교육』 125, 2008.

대표저자 **강진호**

　　문학박사, 성신여대 국문과 교수, 주요저서로『현대소설사와 근대성의 아포
리아』,『국어교과서와 국가 이데올로기』,『조선어독본 1-5』(편저),『(작가 총서)이
호철)』등이 있음.

'조선어독본'과 국어 문화

초판인쇄 2011년　09월　05일
초판발행 2011년　09월　22일

저　　자 강진호 외
발 행 처 제이앤씨
발 행 인 윤석현
등　　록 제7-220호

우편주소 (132-702) 서울시 도봉구 창동 624−1 북한산현대홈시티 102−1206
대표전화 (02)992−3253
전　　송 (02)991−1285
전자우편 jncbook@hanmail.net
홈페이지 URL://http://www.jncbms.co.kr
책임편집 이신

ⓒ 강진호 2011 All rights reserved. Printed in KOREA

ISBN 978−89−5668−869−5 94190　　　　　　정가 25,000원